教育部哲学社会科学系列发展报告
MOE Serial Reports on Developments in Humanities and Social Sciences

中国都市化进程报告 2018

Report on Metropolitanization Advance in China 2018

刘士林 主编

北京大学出版社
PEKING UNIVERSITY PRESS

图书在版编目(CIP)数据

中国都市化进程报告.2018/刘士林主编.—北京:北京大学出版社,2019.9
(教育部哲学社会科学系列发展报告)
ISBN 978-7-301-30668-0

Ⅰ.①中… Ⅱ.①刘… Ⅲ.①城市化进程—研究报告—中国—2018 Ⅳ.①F299.21

中国版本图书馆CIP数据核字(2019)第181205号

书　　名	中国都市化进程报告2018 ZHONGGUO DUSHIHUA JINCHENG BAOGAO 2018
著作责任者	刘士林　主编
责任编辑	魏冬峰
标准书号	ISBN 978-7-301-30668-0
出版发行	北京大学出版社
地　　址	北京市海淀区成府路205号　100871
网　　址	http://www.pup.cn　新浪微博:@北京大学出版社
电子信箱	weidf02@sina.com
电　　话	邮购部 010-62752015　发行部 010-62750672　编辑部 010-62750673
印刷者	北京虎彩文化传播有限公司
经销者	新华书店
	730毫米×980毫米　16开本　20.5印张　379千字
	2019年9月第1版　2019年9月第1次印刷
定　　价	68.00元

未经许可,不得以任何方式复制或抄袭本书之部分或全部内容。
版权所有,侵权必究
举报电话:010-62752024　电子信箱:fd@pup.pku.edu.cn
图书如有印装质量问题,请与出版部联系,电话:010-62756370

《中国都市化进程年度报告》
编委会

主　　任　范恒山
委　　员　（以姓氏笔画为序）
　　　　马　娜　王晓红　王晓静　王　伟　宁越敏　冯　奎　李江涛
　　　　李　鲁　李正爱　刘士林　刘　涛　刘学华　朱逸宁　余同元
　　　　张书成　张懿玮　张鸿雁　苏晓静　林家彬　林　拓　杨　滔
　　　　高小康　唐亚林　盛　蓉　蒋　宏　穆荣平
主　　编　刘士林
主编助理　周　枣　宋冠南

主编简介

刘士林,博士、教授、博导,上海交通大学城市科学研究院院长、首席专家,主要从事城市科学、文化战略、智慧城市、城市文化研究。国家"十三五"发展规划专家委员会委员,文化与旅游部文化产业专家委员会委员,教育部《中国都市化进程年度报告》负责人,住房和城乡建设部《中国建设信息化》专家委员会委员,国家教育国际化试验区指导委员会委员,光明日报城乡调查研究中心副主任,中国文化传媒集团大运河文化研究院副院长,中国人民大学文化产业研究院特聘专家,北京交通大学中国城市研究中心学术委员会主任、首席研究员,中国传媒大学雄安新区发展研究院学术委员,华东师范大学崇明生态研究院学术委员会委员,西南财经大学中国资本市场研究院联席执行院长,《中国都市化进程年度报告》主编,《中国城市群发展年度报告》主编,《中国城市科学》集刊主编,中国人民大学《文化研究》编委会委员,《中国名城》编委会委员等。

内容简介

由上海交通大学城市科学研究院主持的《中国都市化进程年度报告》是国内外唯一以中国都市化进程为观察与研究对象的年度报告，以"记录关键要素、再现本土经验、分析内在矛盾、阐释深层结构、创新发展理念、推动城市转型"为主旨，全景展示和重点解读中国城市化进程的宏观进程和深层逻辑，深度梳理和理性阐释中国城市发展的主要矛盾与关键问题，倾力探索传统城市研究升级路径和切实推动城市科学新兴交叉学科建设，为提升我国城镇建设质量和开展全球城市社会治理，奉献具有鲜明中国话语特色和价值立场的理性思考与人文关怀。

目 录

前沿观察 ·· 1
 推动实现城市发展的动态平衡 ··· 3
 都市化进程第三季：走向全域化都市云建设 ························· 9
 从"十九大"报告看中国城镇化 ·· 20

主题报告 ··· 25
 2018中国大都市圈发展报告 ·· 27

专题报告 ··· 69
 2018中国大都市治理与公共政策报告 ···································· 71
 2018中国区域绿色发展报告 ·· 87
 2018上海市金山区国家新型城镇化试点建设研究报告 ············ 99
 2018全球智慧城市发展态势与研究热点分析报告 ················· 112

区域发展 ··· 129
 宁波都市圈文化透析与整合研究报告 ·································· 131
 基于轨道交通大数据的上海都市区通勤与空间结构分析报告 ······ 140
 制造业与生产性服务业协同视角下中国城市职能格局演变研究报告 ··· 158
 河南大运河城市文化形象塑造研究报告 ······························ 179

决策咨询 ··· 195
 当前我国城市发展中值得关注的几个影响因素 ···················· 197

恢复中江水道,构建三江江南水系互联网
　　　　——关于长江下游水网建设的构想 ……………………………… 203
　　孙中山城市文化思想与中山市人文城市建设 …………………………… 216
　　关于持续推进苏州传统村落保护利用动态监测的建议 ………………… 220

国际交流 ……………………………………………………………………… 223
　　上海的发展与中国的城镇化 ……………………………………………… 225
　　京津冀协同发展:一场时间与空间的博弈 ……………………………… 228
　　关于当前中国城市化的几个焦点问题 …………………………………… 233
　　关于上海社会资本和文化消费水平的问答 ……………………………… 237
　　快速城市化背景下的中国城市建设 ……………………………………… 243
　　中国新城新区的发展现状与规划问题
　　　　——刘士林在第二届区域规划国际经验交流会议上的主旨演讲 … 248
　　关于城市文化政策与跨文化研究的对话 ………………………………… 255

交大案例 ……………………………………………………………………… 259
　　无锡在扬子江城市群建设中的定位和策略研究 ………………………… 261
　　肇庆市在粤港澳大湾区的定位与策略研究 ……………………………… 293

后记 …………………………………………………………………………… 315

上海交通大学城市科学研究院简介 ………………………………………… 320

前沿观察

推动实现城市发展的动态平衡

我国正在推进世界上最大规模的新型城镇化。新型城镇化是现代化的必由之路,是从全面建成小康社会到基本实现现代化、再到全面建成社会主义现代化强国的重要引擎、关键举措和有力支撑。党的十八大以来,各地区各部门围绕新型城镇化重点领域,稳步开展了一系列重大推动性举措和制度改革,以城市群为主体构建大中小城市和小城镇协调发展的城镇格局,加快推进农业转移人口市民化,8000多万农业转移人口成为城镇居民,2017年年底全国户籍人口城镇化率、常住人口城镇化率分别提高到42.35%和58.52%,新型城镇化取得了重大进展。

党的十九大对新型城镇化建设做出了新部署。新型城镇化建设中的重要一环是新型城市的发展。城市是各类资源要素的集中地,是人口和产业的集聚地,是经济、政治、文化、社会等方面活动的中心。换言之,城市是一种由多类元素、多种动能联结耦合成的一个巨大而复杂的社会系统。这些元素和功能在运动中的有机结合与协调平衡,是城市有序运转和高效发展的基础与保障。否则城市就会出现运行紊乱,出现停滞不前、老化衰落。要把握城市运行的内在规律,在一些关键方面,实现城市发展的动态平衡。

一、推进城市生产、生活、生态功能的动态平衡

新型城市应当是生产、生活、生态等功能的有机结合。城市是生产的基地,资本、劳动力、科技等要素在城市集中与组合,形成了各式各样的生产活动,创造出丰富多彩的社会供给。城市是生活的乐土,其以日新月异的多样化产品和体贴入微的专业化服务,不断满足着人们日益增长的对美好生活的需求。城市还应是生态的载体,它使人与人、人与自然在这里和谐共处,以山清水秀、生态宜居和赏心悦目成为在这里从事生产生活的人们的美好家园。这与过去的城市形态明显不同,在过去很长一段时间里,我们特别重视城市的生产功能,也比较重视城市的生活功能,但却往往忽视城市的生态功能。在许多城市,所谓的生态仅体现为若干公园和绿地。

建设一个充满活力和魅力的城市,需要统筹生产、生活、生态三大布局,实现三者功能的动态平衡。为此,应当特别注重做好两个方面:一是努力实现各类功能布局的统筹融合。在实现生产空间集约高效、生活空间宜居适度、生态空间山

清水秀的基础上,要把创造优良人居环境作为中心目标和统筹三者的最大公约数,尽可能打破分离与阻隔,努力实现三者从整体规划到具体设计的全方位、多层面的融合,以提高整体的协调度、通透性和微循环能力。二是将绿色发展理念全面贯穿于生产、生活、生态功能之中。绿色发展理念是指导全局的重要发展理念,不仅仅涉及生态建设。要把绿色发展融入城市生产空间,推动高端产业和产业高端化发展,淘汰高能耗高污染产业,利用脱硫脱氮等节能环保技术改造传统工业,提升绿色经济在城市经济体系中的比重,逐步实现经济结构绿色化。要把绿色发展融入城市生活空间,将山水、林田、湖草作为城市生命体的有机组成部分,依托现有山水脉络等独特风光开展城市建设,努力打造特色山城、水城,让市民望得见山、看得见水、记得住乡愁。

二、推进城市各类产业发展的动态平衡

新型城市应当是产业发展高地和创新区域。产业是城市的核心和生命力。城市和产业发展相辅相成、相互促进。大体上说,城市与产业间的关系呈两类情形。一是以产兴城,依托当地特色资源禀赋,在不断壮大产业的基础上集聚人口、形成城市;另一是以城聚产,依托城市集聚人口,继而推动产业的不断拓展和壮大。无论是哪一种情况,产业都是城市的支撑,或者说是城市发展的主心骨。建设新型城市要努力实现城市各产业发展间的动态平衡。

城市各产业间的动态平衡本质上是城市和产业发展间的动态平衡,或者说,产业的发展要与城市的发展相协调。推进城市与产业发展的动态平衡,涉及两个关键的要求:一是产业发展能够满足城市发展的基本需要。城市人口密集,生产、生活、生态功能齐备,需要是多方面的,从理论上说,适应这种需要,城市应当全面发展各类产业,并且根据需要的变化,实现各类产业发展的动态平衡。二是产业发展要能支撑城市的可持续发展。一方面城市的需求在扩大、拓展和提升,另一方面产业发展本身在调整、优化和转变。有鉴于此,推进城市与产业发展的动态平衡要求产业的发展能够支撑城市的可持续发展,这就要求城市产业发展适应城市需求的变化、紧跟时代科技创新的成就,把握自身演进的规律,不断实现新老产业接续和新旧动能的转换,一方面推动优势主导产业延伸产业链、提升价值链、创新供应链,进一步做强做大,另一方面运用科技成果和外部条件创新经济形态培育新型产业,形成现代化的经济体系。

产业与城市发展的动态平衡,需要考虑中国城市的两个特色。一是我国的城市往往不是单个的城市,在一般情况下,都是一个较大城市或中心城市率领着若干中小城市,或者说是一个城市群体。基于这一特色,产业的布局应该在城市群内统筹考虑,实现合理分工。城市群内各城市应结合资源禀赋和区位优势发展特

色优势产业，以形成产业的协作协同。在实践中每个城市不需要面面俱到发展所有产业，而应依据城市格局及其相互联系协调布局，形成城市间横向错位发展、纵向分工协作的产业发展格局。二是我国的城市往往不是单独的城市，而是包含着一些乡村区域。基于这一特色，城市产业布局应基于城乡协调发展统筹考虑，宜城则城、宜乡则乡。并把握城乡结合的优势，推进城乡要素的合理配置，促进第一、二、三产业融合发展。

一般来说，城市都具有较强的集聚和配置资源的能力。更有一些特大城市和中心城市，拥有在全国甚至全球配置资源的能力。考虑到这一特点，在充分评估风险并制定应急对案的前提下，城市产业的发展还是应当充分发挥比较优势，不宜面面俱到。与此同时，注重加强同城市群内其他城市、城市中农村区域和国际国内其他城市和区域的联系，加强产业协作和资源一体配置实现产业的不断优化与城市的不断提升。

三、推进城市各类人群构成的动态平衡

新型城市是各类人群高度协作尽职出力的区域。城市要实现有效运转，必须具备多样化的功能。人是这些多样化功能的最终需求者，也是这些多样化功能的实际创造者。换言之，城市这些多样化功能的实现需要不同的人群担当着不同的角色，从而需要城市形成适度的人群规模和合理的职业结构。只有形成各类人群合理分工、相互倚偎、互为支撑的动态平衡，才能构成完整的、生机勃勃的城市图景，才能促进城市的有序运转和不断发展。反之，城市就会陷于困顿、出现危机。

推动形成各类人群构成的动态平衡，需要把握好这样几个关键方面。一是要形成广纳各类人才的开放包容型系统。城市应基于发展的需要和运行的平衡，以开放的原则和包容的胸怀，无歧视地吸收和接纳各种适用人员。要统筹推进户籍制度等改革，结合城乡融合发展，推进符合条件的农业转移人口落户城镇。农村劳动力在城市间流动就业既是发展"三农"的需要，也是发展新型城市的需要，应视为一种长期的、正常的和必要的现象，应积极推进城市基本公共服务由主要对户籍人口提供向对常住人口提供转变，逐步解决在城市就业居住但未落户的农业转移人口享有城市基本公共服务问题，使其享受与市民均等一致的城市福利和发展机会。与此同时，也要立足于城市的可持续发展和职业结构均衡，鼓励有条件的大城市放开对高校毕业生、技术工人、职院校毕业生、留学归国人员的落户限制，优化城市的创业条件、创新氛围和整体发展环境。二是实施对城市流动人群的科学配置与合理调控。每个城市的空间尺度、环境容量和承载能力是有限的，人口的集聚和配置需要与其相匹配，城市人口的布局需要有序进行，否则城市也难以正常运转。流动人口不能想来就来、蜂拥而至。对流动人口的配置要从结

教育部哲学社会科学系列发展报告
MOE Serial Reports on Developments in Humanities and Social Sciences

构、规模和节奏上进行合理调控,同时应考虑到城市功能的变化和承载力的限制,把集聚与疏解有机结合起来,以避免城市因"消化不良"患上"大城市病"。值得重视的是,对城市流动人口调控要统筹兼顾城市前谋划、注重方式、制定预案,使调控在保障人口结构动态平衡的前提下有序有效地进行。三是要持续提高市民素质。良好的市民素质既从根本上体现着城市的品质,也是推动实现城市动态平衡和有序运转的坚实基础,要把提高市民素质作为一项长期任务抓实做好,这既包括专业技能的培训,更包括思想道德素质的建设。对包括常住人口在内的农村转移人口,要注重城市化素质的培育;对原有城市人口,要强化包容性和协调性思想的教育。通过提升市民素质,集聚促进城市发展的正能量,实现城市的协力发展与和谐发展。

四、推进城市物质文明与精神文明建设的动态平衡

新型城市应当是物质文明与精神文明的深度融合体。物质文明是城市运行和发展的基础,要顺应现代城市发展新理念新趋势,不断提升城市的物质文明。要树立长远眼光,基于百年大计甚至千年大计高标准规划,高水平建设路、桥、场、网和机场、港口、管廊等各类基础设施;要把现代科技成果和建筑艺术最大限度地应用于城市建设,努力形成数字城市、智慧城市、海绵城市和绿色城市。在城市物质基础设施建设上,"量力而行"应当是规模和速度的控制,而不是标准与质量的降低。低水平的粗放式建设不仅导致"拆—建—拆"循环的劳民伤财,而且影响城市整体形象的提升。

与此同时,要特别重视城市的精神文明建设。城市不能只有物质文明,还应当有高度的精神文明。而深厚的人文底蕴、与时俱进的人文精神、向上向善的思想觉悟、团结友爱的道德风尚等都是精神文明的突出表现。一个充满活力的城市应该是体现高水平精神文明的城市,而一个体现魅力的城市必然是在精神文明上体现特质和特色的城市,精神文明烘托着城市的高雅、支撑城市的气脉,从而带动城市产业发展、激活经济潜能,不断促进城市现代化水平的提升。应当认识到,在过去的发展中,一些城市高度重视物质文明的建设,但一定程度上忽视了精神文明的建设,在城市高楼大厦竞相崛起的同时并没有相应形成特有的文化品质和精神风貌,影响了城市的形象和发展。必须深化并加强对城市精神文明建设的认识,切实增强紧迫感。

推进城市物质文明与精神文明的动态平衡,要综合设计、统筹推进,并体现有机融合。要突出抓好如下方面:一是努力打造城市独特的精神品格。在体现中国特色社会主义文化的基础上,结合历史传承、区域文化、时代要求,通过树立城市核心价值观、建立思想、文化、道德导向和推进具有特色的实践活动,形成独特的

城市精神和品貌,对内凝聚人心,对外树立形象;并通过打造城市特有的精神品格,解决"千城一面"的问题,使每一个新型城市成为"这一个",而不是"又一个"。二是努力把区域文化融入到城市物质基础设施建设中。深入挖掘区域传统文化要素,以丰富多彩、鲜明融入的形式在城市各类建筑和街区、道路乃至标牌设计中形象直观地表现出来,形成城市传统文化元素、自然文化特征与建筑设施的完美协调。三是努力保护好历史文化遗产和传统风貌。加强文物古迹、历史文化名城名镇名村、历史文化街区、历史建筑、工业遗产以及非物质文化遗产的保护,传承和弘扬优秀传统文化,延续城市历史文脉,保存城市文化基因。四是加强城市市民思想道德建设。持续开展理想信念教育,深入实施公民道德建设工程,开展移风易俗、弘扬时代新风行动,强化市民的城市荣誉意识、社会责任意识、规则意识和奉献意识。

还要特别强调的是,在推进城市精神文明建设中,既要继承优良传统,又要吸纳现代文明;既要明确正确的具有特色的价值导向,又要及时总结推广良好的经验和做法;既要努力提高市民的文化道德素质,又要不断提升管理者的思想认识水平和管理能力,并坚持管理者的率先示范。

五、推进城市发展与城市治理的动态平衡

新型城市应当具有现代化程度较高的治理体系和治理能力。良好的城市治理保障城市的快速发展和高效运行,而城市的发展又推动城市治理体系和能力的不断创新与提升,城市发展和城市治理间的相互促进,构成了二者之间的动态平衡。维护和推进这种动态平衡,是实现城市可持续发展、不断提升现代化水平和竞争力的条件。

在两者关系上,城市治理是矛盾的主要方面。从当前看,面对着全面创新的环境、日益多样化的需求和层出不穷的问题,我国许多城市的治理体系和治理能力还远不适应城市发展的要求,从管理思维到管理方式都存在着许多不足。推进城市发展和治理的动态平衡,关键在于创新思维、优化方式,实现城市治理体系和治理能力的现代化。要着力在如下一些方面下功夫:一是优化调整城市治理思路。树立以市民为中心、为市民服好务的思想,将"为城市管理市民"转变为"为市民管理城市",以维护和发展广大市民的共同利益为前提,抓住城市管理和服务这个重点,紧扣治理"城市病"形成正确的治理思路、选择科学的治理方式,彻底改变粗放性管理模式,让人民群众在城市生活得更方便、更舒心、更美好。二是建立良好的城市治理机制。深化城市管理体制改革,科学确定管理范围、权利清单、责任主体和监督机制,切实解决治理缺位和治理越位问题。完善城市法规体系,依法规划、建设、治理城市,坚持先立后破、边立边破,积极运用法治思维和法治方式化

解城市矛盾。加强社会治理,完善公众参与机制,充分调动广大市民的积极性,努力打造共建、共治、共享的城市治理格局。三是充分运用现代科技治理手段。强化信息网络、数据中心等基础设施建设,积极推动互联网、大数据、人工智能等现代科技与城市治理的有机融合,促进城市各部门、各行业、各街区功能整合、信息共享和业务协同,努力提高城市治理的智能化、精细化和有效性。

都市化进程第三季:走向全域化都市云建设[①]

中国的都市化进程从追赶世界都市化趋势开始,经历了现代化大都市、后现代超级都市和特大都市群阶段,追赶并达到了发达国家城市化的水平,与此同时也积累了日益严重的空间剪刀差危机。以粤港澳大湾区建设为契机,中国将有机会实现城市化建设的第三次转型,走向全域化生态连续体"都市云"建设的新方向。

一、大都市与都市化的困境

对于现代的文明史和社会学研究者来说,大都市的存在及其问题都是必须正视的历史和现实状况。一个世纪前德国学者爱斯瓦尔德·斯宾格勒在那部巨著《西方的没落》中就曾用一句格言概括了这个问题:"世界的历史就是城市的历史。"斯宾格勒一方面认为人类文明走向现代的发展历程就是以城市的发展为中心的历程,同时又用自然界生物生长循环的周期来解释文明发展的周期性,并且因此而得出一个阴暗的结论:工业化大都市发展到鼎盛期的19世纪末20世纪初,西方文明已经走到了即将没落的冬季。后来另一位城市研究的巨人芒福德在《城市发展史》中也提出了近似的观点:他描述了上古时期最伟大的城市罗马如何在过度发展中走向"死亡之城",并且尖锐地指出20世纪的大都会已患上了难以治愈的痼疾"特大城市象皮病"。当代美国城市学家爱德华·索亚在《后大都市》一书中对现代社会都市化的进程作了一个宏观的浏览,他把19世纪以来在工业化进程中发展起来的现代工业大都市的兴起称作"第三次都市革命"。这次革命集中了工业化和现代性社会的基本特征,推动现代社会以工业化大都市为中心的发展,达到了高度的繁荣,也促成了现代性危机的爆发。

无论从历史还是现实来看,大都市的出现首先是一种文明发展的现实,同时也是一种潜在的甚至显现的文化危机症候。二战后世界的经济社会发展趋势是以全球范围大规模的城市化和政治、贸易、文化交流的全球化为特征的。作为工业化产物的现代大都市,基本特点就是高度集中的产业资本、人口密度和效率,索亚称之为"福特式"都市。类似"福特式"都市这样的现代化工业大都会既是大工

[①] 本文为国家社科基金重大项目"我国城镇化进程中记忆场所的保护与活化创新研究"(14ZDB139)研究成果之一,国家"双一流"建设学科"南京大学中国语言文学艺术"资助项目。

业的产物,也是驱动现代化发展的资源和动力核心。但无可讳言,在此过程中也产生着和不断积累着与发展伴生的问题乃至危机。资源消耗、生态环境、社会公平、社区安全、居民认同与可持续发展等方面的矛盾冲突乃至危机都在19世纪到20世纪全球大都市的高速发展进程中不断发生和积累,因而有了20世纪60年代加拿大文化传播学者麦克卢汉关于人类发展模式将从扩张式增长"外爆"(explosion)转向内聚式增长"内爆"(implosion)的预见,以及70年代初罗马俱乐部的报告《增长的极限》关于人类增长模式不可持续的警告。

自20世纪50年代起,关于工业化大都市发展的利弊、趋向和规划就出现了不少问题和争论。芒福德《城市发展史》中的"死亡之城"、雅各布森《美国大城市的死与生》中关于城市社会冲突、哈维《社会正义与城市》中关于大都市社会在公平、正义等公众利益与伦理要求方面呈现的复杂性等,这些著作与其中的重要观点都对大都市危机提出了深刻的揭示与思考。自70年代以后,在大都市高度繁荣乃至过度发展的美国,已经提出了大都市向何处去的问题。此后的郊区化建设模式一度成为解决大都市困境的一种思路。然而中心人口的疏散并没有解决大都市危机,反而带来了另一方面的问题。城市学家瑞吉斯特在《生态城市》一书中,把郊区建设视为把大都市的生态破坏蔓延开来的祸水:

> 从1970年开始,巨大的郊区化过程以前所未有的规模和数量发展着。工业、商住和写字楼组成的产业园已经出现在离现有的建成区数英里内的农场、牧场、林地和被填埋的沼泽地上。由数英亩的无生命的沥青和水泥覆盖的地表簇拥着办公室和商业区。夏季闷热,雨水把受汽车污染的水冲入小溪、河流和海湾;冬天,含有油脂、盐分、橡胶的尘土和融化了的乌黑雪水流入排水沟。大批只有开着汽车才可以到达的大型购物中心取代了城镇和社区商业中心。社会空间已经从公共的变为私人的。由成百上千个居住单元组成的社区隐藏在高墙深院和警卫门岗后面。富有生命力的社区生活被抛弃了。地理上的距离疏远了城市应该具备的社会责任。①

斯宾格勒早在一个世纪前就预言了世界都市的死亡之征"文明人类的不育状态"②,在大都市向郊区化蔓延的趋势中成为一个现代都市病的重要症候。三年前,美国新地理学派学者科特金曾与奥巴马政府的住房部长多纳万(Shaun Donavan)就大都市人口增减问题的看法在网上进行辩论。多纳万认为郊区发展已到拐点,人们开始用脚投票回到城市中心。科特金回答说,总的来说,那些5—17岁

---

① 〔美〕理查德·瑞吉斯特:《生态城市》,王如松等译,北京:社会科学文献出版社2002年版,第5页。
② 〔德〕爱斯瓦尔德·斯宾格勒:《西方的没落》,齐世荣等译,北京:商务印书馆1991年版,第219页。

儿童绝对数量减少的地区通常是人口稠密的核心城市。在西雅图市儿童只占居民数的十分之一,旧金山、华盛顿和波士顿市区的情况也差不多。这些地区数量稀少的那些儿童大多集中在郊区。例如,西雅图郊区的儿童比市区多出75%。这种差异是两大因素造成的:进入房价较低、人口不那么密集的郊区的移民数量增加,同时大量育龄人口迁徙出城市。

那么,这些数字与区域的活力有何关联?一些人口统计学家和城市规划专家认为,家庭比例的下滑暗示家庭对区域增长的重要性降低。一位著名人口学家其至将传统家庭称为"濒危物种"。2017年科特金还在《城市复兴是个神话》一文中强调,从老人到千禧一代的年轻人都在离开大都市:

> 随着美国家庭和企业继续用生活和美元投票给郊区,阻止郊区增长的唯一途径就是如《经济学人》最近所说以及日益封建的加州政治集团所做的那样"强力制止"。然而,杀死郊区,或者试图将它们转变成高密度的城市,就是在踩踏中产阶级家庭、移民、少数民族和老年人的梦想,至少可以说这不是一个可以保证常胜的政治模式。

这些关于大都市人口问题的争论背后是对传统大都市面临的危机和日益走向"不孕"的前景的忧虑。

我国的经济发展和都市化进程起步较晚,但在20世纪后期到21世纪加入世贸组织后的20年左右的发展过程中迅速追赶上了全世界的发展并且进入世界前列。这些年来中国的经济社会发展成就令世界震惊,自20世纪90年代开始,中国的都市化进展迅速,成为这个时期中国经济、文化乃至整个社会发展的核心动力。经过21世纪最初10年的发展,中国的城市化规模迅速上升到接近世界发达国家的水平,而一流大都市和都市群的整体实力与影响力也与世界一流大都市的差距越来越小。从发展速度来看,中国近20年都市化发展的"后发先至"效果非常鲜明。

但中国作为后起的都市化国家,在加速跟进和以"弯道超车"的后发模式探索发展的同时,也面临着更大更紧迫的危机,资源、环境、公平、安全、居民幸福感与发展的可持续性等方面的矛盾危机都在逐渐显现甚至更加突出。可以说,中国用了不到20年的时间就赶上其至超过了世界各国半个多世纪的城市发展水平。自2008年起,以北京奥运会、上海世博会和广州亚运会这三个一线城市的盛会为标志,显示出中国都市化进程的最高水准和惊人的世界影响力;但与此同时,也积累了比大多数国家都复杂的城市化问题,并在都市化发展的顶峰时期开始显露。

也就是从这个都市化发展的盛期开始,一系列大都市特有的症状突然大面积爆发——汽车尾号限行,PM2.5,"城市里看海",这些以前闻所未闻的都市症状迅速在各大都市里蔓延,并且逐渐成为常态,成为当今中国大都市的噩梦。

芒福德所说的"特大城市象皮病"在21世纪也成了典型的中国城市病。我们的都市化进程并没有因为后发而得以吸取前车之鉴实现"弯道超车",说明这些问题不是在具体的情境应对中可以解决的问题,是和整个大都市发展模式相联系的不治之症。

面对着当下中国城市化发展中成功与危机并存的现状,不仅需要比其他国家更严肃警觉的态度,而且需要更具创新性思维的都市化发展方式探索。

如果说中国的城市化进程在过去的20年走了一条后发先至的捷径,那么未来的10年、20年可能是世界期待中国以创新思维和行动提供更合理、完善的城市发展治理经验以及通过城市发展推进整个社会可持续发展和可供全球沟通、分享的文化建设模式。

现代都市化进程的第一季即将落幕。

二、进入后大都市时代的中国都市化矛盾

"后大都市"是索亚对"福特式"大都市之后都市发展的新形态提出的一个概念。他在《第三空间》一书中以洛杉矶为例说明什么是"后大都市"。他关于"后大都市"总结了六个特征:

(1) 后福特式工业大都市:重构城市化的地理政治经济学;
(2) 世界都市:城市空间的全球化;
(3) 外扩城市或大城市带;
(4) 社会对立与碎片化的分形城市;
(5) 堡垒城市与监狱群岛;
(6) 模拟城市:重构城市意象。[1]

索亚的"后大都市"概念源于对工业化大都市发展中形成的问题及其历史趋势的思考。福特式工业化大都市随着工业化时代向后工业化时代的转变而面临着发展的危机,他所描述的以洛杉矶为代表的"后大都市"并非大都市危机的解决,而是一种后现代的城市文化现象。

中国的大都市发展比较晚,但进展神速。早在90年代就有一大批大中城市提出了建设"国际化大都市"的宏伟规划。虽然大部分此类规划未能获得国家承认,但实际的城市建设规模和速度并没有因此而放慢下来。这个时期的城市建设中,就连一些刚刚从县变成市甚至是从乡变成镇的小城市也雄心勃勃地建起一幢幢山寨美国国会大厦或德国帝国大厦的恶俗建筑以显示其宏大意象。这股大都

---

[1] E. W. Soja, *Postmetropolis*, Oxford: Blackwell Publishers Ltd, 2000, pp. 156—345.

市热持续了不过十年就暴露出了许多问题：生态破坏、历史消失、交通拥堵、雾霾问题凸显……这都是芒福德早已警告过的大都市症状即"特大城市象皮病"的各种症候。进入21世纪后中国的城市化进程在大都市病越来越严重的情况下继续前进。不同于索亚所说的洛杉矶式的后大都市模式转换，而是从"福特式"的集中式大都市转向更大规模的超级都市与都市群建设。可以说这是中国当代都市化进程的第二季。

超级都市发展模式是以"摊大饼"的方式使集中式大都市通过"中心—卫星"模式辐射和同心圆模式铺伸延展，将周边土地资源吸收整合进都市空间，迅速扩张为梯级式结构的超级都市。这种超级都市的核心结构仍然是中心集中式的，但不同于福特式的工业化自然聚集，而是以超级规划的方式人为地组织和分配资源和空间功能结构，有点类似柯布西耶的"居住机器"乌托邦理念，成为由"规划——否定——再规划"的辩证发展模式膨胀形成的超级都市。北京近半个世纪的城市发展历史就是这种超级都市形成的典型范例。

超级都市不同于工业化大都市的特点不仅在于规模更为巨大，尤其在于资本集聚能力和程度远远高于后者。工业化都市的形成基础，用索亚的说法首要的就是工业向城市空间的"植入"。① 工业资本和产业工人的集聚造就了工业化大都市的规模和空间结构，同时实体产业与工业资本的可聚集密度也限制了"福特式"都市发展的速度、规模和可持续性。

当代超级都市的财富资源已不再是工业资本而是金融资本、智力资产和行政资源等符号化资产或所谓"轻资产"。轻资产产业是麦克卢汉所说的"内爆"式发展的产业，与工业资产不同的是高有机构成，很少消耗能源和其他物质资源，因而被视为清洁产业。进入21世纪以来，以北京为代表的超级都市产业发展趋势是减少重工业等传统实体产业，加速以轻资产为基础的"内爆"型服务业。这种产业结构看起来使城市更清洁更生态，但同时也意味着更高层次更高密度的资产聚合。资产的高密度推动了先进产业集聚和功能辐射以及优质资源的抽吸，从而导致都市服务业和消费需求的内爆式增长。因为这种正反馈效应，使得超级都市的发展背离了规划中生态化有序发展的想象，变成了与周边城乡落差巨大的反生态巨无霸，导致福特式工业化大都市所难以企及的更大规模的人口和空间扩张。20世纪前期，勒·柯布西耶曾设想为工业化时代的现代都市构建一个完美的城市蓝图"光辉城市"（La Ville Radieuse）：

> 这份工作的意义，必须放在正确的时代来衡量。它一鼓作气，创造了一个完整的有机体（光辉城市），能够容纳从今往后所谓"机器时代"社会所有的

---

① E. W. Soja, *Postmetropolis*, Oxford: Blackwell Publishers Ltd, 2000, p.79.

人类作品……预示着即将发生以下三类事件：

1. 那些能够带来农业开发的事件；
2. 那些将带来线性布局的工业城市中完美无缺的功能配置的事件；
3. 那些将解决单中心放射状城市所面临的具体任务的事件。

以上诸项的实现端赖于对自然条件的充分的、精湛的掌控和配置：阳光/空间/植被。

而其目标将服务于人类：去生活/去工作/去磨练身体和精神/去四处游历。①

这是20世纪的现代主义城市学家对于工业城市未来的乌托邦想象。在柯布西耶看来，机器时代的城市发展可以通过完美的设计进行改造以实现精湛的掌控和配置，从而达到城市建设服务于人类生活和发展的"光辉城市"目标。

对于工业化时代由物质生产条件、规模和负面生态效应极限所约束的城市而言，转向更科学理性的规划和合理化建设在理论上是可能的，伦敦在20世纪后期向创意之都的转型发展可以作为一个例证。但后工业时代内爆式发展造就的超级都市却使得这种乌托邦理想变得更加渺茫。因为比工业资产"清洁"的符号化资本推动服务业轻资产几乎不受限制地急剧增长，使得超级都市人口、空间规模比大工业都市更加不受限制地扩张。因为生态问题被迁出都市的高污染传统工业随着超级都市辐射区扩张而重新被吸纳进超级都市的资源和生态交流圈；污染没有被消除，而是被扩散到新扩张的功能辐射和交换区。"清洁"的轻资产变成了更大面积、更大质量污染的推手。城市因不受控制的超常规膨胀而使得传统的功能分区不断被打破，复制、衍生和新增的功能区块大量繁衍，柯布西耶所设想的线性布局"完美无缺的功能配置"和"单中心放射状"城市结构不复存在，整个城市的功能结构趋向碎片化，超级都市实际上不再是传统意义上的实体空间，而是由不断变化的功能关系和行政管理理念包络形成的无定形空间。

与超级都市发展模式共生的都市化建设另一个重要趋势就是特大城市群的形成和自觉化。后大都市时代的大都市发展挣脱了现代大工业的刚性中心及其物流辐射结构的约束，逐渐形成了与当代高速交通、移动互联传播以及轻资产高边际收益产业发展方式相适应的高资产密度、高效率、多元化的城市群结构。这种城市群是20世纪后期到21世纪这个全球化时代最具经济和文化竞争力的空间形态。21世纪初，中国的长三角和珠三角两大区域已具备了这种城市群雏形，并且很快就形成了这种特大城市群建设和竞争的自觉。到2015年，世界银行在《东

---

① 勒·柯布西耶：《光辉城市·写在〈光辉城市〉再版之际的话》，金秋野等译，北京：中国建筑工业出版社2011年版。

亚变化中的城市图景：度量十年的空间增长》报告中称中国珠江三角洲地区已取代东京成为全球最大城市化区域。① 与此同时全国已形成了十个以上城市群建设的规划，特大城市群的增长和这个时期中国经济的高速增长呈正相关，成为经济社会发展的轴心。

但就在特大城市群高速发展的同时，与都市群建设共生的各种矛盾也日益激化：城市群的大区域高密度资产集聚形成巨大的规模效益，同时也伴生着生态足迹（Ecological Footprint）的爆炸式增长，带来比工业化时代更加复杂而难以解决的生态危机；高收益、高风险运营的轻资产产业在制造出财富的神话般汇聚增长的同时，也在极度扩大着社会利益分配的剪刀差，并且在都市化进程中演化为空间剪刀差——大中小城市之间、城镇和乡村之间的空间差别在许多情况下变成了生活品质、人生理想甚至身份认同的差异。这种差异的发展扩大不断积累、酵化社会矛盾冲突；高速发展、高速运转和高度多元化的社会需要高效率、高渗透、智能化的社会服务与管理方式，而这样的社会服务与管理又可能与高密度社会的个人隐私保护产生冲突，因而使社会矛盾危机进一步内化。

超级都市和特大城市群建设中出现的上述种种矛盾、冲突和危机，都是中国当代都市化进程中必须应对的问题。这些问题的共同特点在于都是在全球化或者说后大都市时代随着社会发展和都市化进程不断生成或衍生的新问题，因此不可能设想一种完美的规避方案以实现科学发展，只能在都市化建设进程中形成自觉与自纠机制。事实上自21世纪初以来，国家关于中国城市发展问题不断提出新的规划、目标和重点——新型城镇化、城乡一体化、生态文明建设、社会管理与服务公平化等等，意味着在都市化进程中探索突破大都市中心的发展模式，都市化进程开始走向第三季。

三、走向全域化建设

国家在都市化发展进程中一直关注着大中小城市、城镇、乡村发展如何平衡的问题，这从20世纪80年代以来国家关于城市发展的一系列计划（规划）方针中就可以看出来：②

---

① 一财网：《世行：珠三角已取代东京成全球最大城市化区域》，2015年01月26日，http://finance.sina.com.cn/china/dfjj/20150126/100521396964.shtml。
② 仇保兴：《特色小镇—适应性造就的新产业模式》，上海交通大学2017（第三届）城镇空间文化与科学论坛主题发言。

表 1　中国城市发展系列计划方针

时间	城市发展计划方针
"六五"计划 1981—1985 "七五"计划 1986—1990	控制大城市规模,合理发展中等城市,积极发展小城市。
"八五"计划 1991—1995	坚决防止大城市过度膨胀,重点发展中小城市和城镇。
"九五"计划 1996—2000	严格控制大城市规模,合理发展中等城市和小城市。
"十五"计划 2001—2005	初步建立规模结构和布局合理的城镇体系。
"十一五"规划 2006—2010	实施城镇化战略,走符合我国国情,大中小城市和小城镇协调发展的多样化城镇化道路,逐步形成合理的城镇体系。
"十二五"规划 2011—2015	坚持大中小城市和小城镇协调发展,把城市群作为推进城镇化的主体形态。
"十三五"《国家新型城镇化规划(2014—2020)》	以大城市为依托,以中小城市为重点,逐步形成辐射作用大的城市群,促进大中小城市和小城镇协调发展;优化城镇规模结构,增强中心城市辐射带动功能,加快发展中心城市,有重点地发展小城镇,促进大中小城市和小城镇协调发展。

显然,近三十年的城市化发展中国家关于大中小、城镇乡协调发展的规划并没有挡住大都市的过度发展及其造成的空间剪刀差问题。当中国城镇人口占总人口比例超过 50% 时,人们认为这才刚刚达到发达国家城市化的一般水平。但以 2014 年中国和德国城镇人口比例相比,会发现出现了一种特殊的反差:中国城镇人口比例是 54.77%,明显低于德国的 90%;然而中国城镇人口中县城以上占 75%,而德国只有 30%。[①] 美国虽然大城市人口比例高于德国,但人口向小城镇和郊区流向明显。相形之下,中国的城市化比欧美发达国家更突出地表现为大都市化。因为如此,我们在追赶发达国家的城市化水平的过程中,特大城市病以更迅猛的速度蔓延开来。

中国当代的都市化建设进程经历了一拥而上的大都市建设、超级都市和特大城市群发展之后,最近几年出现了新的发展思路。2017 年 3 月 5 日召开的十二届全国人大五次会议上,国务院总理李克强在政府工作报告中提出,要推动内地与港澳深化合作,研究制定粤港澳大湾区城市群发展规划,发挥港澳独特优势,提升其在国家经济发展和对外开放中的地位与功能。由此开始,在中国城市规划建设理念中出现了一个新的概念——"大湾区"。

其实"大湾区"本身并不是一个新发明的概念。世界上几个最大的都市群如

[①] 陆邵明:《日常生活视野下的小城镇特色营造及其记忆再生》,上海交通大学 2017(第三届)城镇空间文化与科学论坛主题发言。

纽约、旧金山、东京，都是沿海上交通枢纽湾区集聚的。大湾区本来就是特大都市群的一种典型空间形态。粤港澳大湾区可以说是对珠三角都市群的一种扩大概念：从原先沿珠江口分布的内地行政区划城市群扩大到香港和澳门，城市数量、规模和实力当然也就增加了很多。

但在中国都市化发展到了今天的形势下提出"大湾区"建设的意义并不仅限于城市群规模和经济实力的大小，它实际上意味着当代都市化发展进程的一个新契机。自从进入21世纪以来，特大城市群的发展问题成为研究中国都市化进程的重心问题。特大城市群虽然都是由几个特大城市和若干中等城市相互联系构成的组合空间，但就中国的实际情况而言，每个城市群其实基本上是以一个最重要的城市为核心集聚起来的轴心式结构：京津冀城市群虽然包含着两个直辖市，但这两个直辖市的实力、影响力和功能完全不在一个量级上，至于河北的省会和其他城市更不在话下；长三角虽然整体实力更强，特大城市和大城市有好几个，但上海的规模实力、功能和影响辐射力决定了她当之无愧地成为整个长江中下游区域的核心。珠三角的情况则有所不同：作为一个城市群的轴心，广州、深圳和香港三个特大城市有点各不相下；因为制度、行政管理问题和资源配置特点，香港和澳门一直是处在与整个城市群若即若离的状态；广州和深圳大体上以半对峙半聚合的形式成为这个城市群不完整的双轴心。

轴心型城市群是以轴心城市自然形成的规模优势和功能造成的。特大城市群的轴心城市大体上都是靠抽吸资源膨胀起来的超级都市，因而使得城市群的功能结构和发展形态会受到轴心城市的抽吸而形成马太效应，即城市发展的空间剪刀差。而当把珠三角这个非典型城市群的未来发展定位为粤港澳大湾区时，不仅意味着重新配置珠三角特大城市群的制度安排与管理，更是对特大城市群的发展提出了新的理念和模式。

"大湾区"概念是对照世界上最大的三个海湾区都市群即纽约、旧金山和东京大湾区提出来的。这三大湾区的特点当然首先就是特大城市群所具有的超高密度资源集聚和因此而产生的超高产出效益，同时三大湾区各自形成了大规模的特色产业集聚形态。大体说来，海陆交通的超大规模和快捷联动、高规格的制造业中心、配套完善的交易与物流以及由大量高水平研究机构和人才汇聚形成的创意研究中心是这些大湾区的主要特征和价值所在。珠三角城市群的地理、经济、文化形态可以说已经形成了大体类似的条件，无妨说粤港澳大湾区作为产业和社会发展的事实已经存在了。

但已经存在一个湾区形态的城市群与建设一个可与世界三大湾区竞争的粤港澳大湾区毕竟不是一个概念。应当说这是对标世界三大湾区而提出的一个新的城市群发展概念和模式。建设大湾区不仅意味着要面对珠江口湾区城市群在

管理、协作、交流、配合诸方面存在的问题进行优化整合建设,更重要的是需要形成超越现有超级都市和特大城市群建设模式的整体创新的城市发展理念。这种新的城市发展理念不仅是针对大都市和都市群的建设理念,更重要的是应当构建以大湾区建设为核心带动整个社会协调、生态化发展的全新模式。这种发展模式的实施将意味着都市化进程进入了工业化大都市、后现代都市群之后的第三季。这种创新发展模式将产生重要的都市群空间创新特征。

粤港澳大湾区建设规划看起来是一个根据珠三角特殊空间结构比较世界三大湾区提出来的一个特定意义的都市群建设方案。但实际上这个大湾区理念已经超出了粤港澳乃至世界三大湾区现有的发展形态与模式,具有一种创新、前瞻的发展可能性,从而使这个理念成为当代都市化建设的第三季风向标。

简单地说,从大都市群到大湾区建设不仅是在地理形态上增加了海湾和港口,而是形成了新的空间结构:当把陆地与海湾航运辐射、湾区岸线延伸包络因素考虑在内,实际上就形成了远为复杂的空间关系。以特大都市为轴心的城市群结构因此而产生变化,从大都市轴心转向多样化交流形态构造的动态互联的空间连续体。

大湾区的多样化空间关系结构使得现有的城市群空间尺度发生变化,由陆地交通网络构建的都市辐射圈转化为由陆海空交通和移动互联网络构建的"都市云"形态。美国社会学家卡斯特曾在《21世纪新都市社会学》中指出,21世纪的都市是由地理社区与流动空间二者之间的张力构成的。当今的移动互联交流和智能化服务正在使都市走向分形发展,而湾区建设将形成的空间格局将从空间尺度方面进一步撕开都市地理空间的封闭性,从而更加促进城市群向多元化多层次空间结构的分形。

在2017年举行的一次关于城市发展问题的研讨会上有专家指出:

> 从城市走向城市群,走向区域协调发展,走向城乡融合发展,中国的城镇化进程已逐渐进入"深水区"。中国正在建设新型城市,城市发展中的旧平衡已经打破,新平衡还在形成中。

城镇化建设的"深水区"是一个与以往城市化发展趋势和理念有重大方向差异的新思路,这也是大湾区建设应当具有的创新理念。如果说21世纪初的轴心型特大城市群是一种恒星系式的结构,那么大湾区的概念则意味着一种反向发展趋势——通过多层次、多形态的分形结构把资源通过自组织生态进行全域化的播散。从恒星系到多样性生态播散,意味着未来的新型区域结构将从"都市/卫星"结构转向全域化生态培育——以大湾区概念为标志的全域化都市化建设意味着大中小、城镇乡多元共生共享的社会生态建设理念的形成。

以小镇生态建设为播散点进行大都市能量的全域模态化分配,从而弱化乃至消除空间发展中的剪刀差,培育起面向未来生态文明的都市化结构。这种全域化发展意味着新的研究视域:从大都市结构为轴心的城市发展研究转向全域化发展研究,面临整个关系结构和系统生态多元、复杂化的难题。全域化发展模式意味着大中小城市、城镇乡关系的生态多样性成为整个社会系统的分形自组织特征,因此而形成了不同于轴心系统的复杂自适应系统——即美国学者霍兰(John Holland)所说的 CAS 系统。在整个全域化的空间关系中,从大都市到小镇和乡村,每个空间单元都通过线上线下移动互联的各种交流而构成了具有自相似特征的分形组织——"积木"(building blocks),在与大都市以及其他空间单元的交互作用中不断适应和演化,形成多样化发展的"生态壁龛"(ecological niche),从而构建起不断延展不断复杂化的大系统——从特大城市群演化为大中小城市、城镇乡相互融合、相互影响而不断生成更复杂空间系统的全域化都市云。

从"十九大"报告看中国城镇化

众所周知,"十九大"报告不是专门讨论城镇化的文件,但由于两方面的原因,一是"当今世界是城市世界"的国际大局和"中国是最大的城镇化国家"的国内大局,二是"人民日益增长的美好生活需要和不平衡不充分的发展之间的矛盾"是在城市化进程中转化为"我国社会主要矛盾"的,所以不仅报告中很多内容与城镇化直接或间接相关,也透露出新型城镇化战略在新时代的重要信息和信号,对此及时梳理、领会和把握十分重要。

一、过去五年"城镇化率年均提高一点二个百分点"的深层意味

"十九大"报告在"过去五年的工作和历史性变革"中写道:"城镇化率年均提高一点二个百分点,八千多万农业转移人口成为城镇居民。"

一般人看到的只是一个统计数据,但其背后的内容和涵义却要复杂得多。

首先,这是对我国近五年城市建设成就的巨大肯定。城镇化率是城镇化进程的基本测度方法,农村人转化为城市人则是其基本特征。但这"一点二个百分点"和"八千多万农业转移人口"却不只是一个数据那么简单。与欧洲工业革命时期的城市化相比,当今世界城市化的突出特点是"高成本",需要大量的资金和强大的经济支撑。据相关测算,中国城市化率年均增长一个百分点,就需要年新增住房3亿—4亿平方米,建设用地1800平方公里,生活用水14亿立方米。由此可知我国近五年城镇化进程的艰难不易和取得的巨大成就。

其次,这同时还包含了对我国城镇化发展规律和未来趋势的战略研判。自2011年城市人口首次超过农村人口,中国的城镇化建设开始进入中程。此时最大的问题是预测未来是持续增长还是逐步下滑,特别是增长及下滑的幅度会怎么样?相关测算表明,每增加1个城市人就需要新增城镇固定资产投资50万元,因而能否精准把握城市化的规律和趋势,直接关系到未来国家在城市领域的基本政策和资源配置。

和经济上的"唱衰论"一样,新世纪以来"城市化放缓"的论调频发。如2002年中国社会科学院的报告认为中国城镇化率到2020年将达到50%(但这比实际进程差不多晚了十年)。如2012年中国社会科学院的报告预言中国高速城市化将在2013年左右结束。如2015年《新华每日电讯》《21世纪经济报道》等认为《国

家新型城镇化规划》确立的"十三五"时期城镇化率年增长1%定得过高需要下调等。

与此相对的是中国城镇化持续增长论。如2009年住建部预测中国大规模城市建设要进行30年到35年左右。如国务院发展研究中心2012年《中国展望报告》认为"到2030年,城市居民占总人数的比重将从1/2上升到2/3"。如2016年上海交通大学城市科学研究院发布《2016—2020中国城镇化率增长预测报告》,认为这五年间中国城镇化年增长率将维持在1.2%左右,分别达到57.5%、59.2%、60.7%、62%、63.4%,城镇常住人口则分别为7.8亿人、8.0亿人、8.1亿人、8.2亿人、8.4亿人。

与2000年至2011年年均增速超过1.5%相比,"十八大"以来的五年1.2%的年增长率的确有所下降,但并不是一些人所谓的"断崖式"或"急刹车",而是说明我国正进入城镇化"新常态",由原来的高速增长变为中高速增长。由于我国城镇化仅在中程的国情,还远未到城镇化建设的"拐点时刻",对城市建设仍需要未雨绸缪地谋划和布局。

二、"十九大"报告确立了怎样的"城镇化"格局

在"十九大"报告中,重点提了"区域协调发展战略"和"乡村振兴"战略,区域的范围比城镇大,乡村的概念比城镇小,有人就望文生义地以为"十九大"不再讲"城镇化"了,同时不再把"城市群"作为未来城市建设和发展的主题。这种理解和引申是非常片面和形而上学的,属于只知"其名"而不知"其实",完全割裂了"城镇化"和"城市群"的内在有机联系,也根本不知道"城市群"本身就是《国家新型城镇化规划》、中央城市工作会议等一系列文件反复明确和强调的我国城镇化的"主体形态"。

首先,在"十九大"报告中并不是没有提到城镇化,在"三、新时代中国特色社会主义思想和基本方略"的"(四)坚持新发展理念"中,清楚地写道"……推动新型工业化、信息化、城镇化、农业现代化同步发展,主动参与和推动经济全球化进程,发展更高层次的开放型经济,不断壮大我国经济实力和综合国力"。这里的"城镇化"的核心是《国家"十三五"规划》提出的"新型城市",包括绿色城市、智慧城市、创新城市、人文城市、紧凑城市五个目标,和新型工业化、信息化、农业现代化高度匹配、同步发展,也完全不同于以大拆大建、房地产开发、GDP主导为基本特征的旧城镇化。

其次,"十九大"报告"实施区域协调发展战略"中写道:"以城市群为主体构建大中小城市和小城镇协调发展的城镇格局,加快农业转移人口市民化。以疏解北京非首都功能为'牛鼻子'推动京津冀协同发展,高起点规划、高标准建设雄安新

区。以共抓大保护,不搞大开发为导向推动长江经济带发展。"这里的"以城市群为主体""疏解北京非首都功能""高起点规划、高标准建设""共抓大保护、不搞大开发"等,集中了2014年《国家新型城镇化规划》、2015年中央城市工作会议、2015《京津冀协同发展规划纲要》、2016年《长江经济带发展规划纲要》、2017年中央关于雄安新区的相关文件的精髓,既显示出"十八大"以来区域与城市发展政策的延续性和稳定性,同时也都是未来五年探索中国城市发展道路的重大战略举措。

再次,针对这些模糊认识和片面理解,有必要重申"城镇化"和"城市群"的内在关系。中国城市的根本使命和任务是走出"一条中国特色城市发展道路"。中国城市应该走什么道路,改革开放以来一直有两种声音:一是走小城市发展道路,以夏书章的超微型城市论和费孝通的微小城市论为理论代表,以1989年国务院制定的"严格控制大城市规模,合理发展中等城市,积极发展小城市"(俗称"三句话方针")为大政方针。二是走大都市发展道路,在理论上以2002年"大上海国际都市圈"研究报告首次提出走"以大城市为主的城市化发展道路"为代表,在现实中以2004年全国183个城市提出建设"国际化大都市"为象征。但实践证明,它们各有偏颇。前者看不到大都市的带动和辐射作用,基本上属于"穷过渡"城市化思维。后者加剧了城市之间的"同质竞争",造成区域内资源、资金和人才的巨大浪费和低效配置。因此,从2005年国家"十一五"规划首次提出"把城市群作为推进城镇化的主体形态"开始,到2014年《国家新型城镇化规划》明确"把城市群作为主体形态",到党的十八大报告提出"科学规划城市群规模和布局",一条中国特色城市发展道路的基本模式尘埃落定。

在这个基础和背景上,"十九大"确立了以城市群为主体形态、以区域协调发展为总体目标、以乡村振兴为重点战略任务的城市化格局,体现了新时代中国特色社会主义城市发展的必要趋势和根本要求。

三、乡村振兴战略只是讲"三农"而和"城市"无关吗

"十九大"报告"五、贯彻新发展理念,建设现代化经济体系"提出"实施乡村振兴战略":"农业农村农民问题是关系国计民生的根本性问题,必须始终把解决好'三农'问题作为全党工作重中之重。要坚持农业农村优先发展,按照产业兴旺、生态宜居、乡风文明、治理有效、生活富裕的总要求,建立健全城乡融合发展体制机制和政策体系,加快推进农业农村现代化。"有人以为这体现了"十九大"对乡村建设的高度重视,和城市没有什么关系,甚至由此导致了未来会"重农村轻城市"的猜测和误判。

首先,有什么样的现实,就有什么样的观念。中国城乡长期二元对立的现实,造就了把城市和乡村对立起来的思维方式和价值态度。在理论上的典型表现是,

把城市研究和农村研究、城市规划和农村规划、城市建设和农村建设截然分开。而由此造成的影响则是,研究城市的往往排除农村,搞农村规划的也总是要把标准做得低一些,一切都成了"城里人"不同于"乡下人"的翻版。其实,农村研究本就是城市化研究的四大对象之一。不仅农村研究是城市社会学的一个重要部分,所以才会有那么多人关注半城市化、农村空心化等;而且农村研究专家也总是要把农村问题的根源追溯到城市,其解决问题的办法也不外乎是工业反哺农业、城市带动乡村等。如果我们能破除这种思想观念上的"城乡对立",就不会觉得"实施乡村振兴战略"和城市建设发展了无干系了。

其次,今天的城市和乡村,比历史上任何时期都难以分开了。乡村振兴战略不只是给农村承包制等"吃了定心丸",同时也为城市带动乡村发展、城乡一体化指出了新方向。在中央和国家的一系列政策文件中,从来都没有把城市和乡村发展分开过。在"十九大"报告中,不仅"城乡区域发展和收入分配差距依然较大"被作为民生领域的"短板"之一,"实施乡村振兴战略"更是明确提出"建立健全城乡融合发展体制机制和政策体系"。从历史上看,城市和乡村有两种关系:一是旧城市化中"城市征服、剥夺、虹吸农村"的对立关系,二是在城市群语境中大中小城市协调、城乡共生发展关系。如果我们今天还从城乡二元对立的角度去理解"乡村振兴战略",不仅在观念上是偏颇的,在实践中也是有害的。

四、"十九大"报告中的城市发展主题到哪里去找

关于我国的城市建设和发展,中央和国家已出台多个政策文件。中央城市工作会议还明确要"走出一条中国特色城市发展道路"。"十九大"报告站在新时代的历史高度,以画龙点睛的笔法高度提炼了城镇化的关键和重点。但如果要问"十九大"以后中国城市发展的主题,还需要结合"十九大"总体战略部署去找寻。

温饱、小康和现代化,是改革开放总设计师邓小平为中国现代化规划的三大战略目标。在"十八大"报告明确提出到2020年全面建成小康社会之后,现代化的目标已遥遥在望,同时在苏南、珠三角等发达地区,已开始探讨区域现代化的框架与标准。在这些基础上,"十九大"报告提出:"从十九大到二十大,是'两个一百年'奋斗目标的历史交汇期。我们既要全面建成小康社会、实现第一个百年奋斗目标,又要乘势而上开启全面建设社会主义现代化国家新征程,向第二个百年奋斗目标进军。""十九大"报告将这个新征程划分为两个阶段:"第一个阶段,从二○二○年到二○三五年,在全面建成小康社会的基础上,再奋斗十五年,基本实现社会主义现代化;第二个阶段,从二○三五年到本世纪中叶,在基本实现现代化的基础上,再奋斗十五年,把我国建成富强民主文明和谐美丽的社会主义现代化强国。"

教育部哲学社会科学系列发展报告
MOE Serial Reports on Developments in Humanities and Social Sciences

现代化在本质上是指以经济现代化为主导生产方式、以政治现代化为国家主体构架、以文化现代化为精神文明形态、以社会现代化为主流生活方式、以环境现代化为可持续发展目标,以人的现代化和全面发展为战略重心的人类历史和文明进程。当今世界是城市世界,城市在"决胜全面建成小康社会,开启全面建设社会主义现代化国家新征程"中承担着中流砥柱的作用。这就使得"现代化"和"城镇化"的关系更为紧密,简单说来,"现代化"是"城镇化"的内在机制与内容,"城镇化"是"现代化"的空间载体和形式,两者在很大程度上相互叠合、同步发展。这是因为,现代化意味着传统农业文明向现代工业文明的转型,其最突出的特点是以基于现代科学技术的工业生产方式为基本手段,深刻改变了人类传统的空间环境、社会形态和生活方式,使城市成为人类生产生活的核心和主流。因此可以得出未来的城市化,必将是在中国特色社会主义新时代背景下开启的城市现代化的新征程。从城市化到城市现代化,从城市基础设施现代化到城市功能的现代化,是我国新型城镇化最需要研究和关注的"国之大事"。

主题报告

2018中国大都市圈发展报告

随着城市区域化和区域城市化的相互融合发展,都市圈已成为一个国家和地区经济活动最活跃的区域,都市圈竞争力也成为国家和地区竞争力的重要组成部分和外在表现。大都市圈是城市发展到一定阶段的必然产物,大都市圈以一个大城市为核心,形成经济和社会活动活跃、功能互补性强的空间圈层结构,成为所属国家的创新中心和竞争力高地,并且较大程度地缓解了单一城市因人口、资源、人类活动等因素过度聚集而产生的各种城市病。

中国都市化进程正在呈现不断加快的趋势,大都市圈的快速兴起对我国经济社会发展具有重大而深远的意义,大都市圈未来的战略价值将是作为代表国家参与全球竞争的重要单元,综合国力加速提升的重要巨型引擎。目前,三大都市圈和几大城市群已成为影响我国经济社会发展的主平台,决定着我国未来区域经济与新型城镇化的基本形态和总体走向,据测算,未来5—10年内,预计我国大都市圈、城市群涵盖的人口和经济规模分别会占到城市总人口和经济总规模的82%和92%。鉴于我国的大国国情,以及不同地域大都市圈的发展状况(地理、历史、人文)不同,各大都市圈功能、形态、规模各不相同,大都市圈的发展既面临共同的障碍,也有各自的特殊问题。

本报告采用重点聚焦的方法,通过研究国内外典型都市圈的发展现状、动态、趋势、特征和规律,提出我国大都市圈的发展战略和政策建议。报告内容分为五个部分:第一部分,界定大都市圈的概念、解析其深刻的内涵;第二部分,梳理分析大都市圈领域的相关研究主题与研究动态;第三部分,分析具有世界级影响力的典型大都市圈即东京大都市圈和纽约大都市圈;第四部分,立足我国东部、中部、西部三大区域的差异分析国内典型大都市圈即上海大都市圈、郑州大都市圈以及成都都市圈;第五部分,提出进一步加快我国大都市圈的战略和政策建议。

一、大都市圈概念的界定及其内涵

(一)城市发展演化的过程

现代城市的发展过程,一般都是由小规模的单中心城市逐渐发展为由多组团构成的规模较大的多中心城市,现代大城市多由核心组团和外围组团构成。随着城市发展和城市规模不断扩大,仅由中心组团和外围组团构成的城市已无法满足城市空间扩展的要求,这时就会在已有结构基础上进一步发展出若干卫星城,一旦出现这种情况,我们就可以说城市进入到都市圈的发展阶段。这也是我国新型城镇化在当下所处的历史阶段和窗口期。

都市圈是组织单体城市生产生活生态的最大空间范畴,一般由日生活圈、通勤圈等多个圈层组成。随着现代交通的发展和国际竞争的日益激烈,人们希望在更大范围内优化资源配置、建立城市之间的层级关系和市场协作,于是在单体城市之间出现了城市群形态。在整个过程中,城市的空间结构和土地使用形态与城市规模都息息相关。

(二) 都市圈的概念及内涵

1. 大都市圈的概念界定

大都市圈概念的理论来源是城市群研究,其内涵和应用与各个国家的情况紧密结合并因具体国情和阶段不同而有所差异。迄今为止,学术界对都市圈的认识和研究先后经历了田园城市(Garden City)、集合城市(City Cluster、Satellite City)、城市组群(Conurbation)、都市圈(Megalopolis)四个阶段,但在概念内涵上并未形成一致的看法、得出明确的界定。目前使用较多的语词汇主要有都市圈、城市群、大都市带、都市连绵区、城镇群体等,以是之故,在大都市圈的评估和认定方面,也存在一些不同的标准和方案。如日本规定都市圈是由人口在10万以上的中心城市及其周边的日常生活区域为都市圈。中心城市是都市圈中的核心行政市,周边地区是指与中心城市在社会、经济等方面联系密切的地区。

在借鉴西方都市圈研究和标准的基础上,同时参照我们都市圈的研究和规划,我们认为:都市圈是指以一个首位度占明显优势的核心城市为中心,以适当距离的通勤范围为空间区域,拥有一个及以上与核心城市具有一体化社会经济联系和合理产业分工的中小城市,并通过立体的交通系统与发达的通信系统实现了整个区域范围内经济社会联系紧密、产业与服务功能高度协调、人口和文化交往密切的城市化区域。由于与国外城市人口差别悬殊,因此在这方面不做量的规定。

2. 大都市圈的内涵解析

从空间形态上看,都市圈都是由一个具有"中心地"功能的核心城市与周边其有密切交通、经济和社会联系的近邻中小城市组成,既同属于某一个城市群,同时又是该城市群最富有经济、社会和文化活力的核心区块。

从空间规划上看,我国空间规划目前已实际形成了包括农村、小城镇、城市、大都市、大都市区、大都市圈、城市群和湾区在内的八个主要范畴,其中与大都市圈关系最密切同时也是最需要加以区别的是"大都市区"和"城市群",由此可知,中国大都市圈在空间层级上最基本的特征是比一般的城市群"小"和比一般的大都市区"大"。

从经济地理上看,都市圈内以发达的交通廊道和密集的人口流动为基础,不仅在区域内形成了高效快捷的一日内通勤圈,同时还叠加有一日生活圈、一日购物圈和一日日常活动圈等特征。

从内部联系上看,都市圈的中心城市和中小城市一体化倾向的发展趋势十分明显,中心城市吸引着大量资源及劳动力,并能促进城市之间的相互联系和分工协作,带动周边地区经济社会发展。

从经济发展看,在都市圈内部一般都形成了一体化的劳动力市场和资本市场,中心城市和周边城市能充分利用各自的产业和区位优势实现快速发展,在发展过程中能够合理配置和利用各类资源,促进区域经济、社会与环境整体发展。

(三)都市圈与城市群的异同

《国家新型城镇化规划(2014—2020年)》提出,以城市群为主体形态,推动大中小城市和小城镇协调发展,为我国城市发展方向提供了战略指引。都市圈是城市群发展中最核心的组成部分,两者均为我国城市与区域发展的重要形态,并存在较大的差异,这主要表现在以下两点:

首先,与都市圈相比,城市群是城市发展到成熟阶段的空间组织形式,是由地域上集中分布的若干都市圈、大城市和中小城市集聚而成的庞大的、多核心、多层次的城市集团,是生产要素、空间资源和流通市场一体化优化的空间区域,都市圈是城市群内的重要组成部分,也是一个城市群最具有活力的核心区块。

其次,与都市圈相比,城市群在生产要素、生产力、市场及生态环境等方面高度依存,不同城市之间交通便捷、有较强产业关联、有传统的工商业交流和互相依赖关系,并可以一体化方式实现提高生产效率、经济效益和环境效益的城市共同体。和人员交流相比,城市群之间更突出的是生产资料、半成品和产品之间的物流和交换等货物运输需求以及商务、旅游等客流移动需求,这种需求与城市群以外的其他城市相比,有更高的频度和内生性。

二、围绕大都市圈的细分主题与研究动态

在以大都市和城市群为核心的当代都市化进程[①]中,适应经济发展、地理区位、基础设施等外部条件的变化,探讨大都市圈的功能形态、发展模式、合作机制等,同时,结合区域发展战略推动大中小城市协调发展,对提升一个国家和地区的综合竞争力意义重大。围绕大都市圈的相关的研究成果,包括了大都市区(圈)发展理论、城市群发展模式与合作机制、城市网络与区域一体化发展战略等内容,这些研究为我们开展大都市圈研究奠定了较好的基础。

---

① 刘士林:《都市化进程论》,《学术月刊》2016年第12期,第5—12页。

(一) 从大都市区研究到都市圈的研究

在大都市区理论或城市郊区化研究中,国外最具代表的是霍华德(Howard)的"田园城市"和沙里宁(sarrinen,1942)的"有机疏散理论",他们的理论成果为后来的城市郊区化和大都市区研究奠定了基础。迪肯森(Dikinson,1947)认为,一个城市可以划分为三个地带,即城市中心地带,中间区域地带以及远郊地带。维克托·格鲁恩(Victor Gruen,1964)指出,不同阶段的城市扩展的程度需要一定的城市规模和空间布局模式与之相适应,城市在扩张的过程中会减弱自身的活力,同时他还针对每个阶段的发展做出了具体描绘。1954年,埃里克森(Ericksen,1954)提出,一个城市分为工业、商业、居住三大区域,商业位于城市的中心,发出射线与工业区域连接,而在不同放射线切割相连接处形成的区域则属于居住区。穆勒(1981)认为,大都市区的空间结构应该包括4个部分:中心城区、近郊区、远郊区和城市边缘。20世纪90年代,欧美进入了郊区化的快速发展阶段,学者又提出了新城市主义、精明增长理论等,对分散郊区化发展模式提出质疑,认为紧凑型集聚发展才能适应当今城市发展的需要。

改革开放以来,国内兴起了对大都市区的研究,并根据我国城市化实际对大都市的内涵和外延展开讨论。1984年,周一星的《关于我国城镇化的几个问题》对urbanization 的翻译讨论中提出,city 可以分为大都市区(megalopolis)、大都市(metropolis)及一般意义的城市(city)。并提出要把非农业人口规模作为大都市区标准界定的指标之一[①]。1988年,周一星提出"城市经济统计区"的概念,以与国外都市区(metropolitan area)相对应。他对都市区提出了量化标准——中心地区的非农就业人口在20万以上。并把都市区周边区域标准细分为:一是地区非农产业占地区产值75%以上;二是非农劳动人口占总人口60%以上;三是与城市中心相邻。而如果一个区域与两个或者多个城市中心相邻,该区域就要算在与之联系度最强的都市区的范围内。

进入90年代以后,大都市区研究持续升温。孙胤社(1992年)认为,大都市区周边区域完全包围中心城区或者周边区域与中心区域的联系度已大于一定的界限指标可以算做大都市区,在实证研究上,孙胤社将月客流量50%作为北京大都市区的区域标准。[②] 谢守红(2003)在参考国外大都市区的演变轨迹基础上提出都市区的界定标准:应以 GDP 中非农产值比例作为大都市区周边区域的划归标准,并指出大都市区应有人口中心且与其高度紧密联系的社区。宁越敏(2003)提出,城市功能区是大都市区的本质。大都市区的城市中心的界定标准为人口规模50

---

① 周一星:《关于我国城镇化的几个问题》,《经济地理》1984年第2期,第116—123页。
② 孙胤社:《大都市区的形成机制及其定界》,《地理学报》1992年第6期,第552—560页。

万,周边区域界定标准城市化水平50%。① 胡序威(2003)提出,都市区不应限制在城市行政区,应该定位于城市中心具有较强的经济联系的具有一定城市化水平的周边县市。② 宁越敏(2011)以全国第五次人口普查为基准,认为全国拥有50个大都市区。界定标准是都市区城市中心人口超过50万,周边区域人口密度超过1500人/每公里。同时认为除标准都市区还存在主副中心、中心与外围、多中心离散等非标准都市区。③ 中国城市规划学会(1999)认为,大都市区城市中心人口超过100万,城市中心可由若干个大中城市共同组成。谭成文、杨开忠、谭遂(2000)认为,都市区的范围应突出都市区各个区域之间的经济联系和要素流通,提出一个大区域内人流、资金流、物流、信息流如果流通顺畅、联系密切则应作为同一个都市区。④

在大都市区研究的基础上,都市圈的相关研究应运而生。李国平等(2004)提出,都市圈为职能密切相关并在景观上连为一体。⑤ 郭熙保、黄国庆(2006)认为,都市圈是多个城市次中心或节点城市围绕一个城市中心,依托通信网络、交通网络辐射周边区域,具有较高城市化水平且具有整体化特征的城市空间形态。⑥ 但这些研究也都普遍存在一个问题,就是未能将都市圈和都市区在理论内涵和空间规模上加以区别,这是我国近年来很多规划一会儿叫"都市圈"、一会儿叫"都市区"的根源,为适应我国空间规划层级体系的需要,把两者在逻辑上相区别已是势在必行。

(二)大都市圈的重要形式:城市群发展模式、合作机制相关研究

大都市圈是城市群发展演化的高级形态。关于城市群体系结构的研讨是现代城市化研究的重要内容。如何在新的经济发展环境下和城市化快速推进的过程中具体落实"大中小城市协调发展"的指导方针,是推动我国城市化健康发展和探索中国特色城市化道路的关键问题。当前围绕城市体系规模结构走大中小城市并举,实现协调发展的战略思路已经基本形成共识。⑦ 但针对城市体系规模结构演变同经济持续增长的内在联系,大中小城市怎样才算实现了协调发展等,目前尚缺乏明确的概念和认识。

美国地理学者邓肯(Duncan)在研究美国城市专业化及其与大都市区相互关

---

① 谢守红:《大都市区空间组织的形式演变研究》,博士论文库,华东师范大学,2003年。
② 胡序威:《对城市化研究中某些城市与区域概念的探讨》,《城市规划》2003年第4期,第28—32页。
③ 宁越敏:《中国都市区和大城市群的界定——兼论大城市群在区域经济发展中的作用》,《地理科学》2011年第3期,第257—263页。
④ 谭成文、杨开忠等:《中国首都圈的概念与划分》,《地理学与国土研究》2000年第4期,第1—7页。
⑤ 李国平等:《首都圈——结构、分工与营建策略》,北京:中国城市出版社2004年版,第1—13页。
⑥ 郭熙保、黄国庆:《试论首都圈概念及其界定标准》,《当代财经》2006年第6期,第79—83页。
⑦ 李善同:《中国城市化过程存在的主要问题及对策》,《中国建设信息》2008年第6期,第6页。

系时,将城市地理学与一般系统论有机结合,首次正式提出了城市体系的概念——城市体系是指在某一区域范围内,由众多形态和职能不同而又相互联系的城市组成的集合体,中心城市在其中起主导作用。目前,国内普遍采用的城市体系定义来自顾朝林,他认为,城市体系,也可以称作城镇体系,是指在一个国家或区域范围内,由相互联系、相互制约、具有不同规模和职能的各种城市(包括城镇)所组成并具有一定时空地域结构的有机整体。① 周一星则认为,完善的城市体系应具有整体性、动态性、开放性、层次性和重叠性的特点。一个国家的城市体系是在相当长的历史时期内,由城市、联系通道(交通网络)等多种要素随着社会经济发展而动态形成的具有一定规律性的有机整体。城市体系并不是固定不变的,其组成要素和外界环境的变化,都会通过交互作用和反馈,促使城市体系的规模、形态和职能不断发生动态变化。开放性也是城市体系的重要特征,它意味着城市体系不是一个封闭的组织,而是一个频繁与外界进行要素、物质、能量、信息交换的开放系统。此外,城市体系的大小通常由所在区域的地理、经济和层次而定,内部各个城市也是有大有小,大的中心城市是城市体系的核心,小的城市充当城市体系的基层,同时一个城市又可以充当不同的角色和成为不同城市体系的成员,体现为城市体系的层次性和重叠性。城市体系是区域经济的基本骨骼系统,是一个地区社会经济发展到一定阶段的产物。② 如何促使一个国家和地区的城市体系从无序向有序转化,实现整个城市体系效益的最优化,不断完善从而最终达到整个区域范围内社会、经济、环境和谐发展的总目标,已成为城市体系理论研究的重要内容。

关于城市群合作研究。城市群合作是促进区域间协同发展、全面提高区域综合竞争力的强大动力和重要保障。由于合作要打破行政区划的限制和地方保护主义的束缚,因此,城市群合作的模式和机制非常重要。学界关于泛珠三角和长三角的合作机制研究文献相对较为集中。龚胜生等(2014)对长江中游城市群的合作机制从主体机制、目标机制、动力机制、运行机制和保障机制五个方面进行系统构建,建立完善的区域合作机制。③ 傅永超等(2007)运用府际管理的基本理论,提出以构建政务环境、经济环境、生态环境和信息环境为基础平台的网状政府合作模式,其中特别强调从制度设计的角度来制约政府的毁约和不合作行为,要求政府间合作项目必须由以"法规、监督、激励"思想为核心的制约制度来保证实施,

---

① 顾朝林:《中国城镇体系——历史·现状·展望》,北京:商务印书馆1996年版。
② 同上。
③ 龚胜生等:《长江中游城市群合作机制研究》,《中国软科学》2004年第1期,第96—104页。

解决当前省域内城市群政府间合作问题,有效实现城市群公共事务的合作。① 臧锐等(2010)基于机制设计理论,按照"资源有效配置、信息有效利用、激励相容"三个机制设计标准进行了增强城市群综合承载能力的政府合作机制设计,构建了政府合作增强城市群综合承载能力的理论分析模型,为旨在增强城市群综合承载能力的政府间合作以及政府间经济合作、全面合作乃至其他组织机构为实现某一目标而开展的合作等提供了参考。② 支磊(2012)以中原经济区城市群为例,从改革政府官员绩效考核机制、完善经济区合作组织、建立健全法律法规等方面构建完善区域政府间合作机制。③

城市群合作机制表现出复杂性和多面性,一些学者从不同视角进行了探讨。丁同民(2010)从法治和政策协调视角出发,从健全金融合作的沟通协调、信息共享、利益均衡、风险防范、先行先试、人才发展、生态共建等机制入手,对健全中原城市群区域金融合作机制进行探索。王佃利等(2015)从区域公共物品视角出发,认为城市群区域公共问题是区域公共物品在城市群内的供给问题,为此要建立与区域公共物品自身特征相契合的供给机制,构建包括制度保障、公私合作、整体性政府间关系在内的多中心供给方式。④ 吴兴国(2013)建议完善城市群法律运行机制推动区域合作发展,应以地方立法和区域合作为原则构建法律创新机制,以共享和联动为理念构建法律实施机制,以评估和回馈构建法律完善机制。⑤

对于城市群内不同领域的合作,学界也给予了充分关注。朱学霖等(2015)探讨长江中游城市群区域旅游合作的动力机制,即旅游产业进一步发展的自身驱动和积极适应外部大环境的现实需要。⑥ 刘钒等(2013)基于区域创新能力对长江中游城市群科技合作进行探讨,提出鄂湘赣应共同制定科技合作的路线图,破除妨碍科技合作的体制机制障碍,建立科技信息共享机制和政产学协同创新机制,以促进区域创新能力的共同提升。⑦ 丁胡送等(2012)关注了在当前国际国内产业转

---

① 傅永超、徐晓林:《府际管理理论与长株潭城市群政府合作机制》,《公共管理学报》2007年第2期,第24—29页,第122页。
② 臧锐等:《增强城市群综合承载能力的政府合作机制研究》,《经济地理》2010年第8期,第1299—1303页。
③ 支磊:《区域政府间合作机制的构建——以中原经济区城市群为例》,《中州大学学报》2012年第5期,第15—18页。
④ 王佃利等:《区域公共物品视角下的城市群合作治理机制研究》,《中国行政管理》2015年第9期,第6—12页。
⑤ 吴兴国:《区域合作背景下的城市群法律运行机制研究》,《求索》2013年第12期,第207—209页。
⑥ 朱学霖等:《长江中游城市群区域旅游合作的动力机制》,《农业与技术》2015年第3期,第150—152页。
⑦ 刘钒等:《基于区域创新能力的长江中游城市群科技合作研究》,《湖北社会科学》2013年第2期,第47—51页。

移背景下泛长三角城市群产业转移中的异地产业园区的合作机制与模式。①

以上这些研究尽管主要是围绕着城市群展开,但一方面由于一些学者未明确区分城市群与大都市圈,另一方面由于城市群和都市圈发展也有某些相似性,因此学者关于城市群的研究,对我们开展大都市圈研究也有积极的启示。

(三) 大都市圈的结构形态:关于城市网络相关研究

大都市圈的研究在本质上属于城市网络研究的一部分。国外对城市网络的研究在技术层面有很多成果,"全球化和世界城市"研究小组(GaWc)基于企业数据对世界城市网络做了大量研究。由于高级生产服务业具有高度的专业化特征、较强的关联作用和辐射效应,雅各等(Jacbos,2011)、泰勒(Taylor,2011)和泰勒等(Taylor,2013)以高级生产服务业企业的空间分布数据和等级分布关系,研究对世界城市网络体系的结构、演变、组织特征的影响作用。范·奥尔等(vanOort,2010)通过对荷兰典型的城市空间多中心网络结构的 Ranstard 地区为例,主要对由企业之间买卖关系所构成的城市经济联系网络进行考察,提出城市网络应当具有节点间功能网络的合作和互补关系,结果发现基于企业联系的并不支持城市功能的一体化,认为 Ranstard 地区城市功能网络与结构网络并不匹配。

国内较早通过企业网络研究城市结构问题的是张闯和孟韬(2007),他们主要采用了社会网络分析和测度方法,以中国连锁百强企业的店铺网络反映各城市间流通网络的空间结构特征。② 此后,在借鉴 GaWc 研究方法的基础上出现大量以企业为对象的城市网络研究,如张晓明和汪淳(2008)、唐子来和赵渺希(2010)分别利用长三角高级生产服务业分布数据和企业分支机构数据考察区域城市体系所呈现的网络演化特征。武前波等(2010,2011)利用中国制造业企业500强和跨国公司500强中电子信息典型企业的生产网络的空间分布,分析公司空间组织作用下的中国城市网络特征。③ 汪明峰等(2014)利用中国风险投资机构的1361个投资事件考察了资金在城市间的流动状况,借以分析城市和区域网络演化的空间组织机制、特征及其变动态势。④ 程玉鸿和陈利静(2014)根据珠三角主要金融行业148家企业的空间布局数据,借鉴城市连锁网络模型分析城市网络发育特征及其形成的行业动因,珠三角城市群形成以"深圳—广州"为双核的网络层级结

---

① 丁胡送等:《泛长三角城市群产业转移中的异地产业园区合作机制及模式研究》,《科技与经济》2012年第6期,第96—100页。
② 张闯、孟韬:《中国城市间流通网络及其层级结构——基于中国连锁企业百强店铺分布的网络分析》,《财经问题研究》2007年第5期,第34—41页。
③ 武前波等:《中国制造业企业500强总部区位特征分析》,《地理学报》2010年第2期,第139—152页。
④ 汪明峰等:《中国风险投资活动的空间集聚与城市网络》,《财经研究》2014年第4期,第117—131页。

构,并发现城市网络无论对于城市群整体还是单个城市的竞争力提升作用明显。①

在全球一体化背景下,城市网络化是大都市圈形成发展过程中理想的模式,"多中心、网络化"是大都市圈发展的必然趋势。朱顺娟等(2010)以长株潭城市群为例,认为加快城市网络化发展,必须通过调整网络各节点产业结构、加强交通运输网络建设、发展信息网络化、建立政府合作新机制等措施增强城市网络联系。②袁丹等(2014)对丝绸之路经济带城市群经济联系网络的空间结构及其变化进行实证分析,提出要进一步加强区域间的经济联系。③王圣云等(2015)认为提高中心城市及中介城市的交通物流竞争力,通过上中下游城市优势互补、合作互动和梯度辐射,加强长江中下游地区与上游地区城际经济联系,优化长江经济带城际经济联系网络空间结构与合作路径,是促进长江经济带协调发展的主要着力点。④

增长极思想被当代各国用来解决各种不同的区域发展与规划问题,尤其被应用于落后地区和城市系统中。增长极概念最早是佩鲁(Francois Perroux)于1950年发表在《经济学季刊》的《经济空间:理论与应用》一文中首次提出的。佩鲁指出各种企业的建立,"在地理上是分散的",并形成各自的一定的势力边界。作为原始涵义的增长极概念却与区域问题并无直接关系,增长极概念的出发点是抽象的经济空间,而非普通意义的地理空间。同佩鲁不带地理色彩的抽象经济空间概念相反,布代维尔强调经济空间的区域特征,认为"经济空间是经济变量在地理空间之中或之上的运用"(Boudeville,1966)。在区域政策实践中,增长极概念又进一步复杂化,被用来描述各种政策干预措施。由于对增长极涵义理解的不同或强调的重点不同,对区域增长极的运行机制就会有不同的理解。有学者强调大型推进型产业对区域经济发展的推进作用,有学者强调城市在区域经济发展中的中心作用,还有学者则从创新的角度出发把大城市看成一国或一地区发展中的综合性创新发展中心。法国经济学家布代维尔从增长极理论得出了区域增长极战略的基本思想,并对其作了系统的阐述。同佩鲁一样,布代维尔特别强调推进型创新性

---

① 程玉鸿、陈利静:《城市网络发育特征及其对城市竞争力的影响——基于珠三角主要金融行业148家企业选址数据》,《产经评论》2014年第4期,第117—127页。
② 朱顺娟等:《城市群网络化联系研究——以长株潭城市群为例》,《人文地理》2010年第5期,第65—68页,第31页。
③ 袁丹等:《丝绸之路经济带经济联系与协调发展的社会网络分析》,《云南财经大学学报》2014年第4期,第61—67页。
④ 王圣云等:《长江经济带城市集群网络结构与空间合作路径》,《经济地理》2015年第11期,第61—70页。

产业在经济发展中所起的作用。布代维尔提出,推进型产业可以对其他产业产生后向与前向联系效应,这些后向与前向联系效应产业又可以通过区域内劳务和资本等要素的优化配置而得到补偿,从而随着整个产业的扩张使这一地区变得对投资更有吸引力,形成地区产业的累积增长。但布代维尔的分析也存在着很大的局限性,就是推进型产业很难具有地方效用,其影响所及的地方往往在数百上千里之外,从而更多地作为经济部门中的"极"而存在,很少成为区域中的"极",事实上,这也是增长极理论从抽象的经济空间中直接转换到地理空间中的最大缺陷。

综上,目前大都市圈的相关战略研究主要集中于经济发展的研究,以生态、文化和社会发展作为评判标准和发展目标的综合性大都市圈规划不足。关于城市群的规划建设,我们曾提出有两种模式:一是传统的主要以经济、交通和人口作为测评指标的"经济型城市群",二是新出现的主要以生态、文化和生活质量作为评判标准的"文化型城市群"。在全球人口爆炸、能源危机、生态环境急剧恶化的当下,"文化型城市群"日益成为全球城市化和区域发展的主流和大趋势。[①] 从提倡大规模产业和交通建设转而强调经济、生态、人文、社会协调,这不仅是发展理念的一个巨大进步,也是发展模式的重大创新。这个研究尽管主要是基于城市群,但对我国即将开展的大都市圈发展战略研究具有一定的借鉴价值。

三、国外大都市圈的发展变迁与主要趋势

西方国家在都市圈建设方面起步较早,特别是纽约、伦敦、东京、巴黎、芝加哥等国际知名都市圈已形成了较为成熟的发展模式和一些较好的经验做法。本报告通过对东京大都市圈和纽约大都市圈的研究,分析其发展的特点、经验和主要做法,为深入认识和了解西方都市圈发展的一般规律,以及为我国大都市圈的培育发展提供有效的范例和借鉴。

(一)东京大都市圈

日本是世界上最早提出"都市圈"的概念并对都市圈进行统一规划和跨区域联合治理的国家,在都市圈发展与治理方面积累了丰富的经验。其中以东京都为主要核心城市的"东京都市圈"最具代表性。

1. 行政区划及人口

根据1956年制定的《首都经济圈规划法》,东京大都市圈包含1都7县,包括东京都、埼玉县、神奈川县、千叶县、茨城县、栃木县、群马县和山梨县。东京都是

---

① 刘士林:"把城市群作为主体形态",《文汇报》(上海)2013年12月19日,第5版。

核心,包括23个特别区、26个市和5个町、8个村,其中23个特别区是核心区。

按照行政区划,东京大都市圈总面积为36436平方公里,仅占日本国土的9.8%,人口却高达4346.7万人(2010年),占日本总人口的33.9%,人口密度为每平方公里1807人,是全国平均人口密度的三倍多,比北京市人口密度每平方公里约1187人高出52.2%。

2010年东京都人口集中地区人口为1291万人,占东京都总人口的98.2%,占东京大都市圈总人口的29.7%;人口集中地区人口密度为12022人/平方公里,是东京大都市圈平均人口密度的6.65倍,是人口密度最小的群马县的3倍。东京大都市圈核心区及中间层的人口密度明显高于外圈4县。

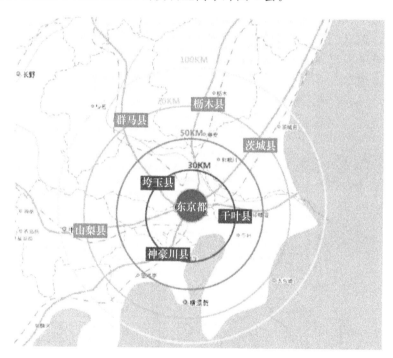

图1 东京首都圈示意图

(资料来源:中国指数研究院,京津冀离世界级都市圈还有多远? 2016)

2. 经济发展概况

2009年,东京大都市圈的GDP总量达到21456亿美元,位居世界主要大城市群首位。核心区东京都的GDP有压倒性优势,达到9548亿美元,占整个东京大都市圈GDP的44%,中间圈层三县GDP总和占整个大都市圈的43%;人均GDP东京都也有相当的优势,人均73501美元,千叶县次之,人均57668美元,茨城县及埼玉县略高于2009年全日本的人均GDP(39731美元);群马县和山梨县平分秋色,人均38000美元;枥木县最低,为人均20000美元。

对东京大都市圈进行三次产业结构分析得出如下结论:东京大都市圈内1都7县均以服务业和工业为主,三次产业存在结构趋同现象,可见地理位置接近中心城区与否并没有影响内部产业结构的相似性。具体来说,东京大都市圈核心区域东京都的第三产业占绝对优势,达到了86.6%;中间圈层三县中,埼玉县和神奈川县产业结构比较类似,第三产业占到70%以上,第二产业占26%左右;千叶县与外圈的枥木县产业结构类似,第二产业占到了40%以上,与第三产业相比只少了不到10%;茨城和群马县的产业结构类似,第三产业均在65%以上,第二产业在30%以上;1都7县中山梨县的第一产业比例最高,达到了7.2%。

东京与伦敦和纽约为三大世界城市,但许多学者指出东京经济结构有别于伦敦和纽约。东京包含了大量的制造业并集聚了大量中小企业,尽管金融和服务业经历了急剧的增长,但制造业仍然举足轻重。东京大都市圈经济总量约占全国的2/3,工业产值却占全国的3/4,商品零售总额占30%。有学者认为纽约和伦敦是金融、资本全球化,而东京则是工业全球化,东京全球化的重点在于日本制造业的国际化。因此,日本的经济特点可以概括为经济职能全面发展,并拥有强大的制造业。

3. 产业发展空间布局

以东京为中心周围各圈层城市的经济发展与产业布局,如下图所示。

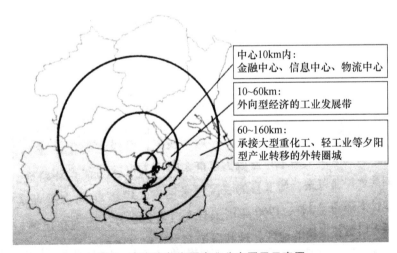

图2 东京大都市圈产业分布圈层示意图

(资料来源:冯奎,郑明娟. 中外都市圈与中小城市发展[M]. 中国发展出版社,2013)

第一阶梯:10公里圈内的东京都区部

东京都区部以金融保险业、出版印刷业、精密仪器制造业、商品零售业及交通物流业为支柱产业,巩固了其金融中心、信息中心及物流中心的地位。全国1/4的公司(总公司),60%资本在1000亿日元以上的大公司都云集东京。商贸极为发达,商店不少于30万家。

第二阶梯:位于首都圈的50公里圈内,主要以物流和轻工业为主的3县

(1) 神奈川县

神奈川县西部山区人烟稀少,而中部台地和东部丘陵平原几乎都辟为城市用地。以"产官研"的发展模式为基础,着力发展科研机构与高新技术产业的联合发展,同时,发挥其优越的地理区位优势,进一步强化其物流枢纽功能。工业产值居全国第二,与东京都连成一片,形成了京滨工业带。东京湾海岸浅滩,几乎全用于填海造陆,建成以石化、钢铁、造船、汽车为主的重化工业区。农业比重不大,但机械化程度很高,务农者只占就业人口的1.3%。

(2) 千叶县

千叶县山地仅占7.6%,是全国地势最为低平的县。土地平整肥沃,农产品特别丰富。千叶县凭借与东京的地缘优势,发展食品、纺织等轻工业,向东京都及周边县域提供生活必需品,被誉为"东京的厨房"。

自20世纪50年代开始,千叶县就积极围海造地,达一万多公顷。形成60公里长、3—5公里宽的京叶临海工业区,以重化工业为主,千叶已经从"东京的厨房"变成了日本的门户。

(3) 埼玉县

埼玉县东南部平原位于东京延长线上,已经宅地化,成为东京的卫星城市群。西部的秩父山地日益成为东京人向往大自然的观光郊游地。工业从东京都向此地扩散以来,埼玉县的农民越来越少,1958年尚占就业人口的45%,如今已下降到3%;1960年埼玉县人口为240万,而现在已增至719万,是全国人口增加最快的地区。

第三阶梯:位于60—160公里的外围圈域4县

该4县的经济起步较晚,但在20世纪70年代得到长足发展。由于发达地区的产业升级导致部分夕阳产业向外围圈域转移,四县将大型机械制造业等重化工业以及轻工业作为主导产业发展,从而拉动了当地的经济。

(1) 茨城县

茨城县山区占1/3,其余为平原,是日本有名的农业县。该县的工业以前比较薄弱,然而作为东京大都市圈的一环,近几十年来,面貌发生了巨大的变化。县东南的鹿岛滩已开辟为临海工业带,成为日本最大的新工业基地之一。与此同时,由国家出资,效仿美国硅谷,在筑波山南麓建立了世界最大的科学城——筑波学园。从此,茨城县迈入了工业县、科技县的行列。

(2) 栃木县

栃木县东西两面皆为山区丘陵,只有中间较为低平,形成东京前往日本北部地区的通道。1965年在东武铁路宇都官线上开设了"玩具城站",于是这里形成了由50个厂家组成的玩具城。除此之外,来自东京、关西的其他厂家也在该县落户,形成了以电器和汽车工业为主的工业区。

(3) 群马县

群马县位于关东平原边缘,其余三面均被高山所环绕,日本第二大河利根川发源于该县北端,流经全境,汇纳了许多支流。群马县农业人口仅占8%,山麓地带养蚕业兴盛,有"养蚕王国"之称。传统工业以绢纺最为突出。近年来,电子、汽车和机械工业发展很快,县中南部地区建立了许多工业区。

(4) 山梨县

山梨县是山区县,富士山就耸立在该县与静冈县的交界处。山梨县虽然是山区县,但交通并不闭塞,松下等高科技产业纷纷在山梨县建厂,日本1/4的机器人产自山梨县。

4. 交通的建设

交通建设是人口、产业转移的关键。政府大力投入,建立对新住宅区铁路建设补助制度,住宅开发商也承担部分通勤铁路建设费用制度,轨道交通迅速发展。轨道交通运营长度从1960年的约40公里,发展到2000年的1167公里。轨道交通承担了城市交通客运量的86.5%。到1980年东京城市道路网和首都圈内的区域性高速公路骨架部分的建设基本完成,由7条放射状高速公路和四圈层环状道路组成。同时东京国际机场、横滨港等的建设,都有力推动了周边新城的发展。

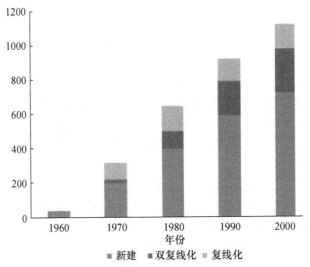

图3 轨道交通运营长度的提升

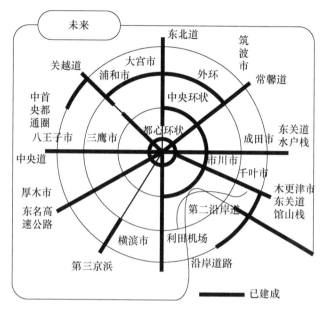

图 4　东京城市道路网

从东京都市圈平均通勤时间上看，1975年平均通勤时间就已经达到了61分钟，随后时间不断增加。从东京都市圈的通勤范围上看，从临近县市流入东京都中心13区的通勤人口占比上看，1960年该比例低于25%，而到1985年该比例已经上升到50%，即每两个东京都13区的通勤人口中就有一个来自临近县市。

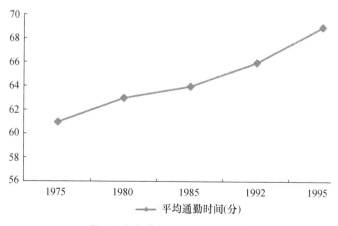

图 5　东京首都圈平均通勤时间

5. 新城的发展

琦玉的政府部门和筑波的科研院所都是在政府行政主导下的迁移,并且不断调整吸引政策,促进其他相关产业协同发展。以筑波科学城为例,其距离东京市中心 60 公里,成田机场西北 40 公里,集中了国家级研究和教育院所 48 个,日本全国 30%的国家研究机构都集中在筑波。

表2 东京都各都市圈核心城市的定位

	业务核心城市	职能	次核心城市
东京中心部	区部	政治、行政、金融、信息、经济、文化	
多摩自立都市圈	八王子市、立川市	商业、大学聚集	青梅市
神奈川自立都市圈	横滨市、川崎市	国际港湾、工业集聚	厚木市
琦玉自立都市圈	大宫市、浦和市	居住、政府集聚	熊谷市
千叶自立都市圈	千叶市	国际空港、港湾、工业集聚	成田、木更津市
茨城南部自立都市圈	土浦市、筑波地区	大学、研究机构集聚	

从大区域发展的角度讲,优越的地理位置和准确的定位,是新城能够建设成功的关键之一。

6. 大都市圈治理机制

以规划调控与跨区域行政协作为抓手,完善大都市圈治理机制。在东京都市圈逐步走向成熟的发展进程中,最重要的制度性因素在于日本政府自上而下地"建纲立制"和主动引导下的结构调整和政策配套,也与区域性行政制度紧密相关。这集中表现为统一性、多轮次的"首都圈整备规划"和中央政府主导下的区域性行政协调机制。

(1) 区域性统一规划机制

日本的"首都圈整备规划"始于 20 世纪 50 年代,先后于 1958 年、1968 年、1976 年、1986 年、1999 年制定了五轮次,其间经历了日本经济从战后复兴、高速增长、稳定发展到泡沫破灭、经济衰退等半个多世纪的发展进程,规划所面对的时代背景和外部环境发生了多次历史性转折,也都具有很强的针对性和鲜明的时代特征。从第一次首都圈规划到第五次首都圈规划,核心目标都是致力于解决区域经济一体化过程中的空间结构、功能布局和因人口、资源和城市功能过度密集所引发的各类区域性问题。

表 3　东京都市圈发展的规划汇总

	第一次首都圈基本规划	第二次首都圈基本规划	第三次首都圈基本规划	第四次首都圈基本规划
编制时期	1958年7月	1968年10月	1976年11月	1985年6月
规划期限	1975年	1975年	1985年	2000年
时代背景	为人口与产业向东京集中寻找对策,建设与日本政治经济文化中心相符的首都圈的必要性	经济高速增长环境下社会状况的变化,纠正"绿化带构想"造成的问题,市立近郊整备地带	第一次石油危机所带来的经济社会结构的变化	人口增加减缓、国际化、信息化、老龄化与技术革新等面向21世纪的社会变化
规划范围	东京都心向外大约100公里半径范围的区域	东京、琦玉、千叶、神奈川、茨城、栃木、群马、山梨的8个都县	东京、琦玉、千叶、神奈川、茨城、栃木、群马、山梨的8个都县	东京、琦玉、千叶、神奈川、茨城、栃木、群马、山梨的8个都县
人口规模	到规模期限2660万人,控制建成区的人口增加,在城市开发地区吸收流入人口	自然趋势型人口增长,1975年预测人口3310万人	控制性人口增长,控制首都圈内总体人口增长,1985年人口目标为3800万人;东京大都市地区若干的人口减少,周边地区人口适度增减	以自然增长为中心的人口增长成为基本趋势的情况下,减少人口的社会增长,到2000年为止人口预测为4090万人
编制时期	1958年7月	1968年10月	1976年11月	1985年6月
规划期限	1975年	1975年	1985年	2000年
主要规划内容	(1)在建成区周围设定绿化带(近郊地区),以控制建成区的扩张;(2)在城市开发地区建设卫星城市,吸收流入的人口和产业	(1)建成区作为承担城市中枢功能的地区进行城市空间的改造;(2)取代绿色带设立近郊整备地带,有计划地开展城市建设,以求城市与绿地空间的协调共存;(3)在周边的城市开发地区继续推进卫星城市的建设	(1)纠正对东京都心地区的依赖与单一中心型结构,促进商务核心城市的发展;(2)充实周边地区社会文化功能,以形成不依赖于向东京都心的大都市外围地区	(1)纠正东京都各区,其是都心地区的单一中心聚集型结构,形成以商务核心城市为中心的自立型都市圈和多核多圈层的区域结构;(2)促进以商务核心城市为中心的功能聚集,以强化地区间的联系,提高地区的自立性

首都圈规划之所以成为日本政府进行区域空间布局调控的重大公共政策,离不开背后完备的法律保障、合理的机构设置和配套的财政金融政策等手段。

A. 完备的法律体系保障。为了保证规划的权威性和顺利实施,日本政府前后共制定了十多项相关法律。以1950年制定的《首都圈建设法》为例,该法强调"东京都不仅仅是一个地方自治政府,更是日本的中心、与世界各国接触的首都"和"有必要为与国内外联系交往的各种中枢性活动具有更高效率而统一性制定规划方案",这使得东京都的城市建设和规划管理上升到国家政策层面,也促成了中央一级规划统筹机构——"首都建设委员会"的设立。

B. 设置统筹中央和地方、促成区域协调的规划机构。前两轮规划的主体是从1950年成立的首都建设委员会过渡到1956年改组后的首都圈整备委员会,即由一个实行合议制的独立性议事机构转变为总理府直属、委员长由建设大臣兼任的中央直属办事机构,促进跨区域的开发建设协调。从第三次规划起,规划主体纳入新成立的中央机构——国土厅下属的大都市圈整备局,强调要从整个国土开发框架中来定位首都圈发展,规划主体与地方政府成为"主导—从属"的关系。从咨询委员会改组为行政委员会,再到相对纯粹的中央行政机构,规划决策权力的上移对于提升区域性规划编制效率和实现效果作用显著,既保证了首都圈规划和全国性规划的一致性,也容易获得一些大型项目的资金保障和政策倾斜。

C. 相配套的财政金融政策。为加速规划目标的落地,政府还推出了一系列"扶持政策包"。如:财政转移支付(将中央税收的一部分转移给企业迁入地所属的地方政府);搬迁企业的所得税减免;新开发地区的政府发行地方债并由中央财政贴息;中央政府通过政策性银行向市场主体定向发放产业转移专项贷款;近郊整治地带、城市开发区内的新兴工业园开发还可享受法定的特别税制优惠。

(2) 跨行政区划的区域协作机制

在东京都市圈的发展过程中,随着中心城市功能集聚和辐射能力的增强以及圈内生活性、生产性活动半径的快速扩张,很多城市问题的产生及影响范围逐渐呈现出跨越行政区划、覆盖都市圈大部分区域的特征。为解决这一系列纷繁复杂的区域性问题,除了引导性的统一规划,也离不开有效的区域性行政协调和管理机制。

从区域行政的历史经验看,东京都市圈内的区域性协调机制,多年来主要以中央政府主导,即中央政府通过完善、权威的区域性规划体系和强有力的项目资金保障、政策配套以及自上而下的宏观调控,达到区域行政协作的目的。而以地方政府为主体的区域联合组织或机构的数量和活动范围受到诸多行政法令的严格限制。其主要原因除了与日本国家政体的集权化特征高度相关之外,也与大规模的区域开发对于效率提升、资金保障、资源合理配置等方面的要求密切相关,相对集中的协调机制有利于避免重复建设、资源浪费和地方政府间的恶性竞争等问题。

不过，即使在这种行政管理体制下，东京都市圈内各地方自治体之间仍探索出了与中央集权主导相配套的一些区域性协作机制，保证了处理具体性区域问题的针对性和灵活性。1947年颁布的《地方自治法》赋予了都道府县各级地方政府相应的自治职能，并规定各地方政府可以通过设立协议会、共同设置机构、事务委托、设立事务组织和区域联合组织等形式建立处理区域性事务的协作机制。当前，一些正式体制外的跨区域协议会是最常见的形式，如东京都市圈交通规划协议会、"七都县首脑会议"。这些自下而上的协调机制也成为中央政府主导区域协调机制的有益补充。

7. 规划及建设的亮点

一是东京大都市圈规划以法制为基础。东京周边新兴城区规划建设从编制到实施，有着强大的法律支撑，形成了一个庞大完备的法律体系，使得开发建设向着政府期望的目标进行。

二是东京大都市圈从整体利益出发进行规划。东京都市圈的规划是以集体利益为立足点的，重点考虑各城市需共同解决的问题。都市圈规划是跨行政地区的规划，如何协调城市之间的关系是非常关键的问题，建设具有实际管理事权的区域协调机构成为都市圈规划实施的保障。都市圈规划需要把区域作为整体来考虑，不是要让每个城市都统一行动，但要针对区域共同的问题提出规划方案。

三是东京大都市圈建设以快速交通体系为重点。东京都市圈的轨道交通是世界上最先进的轨道交通网络之一，其具有覆盖面积广、调度精确、车次安排合理、运载量大等优点。轨道交通网和快速道路系统是城市密集地区演变为都市圈的重要基础。快速铁路、地铁、轻轨等轨道交通和快速道路系统保障了东京都市圈的运转效率，使都市圈内城市间通勤成为可能，使远距离的城市间联系更加紧密。此外，还要加快住宅、基础设施等项目的规划建设。

四是东京大都市圈重视环境保护和整治。近二十年东京都市圈的建设一直以低碳环保为主题。生态环境的治理是城市与区域发展过程中必然要重点解决的问题，尤其是以降低碳排放量、缓解温室效应为主，局部地区无法单独治理，必须通过跨区域的协作来解决。东京都市圈通过制定统一的环境污染治理政策和措施，通过区域协作落实，取得了良好的成效。

（二）纽约大都市圈

1. 基本概况

纽约都市圈是世界上最大的都市圈之一，北起缅因州，南至弗吉尼亚州，跨越了10个州。它包括纽约、费城、波士顿和华盛顿四大核心城市，此外，还包括巴尔的摩等一些次中心城市和周围的一些卫星城镇，一起构成了大都市带。总面积约13.8万平方公里，占美国陆地面积的1.5%，圈内人口高达6500万左右，占美国总

人口约 21% 的比例,整个都市圈的城市化率高达 90% 以上。

表 4　纽约都市圈概况

都市圈	纽约都市圈
所包含的城市(个)	包括纽约、费城、波士顿、华盛顿四大核心城市,圈内还包括巴尔的摩等 40 多个城市
人口(万人)	6500 万左右,占美国总人口约 21%
面积(万平方公里)	总面积约 13.8 万平方公里,占美国陆地面积的 1.5%
城市化水平程度(%)	达到 90% 以上

2. 纽约都市圈发展历程

纽约都市圈的演化与其三次规划有着密切的联系,纽约大都市圈规划的提出来自"大纽约市"的构想。1870 年前,城市间联系较少,且各城市独立发展。许多小城市由于集聚能力弱,呈现出人口松散分布状态,造成了地域空间结构不明显。但在 20 世纪初,纽约市发展委员会提出了系统规划纽约的报告,目的在于美化城市、解决城市发展的问题,这也是纽约都市圈真正意义上的第一次规划计划。纽约都市圈的演化主要经历了三个阶段,并且每个阶段都有自己的发展特征,具体如下:

(1) 对纽约及其周边地区进行规划

随着美国城市化速度的加快,城市规模不断扩大,人口数量显著增加,沿着以纽约、费城两个城市为核心的轴向发展。1921—1929 年间,纽约区域规划协会对纽约大都市进行了第一次规划,规划内容包括制定十项政策以及加快城区的"再中心化"。其中"再中心化"的目的主要是用于加强水陆(公路、铁路和桥梁)的建设,重新设计市政中心,并将工业等沿着主要交通枢纽"郊区化"布局,同时引导居民向周边地区扩散转移,为市中心腾出更多空间,为中心地区 CBD 的形成提供条件。总之,该规划的思路是要将城市功能布局的设想应用于纽约都市圈的规划中,建立圈内公路网、铁路网等交通网络系统,为 CBD 的建成提供环境支持。

(2) 提出"铺开的城市"的建设思想

由于历史环境以及制度缺陷等因素的存在,第一次规划效果并不理想,与预期目标仍有差距。第二次世界大战结束后,由于汽车的普及,导致了都市圈"以公路建设为导向",低密度的郊区在纽约都市圈蔓延,形成了"铺开的城市"局面。因此,在 1968 年,纽约区域规划协会针对纽约都市圈的现状进行了第二次规划,并对"铺开的城市"的概念进行了明确。它不是传统城市的郊区化,强调了纽约都市圈的"再集聚"、旧城的复兴以及都市圈交通网络的重建。与此同时,为了避免铺开建设导致城市人口密度过低,纽约规划协会提出了有关区域规划的五项基本原则。不过,此次规划与纽约都市圈的发展并不一致。20世纪70年代后,纽约都市圈在发展过程中出现了"逆城市化"现象,城市人口向城郊转移,圈内人口结构发生较大变化,中心城市出现了"产业空心化"等现象。

(3) 推动纽约都市圈革新

20世纪末,随着全球经济一体化及发展中国家的崛起,纽约国际金融中心的地位受到了威胁。加之第二次规划带来的问题,阻碍了都市圈的发展,出现了社会分化。虽然圈内有完善的法律法规进行监管,但是郊区蔓延、生态环境破坏等问题仍无法得到合理解决。对此,在1996年,纽约区域规划协会提出了都市圈第三次规划的建议,较前两次有较大不同。纽约区域规划协会制定了"经济(economy)""环境(environment)"和"平等(equity)"的"3E"标准,用于评判都市圈的生活质量。同时,为了"3E"标准的更好实施,纽约区域规划协会还提出了"植被、劳动力、机动性、中心和管理"等五个战役,并且通过对这五个战役的实施来提高都市圈的生活质量。可见,本次规划理念意义重大,不仅扩宽了视野,还将经济、社会与环境三者并重考虑,实现了都市圈的可持续发展。

3. 纽约都市圈产业组织结构

纽约都市圈的城市发展主要以港口为基础。港口的合理分工表现出其有序的区域分工格局。表5中所示:1980年,纽约都市圈在专业科学和技术服务业方面,吸引就业人口所占的比例最大。其中,曼哈顿在零售业、制造业、专业科学和技术服务业的区位商低于1,且该区位商的比值比其他三个区域相对要低。以制造业为例,其区位商明显地从中心区域向外围区域逐渐增加。可见,制造业的分布正逐步地从核心区域内环向外围区域扩散集中。2004年,曼哈顿在零售业、制造业的区位商仍低于1,制造业区位商下降的趋势更为明显,由1980年的0.78下降到2004年的0.38,下降幅度高达一倍多。随着都市圈区域越往外扩散,区位商越高。这个阶段,非常明显地反映出制造业向外转移的趋势。但是,专业科学和技术服务业所反映的情况恰好与制造业相反。2004年,专业科学和技术服务业吸引就业人口所占的比例为9.81,仅次于零售贸易的10.85,且其在都市圈中心区域的区位商远远高于核心区域外的区位商,这说明了专业科学和技术服务业在曼哈顿地区高度集聚,专业化程度相当高。信息业这一新兴产业在都市圈内核心区域的集聚能力比其他核心区域外的地区要强,表中显示的2004年曼哈顿的区位商正好说明了这一状况。由表5可以看出,纽约都市圈制造业正由核心区域向郊外迁移,生产性服务业向核心地区聚集,且集聚趋势很明显。此外,从表中可分析出:在信息业、娱乐业、住宿餐饮业、专业科学技术与服务业、教育服务业、公共行政等多项产业的区位商中,除曼哈顿外,其余圈内核心区域的集聚能力都不强,明显落后于曼哈顿,甚至还落后于内环及内环外区域。可以说,纽约都市圈其余核心区的总体行业发展较圈内其他三个区域落后。

表 5 纽约大都市圈行业分布状况

	就业百分比(%)	区位商 曼哈顿	区位商 内环	区位商 内环外	区位商 其余核心区
1980 年		曼哈顿	内环	内环外	其余核心区
零售业	14.1	0.7	1.14	1.13	1.01
批发业	5.2	1.1	1.12	0.78	0.95
制造业	21.5	0.78	1.12	1.22	0.86
金融业	9.5	1.95	0.75	0.63	0.59
专业科学技术服务业	22.1	0.87	0.98	1.02	1.18
2004 年		曼哈顿	内环	内环外	其余核心区
农林渔矿	0.2	0.12	0.95	1.54	0.32
建筑业	6.48	0.33	0.9	1.1	0.95
制造业	8.48	0.38	1.13	1.31	0.92
批发贸易	3.73	0.92	1.08	0.99	1.03
零售贸易	10.85	0.56	1.13	1.18	1
信息业	5.82	1.85	0.78	0.85	0.56
房地产与房屋租赁	3.81	1.48	0.88	0.65	1.36
专业科学技术服务业	9.81	1.68	0.89	0.93	0.36
公共行政	11.14	1.06	1.05	1.04	0.72
教育服务业	22.82	1.31	0.83	1.07	0.67
医疗与社会救助	7.57	0.73	0.99	0.88	1.72
娱乐业	5.02	1.66	0.87	0.85	0.63
住宿餐饮业	4.49	1.23	0.91	0.99	0.84
其他	0.2	1.21	0.98	0.87	1.06

(1) 纽约——金融与贸易中心

纽约是美国最大的港口城市,拥有全美第一大商贸港口,主要承担集装箱运输。在运输方面,纽约为整个大都市圈提供最重要的服务。铁路交通是纽约重要的枢纽。目前,世上最长、最快捷的地铁交通网络在纽约建立。著名的肯尼迪国际机场承担着美国航空业务和进出口货物的50%左右,约35%的国际客运额。由于纽约具有如此大的优势,促使它在纽约都市经济圈中占据首要位置。

除此之外,纽约作为全美的商贸和重要的制造业中心,拥有发达的商业和生产性服务业。服装、印刷、化妆品等行业均居全国首位,机器制造、军火生产、石油加工和食品加工也占有重要地位。纽约不论从区位还是经济职能均处于都市圈的核心地位,具备了地理与地位的双核心。

(2) 费城——制造业与运输中心

费城是全美第五大城市,是纽约都市圈内仅次于纽约的第二大城市,在都市圈中具有非常重要的地位,翻开美国史册,它曾是美国首都所在地,是美国最具历史意义的城市。美国独立战争时,其博物馆和美术馆存放了美国大量的古迹文物等。

费城处于纽约都市圈的中部,拥有优越的地理位置,具有多元化的经济结构和港口的优势,城市功能定位明确。同时,费城是美国东海岸主要的钢铁和造船基地,是美国重要的制造业中心。国防、航空、电子、制药、制造业、教育和交通服务业等是该城市的主要产业,其港口也是美国的一个重要港口。港区岸线长达80多公里,港口设施齐全,有300多个码头可供远洋运输。根据美国各港口的统计,其港口集装箱的容量排名第二,进口货物的吞吐量排第四。另外,密集的公路网和铁路干线与港口相接,水陆联运便捷。可以说,费城整个交通运输业的发展是受到其港口的带动,促使它成为纽约都市圈的交通枢纽。

(3) 华盛顿——政治与金融中心

华盛顿是美国的首都,是政府主导的区域,拥有全美最重要的政治、经济、军事等最高指挥机构,不仅是全美的政治文化中心,还是全世界的政治重心,显示了华盛顿作为超级政治中心,具有强大辐射力。正是因为华盛顿的政治中心作用,为纽约都市圈的发展渲染了浓厚的政治色彩。首先,在国际经济中具有深远的影响,世界银行、美洲发展银行等全球性金融机构的总部在华盛顿设立。其次,由于它是全美的政治文化中心,且是全世界的政治重心,因此不仅发挥着首都的功能作用,而且发挥着重大的政治决策作用。

作为纽约都市圈的政治核心城市,华盛顿对纽约都市圈经济发展的促进作用更多的是体现在宏观层面上。2008年美国金融危机的爆发,导致了纽约都市圈经济陷入了危机,华尔街损失惨重,多家金融机构亏损,甚至申请破产保护。此时,华盛顿显示出了其政治核心的作用。纽约都市圈充分利用华盛顿这一职能,设法采取各种手段,获取了与经济相关的大量信息,进一步凸显了华盛顿世界政治中心的地位。

(4) 波士顿——科技与教育中心

纽约都市圈不仅是世界金融服务中心,还是世界高新技术产业的聚集地,波士顿是纽约都市圈现代化科学技术中心。波士顿城市集中了金融、教育、建筑、运输服务以及高科技等产业,是美国重要的科技与教育中心之一。

1950年后,波士顿拥有世界著名的电子、生物、国防等行业,渐渐与"硅谷"齐名,成为高科技聚集地。到了20世纪90年代,波士顿拓宽了产业经营与服务的范围,实行了产业多元化的发展政策,并最终实现了高新技术产业结构的调整。伴随着信息服务业的发展,从事软件及电子通讯的企业大量创建,波士顿郊区128公路两侧的发展迅速。计算机制造、电子信息和生物技术等产业成为波士顿地区新的高技术经济支柱产业。波士顿金融服务业的发展对该地区的科技与教育也起到了关键性的作用,其金融投资主要集中于对高新技术产业公司的投资,而金融业的投资份额仅占到波士顿经济的8%。正是由于都市圈内金融服务业的强有力支持,波士顿高新技术产业的发展才如此迅猛。由此可见,波士顿在纽约都市圈中的作用不小,主要为该都市圈提供高素质的人力资源和高端科学技术。

4. 纽约都市圈空间结构特征

纽约都市圈是多核型都市圈的代表,也叫"圈中圈"。该都市圈与单核型的主要区别是:在都市圈内,由三个或三个以上的城市共同分担了都市圈核心城市的经济功能,且各城市的经济实力都很强。高速公路、轨道交通等将中心城市与圈内其他城市紧密联系,整个都市圈的交通系统呈网络化布局。

圈内这些核心城市各具特色,错位发展,通过多方辐射和吸引,带动其他城市联动发展,形成了合理的分工体系。纽约城在都市圈中处于金融与贸易双重核心地位,对纽约都市圈的影响力最大。其中,华尔街为都市圈的发展提供了大量的资金支持。费城的作用也不可小视,在制造业与运输方面,对都市圈的贡献也很大。波士顿则聚集了数以千计的高技术企业和研究机构,在科技与教育方面发挥了重要的作用。华盛顿则是美国的首都和政治文化中心。可见,纽约都市圈的多核型发展结构,完善了都市圈的城市功能布局,促成了都市圈形成一体化的经济网络。

5. 纽约都市圈协调管制机制

纽约都市圈的跨区域管理是一种非政府组织形式的管理体制,其典型特点是不与地方政府及其权利发生冲突。区域政府通过协商,共同建立的功能单一的特别区或专门协调机构,旨在实现区域之间的资源共享,并对地方政府行政管理的不足进行补充。这些非政府组织形式的管理机构的存在,对于区域间利益冲突的解决乃至都市圈规划方案的制定等均起到了至关重要的作用。

(1) 纽约—新泽西州联合成立港务局

早在1921年,纽约和新泽西州联合成立了港务局,由2个州的州长和12名委员组成,主要管理和协调整个区域内大部分交通运输设施,负责管理范围包括纽约和新泽西两个州。建立纽约—新泽西州港务局是公共辖区系统的管理模式,是纽约都市圈成功的基础设施管理机构。它不光是对基础设施进行投资建设,还在设施的改革方面起了关键作用,并对其长期发展进行资本支持。

图 6　纽约都市圈空间结构

（资料来源：搜狐网，没有市长的城市之一：打破同心圆. http://www.sohu.com/a/133441414_563936）

（2）成立纽约地区规划协会

"Regional Plan Association of New York"是纽约地区规划协会的全称，简称"RPA"。该协会成立于1929年，是一个非官方和非营利性的地方组织机构，主要针对纽约都市圈的发展制定跨区域的城市规划，对纽约都市圈的建设发挥了指导性的作用。从成立到现在，纽约地区规划协会已对纽约都市圈进行了三次较大规模的区域规划。纽约都市圈正是借助这三次规划不断完善，并逐渐发展壮大为世界五大都市圈之一。

四、我国大都市圈的发展与主要问题

随着新型城镇化进程的不断推进，我国已进入大城市向都市圈发展的新阶段，上海大都市圈、杭州都市圈、武汉都市圈、郑州都市圈等纷纷提出并加速发展。因地域经济发展的差异性，这些大都市圈处于不同的发展阶段并表现出不同的特点。本报告选择东部经济发达地区的上海大都市圈、中部地区的郑州大都市圈和西部欠发达地区的成都都市圈作为研究对象,分析其规划、发展的现状及特点,梳理总结我国大都市圈面临的主要问题,为其他大都市圈发展提供借鉴。

(一)上海大都市圈

1. 上海大都市圈的提出

《上海市城市总体规划(2017—2035年)》(简称"上海2035")提出,要突出上海区域引领责任,发挥上海在"一带一路"建设和长江经济带发展中的先导作用,强化上海对于长三角城市群的引领作用,并强调以都市圈承载国家战略和要求。适应全球城市区域协同发展趋势,发挥上海作为都市圈中心城市的辐射带动作用。重点是依托交通运输网络培育形成多级多类发展轴线,推动近沪地区(90分钟通勤范围)及周边同城化都市圈的协同发展,积极完善区域功能网络,加强基础设施统筹,推动区域生态环境共建共治,形成多维度的区域协同治理机制,引领长三角城市群一体化发展。

此前在"上海2040"中提出发展上海大都市圈,具体包括上海、苏州、无锡、南通、宁波、嘉兴、舟山在内的"1+6"城市群范围,作为上海区域一体化发展的核心,形成90分钟交通出行圈。上海大都市圈总面积为2.99万平方公里,总人口5400万,并通过积极推动上海大都市圈同城化发展,引领长三角迈向具有全球影响力的世界级城市。

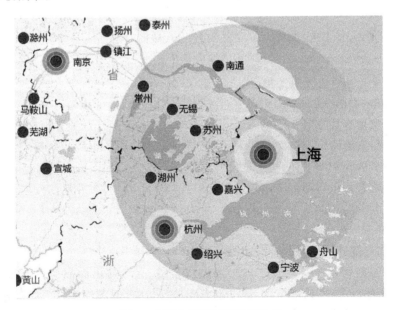

图7 上海大都市圈范围示意图

(资料来源:《上海市城市总体规划(2017—2035年)》)

由于"都市圈"是起核心作用的一个或几个大城市再加上周边受到中心城市强烈辐射、有着紧密联系地区组成的城市经济区域,是城市群发展到成熟阶段的最高空间组织形式。因此,上海在大力强化长三角城市群引领作用的同时,还应向上海大都市圈的发展聚焦,积极推动上海大都市圈"近沪地区协同化发展"。

相对于《长三角城市群发展规划》中的范围,上海大都市圈的范围更集中,从空间距离来看,苏州、无锡、南通、宁波、嘉兴、舟山6座城市离上海的直线距离都在80~160公里之间,基本实现了"90分钟交通出行圈",在经济、社会、教育、文化等方面都受到上海的强烈辐射,并由于相互之间远有相同的江南文化底蕴为"经",近有长三角城市群紧密联系的产业合作为"纬",在历史与现实、物质与精神的双重契合下,以上海为核心的上海大都市圈比起长三角城市群将产生更强大的"文化场效应"。

2. 上海大都市圈产业发展

长三角的未来在上海大都市圈。以上海为龙头,连带苏州、无锡、南通、宁波、嘉兴、舟山等市的上海大都市圈,无论从产业基础,还是区位优势上都有巨大发展前景,上海大都市圈本身也是长三角一体化高度发展的产物。

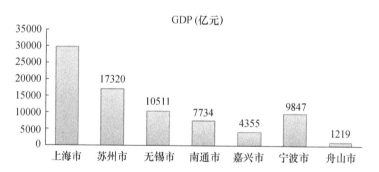

图8 上海大都市圈各市经济发展对比

上海是全球金融中心和改革的窗口,拥有巨大的资本优势和政策优势,立足全球科创中心建设及中国(上海)自由贸易试验区的建设,以科技创新与改革创新作为发展的核心驱动力,并以其强大的经济发展实力,成为上海大都市圈的发展核心与优势。苏州积极发挥产业基础好、开放程度高、区位条件优等优势,围绕打造具有全球影响力的产业科技创新高地这一目标,把数字经济与创新发展结合起来,积极推动相关领域在大数据时代全面融入新技术革命,2017年全市以云计算、大数据、人工智能(ABC产业)为代表的数字经济产值超过2000亿。宁波是重要的港口城市和制造业重镇,也是国际化港口名城和中国制造2025首个试点示范城市。

上海大都市圈集聚了一批实力雄厚的经济开发区：上海临港新城、张江高科技产业园、漕河泾高新技术产业开发区、紫竹高科技园区、苏州工业园、苏州高新技术产业开发区、常熟高新技术产业开发区、昆山高新技术产业开发区、无锡高新技术产业开发区、江阴高新技术产业开发区、南通高新技术产业开发区、嘉兴港区、海宁连杭经济区、海盐经济开发区、宁波杭州湾新区、慈溪滨海经济开发区、宁波石化经济技术开发区、镇海物流枢纽港区、宁波经济技术开发区等，是上海大都市圈经济发展的重要载体。

3. 上海大都市圈创新优势

上海大都市圈聚焦高新技术的研发，通过大规模的研发资金投入与人才投入，不断增强创新能力，并使其成为上海大都市圈产业、经济发展最重要的活力来源。

首先，作为上海大都市圈的龙头，上海在高新技术产业上的发展对整个都市圈的创新型发展有着举足轻重的作用。上海市2017年政府工作报告中提出要增强科技创新能力。着力提高科技创新能力，集中力量建设张江综合性国家科学中心，依托重大科技基础设施群筹划国家实验室，集聚创新单元、研究机构和研发平台，促进高精尖端新科学新技术的研发，为高新技术的孵化提供良好的环境。2016年全年用于研究与试验发展（R&D）经费支出1030.00亿元，相当于上海市生产总值的比例为3.80%，这也是上海研发投入首次突破1000亿元大关。

其次，江苏省提出，要着力提升创新力竞争力，推动经济发展高质量，并认真落实国家长江经济带发展战略，积极推进长三角区域发展一体化。2016年苏州市R&D经费支出416亿元，在全国各城市中排名第6，占苏州市GDP的比重为2.70%；无锡2016年R&D经费支出260亿元，在全国各城市中位列第13，占无锡市GDP的比重为2.82%。

最后，浙江省提出，要把创新作为引领发展的第一动力，充分发挥人才的关键作用。聚焦数字技术、生物技术等前沿科技实施一批省重大科技创新项目，大力发展互联网、物联网、大数据、人工智能等新技术新产业和一批重量级未来产业，做大做强数字经济。深入实施"中国制造2025浙江行动"，全面实施标准化战略，统筹推进标准强省、质量强省、品牌强省建设，以工业互联网、企业上云、智能化改造推动传统产业转型升级。2016年宁波市科技R&D经费投入为214亿元，在全国各城市中位列第16，占宁波市GDP的比重为2.50%。

4. 上海大都市圈区域协同机制

（1）政策协同性

上海大都市圈政策的协调及实施协同性较好。上海大都市圈由一个直辖市和江苏省、浙江省的6个市组成，且浙江省目前正积极推进全面对接上海，嘉兴市更是被设立为全面对接上海示范区,而苏州、无锡的发展亦与上海经济的发展密切相关。因此,都市圈内部自上而下的政策实施遇到的相对阻碍较小。

(2) 文化协同性

上海大都市圈内部均以吴越文化为主导,区域内各城市的文化同根同源,具有良好的文化协同基础,且近年来发展政策相对统一,经济发展程度相对均衡,这非常有利于都市圈经济的协同性发展。

5. 上海大都市圈面临的问题

(1) 上海大都市圈以文化为代表的"软实力"发展滞后。与西方大都市圈相比,上海大都市圈在经济总量、交通基建和人口规模上已经领先,但在城市软实力、城市管理和服务、城市文化与精神上却落后很多。回顾长三角城市群从1982年开始35年的演化和建设历程,目前长三角各城市在文化建设和评估上的"各自为战"与"互不买账",可以说正在重复长三角长期以来在经济建设上的"单打独斗"和"同质竞争",并已成为影响长三角世界级城市群培育和建设质量的主要问题和矛盾之一。

(2) 都市圈内产业结构趋同,核心城市主导产业不突出。目前,上海大都市圈各市的产业相似系数高,产业结构趋同现象比较严重。上海大都市圈内1+6的城市体系中,以第二产业为主导产业的城市偏多,第三产业次之,各城市的优势不明显,使得无法充分发挥比较优势。产业结构趋同现象也导致了投资和生产分散,降低了都市圈的整体经济效率。

(3) 都市圈内城市功能定位不明确,存在恶性竞争。首先,中国城市化在体制机制上是由政府和市场共同主导,城市经济的政策和规划也主要是由政府方面制定和组织实施,且以经济发展状况作为上级政府考核的主要指标。都市圈内各个城市为了完成经济指标,各政府对经济的发展更注重管辖区的利益,忽略了以都市圈经济发展为目标的协调发展,导致了城市在都市圈中的功能定位不明确,各城市的优势无法很好地得到发挥,都市圈内城市分工体系有待进一步完善。其次,由于都市圈内功能不完善,出现了区域间的恶性竞争。各地区的外贸出口低价竞销,利用政策的缺陷,竞相出台各种有利政策——以土地换GDP、以优惠换外资吸引投资。城市功能定位的不明确以及恶性竞争,导致了当前"长三角"都市圈经济发展不协调,出现了区域块的经济发展格局,无法形成一个连绵的经济圈。

(二) 郑州大都市圈

1. 郑州大都市圈基本概况

2016年12月29日,国家发改委印发《中原城市群发展规划》。《规划》提出:建设现代化郑州大都市区,推进郑州大都市区国际化发展。把支持郑州建设国家中心城市作为提升城市群竞争力的首要突破口,强化郑州对外开放门户功能,提升综合交通枢纽和现代物流中心功能,集聚高端产业,完善综合服务,推动与周边毗邻城市融合发展,形成带动周边、辐射全国、联通国际的核心区域。

依据《规划》,郑州大都市区的范围包括河南省的郑州市、开封市、新乡市、焦作市、许昌市5座地级市。

2. 郑州大都市圈人口及经济发展

截至2016年年底,郑州大都市圈总面积3.12万平方公里,总人口2793.61万人,生产总值16318.61亿元,人均生产总值58414.06元。其中:有特大城市1座(城区常住人口500—1000万人),为郑州市,2016年其人口规模为972.40万人,国内生产总值为7994.20亿元,人均GDP为82211.02元;有大城市4座(城区常住人口100—500万人),分别为许昌市、新乡市、焦作市和开封市,2016年GDP依次为2353.10亿元、2140.73亿元、2082.62亿元和1747.96亿元。

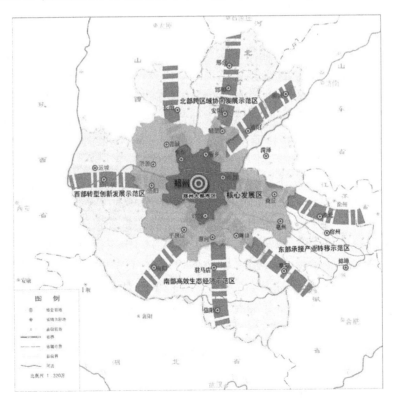

图9　郑州大都市圈规划图

(资料来源:《中原城市群发展规划》)

表6 郑州大都市圈人口及经济情况

排序	城市	GDP/亿元 （2016年）	人口/万人 （2016年）	人均GDP/元 （2016年）
1	郑州市	7994.20	972.40	82211.02
2	许昌市	2353.10	438.05	53717.61
3	新乡市	2140.73	574.30	37275.47
4	焦作市	2082.62	354.60	58731.53
5	开封市	1747.96	454.26	38479.28
/	合计	16318.61	2793.61	58414.06

资料来源：河南省2016年国民经济和社会发展统计公报。

3. 郑州大都市圈空间发展格局

依托郑州中心城区、航空港区等，强化国际开放门户和多式联运物流中心功能，建设国家级"双创"示范基地和区域经济、文化、商贸中心，打造集中体现区域竞争力的大都市核心区，进一步发挥辐射带动作用。发挥公共交通复合廊道对空间发展的引导作用，推动核心区产业和服务功能向周边县（市）拓展，培育形成特色制造中心和新增人口集聚地，打造发展新空间。提升开封、新乡、焦作、许昌集聚产业和人口能力，打造具有较强辐射力和综合服务功能的大都市圈门户，促进与大都市圈核心区联动发展。推进大都市圈一体化综合交通网络建设，打造以轨道交通和城市快速路网为主体的通勤圈，完善一体化发展的体制机制，促进功能互补和公共服务共建共享，形成网络化、组团式、集约型的大都市圈空间体系。

主要发展轴带。依托"米"字形综合交通网络，增强沿线城市辐射带动能力，促进大中小城市合理分工、联动发展，打造特色鲜明、布局合理的现代产业和城镇密集带。

——沿陇海发展主轴。发挥陆桥通道优势，提升郑州、开封"一带一路"建设重要节点城市功能，联合打造电子信息、汽车及零部件、装备制造、有色金属、生物医药、能源化工等产业集群，形成具有较强实力的先进制造业和城镇集聚带，强化对新亚欧大陆桥国际经济走廊的战略支撑作用。

——沿京广发展主轴。依托京广通道，发挥郑州的辐射带动作用，提升新乡、许昌等城市集聚能力，引导食品加工、高端装备制造、生物医药、精品钢铁、电子信息、节能环保、现代家居等产业加快集聚，打造沟通南北的城镇产业密集带，密切与京津冀、长江中游城市群等的联系。

4. 郑州大都市圈交通体系

打造郑州大都市圈交通网。加快发展郑州城市轨道交通,建设连接周边组团的市域(郊)铁路,实施干线公路城区段外迁,布局货运专用通道,形成以轨道交通为骨干、城市快速路网为基础的都市圈交通廊道。做好城市轨道交通、城际铁路与国家铁路网的衔接,适度增加高速公路城市出入口数量和通行能力,规划建设衔接综合客运枢纽的大容量公交线路和停车换乘设施,确保都市圈内外交通衔接顺畅。

拓展综合交通枢纽功能。按照"零距离换乘、无缝化衔接"要求,持续完善郑州站、郑州东站和郑州新郑国际机场三大枢纽场站功能,建成郑州南站等一批枢纽场站,加快航空港、铁路港、公路港三大物流园区建设,将郑州打造成为国际性枢纽城市。推动其他城市发展集多种交通方式于一体的综合客运枢纽、货运枢纽(物流园区),建设许昌等区域性枢纽,以及新乡等地区性枢纽,形成布局合理、层级明晰、分工明确的现代综合交通枢纽体系。

从总体上看,目前郑州都市圈还处在规划阶段,只是意识到郑州市要进一步发展必须走都市圈的发展道路,但由于近年来郑州国家中心城市的设立,以及由于郑州国家中心城市经济实力较弱,特别是在一些片面的政策和战略的引导下,郑州的主要精力仍集中在拼"万亿元 GDP"和加大中心城市集聚度上,所以在都市圈层面上真正的作为还不是很多,效果也不明显。

(三) 成都都市圈

1. 成都都市圈发展概况

1997 年重庆成为直辖市后,成都成为四川省域内唯一的现代特大中心城市,全省的人口、产业、资本、技术向成都高度集聚,四川省城镇空间结构出现典型的以成都为中心的单核型模式。为了发挥成都中心城市对全省的主导、带动作用,强化中心城市的集聚与辐射功能,四川省提出打造成都平原城市群的战略构想,包括成都都市圈、绵阳都市圈、乐山都市圈、遂宁都市圈,其中成都都市圈是成都平原城市群中的核心区域。

成都都市圈包含 59 个县级行政单元,辖区面积 66000 平方公里,占四川全省的 13.61%;GDP 为 5624.96 亿元,占四川全省的 52%;总人口 3618.7 万人,其中非农业人口 1130 万人,分别占四川总人口和非农人口的 41%和 53%;城市化率为 31%。

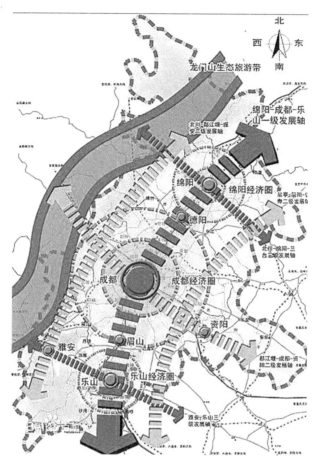

图 10　以成都都市圈为核心的成都平原城市群

(资料来源:《成都市城市总体规划(2016—2035 年)》)

表 7　成都都市圈的圈域范围划分①

圈层	区域范围	作用
核心层	为城市的实体空间地域,相当一段时间内将相对稳定在以三环路为边界的区域内	充分发挥核心城市的作用,推动周边圈层发展
紧密层	以成都城心地域为中心,半径 30—50 公里的地域,空间范围:双流县、郫县新都区、温江区、龙泉驿区的全部以及青白江区、新津县、崇州市、彭州市、都江堰市的部分地域	与成都的距离在 30 分钟车程内,受成都辐射影响最大,在未来发展中,这一圈层将成为人口、产业、城镇等高密度集聚的区域

---

① 宋迎昌编著:《都市圈战略规划研究》,北京:中国社会科学出版社 2009 年版。

（续表）

圈层	区域范围	作用
松散层	以成都城心地域为中心,以半径50—150公里范围内的中小城市为节点,主要包括:雅安、峨眉山、乐山、眉山、简阳、资阳、遂宁、德阳等	通过铁路、高速公路、高等级公路与成都相接,车程距离在一个半小时内,与核心城市形成合理的分工合作关系

2. 成都都市圈圈层结构

根据规划确定的范围,成都都市圈是以成都中心城区为中心,向周边延伸150公里范围内的区域,包括核心层、紧密层和松散层三层,辐射6个城市。核心层是指成都市整个城市实体空间地域,主要是指含三环路以内的主城区;紧密层包括双流、郫县、龙泉、青白江、温江、都江堰部分区域等;崇州、新都、大邑、都江堰部分区域、新津等县称作松散层。

3. 成都都市圈发展的条件

首先,成都都市圈的整体情况,相比四川省其他都市圈较强,但是内部也存在发展不均衡的问题。无论是从人口总量,还是从经济总量来看,成都都市圈的圈层差异格局比较明显。核心层的经济实力最强,紧密层次之,松散层经济实力相对较弱。相比之下,中小城市特别是众多县域,仍然是都市圈内欠发达的区域。数据显示,成都都市圈的核心层人口总量最少、地区生产总值最高,从业人员受教育水平较高的人才几乎90%都集中在核心层。从人口分布、经济总量的分布、产业结构的分布来看,成都都市圈核心层已呈现发达国家的城市经济特征,但都市圈紧密层、松散层却仍然是中国众多县域经济发展的特征,有些县是典型欠发达地区的经济特征。从空间上看,经济发展水平较高的县主要集中在成都都市圈南部成都市和德阳市所辖的县域,乐山的沙湾区、金口河区及峨眉山市经济发展迅速。

其次,成都作为成都都市圈的核心城市,也面临着许多大城市共有的城市病问题。成都市的行政面积只有1.24万平方公里,资源有限,而近年来不断积聚的产业与人口使生态和环境面临的压力越来越大。2005年,成都市人均水资源量仅为863立方米,低于公认的人均1700立方米的警戒线,也低于四川省人均3388立方米的平均水平。成都市煤炭、石油、铁矿等重要矿产资源也主要以输入为主,能源资源短缺。成都市环境容量和资源承载量能力已经饱和,难以支撑城市继续蔓延扩张,城市自身的发展演变也使得各种要素必须寻求更广阔的空间。

最后,成都都市圈还未形成成熟的城镇体系格局。除了成都为特大城市以外,其他区市县人口规模偏小,绝大多数区、县的城市人口在20万以下,还有一些

10万以下的小县城。大城市和中等城市缺位,小县城生产和服务环境偏弱,导致成都各种要素难以顺利往周边转移,中心城市对周边区域的辐射作用也难以显现。都市圈内的经济联系主要表现在商业流通等传统的行业上,都市圈内大中小城市之间,还没有形成层次分明的产业分工。

表8 成都各圈层主要经济指标分布情况①

圈层	范围	平均土地面积（平方公里）	平均人口密度（人/平方公里）	平均地区生产总值（亿元）	第一产业平均产值（亿元）	第二产业平均产值（亿元）	第三产业平均产值（亿元）
一圈层	锦江区、青羊区、金牛区、武侯区、成华区	93	7053.2	457.1	0.3	117.23	339.56
二圈层	龙泉驿区、青白江区、双流县、郫县、新都区、温江区	535.3	1147.3	301.59	18.92	186.04	96.63
三圈层	新津县、都江堰市、彭州市、邛崃市、崇州市、金堂县、大邑县、蒲江县	1055.5	589.9	113.73	21.11	49.25	43.37

4. 推动成都都市圈发展的重要意义

构建成都都市圈是优化四川省城镇体系的必然选择。改革开放30多年来,四川与西部其他地区一样,一直没有突破城乡二元经济结构的典型特征。成都都市圈,无论是从要素集聚水平、经济发展水平上来看,都已成为区域经济的辐射中心,是中国西部特大中心城市和全国重要的商品集聚地,拥有地缘优势,城市辐射功能强。成都市在成都平原城市群中发展遥遥领先,构建以成都为核心的成都都市圈,成都通过经济的辐射和吸引,带动周围城市和乡村联动发展,是促进成都从单核集聚模式、首位度极高的极化发展向均衡发展转变的关键。

发展成都都市圈,对弥补城市群规模等级结构中的断层,发挥成都辐射能力,带动周边区域起着举足轻重的作用。构建以成都为中心的成都平原城镇密集区,有利于增强成都平原城镇群之间的空间聚合效应,充分发挥城市群集聚成本低、基础设施同城化发展、产业协同发展的优势。近年来,成都经济发展较快,向四周

---

① 资料来源:王悦,王光龙:《区域圈层要素一体化配置研究——对成都市"三圈一体"战略的思考》,《经济研究导刊》2012年第28期,第143—146页。

的辐射能力大大增强。成都都市圈的紧密层、松散层成为成都各类转移产业的首选之地。构建成都都市圈,有利于促进各种生产要素向区域内更加均衡地流动,特别是城乡要素的双向流动,对缩小城乡之间的差距,突破城乡壁垒,实现城乡协调、可持续发展,促进城乡的共同繁荣具有深远意义。

成都都市圈对带动四川其他城市群和城市密集区的发展具有重要的作用。构建城市圈、城市带、城市群,仍然是四川发展城镇体系的核心战略思想。四川省"十二五"规划、"十三五"规划都明确提出,全省要以城市群作为推进城镇化的主体形态,促进城镇集群化发展,引导人口向城市群集中,向综合承载能力强的地域集中,向城镇集中。要把成都平原城市群、川南城市群、攀西城市群、川东北城市群四大城市群作为带动四川全省经济发展的重要增长极。从区域版图上来说,城市群是众多城市连成一片的面状区域,区域的发达还依赖于其中数个中心城市为核心的节点以及辐射到的圈状区域。区域的整体强大,是建立在核心城市、圈状城市圈强大的基础上。节点之间的核心城市、圈状城市圈内各类中小城市的竞争和合作,区域各类城市之间要素的流动、优势互补、资源共享,最终形成中心城市与都市圈其他各类城市共同壮大的联动格局,是发展都市圈的根本意义。

(四) 我国大都市圈发展面临的问题

1. 对大都市圈"文化软实力"的重视不足

理想的大都市圈是一个在人口、经济、社会、文化和整体结构上具有合理体系,在资源配置、产业分工、人文交流等方面具有良好协调机制的城市发展综合体。由文化资源、文化氛围、文化发展水平等构建的城市生活方式,也在深层次上决定着一个都市圈的发展。

目前,我国都市圈走的主要是"经济型都市圈"发展道路,大都以经济发展为核心目标,缺乏对大都市圈发展中文化软实力的重视。尽管在短期内经济总量、交通基建和人口规模增长很快,但也导致了"物质文化"与"人文精神"、"硬实力"与"软实力"的严重失衡和不协调。因此,我国大都市圈的发展模式亟需以"人文型都市圈"取代"经济型都市圈"。

2. 都市圈城市发展体系尚不健全

从全球层面看,我国都市圈发展"发育不足"的问题凸显。与世界主要的大都市圈相比,由于起步晚、资源条件不足和发展环境复杂等原因,我国大都市圈尚未形成良好的城市层级和分工体系,尤其在经济欠发达的西部地区,大都市圈的发展中城市层级部分环节缺失的现象屡见不鲜。同时,区域协调和一体化发展水平比较滞后,尤其在城市生态环境和文化软实力方面的差距更大,形成明显的短板,并出现了在大都市圈发展的初期阶段就"城市病多发"的现象。

此外,都市圈发展体系的不健全还表现在都市圈内各城市没有比较明晰的职能分工。和长三角、珠三角、京津冀三大城市群相比,目前扎堆出现的中西部城市群在城市规划、产业发展等方面的"雷同化"与"同质竞争"问题相当普遍,不利于培育城市群内部良好的城市层级和分工体系,并有可能重蹈东部发达地区"先污染、再治理"的覆辙。

3. 都市圈自身瓶颈因素制约

都市圈自身主要存在着四大瓶颈:一是在发展模式上呈简单化和粗放型,不利于大都市圈的均衡和精明增长;二是未形成有效的文化协调和联动机制,层级体系和一体化缺乏内生动力;三是都市圈内各城市及区域的合作尚处于"浅表阶段",战略与规划的"同质化"问题十分突出;四是环境污染严重和资源约束加大,发展风险和不可持续性日益凸显。这些问题在严重制约我国城市大都市圈自身发展的同时,也直接影响到国家新型城镇化建设的质量和内涵,是亟待破解和应对的重大现实挑战。

五、加快发展我国大都市圈战略和政策建议

(一) 加快我国大都市圈发展的战略路径

未来我国城市群的发展,应以大都市圈发展为导向,立足精神文明需求升级的现实基础,探索大都市圈经济"硬实力"与文化"软实力"协同并进的发展模式与合作机制创新路径。

1. 坚持大都市圈战略目标和战略定力

东京都市圈、纽约都市圈等世界著名大都市圈多年形成的独特发展模式和丰富治理经验对于我国以北京、上海为代表的多个特大城市及其周边地区的发展具有极其重要的参考价值。在当前京津冀协同发展、长三角一体化发展等战略深入推进的背景下,立足我国所处的经济社会发展阶段,围绕优化我国经济发展空间的现实挑战和治理需求出发,应加快发展我国大都市圈列为城市发展和城市群建设的战略目标。

要以"大都市圈"发展模式引领我国一些特大型城市及其周边地区的空间结构和功能布局,加速区域经济一体化发展。这种模式强调圈内中心城市与周边地区的功能互补和相互带动,有利于中心城市的功能升级和周边地区的共同发展。分散型网络区域结构的形成,不仅需要适度疏解城市功能、建设多个次一级城市中心,还需保持居住和其他城市功能的平衡与共存,以打造疏密有致、适度集约的多核心型都市圈结构。

此外,大都市圈建设不是做简单的行政区划的调整,而是在行政区划不做调整的情况下,弱化行政壁垒所带来的对生产要素自由流动的束缚。统筹大城市与周边城市的发展目标,使得各个城市相互整合、协调发展,进而产生"1+1>2"的

聚集效应,这将是国内先发地区大都市圈与城市群发展优势的集中体现,也是整个中国将来城市群的规划方向。国家层面的城市群规划已初步编制完成,未来一方面需要进一步加强城市群的一体化发展与内涵建设,另一方面还需要将目光聚焦在那些更小、更细、更加精准的区域发展上。因为这些区域遇到的困难和问题会更明确,需要解释的愿意也更迫切。国内先发地区城市群建设可以将构建大都市圈作为突破口,重视这种小尺度、跨区域、相对精准的都市圈的发展。

2. 发挥"文化型都市圈"引领功能

要以"文化型都市圈"引领、加快我国大都市圈的建设。都市圈发展不只是经济的一体化进程,也包括政治、文化、社会等方面的内容。城市的本质是文化,文化型都市圈代表了都市圈发展的更高形态。在全球人口爆炸、能源危机、生态环境急剧恶化的当下,"文化型都市圈"日益成为全球城市化和区域发展的新潮流和新趋势。

美国城市学家芒福德指出:"在城市发展史中科学技术始终是重要的推动力,但是人文因素则一直起着重要的平衡作用。"这句话从侧面论证了城市发展的最高目的在于提供一种"有价值、有意义、有梦想"的生活方式,而不只是人口集聚和经济增长。自2003年伦敦市长发表"城市文化战略"的演讲,旨在维护和增强伦敦作为"世界卓越的、创意的文化中心",成为"世界级的文化城市",并投入巨资兴建新的文化设施之后,一个文化稀薄的城市必定是危机四伏的城市,而一个繁荣的城市必定有着积极健康的城市文化成为越来越普遍的共识。因此,随着2005年前后"国际化大都市"的城市定位与战略逐步退居二线,文化城市成为众多城市的战略发展目标。

建议依托我国的新型城镇化和文化强国两大国家战略,将"文化都市"作为落实"完善城镇化健康发展体制机制"的顶层设计和核心框架,转变以工业化、现代交通和城市基础设施建设为主导的经济型都市圈发展模式,更加看重文化、生态和生活质量的"文化型城市群",大力培育环境、经济、社会和文化的协调关系和协同发展机制,以便从根本上解决城镇化中的深层次问题和综合性矛盾,最大限度地减少成本,并在不断探索中走出大都市圈全面协调发展的新路。

同时,要以深耕风格多彩的区域特色文化资源为中心,有效地规避城市群规划和建设的同质化问题。不同的城市群都以不同的自然环境、历史文脉和独特文化资源为依托,但在"经济型城市群"的规划建设中,由于基本上忽视了区域文化和历史传统,其结果就是当下十分突出的"千城一面"和"同质竞争"。提出和研究"文化型都市圈",充分开发江南文化之于上海大都市圈、北方文化之于首都都市圈、岭南文化之于珠三角、巴蜀文化之于成都都市圈等的资源优势,从而规避我国大都市圈文化发展走向"同质化"。

3. 率先编制上海文化型大都市圈发展规划

率先编制上海文化型大都市圈发展规划，加快发展上海文化型大都市圈，既是基于长三角经济物质基础和健康发展的需要，又是区域内丰富的江南城市文化遗产及升级复兴的需要。

首先，文化建设离不开经济基础。作为我国启动最早、城市化和国际化水平最高的城市群，长三角在经济、资本、产业和人才等方面具有明显的先发优势。目前，长三角核心区16城市GDP总量已占到全国的17.3%。从世界范围看，长三角和世界五大城市群相比，两者差距已不再是经济总量、城市基建等"硬件"方面，而主要是在城市软实力和文化服务上。在长三角城市群内率先提出并规划建设上海文化型大都市圈，可为我国大都市圈及城市群摆脱"物质发达、文化简单"的初级形态提供示范和经验。

其次，地处经济极其发达与文化繁荣昌盛江南地区的上海及其周边区域，拥有率先在长三角城市群内建设文化型大都市圈的先赋优势。以文化型大都市圈为发展理念和模式，可充分发掘和激活传统江南城市资源和文化，是实现上海大都市圈以及长三角城市群经济和文化共同繁荣发展的必由之路。

此外，率先研究、规划和建设"上海文化型大都市圈"，可为我国转变经济型大都市圈发展模式提供借鉴。经济上的绝对优势造就了上海大都市圈的"领头羊"和"排头兵"地位。但由于上海大都市圈以"经济型都市圈"的发展路径主导，尽管经济总量、交通基建和人口规模增长很快，但"城市病"也越来越严重，不可持续问题日益严重。而这些问题与痼疾也不断传播到中西部，使后者有可能重蹈"先污染，再治理"的覆辙。研究、规划和建设"上海文化型大都市圈"，对上海大都市圈有助于改变其作为"经济型都市圈"的惯性和痼疾，纠正由于过分强调人口、经济和交通等要素而导致的各种后遗症，对其他都市圈则可有效带动各区域文化的重建和复兴，并对推进其经济与文化的协调发展发挥多方面的示范和导向作用。

从长三角城市群整体协调发展的角度，率先编制上海文化型大都市圈发展规划，加快构建上海文化型大都市圈，充分发挥上海中心城市作用，加强与周边城市的分工协作，打造具有全球影响力的世界级文化型大都市圈。

（二）加快发展我国大都市圈的政策建议

我国大都市圈的发展，要尝试在互利共赢的发展模式与合作机制上实现创新突破、完善都市圈内各城市之间的空间布局、功能定位以及分工协作体系，为进一步深化区域协同发展开拓新空间、注入新动力。

1. 坚持基础设施一体化先行

完善大都市圈基础设施一体化的建设。大都市圈作为一个区域整体首先要协调各个城市的交通、能源、水电等配套基础设施网络的建设，为各个城市扩大招商引资和加快发展步伐提供必要的基础条件;其次要完善大都市圈交通网络的建设,加快城际快速通道的建设步伐,缩短城市之间的运输时间,降低城市之间的运输成本,并通过实现轨道交通为轴线、综合交通枢纽为中心的城市空间布局和建设安全便捷温馨的步行与自行车出行环境,形成合理的交通发展与引导模式;再次要完善大都市圈的通信网络建设,建立一体化的信息网络,降低城市之间的交流成本,加快技术和知识的交流。最后要完善金融、研发、售后等生产性服务业网络的建设,推动城市的经济发展,塑造城市的合理空间结构。

2. 探索都市圈人才协同机制

建立健全协同的大都市圈人才流通机制、构建协同创新的都市圈人才共同体,是引领都市圈经济转型升级、增强都市圈经济社会发展的内生动力。

一是通过跨行政区办学、跨校联合培养等方式促进都市圈内外地区间优势互补,增强办学能力;采取院校合并、共享教育资源、产学研结合等措施,加强师资的综合实力。

二是探索大都市圈内人才自由流动机制,探索优化配置人力资源的市场化手段。加强专业技术职务任职资格互认、异地人才服务、项目合作、公务员互派交流等方式引导人才有序流动。

三是建立大都市圈不同层级的城市人才吸纳的协调机制,严格规避各城市之间恶性的"抢人战"。

综上,通过探索都市圈内人才流通机制,强化都市圈内创新发展的核心要素"人才"的流通与交流,以更好地推动都市圈内知识与文化的扩散,从而更好地激发大都市圈整体发展的活力。

3. 强化规划制度保障

建立科学完善、动态调整的区域性统一规划及相应的制度保障,促进大都市圈协同发展。

首先,区域性统一规划能够跨越行政区划的范围,从国家战略需求和更大程度发挥区域发展规模效益及集聚优势的角度出发,依据都市圈整体发展的水平、范围和特质,对空间组织、基础设施、城市环境、产业布局及公共服务等区域性问题进行统筹考虑,并开展整体规划和针对性的项目规划。

其次,在规划编制的方式和过程中,应更加强调公共、私人和社区利益间的整合和融合范围,从根本上改变单纯的自上而下的规划编制过程,在保障整个区域战略框架下应充分考虑大都市圈内各个发展主题的主管意愿,并给予一定的灵活性以应对复杂的市场需求变化。

最后,要将规划思路和政策落到实处,必须通过立法为规划提供实施保障,增强区域性协调机构或组织的影响力,及时响应各种合理诉求,并同步推进财政、金融、社会等相关配套政策。

4. 建立一体化产品与要素市场

"都市圈"是伴随着城市化和工业化的发展进程,形成的一种空间集合的网络组织模式。在这种新的组织模式下,市场机制尤其是市场在产业组织模式与人口协调方面,通过发挥其价格机制,解决了潜在的问题。

因此,要打破地方分割和行政垄断,建立大都市圈的一体化市场。城市功能分工的形成离不开市场机制的支配和政府的引导,所以要在大都市圈内建立统一、公平、竞争、有效和有序为特征的区域一体化产品和要素市场,促进人才流、物流、资金流与信息流畅通。首先,在大都市圈范围内形成统一合理的社会保障和社会保险网络,切实保障劳动力的权益,建立一体化的劳动力市场;其次,推动银行、证券等金融机构的跨区域合作,实现资本要素在区域内的合理流动,建立一体化的资本市场;再次,要调整那些不符合市场规律的地方性法规,降低市场进入成本,建立一体化的商品市场;最后政府要积极地进行引导和协调,使整个产业链作为吸引招商引资的平台,而不是单独的一个生产环节,完善优质的产业集聚的建设,建立区域内一体化的投资市场。

专题报告

2018中国大都市治理与公共政策报告

区域协调发展战略和创新驱动发展战略成为推动中国大都市发展建设和转型升级的重要动力。推动区域更高质量一体化发展实践取得实质性进展,切实推进实施京津冀协同发展、长三角一体化发展和粤港澳大湾区建设等多项重大举措,以区域科技创新网络建设和区域协调发展体制机制创新为抓手,推动建设影响力和竞争力显著提升的世界级城市群。

2018年,全面深化改革取得重大突破。中央及地方政府机构注重推进全面深化改革,坚决破除各方面体制机制弊端。改革全面发力、多点突破、纵深推进,着力增强改革系统性、整体性、协同性,压茬拓展改革广度和深度。以数字技术赋能新时代大都市治理,以智慧城市建设推动公共服务效能提升和政府职能转变。注重持续全面深化改革,不断推进国家治理体系和治理能力现代化。

正值改革开放40周年,中国大都市治理与公共政策呈现出不断自我完善、创新升级的特点。中央政府从顶层设计的高度,制定了一系列国家重大战略部署和体制机制创新重要变革政策,建构出中国大都市治理与公共政策创新发展的全新图景。

一、治理制度创新:顶层设计规划引领,推动区域更高质量一体化发展

党的十九大报告首次正式提出了实施区域协调发展战略。这是在新时代背景下,党中央紧扣我国社会主要矛盾变化、针对区域协调发展新特征所做出的重大战略部署,并从顶层设计高度制定了一系列区域协调发展的整体性规划和创新性举措,掀开了中国区域治理的全新篇章。

1. 以顶层设计规划引领,构建全国区域协调发展新格局

区域协调发展战略是决胜全面建成小康社会的内在要求,是全面建设社会主义现代化国家的重要战略安排。在我国持续实施西部大开发、东北振兴、中部崛起和东部率先发展等多项区域总体战略的基础上,党的十九大报告明确提出区域协调发展战略,是对以往区域发展理论和实践的全面概括和高度提升,是新时代推动我国区域发展的重大战略部署和行动纲领。①

在顶层设计层面,区域协调发展战略明确指出,要以城市群为主体,构建大中

---

① 石碧华:《区域协调发展战略为区域发展指明方向》,《中国社会科学报》2017年12月13日,第7版。

小城市和小城镇协调发展的城镇化发展新格局。在精准施策方面,区域协调发展战略要求重点推进京津冀、长三角和粤港澳大湾区三大优势地区实现创新引领和更高质量一体化发展;同时发挥优势推动中部地区崛起,深化改革加快东北等老工业基地振兴,强化举措推进西部大开发和边疆发展,加大力度支持民族地区、贫困地区、革命老区加快发展,构建更具整体性、系统性和科学性的区域立体化均衡化发展新格局。①

这一基本方略不仅从战略层面对区域协调发展做出了完整部署,而且明确了各主要区域重点任务、发展定位和建设路径,成为新时期促进区域协同发展和一体化建设的重要政策机遇和全新规划引领驱动力。

2. 以制度创新为保障,推动区域更高质量一体化发展

在新时代实施区域协调发展重大战略的背景下,中国区域治理进入了全面深度协同和更高质量一体化发展的全新阶段。

京津冀协同发展的核心是疏解北京非首都功能。这就要求通过体制机制创新破除制约协同发展的深层次矛盾和根源问题,在产业分工协作、生态环境共治和交通互联互通等关键领域率先突破,加快构建京津冀城市群。在有序疏解非首都功能方面,北京市主要面向一般性制造业、区域性物流基地和区域性批发市场,部分行政性、事业性服务机构和部分教育、医疗结构,采取政府引导与市场机制相结合、集中疏解与分散疏解相结合、严控增量与疏解存量相结合、统筹谋划与分类施策相结合四大原则,实现分时分段完成疏解、均衡布局带动承载地城市化进程等区域协同发展相关规划,促进城市分工协作,提高区域性中心城市和节点城市综合承载能力,推进区域深度协同和高质量一体化发展。京津冀三省市和有关部门在京津冀协同发展领导小组和专家咨询委员会指导下,以《京津冀协同发展规划纲要》为战略框架,出台了产业、交通、科技、生态环保等 12 个专项规划和一系列具体政策,在重点领域已率先突破,取得重要进展。截至 2017 年 11 月,以北京为中心,"半小时通勤圈"逐步扩大,京津冀 PM2.5 平均浓度下降 33%,"4＋N"产业合作格局②加快构建。同时,全面创新改革试验深入开展,北京向津冀输出技术合同成交额年增长超过 30%,公共服务共建共享初见成效,京津两市助力河北张承保地区脱贫攻坚扎实推进。③

---

① 新华网:《习近平:决胜全面建成小康社会 夺取新时代中国特色社会主义伟大胜利——在中国共产党第十九次全国代表大会上的报告》,2017 年 10 月 27 日,http://www.xinhuanet.com//politics/19cpcnc/2017-10/27/c_1121867529.htm。

② "4"即曹妃甸协同发展示范区、新机场临空经济区、张承生态功能区、天津滨海新区等四大战略合作功能区;"N"即一批高水平协同创新平台和专业化产业合作平台。

③ 蔡奇:《推动京津冀协同发展》,《人民日报》2017 年 11 月 20 日,第 6 版。

推动长三角地区更高质量一体化发展取得重大历史性突破。2017年12月，新任上海市委书记李强同志在上任不久之后的一个大动作，就是带领上海市党政代表团赴泛长三角地区其他三个省安徽、江苏、浙江学习考察，与各省党政领导共谋推进长三角一体化发展的新战略、新路径、新机制。长三角区域核心城市上海的主要党政领导主动走出去，与长三角地区兄弟省份的主要党政领导互动交流、磋商研讨，为实质性推动长三角经济社会文化一体化发展奠定了坚实的基础。①2018年3月，长三角区域合作办公室已经组建，成为长三角一体化发展的重大历史拐点，为长三角区域创新网络建设提供了重要的组织保障和制度保障。长三角区域合作办公室的工作地点设立在上海，主要工作职责包括拟订长三角一体化发展战略规划、协调统筹体制机制和重大政策建议等，"把长三角建设成为贯彻落实新发展理念的引领示范区，成为在全球有影响力的世界级城市群，成为能够在全球配置资源的亚太门户"。2018年7月，《长三角地区一体化发展三年行动计划（2018—2020年）》正式印发，为长三角一体化发展明确了任务书、时间表和路线图，覆盖交通能源、科创、产业、信息化、信用、环保、公共服务、商务金融等12个合作专题，并聚焦交通互联互通、能源互济互保、产业协同创新、信息网络高速泛在、环境整治联防联控、公共服务普惠便利、市场开放有序等7个重点领域，创新多项体制机制，推动长三角地区建设影响力和竞争力显著提升的更高质量一体化世界级城市群。②

粤港澳大湾区顶层设计落地在即，并将在产业发展、交通基础设施和生态环境保护等方面加快制定专项规划，推动泛珠三角地区9座城市在体制机制层面加速与香港、澳门的全面对接。港珠澳大桥和广深港高铁等重大交通基础设施的建设与运行对于推动港澳融入大湾区发展大局意义重大。同时，粤港澳大湾区之内"两种社会制度""三个关税区"共存的局面，既是粤港澳大湾区的区域优势，也是需要在制度层面大胆突破的难点所在，需要更深层次的治理制度创新和政府社会密切协作，推动基础设施"硬对接"和体制机制"软对接"，通过深化合作形成一体化联动发展的共赢格局。粤港澳大湾区的建设重点和难点即制度创新。2018年8月，国务院宣布关于取消一批行政许可等事项的决定，其中包括取消台港澳人员在内地就业许可事项。广东推出"便利湾区"18项举措，粤港澳专业资格互认深入推进，前海、横琴试行香港工程建设模式，全省有52所高校面向港澳招生，港资澳

---

① 唐亚林、于迎：《主动对接式区域合作：长三角区域治理新模式的复合动力与机制创新》，《理论探讨》2018年第1期，第28—35页。

② 张骏：《长三角：聚焦高质量，聚力一体化》，《解放日报》2018年6月2日，第1版。

资医疗机构达46家。① 大湾区建设已率先从蓝图构想转化为实际行动,在国家支持下,立足三地优势,加强三地联动,进一步高质量高效率向前推进。

二、治理模式创新:共建科创走廊,推进区域创新网络建设

创新驱动发展战略和区域协调发展战略是新时代推动我国经济更高质量和更可持续发展的重要战略选择。构建区域创新网络能够充分发挥网络化结构的链接互动效应与协同效应,提升区域整体科技创新能力,是新时代背景下促进区域创新发展和协调发展的重要议题。在此背景下,长三角和珠三角区域都选择了跨区域共建科技创新走廊这一崭新模式,作为区域创新网络建设的重要承载区和区域更高质量一体化发展的引领示范区,在区域协同创新实现中探索出了一条具有重要理论价值和实践价值的全新路径。

1. G60科创走廊:打造长三角协同创新核心引擎

长江三角洲地区是我国经济最具活力、创新能力最强的区域之一,是"一带一路"和长江经济带等国家重大发展战略的重要交汇点和核心节点。2014年5月,习近平总书记在上海考察期间指出,科技创新已经成为提高综合国力的关键支撑,要求上海加快建设具有全球影响力的科创中心。为此,上海市及各区县出台多项创新创业促进政策,并提出建设面向长三角的G60科创走廊,打造成为长三角区域创新网络建设的核心引擎。

依托长三角区域创新驱动产业升级和更高质量一体化发展的伟大实践,G60科创走廊建设呈现出快速发展、连续升级的演进特征,三年"三级跳",从城市战略上升为区域战略,经历了三个版本的发展过程。

(1) 1.0版本:G60上海松江科创走廊

2016年5月24日,上海市松江区全面贯彻落实上海加快建设具有全球影响力的科技创新中心的要求,正式发布《关于加快建设G60上海松江科创走廊建设的意见》,率先提出沿G60高速公路构建产城融合的科创走廊。②

根据规划,G60上海松江科创走廊对标国际类似成功创新区域,以G60高速公路松江段40公里为核心,结合分布高速公路两侧的九大功能板块,打造"一廊九区"创新集群,实现"科创承载、总部研发、高端制造、服务集成、商业商务及现代物流相辅相成"的产业功能布局。③ G60上海松江科创走廊以临港松江科技城为

---

① 王攀、刘欢等:《开创融合新格局,探索发展新路径——推进粤港澳大湾区建设一年间》,《人民日报》2018年8月15日,第1版。
② 中共上海市松江区委员会、上海市松江区人民政府:《秉持新发展理念 唯实唯干 大刀阔斧辟新路——上海松江G60科创走廊纪实》,《中国科技产业》2017年第11期,第38—43页。
③ 耿挺:《全力推进G60科创走廊建设》,《上海科技报》2016年7月29日,第1版。

龙头,沿G60高速公路松江段两侧辐射带,中部以松江新城为核心,集中布局松江新城国际生态商务区、松江新城总部研发功能区和松江大学城双创集聚区,周边串联起松江经济技术开发区、洞泾智能机器人产业基地和松江西部科技园区,配套以松江电子商务与现代物流区和国家级出口加工区。①

"一廊九区"空间布局定位清晰,产业布局涵盖电子信息业、新能源、新材料、生物医药等战略新兴产业,能够同时发挥产业集聚效应与产业协同效应的双重优势,推动G60上海松江科创走廊建设成为上海及长三角地区重要产业技术创新策源区和产城深度融合示范区。

图11　G60上海松江科创走廊"一廊九区"布局

(2) 2.0版本:沪嘉杭G60科创走廊

2016年7月,浙江省政府通过《杭州城西科创大走廊规划》建设方案,涵盖浙江大学、未来科技城、阿里巴巴等众多优势创新主体,推动杭州西地区打造以信息经济为引领、智能制造业为支撑的科创大走廊产业新体系。2016年8月,浙江省嘉兴市发布《嘉兴市城市总体规划(2003—2020年)(2015年修订)》②,提出"设立浙江省全面接轨上海示范区",深度融入长三角城市分工体系,加快建设对接上海的长三角高科技成果转化重要基地。2016年10月,浙江清华长三角研究院院长王涛发表署名文章,提出打造G60沪嘉杭科创走廊的战略构想,以上海和杭州为"两核",以嘉兴为"一区",三地联动,推动建立跨区域的创新创业服务网络和协同网络。③ 在此基础上,沪嘉杭三地不断互动互访、密集对接。2017年3月,松江发布《G60科创走廊建设行动方案》,联手杭州市、嘉兴市,以交通网络为基础,打破行政区划限制,强化协同效应,促进人才、技术、资金、项目、政策等创新要素自由流动、自由组合。④ 2017年7月12日,上海市松江区与杭州市、嘉兴市三地在沪签

---

① 张晋洲:《科创驱动"松江制造"迈向"松江创造"》,《解放日报》2016年5月24日,第6版。
② 刘乐平:《嘉兴设立浙江省全面接轨上海示范区》,《浙江日报》2017年4月6日,第1版。
③ 王涛:《强化区域协同创新》,《浙江日报》2016年10月27日,第15版。
④ 黄勇娣:《沪嘉杭共建共享区域创新体系》,《解放日报》2017年3月20日,第1版。

订《沪嘉杭 G60 科创走廊建设战略合作协议》,①标志着 G60 科创走廊建设正式进入 2.0 版本发展阶段。"G60 上海松江科创走廊"正式更名为"沪嘉杭 G60 科创走廊"。

沪嘉杭 G60 科创走廊从上海市松江区向浙江省嘉兴市、杭州市延伸拓展,以 G60 高速公路为主轴,长约 180 公里,打造沪嘉杭三地共建共享的开放型创新网络,形成辐射长三角、服务长三角的跨区域科技创新走廊。沪嘉杭 G60 科创走廊建设依托上海建设具有全球影响力的科创中心战略和长三角一体化发展战略,面向国际国内聚合创新资源,围绕创新协同、产业融合、互联互通、机制完善等方面开展深入协作,构建区域协同创新网络。

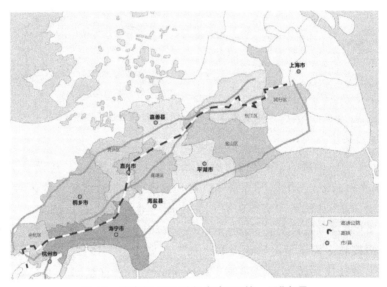

图 12　沪嘉杭 G60 科创走廊"两核一区"布局

(3) 3.0 版本:G60 科创走廊

2018 年以来,长三角一体化建设再次提速。2018 年 4 月 26 日,习近平总书记在《关于推动长三角一体化发展有关情况的报告》上发出重要批示,要求推动长三角更高质量一体化发展,更好地服务国家发展大局。② 2018 年 6 月 1 日,长三角地区主要领导座谈会在沪举行,以"聚焦高质量,聚力一体化"为主题,推动长三角地区实现更高质量一体化发展要求,审议并原则同意《长三角地区一体化发展三年行动计划(2018—2020 年)》和《长三角地区合作近期工作要点》。

---

① 杨洁:《沪嘉杭 G60 科创走廊:一条"黄金大道"撬动浙沪协同创新》,《嘉兴日报》2017 年 7 月 28 日,第 3 版。
② 谈燕:《推动长三角地区更高质量一体化发展》,《解放日报》2018 年 5 月 9 日,第 1 版。

在此背景下，松江提出以沪苏湖合高铁建设为契机，深化拓展G60科创走廊从"高速公路时代的2.0版"迈向"高铁时代的3.0版"，进一步向西辐射江浙皖腹地枢纽和要冲城市，以G60高速公路和沪苏湖合高铁为纽带，进一步扩容建设G60科创走廊。2018年6月1日，即长三角地区主要领导座谈会召开当日，G60科创走廊第一次联席会议在上海松江同步召开，来自上海、杭州、苏州、嘉兴、金华、湖州、宣城、芜湖、合肥九城市的领导人审议通过G60科创走廊战略合作协议、G60科创走廊工作制度和G60科创走廊总体发展规划3.0版，并发布《G60科创走廊松江宣言》。这标志着G60科创走廊3.0版本的正式诞生。

2018年7月9日，G60科创走廊联席会议办公室正式挂牌，作为长三角区域合作办公室的分支机构，承担编制规划、组织协调和跨区域对接等多项职能。

G60科创走廊的3.0版形成了"一廊一核多城"的布局规划体系："一廊"即G60科创走廊；"一核"即全球科创中心——上海，松江背靠上海科技创新资源优势，成为向东承接上海全球科创中心和先进制造功能、向西辐射苏浙皖腹地的枢纽和要冲；"多城"包括嘉兴、杭州、金华、苏州、湖州、宣城、芜湖、合肥等城市。[①] 规划覆盖面积约7.62万平方公里，区域常住人口约4900万人，GPD总量约4.86万亿元，分别占长三角三省一市总量的21.2%、22.3%、24.9%[②]，定位于长三角贯彻落实新发展理念引领示范区重要引擎和长三角率先迈向高质量一体化发展的重要引擎，成为长三角率先建立区域协同发展新机制的试验田和科创驱动中国制造迈向中国创造的主阵地。

三年三次升级，G60科创走廊的发展经历了从1.0版到2.0版再到3.0版的"三级跳"，空间布局也从一城区扩大到三地市再扩容至九城市，战略定位从城区战略升级为沪浙跨区域协同战略、再上升为沪苏浙皖长三角高质量一体化区域发展战略。G60科创走廊的发展建设和升级提速与长三角一体化进程紧密相关，成为促进长三角一体化发展的重要引擎和先行先试平台，在区域层面统筹规划、共同推进，承担着更高级别定位和更重要历史使命。

2. 广深科创走廊：推动粤港澳大湾区建成世界一流创新型湾区

广深科创走廊依托粤港澳大湾区城市群，构建"一廊十核多节点"的创新空间格局，旨在建设具有国际影响力的科技产业创新中心，推动粤港澳大湾区成为全球领先的科技创新中心。其中，"一廊"即广深科技创新走廊，依托广深高速、广深沿江高速、珠三环高速东段、穗莞深城际、佛莞城际等复合型的交通通道，集中穗

---

① 陈立平：《一条科创走廊串起九座城市 将成为长三角一体化先行先试平台》，《杭州日报》2018年8月28日，第17版。
② G60科创走廊联席会议办公室：《2018长三角工业互联网峰会暨G60科创走廊工业互联网协同创新工程启动大会九城市简介》，2018年9月。

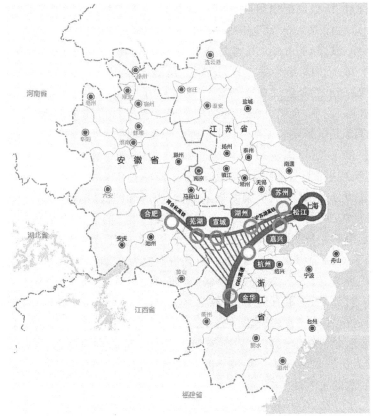

图 13 G60 科创走廊"一廊一核多城"布局

莞深创新资源,三市连成一个产业联动、空间联结、功能贯穿的创新经济带,建设成为珠三角国家自主创新示范区核心区,长度约 180 公里。"十核"即十大核心创新平台。具体为广州大学城—国际创新城、广州琶洲互联网创新集聚区、广州中新知识城、广州科学城、东莞松山湖、东莞滨海湾新区、深圳空港新城、深圳高新区、深圳坂雪岗科技城、深圳国际生物谷,总面积约 348 平方公里,其中规划建设用地总面积约 243 平方公里。构建科技创新重要空间载体,打造全球顶尖科技产业创新平台,为珠三角国家自主创新示范区发展提供强大动力。"多节点"包括广州市国际生物岛园区、天河智慧城等 13 个,深圳市前海深港现代服务业合作区、深圳湾超级总部基地等 15 个,东莞市中子科学城、东莞水乡新城等 9 个,合计 37 个,均为具有一定创新基础,发挥示范效应,推动区域发展的创新节点,总面积约 462 平方公里,其中规划建设用地总面积约 349 平方公里。①

---

① 《一廊十核多节点,广深科创走廊这样建》,《南方日报》2017 年 12 月 14 日,第 3 版。

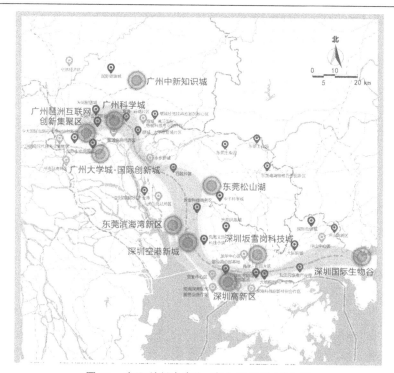

图14 广深科创走廊"一廊十核多节点"布局

2017年12月,广东省委、省政府正式印发《广深科技创新走廊规划》,成为指导广深科技创新走廊当前和今后一段时期内建设和发展的纲领性文件。《规划》提出了"三步走"的发展战略。

第一步是到2020年,科技产业创新能力领先全国。主要创新指标达到或超过创新型国家(地区)水平,全社会科研投入在GDP占比超过3.5%;科技进步贡献率提高到62%以上,高技术制造业增加值占规模以上工业增加值的比重超过45%,万人发明专利拥有量达到55件,若干重点产业进入全球价值链中高端;基本形成适应创新驱动发展的制度环境和科技创新支撑体系,基本形成大众创业、万众创新的发展格局;初步建成创新资源集聚带、转型升级引领带、生态宜居示范带,强有力支撑我省打造全国科技产业创新中心,为粤港澳大湾区建设国际科技创新中心和我国进入创新型国家行列提供有力支撑;人居环境持续改善。

第二步是到2030年,建成具有国际影响力的科技产业创新中心。打造中国"硅谷",成为与美国硅谷、波士顿地区相媲美的全球创新高地,全社会科研投入在GDP占比超过4%,科技进步贡献率不低于65%,高技术制造业增加值占规模以上工业增加值的比重超过60%,万人发明专利拥有量达到85件,经济社会发展水平和国际竞争力大幅提升,成为全球创新网络重要力量,成为引领世界创新的新引擎,科技创新能力跻身世界前列,强有力支撑我省进入全球创新型地区前列,推动粤港澳大湾区建成世界一流创新型湾区,为我国跻身创新型国家前列提供强大支撑。建成国际一流的人居环境。

第三步是到2050年,建成国际一流的科技产业创新中心。全面建成具有全球影响力的科技创新走廊,成为世界主要科学中心和创新高地,科技创新能力达到世界领先水平,强有力支撑我省领先全球创新型地区,推动粤港澳大湾区建设成为全球领先的科技创新中心,为我国建设世界科技强国提供强劲支撑,营造最具魅力的全球顶尖创新人才向往的人居环境。①

3. 共建科创走廊,推动区域创新网络优化建设

共建科技创新走廊,有利于推动区域创新网络建设发展,从而推动区域产业转型升级和更高质量一体化发展。依托各区域特色创新资源与要素禀赋,科创走廊建设与发展中探索并尝试了协同模式和治理模式的转换升级,呈现出全新的特征。

(1) 制定整体性规划前瞻引领

在自主创新和区域更高质量一体化的引领动力下,政府注重制定具有前瞻性、整体性的创新规划,通过科创走廊建设、跨区域深度合作等创新模式,引领区域创新网络建设发展建设。科创走廊建设成为强化区域协同创新的突破式创新实践,有利于融合与拓展各主要创新城市的资源优势和产业优势,推动城市间互联互通创新要素,联合研发技术攻关,增强区域高端创新资源的集聚、整合与辐射功能,打造区域协同创新共同体。

(2) 构建跨省跨部门行政网络加强统筹

区域科技合作成为区域协同发展的重要内容。各区域基本形成了以中心城市为核心引领节点、其他多个城市为创新中心节点和技术扩散节点的梯度分明的区域科技产业分工体系,取得了重要的阶段性成果。在制度建设方面,各区域采取了组建区域合作办公室或科技创新联席会议等方式,以创新建设规划为行动纲领,加强区域创新网络统筹建设。在机制建设方面,各区域以科创走廊为核心承载区,聚焦改革联通和创新协同,建立长效的科技合作研发机制和项目攻关合作模式等,形成了互联互通、共建共享的区域协同创新新局面。

(3) 配套创新政策提供服务

创新、经济增长和科研的关系已经发生了改变。区域创新网络越来越需要建立在更为广泛、动态、运作良好的"知识和创新网络"基础之上,强调创新要素协同、创新政策协同、创新机制协同和创新要素"四位一体",共同推进,实施专业化、

---

① 冯善书:《广东省委省政府印发〈广深科技创新走廊规划〉》,《南方日报》2017年12月25日,第1版。

扁平化的创新服务政策,在更高层次上探索政府、技术与市场的创新互动模式,服务国家自主创新战略。

三、治理技术创新:数字治理赋能新时代,全面推动智慧城市建设

2018年9月17日,世界人工智能大会在上海开幕。国家主席习近平致信祝贺,并在贺信中指出,新一代人工智能技术正在全球范围内蓬勃兴起,为经济社会发展注入了新动能,正在深刻改变人们的生产生活方式。中国正致力于实现高质量发展,人工智能的发展应用将有力提高经济社会发展智能化水平,有效增强公共服务和城市管理能力。①

1. 数字治理成为大都市治理的必然选择

数字经济和智能经济已经成为推动社会高质量发展、提升经济创新能力和竞争能力的优先战略选择。同时,数字技术应用于大都市治理,能够促进提升政务服务,提升城市智慧化管理能力,保障城市安全高效运行。特别是发展中的人工智能技术和智慧化治理技术,在教育、医疗、养老、环境保护、司法服务等多个领域有着广泛的应用前景,在推动社会发展、促进国家治理体系和治理能力现代化、满足人民日益增长的美好生活需要方面发挥着越来越重要的作用。

数字治理借助强大的技术优势,能够形成良好的网络化治理结构,增强城市政府的透明性与回应性,构建有效的城市政府善治机制,成为数字时代城市政府善治的必然选择。②

2. 数字治理全面赋能,推动智慧城市建设

2017年7月,国务院印发《新一代人工智能发展规划》,按照"构建一个体系、把握双重属性、坚持三位一体、强化四大支撑"原则对人工智能持续发展进行布局,要求构建开放协同的人工智能科技创新体系,把握人工智能技术属性和社会属性高度融合的特征,坚持人工智能研发攻关、产品应用和产业培育"三位一体"推进,全面支撑科技、经济、社会发展和国家安全,带动国家创新能力全面提升。在推进社会治理现代化和智能化方面,《规划》要求重点推进智能政务、智慧城市、智能交通、智能环保和智慧法庭等相关领域发展建设,构建安全高效的智能化基础设施体系,推进数字治理和智慧化城市建设有序发展。③

2017年11月,上海市发布的《关于本市推动新一代人工智能发展的实施意

---

① 《习近平主席的贺信》,《解放日报》2018年9月17日,第1版。
② 徐晓林、刘勇:《数字治理对城市政府善治的影响研究》,《公共管理学报》2004年第1期,第13—20、107—108页。
③ 中国政府网:《国务院印发〈新一代人工智能发展规划〉》,2017年7月20日,http://www.gov.cn/xinwen/2017-07/20/content_5212064.htm。

见》中指出,新一代数字技术和智能技术正在深刻改变经济社会发展模式,呈现深度学习、跨界融合、人机协同、群智开放、自主操作的新特征,相关技术应用及产业模式对上海创新驱动发展、经济转型升级和社会精细化治理的引领带动效能显著。在大都市治理层面,数字化治理和新一代智能感知技术能够提高城市安防、环境、基础设施等管理能力,增强城市智能防控能力,特别是在公共安全监控、自然灾害预防、环境监测、河道监管、食品安全追溯等领域的应用,能够显著提高城市综合管理水平,保障城市智能有序运行。在公共服务层面,数字化治理和智慧化治理能够改善政府决策与公共服务质量,可以通过多维度大数据分析预测公共需求、分析社会舆情,支撑政府科学化决策,提升政府公共服务效能。①

2018年7月,深圳市印发《深圳市新型智慧城市建设总体方案》,提出打造国家新型智慧城市标杆市的战略部署,促进深圳现代化国际化创新型城市和社会主义现代化先行区的建设。② 该方案提出,到2020年,深圳市要建成全面感知城市安全、交通、环境、网络空间的感知网络体系,在公共安全、城市运行管理的各个领域,通过信息化手段建成反应快速、预测预判、综合协调的一体化城市运行管理体系,实现市区联动、部门联动和军地联动,推进公共服务(包括政务服务、医疗、教育、社区服务等)、公共安全(包括公安、应急、安全生产等)、城市治理(包括交通、环保、水务、城管等)、智慧产业(包括智慧园区、智慧工厂、创新服务平台和大数据产业等)四大领域应用工程建设,并与智慧城市运行管理中心实现联动协同。

从国家层面到多个主要城市,城市治理智慧化发展已成为共识,将促使城市治理技术和发展模式发生重大变化,呈现感知智能化、管理精准化、服务便捷化和参与主体多元化等特征,通过技术赋能城市,全面提升城市影响力与竞争力。

四、治理机制创新:推动政府创新,全面深化改革

适应新时代经济社会发展要求,全国各级政府及相关部门注重开展改革创新试验,持续深化"放管服"改革,减少微观管理和直接干预,加强公共服务和宏观调控,推进自身职能转变。全面实施全国统一的市场准入负面清单制度,推开"证照分离"改革,进一步压缩企业开办时间、缩短商标注册周期;深入推进"互联网+政务服务",使更多事项在网上办理,必须到现场办的也要力争做到"只进一扇门""最多跑一次",推进跨层级、跨地域、跨系统、跨部门、跨业务的政务协同管理和一体化服务体系。

---

① 中国政府网:《上海推动新一代人工智能发展实施意见发布》,2017年10月26日,http://www.gov.cn/xinwen/2017-11/15/content_5239791.htm。

② 深圳政府在线:《深圳市人民政府关于印发新型智慧城市建设总体方案的通知》,2018年7月12日,http://www.sz.gov.cn/zfgb/2018/gb1062/201807/t20180730_13798766.htm。

1. "最多跑一次"改革,推动政府职能转变

2016年底,浙江省率先提出和实施"最多跑一次"改革,在全省全面推开。2018年1月,中央全面深化改革领导小组审议了《浙江省"最多跑一次"改革调研报告》并予以肯定,建议向全国复制推广。2018年3月,"最多跑一次"被正式写入李克强总理的政府工作报告[①],要求深入推进"互联网+政务服务",使更多事项在网上办理,必须到现场办的也要力争做到"只进一扇门""最多跑一次"。

"最多跑一次"改革是通过"一窗受理、集成服务、一次办结"的服务模式创新,让群众、企业到政府办事,在申请材料齐全、符合法定受理条件时,最多跑一次。"最多跑一次"是浙江在省域层面推动全面深化改革的一项重要实践创新,其初心是落实以人民为中心的发展思想,基础是互联网和大数据提供的技术支撑,路径是用政府权力的"减法"换取市场的"乘法",实质是推进治理体系和治理能力现代化,具有鲜明的时代特征和丰富的理论内涵。"最多跑一次"改革涉及政府治理、公共管理、地方政府创新等各领域改革创新理念,体现了以关键环节突破拓展改革广度深度的系统性改革思维。[②] 截至2018年9月,浙江省、市、县三级梳理公布的"最多跑一次"事项已分别占同级总事项数的100%、99.59%和99.21%。最新的第三方特定对象电话回访调查显示,企业和群众对"最多跑一次"改革成效满意率达到94.7%。[③]

继"最多跑一次"改革之后,浙江省继续加强改革创新,推行"证照分离"改革,作为"放管服"改革和"最多跑一次"改革的重要内容。2018年1月,浙江省制定实施《推进"证照分离"改革试点方案》,在中国(浙江)自由贸易试验区和浙江舟山群岛新区复制推广上海市116项行政许可等事项(国务院或国家部委已取消的事项除外)"证照分离"改革试点经验做法,将98项行政审批事项纳入改革范围,其中取消4项、审批改备案2项、告知承诺21项、提高透明度和可预期性37项、强化准入监管34项。[④]

通过多项改革叠加实施,浙江省行政办事效率进一步提高,全省试点地区试点事项平均办理时间已从改革前的12天左右压缩到4天左右,有效缓解"办证难"。办事透明度进一步提高,通过线上线下各种途径公开办事程序和所需材料,为群众和企业办事带来便利。政府职能和管理方式进一步转变,以往政府"重审

[①] 郁建兴、高翔:《浙江省"最多跑一次"改革的基本经验与未来》,《浙江社会科学》2018年第4期,第76—85页,第158页。
[②] 沈轩:《"最多跑一次"改革的实践创新和理论价值》,《浙江日报》2018年3月12日,第10版。
[③] 浙江在线:《最多跑一次 浙江加速度》,2017年6月11日,http://zjnews.zjol.com.cn/zjnews/zjxw/201706/t20170611_4202452.shtml。
[④] 金春华:《浙江"证照分离"改革取得阶段性成效 试点地区累计办件量44656件》,《浙江日报》2018年8月24日,第2版。

批轻监管"的管理模式得到改善,事中事后监管体系进一步形成,监管举措得到有效落实。未来一段时间,浙江省还将进一步推进"照后减证"、简化审批程序,不断健全事中事后监管体系,提高数据共享水平,加快实现市场准入100%网上办理、数据资源100%共享,统筹推进"证照分离""多证合一""证照联办"等一系列改革举措。

2. 推进政务服务"一网、一门、一次"改革,深化"放管服"改革

2018年6月,国务院办公厅印发《进一步深化"互联网+政务服务"推进政务服务"一网、一门、一次"改革实施方案》,要求充分结合数字治理技术和信息化手段,解决企业和群众反映强烈的办事难、办事慢、办事繁问题,加快推进政务服务"一网通办"和企业群众办事"只进一扇门""最多跑一次"改革,推进审批服务便民化、"互联网+政务服务"、政务信息系统整合共享等重要改革创新。[①] 具体改革举措包括以下方面。

(1) 以整合促便捷,推进线上"一网通办"

按照政务服务"一网通办"的要求,加快建设国家、省、市三级互联的网上政务服务平台体系,整合构建全国一体化网上政务服务平台,整合各级政府部门分散的政务服务资源和网上服务入口,推动政务服务"一次认证、全网通办、全国漫游",大幅提高政务服务便捷性。同时切实提高政务服务事项网上办理比例,推动更多政务服务事项网上办理,拓展政务服务向"两微一端"等移动应用拓展,实现从网上咨询、网上申报到网上预审、网上办理、网上反馈"应上尽上、全程在线",为群众和企业提供多样性、多渠道、便利化的政务服务。

(2) 以集成提效能,推进线下"只进一扇门"

企业和群众办事"只进一扇门"为目标,大力推行政务服务集中办理,实现"多门"变"一门",促进政务服务线上线下集成融合,不断提升政府服务效能。推动完善省、市、县、乡镇综合性政务大厅集中服务模式,将垂直管理部门在本行政区域办理的政务服务事项纳入综合性政务大厅集中办理,加快实现"前台综合受理、后台分类审批、综合窗口出件",实现企业和群众必须到现场办理的事项"只进一扇门"。

同时,依托网上政务服务平台,实时汇入网上申报、排队预约、现场排队叫号、服务评价、事项受理、审批(审查)结果和审批证照等信息,实现线上线下功能互补、无缝衔接、全过程留痕,为企业和群众办事线下"只进一扇门"提供有力支撑。

(3) 以创新促精简,让企业和群众"最多跑一次"

以企业和群众办事"少跑腿"为目标,梳理必须到现场办理事项的"最多跑一

---

① 中国政府网:《国务院办公厅关于印发进一步深化"互联网+政务服务"推进政务服务"一网、一门、一次"改革实施方案的通知》,2018年6月10日,http://www.gov.cn/zhengce/content/2018-06/22/content_5300516.htm。

次"目录,精简办事环节和材料,推动政务服务入口全面向基层延伸,力争实现企业和群众办事"最多跑一次"。大力推进减材料、减环节,整合涉及多部门事项的共性材料,推广多业务申请表信息复用,通过"一表申请"将企业和个人基本信息材料一次收齐,后续反复使用,减少重复填写和重复提交。充分依托网上政务服务平台,以与企业生产经营、群众生产生活密切相关的重点领域和办理量大的高频事项为重点,通过优化办事系统、简化办事材料、精简办事环节,让更多政务服务事项"最多跑一次"。

(4) 以共享促应用,加强数据安全保障

建立完善全国数据共享交换体系,构建全国统一、多级互联的数据共享交换平台体系,强化平台功能、完善管理规范,使其具备跨层级、跨地域、跨系统、跨部门、跨业务的数据调度能力。按照"统一受理、平台授权"的原则,建立数据共享授权机制。加快完善政务数据资源体系,遵循"一数一源、多源校核、动态更新"原则,构建并完善政务数据资源体系,持续完善数据资源目录,动态更新政务数据资源,不断提升数据质量,扩大共享覆盖面,提高服务可用性。完善数据共享责任清单机制,进一步明确各部门共享责任,在落实国务院部门第一批数据共享责任清单的基础上,制定发布第二批数据共享责任清单,新增拓展1000项数据共享服务,加强数据共享服务运行监测,全面清理并制止仅向特定企业、社会组织开放公共数据的行为。

信息安全作为重点事项被提上日程。要求注重加强数据共享安全保障,依法加强隐私保护,研究政务信息资源分类分级制度,制定数据安全管理办法,明确数据采集、传输、存储、使用、共享、开放等环节安全保障的措施、责任主体和具体要求。提高国家电子政务外网、国家数据共享交换平台和国家政务服务平台的安全防护能力。推进政务信息资源共享风险评估和安全审查,强化应急预案管理,切实做好数据安全事件的应急处置。

3. 全面深化改革委员会成立,健全深化改革体制机制

2018年3月,根据《深化党和国家机构改革方案》,原中央全面深化改革领导小组改为中央全面深化改革委员会,负责深化改革相关领域重大工作的顶层设计、总体布局、统筹协调、整体推进和督促落实。深化党和国家机构改革全面启动,标志着全面深化改革进入了一个新阶段。中央全面深化改革委员会注重加强对改革工作的统筹领导,展开切实工作,对多个重大领域、多项重要工作明确责任、协同推进。[1]

---

[1] 《加强和改善党对全面深化改革统筹领导 紧密结合深化机构改革推动改革工作》,《人民日报》2018年3月29日,第1版。

在结构改革和政府职能转变方面,全面深化改革委员会会议指出,深化党和国家机构改革,转变和优化职责是关键。需在改职责上出硬招,切实解决多头分散、条块分割、下改上不改、上推下不动的问题,确保党中央令行禁止。要在宏观管理、市场监管、教育文化、卫生健康、医疗保障、生态环保、应急管理、退役军人服务、移民管理服务、综合执法等人民群众普遍关心的领域,重点攻坚、抓好落实。同时,要求各地区各部门主动对表、积极作为,结合机构改革,加快内部职责和业务整合。

在规划引领和战略导向方面,委员会强调要科学编制并有效实施国家发展规划,引导公共资源配置方向,规范市场主体行为,保持国家战略连续性稳定性,确保一张蓝图绘到底。要落实高质量发展要求,加快统一规划体系建设,理顺规划关系,完善规划管理,提高规划质量,强化政策协同,健全实施机制,加快建立制度健全、科学规范、运行有效的规划体制,构建发展规划与财政、金融等政策协调机制,更好发挥国家发展规划的战略导向作用。

在自贸区改革开放和制度创新方面,委员会要求进一步深化自贸区改革开放,总结建设经验,按照高质量发展的要求,对照国际先进规则,以制度创新为核心,以防控风险为底线,扩大开放领域,提升政府治理水平,加强改革系统集成,以取得更多可复制可推广的制度创新成果,更好服务全国改革开放大局。

在区域治理方面,委员会强调支持河北雄安新区全面深化改革和扩大开放,牢牢把握北京非首都功能疏解集中承载地这个定位,围绕创造"雄安质量",赋予雄安新区更大的改革自主权,在创新发展、城市治理、公共服务等方面先行先试、率先突破,构建符合高质量发展要求和未来发展方向的制度体系,打造推动高质量发展的全国样板。要求继续推进区域协调发展战略的实施,建立更加有效的区域协调发展新机制,坚持新发展理念,立足发挥各地区比较优势和缩小区域发展差距,围绕努力实现基本公共服务均等化、基础设施通达程度比较均衡、人民基本生活保障水平大体相当的目标,深化改革开放,加快形成统筹有力、竞争有序、绿色协调、共享共赢的区域发展新机制。[①]

全面深化改革成为推进国家治理体系和治理能力现代化的深层驱动力,是适应新时代推进高质量发展的根本要求。通过加强改革的系统性、整体性、协同性,统筹安排深化国家机构改革和各领域改革,能够推动优化机构职责配置,使各项改革相互促进、相得益彰,形成总体效应,以更大力度和更大决心推进实现全面深化改革。

---

① 新华社:《习近平主持召开中央全面深化改革委员会第四次会议》,《人民日报(海外版)》2018年9月21日,第2版。

2018 中国区域绿色发展报告

随着世界范围内生态环境问题的不断升级,绿色发展已成为世界主要区域和城市提升综合发展水平的重要战略之一。

绿色发展源于可持续发展理念,1992 年,联合国环境与发展大会在里约热内卢召开,以环境保护和经济发展相协调为主题的可持续发展历程就此开启。此次会议期间,我国向大会提交《中华人民共和国环境与发展报告》,表明我国走可持续发展道路的基本观点。2016 年,基于当前国际发展领域的纲领性文件《2030 年可持续发展议程》,我国率先发布《中国落实 2030 年可持续发展议程国别方案》。

同时,我国区域发展战略深入推进,以京津冀协同发展、长江经济带发展以及"一带一路"建设为着力点,以大都市和城市群为主要空间布点,区域发展逐渐成为国家竞争力提升的中坚层级,在整合大中小城市发展优势的同时,服务于国家战略发展的需要。对于区域发展来讲,绿色发展是目标,亦是手段,区域绿色发展已成为我国都市化进程的重要组成部分。

一、世界范围内的绿色发展趋势

19 世纪著名的城市学者芒福德曾把城市发展历程划归为五个阶段,即"生态城市""城市""大城市""特大城市"与"暴君城"。城市无序蔓延会导致城市机能的失衡,欧洲中世纪中小城镇在空间上是适中的、可控的,有利于城市生态环境和居民生活环境的保持。而随着城市机能逐渐向区域延伸,在不断蔓延的城市区域中,生态环境发生了微妙而又错综复杂的变化。城市化进程中另一个对生态环境起到重大负面作用的是工业城镇的繁荣。在芒福德看来,工厂、铁路和贫民窟是工业城镇的三大主要元素,原始技术开挖的运河不仅未破坏环境,还增添了新的优美景色,而焦炭城的火车却给大地带来巨大裂痕,给城市带来噪音和烟尘,破坏了环境。[①] 在典型的工业城镇中,工厂与居住区采取混合规划的形式,由于早期环境意识淡薄,空气污染和生活垃圾等都没有得到妥善的处理,给人们的生活环境带来极大的困扰,城市中人们的健康问题重重。英国城市规划学家霍华德于 1898

---

① 〔美〕刘易斯·芒福德:《城市发展史——起源、演变和前景》,宋俊岭、倪文彦译,北京:中国建筑工业出版社 2005 年版。

年在 Tomorrow: A Peaceful Path to Real Reform 一书中提出田园城市思想,并由此引发了田园城市运动。他提倡清除城镇中的贫民窟,认为城镇居民应同时享受到城镇的工作机会和娱乐活动,以及乡村的宜人景色和良好环境。这是早期城市学者对于生态环境问题的初步反思,为20世纪绿色发展的理念和实践奠定了基础。

1990年,城市生态组织召开第一届生态城市国际会议,与会者讨论提出根据生态原则重新构建城市的目标,认为城市内部需要依照生态理念来形成合理的城市结构,扩大城市内部以及边缘的自然生态容量,逐步净化城市环境,创造适宜的人居和发展环境。1997年,生态城市理论的代表马克·罗斯兰(Mark Roseland)回顾了生态城市理念和理论的起源,并提出生态城市的10个原则,其中包括根据紧凑、多样、绿色、安全、宜人和有活力的原则用地并形成交通枢纽附近的混合型社区,鼓励步行、自行车等非机动车出行等,他认为生态城市建设是一个综合性概念,涉及可持续发展、社区经济发展、技术支撑、社会生态、绿色运动等多个方面。[①]当然,这里讨论的生态城市与早期芒福德命名的欧洲中世纪"生态城市"在内涵和外延上都有了很大的变化,可以说,生态城市是从可持续发展理念中应运而生的综合发展理念,旨在将可持续发展的理念融入人类经济社会的发展规划中,不再局限于自给自足的小范围循环模式,强调从顶层设计阶段树立可持续发展的原则,在更大范围内实现高水平、高效率的发展。

在当代北美和欧洲绿色发展的实践中,在新城市主义和精益增长理念的指导下,北美主要地区和城市在城市形态上普遍采用紧凑发展模式,尽管仍然未能有效遏制城市无序的蔓延,但是老社区改造、城市更新、城市公共绿色空间营造等活动都使中心城市焕发了新的活力,与此相适应的大众交通主导模式也具备更多的能源友好特征,因此,北美城市在总体发展趋势上日益朝着绿色、节能环保的方向迈进,但由于发展空间向区域延伸的惯性以及北美大众消费文化对于舒适性的偏好等特点,北美地区的绿色发展水平不及欧洲。

2016年,东南欧国家斯洛文尼亚的首都卢布尔雅那被授予"2016欧洲绿色之都"称号,以中心城区无车化为目标的交通整治以及"零垃圾"战略是其本年度超越哥本哈根等老牌绿色城市获得此项荣誉的主要原因。通过十年的整治,该市原本拥堵不堪的中心区域基本实现无车出行,在这个欧洲面积最大的无车区中,只允许行人、自行车和低排放巴士通行,在非中心区域,卢布尔雅那市政府的目标是在2020年前实现出行"均衡"分配,即三分之一的城市出行靠私家车,三分之一靠公交系统,其余三分之一是纯绿色的非机动方式,卢布尔雅那还是欧洲第一个制

---

① Mark Roseland, *Dimensions of the eco-city*, Oxford: Cities, vol. 14, no. 4, 1997, pp. 197—202.

定"零垃圾"战略的首都,垃圾分类要求得到严格执行,近三分之一的城市垃圾得到回收利用。① 这是一个欧洲城市生态环境治理的典型案例,其中有值得思考和借鉴之处,然而,由于人口规模、发展需求以及治理制度背景方面存在着极大的差异,无论是中心城区无车化还是"零垃圾"战略都无法完全在我国生态环境治理的过程中得以运用,因此,我国城市和区域的绿色发展之路尚在探索之中,如何在发展与保护并重之中谋求可持续发展,始终是我国在绿色发展中的基本思路。

二、长三角:绿色战略重协同

1. 生态屏障和战略协同构筑长三角绿色区域框架

2016 年,《长江经济带发展规划纲要》为长江沿岸的进一步发展奠定基调,即"坚持生态优先、绿色发展,共抓大保护,不搞大开发"。其中的两个关键词,一是保护,一是发展。首先,在"保护"方面,提出"要按照全国主体功能区规划要求,建立生态环境硬约束机制,列出负面清单,设定禁止开发的岸线、河段、区域、产业,强化日常监测和问责"。其次,在"发展"方面,提出"要贯彻落实供给侧结构性改革决策部署,在改革创新和发展新动能上做'加法',在淘汰落后过剩产能上做'减法',走出一条绿色低碳循环发展的道路"。

长三角地区位于长江中下游,本地生态资源丰富,然而,作为改革开放以来我国经济增长最显著的地区之一,生态环境问题不容忽视,并面临着转型升级发展的挑战。2016 年,《长江三角洲城市群发展规划》提出要"优化提升长三角城市群,必须坚持在保护中发展、在发展中保护,把生态环境建设放在突出重要位置,紧紧抓住治理水污染、大气污染、土壤污染等关键领域,溯源倒逼、系统治理,带动区域生态环境质量全面改善,在治理污染、修复生态、建设宜居环境方面走在全国前列,为长三角率先发展提供新支撑"②。

在发展与保护并重的总体原则下,长三角拟通过生态屏障和战略协同构筑整体的绿色区域发展框架。生态环境物品和服务在本质上具有公共属性,治理得当则周边区域同样受益,而如果治理不当,由于水、气、声等生态要素具有流动性和外溢性,则周边区域则面临同样的环境危机。特别是长江中下游地区河网水系众多,错综复杂,只有协同共治才能保障整个区域生态系统的质量。

其一,《长江三角洲城市群发展规划》提出通过外联内通共筑生态屏障。以长江生态廊道为基础建设四大生态屏障,分别是"依托黄海、东海、淮河—洪泽湖共

---

① 张智勇:《斯洛文尼亚的"绿色之道"》,《光明日报》2017 年 3 月 21 日,第 8 版。
② 国家发展改革委:《国家发展改革委 住房城乡建设部关于印发长江三角洲城市群发展规划的通知》,2016 年 6 月 1 日,http://www.ndrc.gov.cn/gzdt/201606/t20160603_806396.html。

筑东部和北部蓝色生态屏障,依托江淮丘陵、大别山、黄山—天目山—武夷山、四明山—雁荡山共筑西部和南部绿色生态屏障"①。从这个角度来看,长三角城市群的"山水"资源十分丰富,滨海、河湖以及山脉生态环境保护的整体战略构建是长三角环境保育和可持续发展的基础,这些自然界的天然屏障在很大程度上限制着人们生产和生活空间的扩大,决定了人们与自然互动的方式,因此,"屏障"意识对于合理保护和发展是有很大价值的。

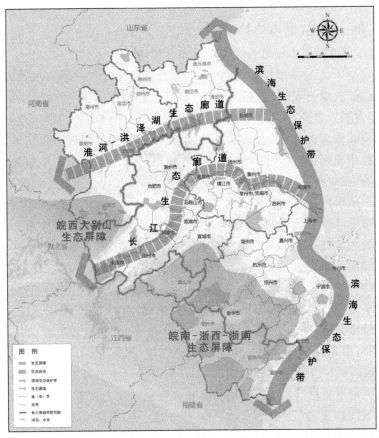

图 15　长三角城市群生态屏障示意图(图例来自《长江三角洲城市群发展规划》)

其二,2018 年国务院批复《上海市城市总体规划(2017—2035 年)》,规划在城乡空间布局上规定了四大重点战略协同区,分别是东部沿海战略协同区、杭州湾北岸战略协同区、长江口战略协同区、环淀山湖战略协同区。从表 9 有关四大重

---

① 国家发展改革委:《国家发展改革委　住房城乡建设部关于印发长江三角洲城市群发展规划的通知》,2016 年 6 月 1 日,http://www.ndrc.gov.cn/gzdt/201606/t20160603_806396.html。

点战略协同区的相关内容来看,战略协同基本是以生态环境和空间的相似性为基础,并且在战略协同的基础上注重生态协同治理。

表9 《上海市城市总体规划(2017—2035年)》中四大重点战略协同区情况

四大重点战略协同区	生态保护和发展相关的内容
东部沿海战略协同区	加强生态环境治理,整体保护长江口、近海生态型岛屿、滩涂湿地等,合理利用滨水岸线和水土资源。
杭州湾北岸战略协同区	推进杭州湾海洋环境修复,统筹协调沿湾各城市共同保护生态岸线以及生活岸线。
长江口战略协同区	严格保护沿江各城市水源地,推进沿江自然保护区与生态廊道建设。
环淀山湖战略协同区	保护生态环境和江南水乡历史文化与自然风貌。

资料来源:《上海市城市总体规划(2017—2035年)》

其中,上海"2035"特别提到,要将崇明世界级生态岛作为四大重点生态区域,提出要"锚固生态基底,保护东滩、北湖、西沙等长江口近海湿地以及各类生物栖息地,加强水系整治,建设绿色农业基地,运用生态低碳技术,建设低碳宜居城镇,打造生态文明示范区"[1]。崇明生态岛地处长江入海口,承载着上海市的重大环境和生态服务功能,同时在空间上联通北翼城市,是长三角生态格局中的重要区域之一。

2. 崇明世界级生态岛

崇明于21世纪初明确提出生态岛建设目标。根据2016年崇明区国民经济和社会发展统计公报,从2012年至2016年,崇明环境空气污染指数(API)呈下降趋势,空气优良率(AQI)达78%,空气环境质量位于全市前列,地表水基本达到上海市环境质量功能区要求,饮用水源地水质总体呈上升趋势,水质达标率为100%,区域环境噪声保持良好,功能区达标率100%。2017年,除了基本生态要素水、土、气等环境治理工作,继续推进生活垃圾分类减量、农村生活污水处理设施建设,并结合"五违四必"整治,改善崇明城乡环境和风貌。

崇明生态岛自2010年开始依次进行三轮"三年行动计划",用以全面提升社会和生态发展水平。据不完全统计,根据《崇明生态岛建设三年行动计划(2010—2012年)》《崇明生态岛建设三年行动计划(2013—2015年)》以及《崇明世界级生态岛建设第三轮三年(2016—2018年)行动计划方案》,崇明已累计实施建设项目

---

[1] 上海市人民政府网:《上海市城市总体规划(2017—2035年)》,2018年1月,http://www.shanghai.gov.cn/nw2/nw2314/nw32419/nw42806/。

近 400 个，累计投资超过 400 亿元，主要用于生态环境的治理以及重大惠民公共服务设施的建设。

从长三角和上海市对于崇明的定位来看，主要是作为区域和都市的重要生态资源，这同样体现在崇明当地的短期和中长期规划中。在"十三五"时期，2016年12月，上海市人民政府印发《崇明世界级生态岛发展"十三五"规划》，迈入世界级生态岛建设新阶段。提出崇明作为最为珍贵、不可替代、面向未来的生态战略空间，是上海重要的生态屏障和 21 世纪实现更高水平、更高质量绿色发展的重要示范基地。提出一类和二类生态空间共 252 平方公里作为市级生态保护红线范围，并对其实行最严格的管控措施。具体提出"东滩鸟类国家级自然保护区的核心范围作为一类生态空间范围，禁止一切开发活动；东滩鸟类国家级自然保护区的非核心范围、长江口中华鲟自然保护区、东风西沙水库饮水水源一级保护区、青草沙水库饮水水源一级保护区、东平国家森林公园和国家级地质公园的核心范围、重要湿地等作为二类生态空间范围"①。

而从中长期来看，主要聚焦于底线约束性要求。在"上海 2035"的框架下，上海市政府批复《上海市崇明区总体规划暨土地利用总体规划（2017—2035）》，提出到 2035 年把崇明区基本建设成为具有全球引领示范作用的世界级生态岛。在总体目标上，"崇明 2035"提出成为世界自然资源多样性的重要保护地、鸟类的重要栖息地，并建成长江生态环境大保护的示范区、国家生态文明发展的先行区。具体提出要"落实规划建设用地'负增长'的总体要求，严守人口规模、土地资源、生态环境、城市安全底线，实现可持续发展"②。

三、京津冀：绿色涵养新布点

1. 生态涵养列入京津冀协同三大重点领域

2015 年 4 月 30 日，中共中央政治局审议通过《京津冀协同发展规划纲要》，绘制了京津冀协同的蓝图。提出在有序疏解北京非首都功能的要求下，"重点推进领域包括交通、环保和产业转移升级"③。环保被列入包括交通和产业在内的三大重点领域，足见环境问题对于区域统筹协调的重要性和制约性。

本纲要还确立了京津冀协同发展各主体的定位，即(1)北京市是"全国政治中

---

① 上海市人民政府网：《市政府关于印发〈崇明世界级生态岛发展"十三五"规划〉的通知》，2016 年 12 月 30 日，http://www.shanghai.gov.cn/nw2/nw2314/nw2319/nw12344/u26aw50776.html。
② 上海市人民政府网：《上海市人民政府关于原则上同意〈崇明区总体规划暨土地利用总体规划（2017—2035）〉的批复》，2018 年 5 月 30 日，http://www.shanghai.gov.cn/nw2/nw2314/nw2319/nw10800/nw39220/nw42844/u26aw56055.html。
③ 人民网：《京津冀协同发展规划纲要获通过》，2015 年 5 月 1 日，http://politics.people.com.cn/n/2015/0501/c1001-26935006.html。

心、文化中心、国际交往中心、科技创新中心";(2)天津市是"全国先进制造研发基地、北方国际航运核心区、金融创新运营示范区、改革开放先行区";(3)河北省是"全国现代商贸物流重要基地、产业转型升级试验区、新型城镇化与城乡统筹示范区、京津冀生态环境支撑区"。结合进一步的主体定位,生态环保功能的承担主体也得以明确,即河北省是京津冀的环境支撑区。

之所以说河北承担生态涵养功能是京津冀地区生态涵养的新布点,主要是因为在东部的滨海地区也有部分此类功能。位于天津的中新生态城,是继苏州工业园后中新两国政府做出的重大战略决策,并由中新两国于2007年共同签署关于在中国天津建设生态城的框架协议。引入新加坡在环境保护和资源利用等方面的先进经验,在生态环保领域积极推进示范性生态城建设。其特点之一,生态城选址于滩涂之上,在水质性缺水问题的治理上需要运用相关技术和经验,进行示范性建设。此外,也应看到,生态城主要位于天津滨海新区,在产居融合的模式上打造示范性新城,对于京津冀整个区域的生态服务功能有限。

2. 重点打造雄安新区环白洋淀生态圈

2017年4月,中共中央、国务院决定设立河北雄安新区。时隔一年,《河北雄安新区规划纲要》于2018年4月向社会公布。

根据主流媒体的消息,在上述规划纲要中,雄安新区蓝绿空间占比稳定在70%,远景开发强度控制在30%,启动区面积20至30平方公里,起步区面积约100平方公里,中期发展区面积约200平方公里,严守生态保护红线,严控城镇开发边界,严格保护永久基本农田,实现雄安新区森林覆盖率达到40%,起步区绿化覆盖率达到50%,坚持绿色发展,采用先进技术布局建设污水和垃圾处理系统,提高绿色交通和公共交通出行比例,推广超低能耗建筑,优化能源消费结构,强化大气、水、土壤污染防治。[①] 按照以上生态空间占比的建设目标,雄安的生态涵养功能非常显著。

其中,特别提到白洋淀的生态环境保护问题。要加强白洋淀生态环境治理和保护,同步加大上游地区环境综合整治力度,逐步恢复白洋淀"华北之肾"功能。[②] 自此,京津冀地区河北省的生态环境功能逐步落子雄安白洋淀,成为整个区域生态涵养的新布点。

此外,雄安新区规划编制最终确定为"1+4+54"的规划体系,即以《河北雄安新区规划纲要》为统领,雄安新区总体规划、起步区控制性规划、启动区控制性详

---

① 中国政府网:《中共中央、国务院关于对〈河北雄安新区规划纲要〉的批复》,2018年4月20日,http://www.gov.cn/zhengce/2018-04/20/content_5284572.htm。

② 同上。

细规划及白洋淀生态环境治理和保护规划四个综合性规划为主体,防洪、水系、海绵城市、排水防涝等 22 个专项规划和水资源保障、清洁能源利用、城市住房制度等 32 个专题研究作为基础支撑,形成新区顶层设计。①

2017 年,河北省保定市曾集中整治白洋淀上游流域环境,重点对潴龙河、唐河、孝义河、府河、漕河、瀑河、萍河、白沟引河 8 条入淀河道及河道流域 1 公里范围内的区域进行综合整治,同时对散乱污企业采取关停取缔、限期搬迁、停产整治等措施,摸清底数、确定类别、分类施治,对关停取缔企业特别是河道内散乱污企业严格执行"两断三清"。② 此外,坚持流域"控源——截污——治河"的系统治理方案。主要以拦截生活污水和工业污水直排为主要任务,截至 2018 年,白洋淀开展的入淀河流治理建立了四级河长队伍,实施了专项治理行动,封堵非法排污口、取缔非法采砂场、强化涉水企业监管、整顿黑臭水体等方案接连落地,生活污水也是要拦截在白洋淀之外的,整个淀区内布设污水处理站,覆盖全部淀区村,而且同步治理纳污坑塘和黑臭水体。③

四、中原城市群:绿色农业再升级

1. 郑州生态农业升级

中原城市群位于中部地区,作为传统意义上的农业区域,农业、农民和农村在某种程度上是一种负担,然而在生态理念的指导下,尤其是郑州都市区以绿色农业为基础,向第二、三产业延伸,挖掘三次产业的串联优势,正逐步实现产业的转型升级。

2016 年,《郑州都市现代农业产业发展三年行动计划(2016—2018 年)》提出要围绕"建设都市生态农业先行示范区,走在全国前列"这一目标,加大投入力度,强化科技支撑,做优郑州市都市现代农业,促进一、二、三产业融合发展,让都市农业成为郑州市可持续发展的示范区、宜居城市的后花园、绿色空间的守护者,到 2018 年,率先基本实现农业现代化,全市都市生态农业占一产比重 80% 左右,建

---

① 新华网:《奋进新时代 建设雄安城——以习近平同志为核心的党中央谋划指导〈河北雄安新区规划纲要〉编制纪实》,新华网,2018 年 4 月 26 日,http://www.xinhuanet.com/politics/leaders/2018-04/26/c_1122749338.htm.

② 河北省人民政府网:《我市开展集中行动综合整治白洋淀上游流域环境》,2017 年 6 月 19 日,http://www.hebei.gov.cn/hebei/11937442/10756595/10756632/13858246/index.html.

③ 中国环保在线:《白洋淀来了"贵客",环淀生态圈加速成型》,2018 年 5 月 14 日,http://www.hbzhan.com/news/detail/124446.html.

成在全国有影响力的都市生态农业先行示范区。① "三年行动计划"提出着力实施"五大工程":即"菜篮子"建设工程、农业产业化集群培育工程、休闲农业与乡村旅游示范工程、生态循环农业示范工程、创意创新创业和"互联网＋农业"示范工程（见表10）。

表10 《郑州都市现代农业产业发展三年行动计划(2016—2018年)》五大工程

五大工程	子工程	重点建设目标和内容
"菜篮子"建设工程	蔬菜产业提质增效示范工程	2018年完成3万亩标准化"菜篮子",设施农业生产面积达到18万亩。探索建立永久菜田保护制度,逐步在全市划定永久性菜田30万亩。
	水果产业提档升级示范工程	2018年水果生产面积达到27万亩。
	都市生态渔业示范工程	荥阳国家现代渔业示范区建设,力争三年建成3万亩核心区。
	生态畜牧业工程	2018年,规模养殖企业粪污处理设施配套率达到90%以上,废弃物实现无害化处理和资源化利用率达到80%以上。
农业产业化集群培育工程	战略性农产品精深加工企业培育工程	2016—2018年着力抓好四季胖哥、帅龙等12个农产品精深加工项目,计划完成投资28.8亿元。
	加快推进河南(惠济)花卉产业集群建设	2018年,花卉生产面积达到10万亩,实现花卉产品年交易额40亿元。
	农产品流通配送示范工程	着力抓好四季水产、万邦等6个流通项目,计划完成投资55.8亿元。
休闲农业与乡村旅游示范工程	休闲农业提档升级示范工程	抓好郑州市沟域休闲旅游生态区等23个休闲农业项目,计划完成投资85.5亿元。
	培育发展特色农业节会	吸引市民走进农村、体验农业。
	美丽乡村示范工程	抓好30个美丽乡村试点村建设项目,计划完成投资12亿元。
生态循环农业示范工程	低碳绿色农业示范工程	到2018年,建成一批生态循环农业示范区、示范县。
	十大现代生态循环农业示范区建设工程	进一步提升中牟国家农业公园、新郑红枣产业示范区等10大现代农业示范区核心区建设,打造集全产业链、全循环、可持续发展于一体的生态循环农业示范区。
	都市生态农业示范园建设工程	2018年,建成200个、总面积20万亩的都市生态农业示范园。

① 河北省人民政府网:《郑州建设都市生态农业先行示范区》,2016年8月9日,https://www.henan.gov.cn/2016/08-08/612750.html。

（续表）

五大工程	子工程	重点建设目标和内容
创意创新创业和"互联网＋农业"示范工程	城市农业和创意农业示范工程、农业创新综合体示范工程	2016—2018年建设设施蔬菜、阳台园艺、现代种业、马铃薯、果树、花卉等6个研发平台。
	农民创业园示范工程	2016—2018年每年每个县(市)创建1—2个农民创业园。
	农产品生产质量追溯示范工程	2016年启动农产品质量安全可追溯信息平台建设及二维码示范应用,到2018年实现主要农产品质量安全全程可追溯。
	农村电商示范工程	力争到2018年全市农产品网上年交易额突破30亿元。
	农村信息进村入户示范工程	2018年建成800个村级信息服务站,培训农业新型经营主体1500人次,实现行政村农业信息覆盖率达80％以上。
	农业投入品追溯示范工程	2018年全面建成农业投入品追溯体系,实现进入郑州市场销售的农业投入品的来源、流向及使用信息全程可追溯。
	智慧农业示范工程	2018年建成5—10个"互联网＋精准农业"示范园区、10—20个物联网技术应用示范点。

（资料来源：《郑州都市现代农业产业发展三年行动计划(2016—2018年)》）

2．环城都市农业新思路

郑州环城都市生态农业产业带东至中牟县城、西至荥阳市区、南至新郑市区、北至黄河南岸,主要包括郑州主城区周围2400平方公里区域,2017年新发展环城都市生态农业13.38万亩,2018年新发展环城都市生态农业15.12万亩,2019年新发展环城都市生态农业10.05万亩,区域内配套建设滴灌、喷灌、涌泉灌等节水灌溉设施,节水灌溉率达100％,优先采用生物防控技术,综合使用农业、物理、生物、化学等防治设施,病虫害物理和生物防控技术应用率达到100％。此外,园区内施肥原则以有机肥为主,达到配方施肥全覆盖,禁止使用城市垃圾、污泥、工业废渣和未经无害化处理的有机肥。① 郑州建设环城都市农业,这一思路来自环城绿带建设,最初来源于国外很多国家在环城地带建设公共绿地,并与城市其他绿色空间共同构成城市的绿地系统,目前国内城市也已开展此类实践。而环城都市农业理念是基于中原地区当地优势的一种适应性创新,为现代都市农业更好地融

---

① 腾讯新闻：《郑州将建环城都市生态农业 主城区内不留白》,2017年2月6日,http://henan.qq.com/a/20170206/027501.htm。

入都市环境提供思路,同时也为当地打造独特的都市景观。

五、西部生态脆弱地区

据 2010 年《全国主体功能区规划》,我国生态脆弱区域面积广大,脆弱因素复杂,中度以上生态脆弱区域占全国陆地国土空间的 55%,其中极度脆弱区域占 9.7%,重度脆弱区域占 19.8%,中度脆弱区域占 25.5%。① 而在生态脆弱地区中,相当一部分位于西部地区,除了与中东部地区显著的经济社会发展差距外,西部地区还面临着生态环境脆弱的瓶颈。在 2017 年国家发展改革委发布的《西部大开发"十三五"规划》中,特别提出实施"加快实施祁连山生态保护建设与综合治理、三江源生态保护和建设二期、柴达木地区生态环境综合治理、川西藏区生态保护与建设等工程以及加强南疆等地区盐碱地治理"②等重大生态工程。

其中,甘肃祁连山自然保护区面积 198.72 万公顷,其中张掖段占 76.4%。据张掖当地媒体报道,至目前保护区内 117 项探采矿项目已全部实施关停,矿区矿点地表全面治理恢复,核心区 149 户 484 人已全部搬出,房屋及棚圈全部拆除,核心区 95.5 万亩草原全部禁牧,实现了祁连山自然保护区张掖段核心区内无农牧民生产生活的目标。③ 自然保护区的核心区一般是自然生态活动的集中区域,对核心区进行集中生态恢复需要排除其他干扰因素,其中包括生活因素也包括生产因素。2018 年保护区已完成 171 项现场整治任务,坚持"六不放过",即企业没有关停退出不放过、设施没有拆除清理不放过、现场没有治理恢复不放过、配套措施没有全面落实不放过、被核查验收没有过关不放过、监管机制没有建立不放过,开展多频次、多形式的"大督查""回头看",严格实行逐级核查验收、专家评估认定和媒体公开公示的验收销号制度。④ 在中央环保督察的总体背景下,这些措施表明保护区对于环境监管核查也更加严格,在制度上为环境综合整治提供了保障。

甘肃武威是古丝绸之路上的重要一驿。西北典型地貌条件和环境决定了武威在生态治理上的重要任务之一是治沙。通过持续治理,据国家第五次荒漠化和沙化监测结果显示,武威荒漠化、沙漠化面积较 2009 年分别减少 31.7 万亩、9 万亩,荒漠化程度由极重度向重度、中度和轻度减缓,重点区域治理成效显著,营造防风固沙林 288.51 万亩,治理重点风沙口 240 个,封沙育林草 174 万亩,完成沙化

---

① 中国政府网:《国务院关于印发全国主体功能区规划的通知》,2011 年 6 月 8 日,http://www.gov.cn/zwgk/2011-06/08/content_1879180.htm。
② 中国政府网:《国家发展改革委关于印发西部大开发"十三五"规划的通知》,2017 年 1 月 11 日,http://www.ndrc.gov.cn/gzdt/201701/t20170123_836082.html。
③ 甘肃张掖网:《张掖市全力整治生态环境问题 生态环境得到全面治理恢复》,2018 年 7 月 4 日,http://www.gs-zy.com/gdnews/2018-07/04/content_2335599.htm。
④ 同上。

土地封禁保护面积60万亩,建成了民勤老虎口、青土湖,古浪民调渠沿线、八步沙,凉州区头墩营等治沙典型样板,武威市被国家林业局确定为全国防沙治沙综合示范区。① 武威位于青藏高原生态屏障和北方防沙带的中心地带,南部是祁连山生态地区,武威的防风固沙对于防止沙漠南侵祁连山并且保障河西走廊的生态环境质量至关重要。2018年,武威市还主办了"一带一路"生态治理民间合作论坛,在古丝绸之路重要节点就当代生态环境问题的探讨搭建了国际性平台,这也是我国首次在世界范围内举办"一带一路"生态治理民间论坛,凸显了民间资源作为生态治理参与主体的重要性。

---

① 甘肃省政府网:《武威搭建生态治理合作平台 分享中国生态治理经验》,2018年9月21日,http://www.gansu.gov.cn/art/2018/9/21/art_36_410628.html。

2018 上海市金山区国家新型城镇化试点建设研究报告

一、金山区的基本情况及新型城镇化的总体特点

金山区是上海的西南门户,因近海中的金山岛而得名。金山区的前身是金山县和中国石油化工总公司上海金山实业公司,1997年经国务院批准合并为今天的金山区。金山南濒杭州湾,北连松江、青浦,东邻奉贤区,西与浙江省平湖、嘉善接壤,沪杭高铁、杭州湾跨海大桥、嘉绍跨海大桥及7条高速公路跨经境内,居于长三角1小时经济圈的中心,也是浙江接轨上海发展的桥头堡。金山陆地总面积为611平方公里,辖9镇1街道、金山工业区和金山第二工业区。金山素有"上海粮仓"之称,现有耕地39.27万亩,占全区面积的42.85%,占全市耕地面积的14.37%,所辖廊下镇为上海市郊面积最大的综合性现代农业园区。金山的海岸线长达23.3公里,设有全国唯一一个海洋生态自然保护区,是上海服务国家"一带一路"倡议和长江经济带战略的主要功能区之一。

"撤县建区、联合建政",20年来,金山区坚守自身作为上海"米袋子""菜篮子""后花园"的大都市区定位,紧紧围绕以人为核心的新型城镇化建设的本质要求,探索形成了统筹城市建设、新城建设和乡村建设、协调城市功能优化、国企转型发展、农业现代化建设的城市发展总体思路,全面推进金山区的城市现代化建设和经济社会发展,由一个传统的农业大区、大都市工业区发展成为拥有84.4万常住人口的"中等城市",并进入到由"中等城市"向"Ⅱ型大城市"升级的冲刺阶段。总体上说,金山区的城镇化既涉及传统农业区、现代重化工区、远郊大都市区、新建型城市等多种类型,也包含着农业现代化、老工业转型、新城规划建设、生态修复、社会治理等复合特点,建设内容丰富,发展任务繁巨。

自2014年列入全国首批国家新型城镇化综合试点以来,金山区坚持走以人为本的新型城镇化道路,各项试点工作均取得明显成效。城镇化速度和质量同步推进,截止到2015年户籍城镇率达到69.42%,低于同期上海约8个百分点,高于全国平均水平约30个百分点。城市经济蓬勃发展,2017年前9个月规上工业产值和社会消费品总额增长均位列上海市第一。城市空间和功能不断优化,以"一城一带一圈"为框架的新型城市的"四梁八柱"初步形成。城市政策和战略体系不

断完善,四次党代会提出的"三个金山"(创业、宜居、和谐)、"十三五"规划提出的"三区"(经济转型、城乡一体、区域联动)、五次党代会提出的"五地"(新兴产业成长地、创新创业汇聚地、宜居宜游优选地、城市生态滋养地、联动发展共赢地)相关度高、层层深入,具有很高的开拓性和开放性。此外,在环境综合整治、城乡社会治理、农村深化改革、文化传承创新等方面,金山区解决或部分解决了一些长期困扰我国城乡发展的普遍和深层次问题,正朝着一个经济、环境、社会、人文良性循环、互动共生的新型现代化大都市区阔步前进。

二、国家新型城镇化试点金山区的主要建设情况

自纳入试点以来,金山区进一步学习和领会国家开展试点工作的战略意图和要求,结合自身实际编制了高水平、严要求的试点建设方案,在报经批准后认真部署和落实建设方案,在以下 7 个方面取得了重要成绩和成功经验。

(一) 优化城镇规划体系,构建了"一城一带一圈"的新格局

在中央城市工作会议指导下,充分发挥金山区地处上海重要城市发展轴(沪杭发展轴和滨江沿海发展轴)交汇处的门户优势,按照"均衡布局、组合联动、休闲宜居、田园风情"的总体要求,差别化划分城镇区域开发空间,强化城镇功能互补和联动发展,构建了"一城一带一圈"城镇布局体系。

1. 金山新城:功能完善、产城融合、用地集约、生态良好的门户型节点城市

研究和确立金山新城("一城")的战略定位,以"推动生产性岸线向生活性、生态性岸线调整"为深化改革主题,制定《金山新城开发建设体制机制改革方案》。具体工作包括:城市沙滩景区完成西侧水上活动区(二期)项目建设及一期改造调整,投资 1 亿元的鹦鹉洲生态湿地正式对外开放,国家海洋公园加快建设,"活着的渔村"——金山嘴渔村被评为中国最美休闲乡村等。

2. 亭枫城镇发展带:推动毗邻城镇间总体规划、产业分工、基础设施、环境治理协调联动

枫泾镇、朱泾镇、亭林镇均为全国重点镇,依托联结三镇的金廊公路新建工程、G320 公路改建工程、北环路新建工程等加快实施,研究制定了亭枫城镇发展带("一带")的顶层设计,提出了建设连接沪浙的经济走廊、充满活力的创新长廊和具有魅力的文化游廊的发展目标,从整体上优化了金山区城乡空间和功能的主体框架,为构建三镇联动发展机制,提升其协调发展水平提供了保障。

3. 中部生态圈:生态功能进一步显现,上海"后花园"规模初具

贯彻习近平总书记把金山建设成为"百里果园、百里菜园、百里花园"和上海"后花园"的要求,中部生态圈有计划地打造上海最发达的现代农业园、最具原生态的休憩乐园、最具人文魅力的后花园。目前,廊下郊野公园在全市率先开园,吕

巷水果公园旅游发展内涵不断丰富,张堰镇被评为中国历史文化名镇和全国美丽宜居小镇,服务上海的生态功能进一步显现。

(二)全面落实集体土地流转制度,增强城镇发展活力

近年来我国农村土地经营权流转明显加快,但缺乏有效制度规范和现代金融支持成为主要制约因素。金山区结合自身实际进行探索,其做法和经验具有一定的普适性和借鉴意义。

1. 规范农村土地承包经营权流转制度

一是制定金山区《关于引导农村土地经营权有序流转发展农业适度规模经营的实施办法》(金委办[2015]159号),全面排摸农用地面积,规范流转合同文本,明确规模经营户流转地块位置。二是全面推行"二维码"标识的流转合同,要求涉及农村签订土地流转合同时,先与流入方签订网上录入模板的2016版流转合同,待镇土地流转管理服务中心审核通过后,统一录入上海市农村土地承包经营管理信息系统,生成带有"二维码"标识的流转合同,再由流转双方确认签章。三是以"上海农业要素交易所"为平台,在漕泾镇试点农村土地流转公开市场建设,2016年在全区全面推广。四是加强工作考核,制定了规范土地流转工作考核制度,不断提升规范土地流转工作质量。目前金山区农户承包地流转率达90.91%,高于90%的目标任务。

2. 深化村级集体产权制度改革

一是摸清改革底数,锁定农村集体资产。以明晰农村集体资产产权为重点,推进集体资金和财政资金分账管理,对农村集体经济组织成员界定和农龄统计工作进行复查。二是规范改革程序,严格依法登记。严格遵照农业部和市、区确定的改革操作程序推进产权制度改革。成立农村社区合作经济组织,向区农村集体资产管理部门申领《上海市农村社区经济合作社证明书》,凭《证明书》向区质量技监部门申领《机构代码证书》。三是建立符合市场经济要求的组织治理结构。根据合作社章程,不断完善社区经济合作社的成员代表会议、理事会和监事会等法人治理结构,村经济合作理事长与村委会主任分设。2015年底,在全市率先完成村级集体经济组织产权制度改革,依据"村社分设、政资分离"原则,建立了村经济合作社,进一步加大财政转移支付力度,保障村委会运行经费,形成了在村党组织的领导下、村委会自治管理与村经济合作社自主经营的新格局。2015年启动山阳、亭林和廊下镇级集体经济组织产权制度改革试点,2016年完成。同时启动其他6个镇的集体经济组织产权制度改革,2017年上半年全面完成镇级农村集体经济组织产权制度改革,成立了镇经济联合社。

3. 探索开展村经济合作社股份分红

在集体经济组织经济效益较好的地区,按照效益决定分配的原则,农民开始享有分红待遇,财产性收入稳定增加。如山阳镇杨家村,2014 年 3 月 18 日,该村经济合作社对社员的 96580 个份额(农龄)和集体的 24145 个份额以 12 元一份进行分红,占总收益的 49.6%,剩余的 50.4%作为村经济合作社公积金,以丰补歉,发展再生产。截至 2016 年年底,该村已连续 4 年实现了村经济合作社股份分红,户均约 3700 元。

(三) 建立多元化投融资机制,鼓励社会资金参与城镇建设

在经济新常态的背景下,"钱从哪里来"已成为制约新型城镇化建设的主要问题之一。金山区通过探索和建立一系列现代金融机制和手段,有效地保障了城市快速发展和建设的需要。

1. 建立多元化可持续的新城建设资金保障机制

积极对接大企业(集团),为新型城镇化建设提供更宽广、更专业的金融资本和智力资本,补齐新型城镇化建设规划、运营、招商、服务等链条环节的短板。目前金山区已对接华夏幸福、光明集团、上海建工等 20 余家社会资本,计划通过 PPP 等模式参与金山新型城镇化建设。

2. 对市重大工程项目建设形成完善的市、区责任分工和投入分担机制

区级部门主要负责项目腾地、清理等前期工作,并承担 10%~15%的前期费用投入,市级部门承担 85%~90%前期费用。项目的规划、建设等环节全部由市级部门负责,费用全部由市级部门承担。按照此类建设机制,G228(浙江省界—奉贤区界)新建项目、G320(浙江省界—松江区界)拓宽改建工程、叶新公路新建工程等市级重大工程项目均稳步实施。

3. 鼓励社会资本参与城市公用设施投资运营

按照"养管分离"的原则,金山区积极探索开展社会资本参与综合养护工作,实现养护资源最优配置,养护责任更加清晰,养护作业效率进一步提升,变"以费养人"为"以费养业"。一是试点开展,摸清底数。确立在新城核心区开展试点,全面排摸新城核心区绿化、道桥、环卫、水务等养护项目,并制定项目清单,明确项目责任单位、养护资金、数量等。二是公开招投标,确立养护企业。剥离城市管理部门养护职能,将综合养护项目资金进行整合集中,通过公开招投标选择有资质、有能力的养护企业承担。三是强化考核,加强监督。由政府部门制定养护标准、考核办法、管理细则等,每年对综合养护企业进行考核,依据考核结果支付养护费用。

(四) 改革完善村镇综合治理,引导农民住宅建设连片集中

落实《国家"十三五"规划》提出建设"紧凑型城市"的要求,按照上海市《关于本市农民向城镇集中居住的若干意见》(沪府〔2016〕39 号)文件精神,引导农民住宅建设连片集中。一是出台《关于金山区推进农民向城镇集中居住的实施意见》

（金府发〔2016〕25号），在充分尊重农民意愿的基础上，鼓励和引导本区农民向"一片（金山新城）三点（枫泾、朱泾、亭林）"集中居住。二是制订"十三五"农民集中居住工作计划，部署6000户农民向城镇集中居住，启动了第一阶段（2016—2017）环境综合整治防护林项目涉及的漕泾、山阳和金山卫三镇约3000户农民的集中居住。目前，第一阶段的漕泾镇安置基地为亭林大居（现房），已全面启动四批次农户签约工作；金山卫镇、山阳镇安置地块正处于地块认定、收储阶段，年底前完成农户签约、地块出让。三是积极谋划第二阶段（2018—2020）农民集中居住工作，重点聚焦全区"三高"沿线、农户意愿迫切的环境整治区域，计划推进约3000户。

（五）探索实施大镇管理模式，推进扩权强镇改革

2014年，"创新社会治理、加强基层建设"被列为上海市委头号调研课题。金山作为上海大都市区对此高度重视，将其纳入全区国家新型城镇化综合试点重要工作，以朱泾镇体制改革作为突破口，提出初步设想并探索实施。

1. 完成朱泾镇管理体制改革

朱泾镇位于金山北部，是金山区老县城所在地，面积77.11平方公里，人口12.5万人，其中外来常住人口2.8万人，是金山区人口最多的镇，管理难度较大、治理问题较多。为加强人口管理服务工作，建设服务型政府，朱泾镇探索开展了镇级管理体制改革，出台《关于深化朱泾镇体制改革的实施意见》。一是完善职能定位，确定社会管理、经济发展、公共服务和基层建设四方面职能。二是推动权力下沉。在绿化市容、城管执法及网格化机构职能下放的基础上，将住房所、水务站机构职责下放，实行"镇属镇管镇用"，规土所实现"区属镇管镇用"。三是优化党政机构设置。在镇政府内设机构7个不变的前提下，重新调整和明确功能定位，将原来的办公室调整为党政办公室，社会稳定办公室调整为平安建设办公室等。四是构建联勤联动协调配合运行机制。成立"一办六组"，即党的建设和经济社会发展办公室，经济发展工作组、公共管理工作组、公共服务工作组、公共安全工作组、三农建设工作组和基层党建工作组。形成由镇党委、政府主要领导总牵头，分管领导分级抓的党建、经济、社会、维稳、城建、农村等条线一抓到底的管理模式。五是创新建立了镇级"互联网＋"社会治理新机制，探索出"六诊"群众工作法，深化延展了党建工作，在基层呼应了中央持续强调的"加强党的建设"的战略部署。

2. 探索开展"镇管社区"新模式

在快速城市化进程中，一些农村迅速的"社区化"，给乡镇管理和服务带来了新的问题和挑战。金山区的主要做法如下：一是建立"社区管理联动中心"。建立集市民公共服务呼叫中心、城市管理指挥中心、社会人口信息管理中心及突发事件应急指挥中心、视频会议中心为一体的镇级服务管理信息化指挥平台。二是打造"社区生活服务中心"。建立一个集便民服务、专业服务、信息服务和社会组织孵化等功能为一体的综合型社区生活服务平台,构建一刻钟生活服务圈。三是推出"美丽朱泾○频道"。该频道设置美丽朱泾、幸福家园、社区互动、便民服务4大板块,将相关信息第一时间向群众公开,做到每日更新,使居民群众足不出户,通过有线电视便可了解镇党委、政府相关工作情况,有效地解决了管理服务滞后和不到位的问题。

(六)依托丰富的自然与人文资源,大力开展文化城区建设

2014年《国家新型城镇化规划》首次提出"注重人文城市建设"。我国城市发展的一个突出问题是"重经济轻人文",导致了城市"硬实力"和"软实力"的不协调和不均衡,制约了城镇化建设质量和可持续发展。金山区在传承传统文化和建设现代文化两方面均取得可喜成绩。

在文化传承创新上,金山区充分利用自身丰富多样的自然与人文资源——以古海岸遗址、马家浜文化、良渚文化遗迹、金山卫军事文化的历史文化,以朱泾、枫泾、张堰为代表的名镇文化,以南北朝文字语言学家顾野王、唐代高僧船子和尚、宋代诗文家白牛居士陈舜俞、元末文学书法家杨维祯、明代书法家沈度、现代国画大师程十发、漫画家丁聪为代表的名人文化,以金山农民画、金山黑陶等为代表的艺术文化,以上海首个国家4A级佛教旅游景区东林寺为代表的佛教文化为基础,大力发展文化产业与更高级的人文艺术产业。

在现代文化建设上,秉承"百年大计,教育第一"的理念,研究和确立了"组团式发展"的顶层设计,推动城乡教育一体化发展。一是均衡布置城乡教育资源,建立义务教育均衡发展保障机制,在财政拨款、学校建设、教师配置等方面向非中心学校倾斜。二是与中心城区重点学校开展委托管理工作,通过建立托管委员会、派驻管理人员和教师等形式,提升金山整体办学水平。三是推进"新优质学校"集群发展,以实验项目为抓手,成立八个项目研究共同体,开展现代学校管理、学生高层次思维等项目研究。四是深化学区化集团化办学,先后成立3个学区、6个集团,通过教师交流、统一教研、统一培训等,实现教育资源共享、学校文化共建、教育教学互助。

(七)营造良好的改革氛围,综合推进体制机制改革创新

1. 积极承接自贸区改革溢出效应

作为大都市区,金山在做好服务的同时,积极探索与上海全球城市建设协调同步发展。通过体制机制的深化改革和创新,全面提升金山区城市管理的现代化和都市化水准。一是深入实施简政放权,根据国家和本市取消调整的行政审批事项,切实做好核对清理,持续开展全区行政审批事项取消调整工作。推进行政审批服务窗口标准化建设。全面实施市场主体"五证合一"商事登记制度改革。以流程监控倒逼产业项目审批效能提升。二是强化事中事后监管监督,制定《金山区事中事后综合监管平台建设工作方案》，事中事后综合监管平台正式上线运行。推行双随机一公开工作。三是严格规范权力运行，落实"权力清单""责任清单""负面清单"等"三张清单"制度建设。将无业务系统行政审批事项纳入区网上政务大厅应用系统。

2. 推进金山"创业型城区"建设

城市的活力在于创新创业。金山区是上海市"创建先进城区"，正积极开展第二轮创业型城区创建。推进金山"创业型城区"建设，对推动金山这个传统农业大区的都市化进程具有重大意义。一是推动农业创新创业，主动适应"互联网＋"发展趋势，完善农业科技创新体系，推动农业全产业链改造升级，涌现出"强丰企业"吴连强、"施泉葡萄"卢玉金等一批具有代表性的农创人才。二是聚焦海峡两岸青年创业。金山是沪上首家国台办授牌的海峡两岸青年创业基地，2016年、2017年连续举办上海海峡两岸青年创业大赛，有力地促进两岸创新创业项目交流。三是积极推进长三角农创路演中心建设，开创了农创项目的技术路演、问题路演、巡回路演等模式，搭建了一个农业科技供需对接的互动平台，通过市场化机制、企业化运作，引入资本、政策、服务、创业等要素，为农业技术的市场化提供了示范。目前金山区已累计成功扶持1454户各类创业组织，完成三年目标1300户的111.8%，其中帮助806名35周岁以下青年大学生成功创业，完成三年目标720户的111.9%。

3. 顺利完成市场监管体制改革

党的十八届三中全会以来，处理好政府和市场的关系成为引领新常态的突破口。金山区构建了一体化、规范化、科学化的市场监管组织体系，在"使市场在资源配置中起决定性作用和更好发挥政府作用"两方面做出了有益探索。一是实现市场监管一体化。将工商金山分局、食药监金山分局、区质量技监局由垂直管理调整为区政府分级管理，与区物价局物价检查所职能整合，组建上海市金山区市场监督管理局，进一步理顺监管体制。二是整合工商分局检查支队、食品药品监管分局执法大队、质量技术监督局执法大队和区物价检查所，组建金山区市场监督管理局综合执法大队，实现统一执法。组建基层市场监督管理所，统一承担辖区企业、个体工商户的市场经济活动监管及食品药品安全、质量技术监督等日常巡查职责。三是强化法制保障。按照"全局工作法治化、法治工作标准化"的原则，统一执法依据和权力清单，加快形成权责清晰、分工合理、权责一致、运转高效的行政执法体系。

4. 推进城市"多规融合"制度建设

开展市县空间规划改革试点，是2014年中央全面深化改革工作中的一项重要任务。为解决规划各自为战、内容冲突、缺乏衔接协调等突出问题，保障规划有效实施,强化政府空间管控能力,金山区组织编制了《金山区探索"多规融合"规划编制创新工作方案》,并计划于年底前完成金山区2040总体规划的编制,将国民经济和社会发展规划、城乡规划、土地利用规划、生态环境保护规划等多个规划融合到一张底图上,完成"一本规划、一张蓝图"的目标。为建立各类规划的统一空间平台,金山区研究和提出了五个"1"的工作框架,即形成一本纲要、绘制一张蓝图、搭建一个平台、确定一套指标、形成一个机制,最终形成"11+25+X"工作成果(11个新城、新市镇、工业区总体规划,25个专项规划,X个区域特色研究),目标是以高水平的科学规划加快金山区经济发展方式转变和空间开发模式优化,全面促进经济社会、生态环境、文化建设的协调发展。

三、国家新型城镇化试点金山区的主要创新做法

针对我国城市规划、建设、管理、民生等领域存在的普遍和突出问题,结合上海建设全球城市的中长期目标以及金山作为上海大都市区的服务功能与发展需要,在严格对标"金山试点方案"的各项要求,扎实有效推进新型城镇化建设的同时,金山区以高度的责任感、主动性与自觉性,不断加大拓展改革的力度、深度和广度,在探索大都市区新型城镇化建设上走出了一条新路子。

(一)树立正确的城市发展观,做好人的城市化的大文章

中央城市工作会议提出"坚持以人民为中心的发展思想,坚持人民城市为人民"。一个时期以来,由GDP和房地产主导的城市发展模式十分流行,背离了人民群众在城市中过美好生活的愿望和要求。金山区在新型城镇化试点建设中,从两个方面坚持和丰富了"以人民为中心的发展"发展原则和发展内涵。

1. 守牢"不强加于民"的"底线",坚决摒弃"赶农民上楼"的"土地城市化",有效地促进了基层社会的和谐与稳定

廊下特色民居项目是宅基置换和市级土地整治的代表,在该项目的实施中,金山区探索出"百姓三定"(建房标准百姓自己定、补偿标准百姓自己定、管理标准百姓自己定)和"一补、二换、三不变"("一补"是对农户有合法建筑面积内房屋、装潢、附属物、公建配套进行补偿。"二换"是原居住房换安置房,原宅基地换新宅基地。"三不变"是搬迁农户户籍性质不变、宅基地性质不变、土地流转承包收益及各种福利不变)的新办法,不仅改变了部分农村宅基地散落无序的格局,节约了土地资源和改善了农村生产生活条件,而且同时建设和完善的配套设施也极大地提高了村民的获得感和幸福感。

2. 坚持"以人才为核心"的"发展",创新人才发展理念,完善人才服务体系,以人才集聚和创业加快推进城市的现代化

一是高度重视顶层设计,制定了"1+4+4"政策体系,从人才引进、人才安居、

专家工作站覆盖面扩展、社会事业领域人才队伍建设四个方面加强了政策支持。二是针对"住房贵、住房难"的现状，加强金山万达人才公寓项目建设，已分别安排77人、72人入住海滨新城和金悦华庭，在为高层次人才服务上，完善了"1+X"模式及专员服务制度。三是紧贴发展需求，培养技能人才。对接长护险试点、创新社会治理等重点工作，新增健康照护、社会工作者等10个培训项目（等级），推动区内企业设立首席技师制度，建立了3个上海市技能大师工作室和2个上海市高技能人才培养基地。目前全区人才总量达到12.4万人，其中非公领域人才约10万人，50%以上集聚在第二产业，为金山区新型城镇化和新型工业化提供了有力的智力支撑和人才保障。

3. 履行"扶弱济困"的政府职责，扎实有序推进长护险改革试点，开启医养服务新模式

老龄化既是一个全球性的难题，也是我国城镇化进程中的突出问题。金山60岁以上老年人约15.6万，占户籍人口比重约30%，其中失能和半失能老人约6000人。作为全市三个试点之一，金山区积极开展长护险改革试点，搭建集医疗、康复、护理、健康为一体的养老平台。一是抓好政策衔接，针对金山区部分老年家庭收入较低的状况，在不增加个人支出的前提下，给予困难老人特定项目补贴和个人自负费用补贴。对社区居家照护项目进行整合，在享受长护险42项服务内容的基础上，继续保留原来的居家服务项目洗涤衣服、做餐或送餐、居室保洁、助行、代办服务等5组内容。二是抓好教育培训，先后组织基层社区卫生服务中心114名护士和248名医生开展上岗培训，其中305人已与评估机构签订协议。积极协调学校教育资源，先后开设了10个班次，对508名护理员进行培训。三是抓好监督管理，对"服务计划、签到、访户评价、服务确认"等服务环节进行随机抽查监管，确保服务针对性实效性。目前，我区共受理长护险申请4102人，完成评估3993人，符合享受长护险待遇的有3351人。其中，接受护理服务3111人，正在制定长护险计划240人。

在做好基本服务的同时，金山区积极探索并初步形成了养老、孝老、敬老政策体系：一是建立"养老服务包"制度，在全区社区居家养老服务工作中推行基础服务包（生活照料18个项目）和叠加服务包（医疗照护9个项目），居家养老享受市级财力补贴服务对象达到9300多人。二是深入推进医养融合发展。实行"以奖代补"政策，并与市级政策叠加，对新、老内设医疗机构、开通医保的养老机构分别给予不同补贴。全区28家养老机构已完成与邻近卫生机构签约并开展合作。三是鼓励社会力量办养老机构。运用PPP合作模式、中外合作模式、医养合作模式三种合作模式，建成上海市养老领域唯一的政府和社会合作的PPP试点项目——颐和苑，计划设置床位800张，预计实际总投资2.4亿元。同时积极向社会力量公开

招募养老基本公共服务合格供应商购买养老床位。四是率先在全市建成网上养老大厅,涵盖居家养老＋服务包申请、养老机构登记轮候、老年护理机构申请、福鑫宝、合格供应商等6个图标模块,已覆盖10.6万名老人。

(二) 立足于城乡土地节约集约利用,工笔绘出空间优化新蓝图

《国家"十三五"规划纲要》提出"努力打造和谐宜居、富有活力、各具特色"的"新型城市"。紧凑城市是新型城市建设的五个目标之一,有助于解决城镇化用地的"难题"。金山区自开展改革试点以来,以低效利用土地"二次开发"为突破口,积极盘活存量建设用地,同时多措并举推进土地减量化,为我国紧凑型城市建设、为上海市"空间减量增长"做出了有益探索。

一是优化完善补偿政策,做到土地管理精细化。根据土地的不同属性,金山区分类科学制定并优化完善补偿政策,全盘统筹政策、资金、考核等内容。二是实施任务清单化管理,做到土地利用的精准化。在明确198区块减量化企业清单基础上,金山区进一步加强调查摸底,会同所在村研究会审,按照"自愿为主""先易后难"的原则,锁定年度实施减量化企业任务单,按照各村拟减量化土地比例下达具体绩效考核指标,组织业务培训,及时落实资金保障。三是打好产能调整"组合拳",促进"空间减量"和"功能优化"同步发展。从产业调整角度出发,金山区结合拟减量化目标企业,加快低效的198区块工业用地转型,协调加大违规经营执法检查力度,加速淘汰闲置的、不符合产业导向的落后产能企业。

通过盘活存量资源和实施土地减量化新政,金山区对现有建设用地做到了"心中一本账",符合中央城市工作会议提出的"坚持集约发展,框定总量、限定容量、盘活存量、做优增量、提高质量",在破解城市土地资源约束的同时,也为产业结构调整、经济布局优化、城市功能升级提供了资源支撑和保障。

(三) 科学规划产业体系,促进产城深度融合

金山区是传统的农业大区,金山新城从一开始就面临着"人气不足""有城建无产业"等问题和挑战。金山区以新型工业化专项试点改革为引领,科学规划产业体系,不仅工业经济质量效益稳步提升,也有效解决了我国新城新区普遍存在的"产城不融合"难题。

1. 建立"1＋4＋8＋4"新型产业体系

一是围绕区"十三五"产业定位和空间布局,建立"1＋4＋8＋4"新型产业体系,提升传统产业发展能级,聚焦高端智能装备、新一代信息技术、生命健康、新材料四大产业集群发展,编制四大产业集群行动方案,明确四大产业发展目标、发展路径、重点任务等。二是适应二三产业融合发展趋势,大力发展研发设计和创意产业、节能环保、检验检测认证、软件和信息服务、大宗商品交易服务、供应链管理、专业维修和售后服务、职业教育培训八项重点生产性服务业发展。三是优化产业空间布局,打造以金山工业区为核心,以亭林、张堰为辅助的优先发展区。构建以金山第二工业区为重点,以山阳、金山卫、漕泾为拓展的调整优化区。建设枫泾、朱泾联动发展的创新转型区。发展廊下、吕巷绿色资源集聚的生态产业区。

2. 积极推动传统产业改造升级

一是坚决贯彻党中央、国务院关于推进供给侧结构性改革的决策部署,努力推动产业结构调整和优化升级。2013年制定《金山区深化产业结构调整升级行动方案(2013—2015年)》,三年累计淘汰落后产能297项。2015年制定新一轮产业结构调整三年(2015—2017年)行动计划,累计计划调整企业580家。2017年又新增9项产业结构调整任务,目前已取得明显成效,一些任务提前完成。

二是聚焦产业链"短板"领域,引导支持企业采用新技术、新设备、新工艺、新材料,进行设备更新换代、质量品牌提升、智能制造、绿色制造等技术改造,实现"老树发新芽"。

三是推进工业化和信息化深度融合,确定了以精细化工和汽车零部件两个产业为试点,针对两个试点产业和信息产业开展信息化专项资金项目申报,共25个项目获立项并获800万元资金支持,撬动企业信息化投入共计3500万元。

四是积极推动园区改造升级。坚持产业集聚集约集群发展,着力加强园区载体建设和大中小企业培育,实现工业整体竞争力明显提升。围绕"1+4+8+4"现代产业体系,出台《金山区产业指导目录和布局指南》,引导产业之间、区域之间功能错位、特色发展。完成区经济信息管理平台建设,依托平台加强企业分级分类管理。

五是招商引资持续发力,现代电梯、巴洛美、朗润投资、蔡同德堂等一批优质企业落地,和辉光电二期开工建设。自2016年11月全区属地规模以上工业企业产值增速由负转正以来(同比增长0.9%),今年的增速位列全市前茅。

(四)铁腕手段开展环境综合治理,用现代科技治理水体修复生态

生态文明建设是我国的一项基本国策,也是提升城镇化建设质量的重要指标。金山区成立了环境综合整治办公室,选优配强19名同志全脱产集中办公,制订金山地区环境综合整治三年(2015—2017)行动计划,明确"1+1+X"环境综合整治总体部署,将所有项目按照任务清单模式,每周更新进度,针对工作难点,挂图推进。在2017年市环保局组织开展的全市测评中,公众对金山区环境保护的满意度位列全市第一。

一是抓项目质量和抓产业结构调整并举,促进经济和环境的良性互动发展。金山第二工业区是金山化工产业的集聚区,也是金山区环境综合整治的核心区,2016年,二工区规上产值完成137.5亿元,同比增长11.7%,完成税收总额13.88亿元,同比增长29.1%,增速高于各镇(工业区)平均水平15.5个百分点。在产

值、税收均保持较快增长的同时,二工区的环境综合整治加快推进,已完成49个结构调整(关停)项目、56个环境深化治理项目;完成3个地表水和2个大气监测站的建设及30家企业150个厂界点位的VOCs监控系统部署;完成828亩绿化建设、10条河道整治,区域环境空气质量基本达标。

二是在环境和生态修复中采用高技术手段,以有效降低成本并提升质量。在中小河道治理中,针对断头浜或封闭水体,采用食藻虫或石墨烯光催化等技术治理水体。针对水体流动性差的河道,采用人工曝气、生态净化等生态修复技术。针对河道周边可利用的河道,采用种植沉水植物和水生乔木的方式,构建水上森林,增加了水面率和森林覆盖率。在金山卫镇太平港综合整治中,利用太阳能生态浮岛、拓宽河道、清淤、排污口封堵等措施截断污水排入,借助水质净化设备、水生态修复等提升河道水质,改善河道面貌,通过围堰清淤、控源截污、生态修复等,原本脏乱差的太平港已旧貌换新颜。

(五)以"党建"统领"社会建设",打造共建共治共享新格局

作为上海的远郊都市区和沪浙交通的桥头堡,金山区也是各种城市治理、公共管理问题的多发地。金山区持续探索以党建引领社会治理创新,形成了党委领导、政府负责、社会协同、公众参与、法治保障的社会治理体制。同时还广泛运用信息化手段和智慧城市建设成果,为我国城乡结合地区社会治理提供了示范。

1. 以党建引领新型城镇化建设,探索党建引领基层社会建设和治理的新方法和新机制

一是构建"六化同步、四指同评"模式。以党建区域化、管理网格化、服务网络化、共治社会化、自治民主化、保障法治化"六化同步"为载体,以探索基层党委(党工委)领导核心指数、党支部战斗堡垒指数、党员先锋模范指数、领导干部廉洁自律指数"四个指数"同步考评管理为抓手,明确工作目标,压实工作责任,探索党建引领基层社会建设和治理的有效路径。二是建立"三级平台、四级联动"阵地体系,构建"区—街镇(金山工业区社区)—村居"三级联动的立体组织架构,建成区党建服务中心、11个街镇(工业区)党建服务中心、7家"心联鑫"党建服务站,推进738个党建服务点建设。三是深化"心联鑫"区域化党建。通过党建联建、资源整合、公益众筹等方式,把各方共同任务、共同需求和共同利益联结在一起,加强与市大口党委以及上海化工区等15家单位的党建联建,建立"心联鑫"金山区域化党建制度,共同开展城乡结对等工作。

2. 实现网格化管理全覆盖,建成区、街镇(金山工业区)、村(居)三级城市网格化综合管理体系

以漕泾镇为例,一是按照地域分布、人口稠密、管理便利、资源共享等实际因素,将全镇11个村和3个居委会划分为68个子网格,实现网格化管理全面覆盖。

同时配套建立"1+1+X"的队伍管理模式,确立村(居)党(总)支部书记为主要负责人,村(居)两委班子成员为子网格长,负责子网格巡查工作。现配备兼职网格监督员68名,网格信息采集员358名。二是村(居)工作站利用村(居)民聚居的特点,在原有村(居)民小组长、楼道长的基础上,招募一批志愿者,在村委干部、条线人员、网格长的带领下,组成一支机动处置队伍,每日开展分管子网格巡查,及时发现问题、处置问题,基本做到发现—上报—处置—监督自循环功能。三是村(居)工作站针对辖区分布广、工单处置、核查耗时长的问题,安排处置队伍配合镇专职网格监督员共同开展行动,对镇网格监督员发现上报的问题及时落实处置人员,在时限内处置完成后主动联系镇网格化中心派遣监督员及时前往核查,避免工单结案超时,保证了工单处置及时率。

3. 充分整合农村三支队伍力量,形成"巷邻坊"群众自治新模式

"巷邻坊"是金山区吕巷镇夹漏村创造的群众自治新模式,被列为全国性"以村民小组或自然村为基本单位的村民自治试点单位"。"巷邻坊"设立于村民小组长家中,通过"1+2"模式("1"即村民小组长,"2"即党小组长和妇女信息员)整合农村三支队伍力量,搭建党群干群的"连心桥"。"巷邻坊"起源于吕巷镇夹漏村,该村村域面积3.87平方公里,呈长方形,东西距离5公里,村中60周岁以上老年人占常住人口28%,老年人到村委会的距离远与在职人群到村委会的时间不便,导致社区治理的热点难题得不到有效解决。为做实服务群众工作,夹漏村立足实际,将"巷邻坊"建在"家门口",村(居)民有急事、难事可及时反映,相互能帮的及时处理,帮不了的,由服务点负责人向上反映,由村委会帮助协调解决。"巷邻坊"作为村民接受党员学习教育、民生事务受理、村民自治议事、社情民意反映、代表委员接待等具体事务的承办点,有利于把社会问题解决在基层和发生阶段。

党的十九大报告指出:"经过长期努力,中国特色社会主义进入新时代,这是我国新的历史方位"。展望未来,金山区将以深入学习和贯彻党的"十九大"精神为指引,以开放的眼光研究世界城市发展趋势和新时代中国特色社会主义对城市建设的新需要,认真梳理和总结自身在首期试点建设中取得的成功经验和问题短板,更加自觉地把"坚持党对一切工作的领导"作为推进新型城镇化建设的指导思想,更加密切地结合党的"十九大"提出的"实施乡村振兴""区域协调发展"等战略部署,把建设工作的重点转向解决"人民日益增长的美好生活需要和不平衡不充分的发展之间的矛盾",开展金山区未来新型城镇化的战略研究和建设布局,尊重城市发展规律,坚持人民城市为人民的初心,为把金山区建成富强民主文明和谐美丽的社会主义现代化新型城市而不懈奋斗。

2018 全球智慧城市发展态势与研究热点分析报告

自 2009 年美国 IBM 提出"智慧城市"概念以来,随着全球对智慧城市建设持续投入大量资源,各国政府将智慧城市建设上升到国家战略高度,智慧城市的实践研究也随之快速推广,国内外对"智慧城市"的研究热情逐年升温。1990 年在美国旧金山国际会议上,提出了"智慧城市,快速系统,全球网络"的议题,会后正式出版的文集成为研究"智慧城市"的早期代表性论文。从 Web of Science 核心集数据库收录的文献来看,2011 年全球研究"智慧城市"WOK 核心集论文发文量才突破百篇,2013 年即快速上升至三百多篇[1],由此可见全球针对"智慧城市"研究成果数量提升非常明显,这反映了其研究热度快速提升,说明"智慧城市"是一个新兴的、具有巨大研究潜力的研究方向。

"智慧城市"研究涉及的学科交叉广泛。2016 年 4 月 19 日习近平总书记在全国网信工作会议上提出了新型智慧城市的概念,提出建设从"人"出发,实现便捷服务、精准治理、环保环境、城乡一体、网络安全的智慧城市,由此"智慧城市"可理解为"一种基于城市信息化及可持续发展目标而形成的更高效便捷的城市发展模式"[2]。这一理解与全球发表的相关文献研究主题亦是相符的,"智慧城市"研究涉及的领域非常广泛,从研究其概念内涵、信息技术、建筑、交通到城市建设的方方面面,可以看出"智慧城市"是运用先进的信息和通信技术,将人、商业、运输、通信、水和能源等城市运行中的各个核心系统加以整合,从而使整个城市以一种更加智慧的方式运行。

对于新兴的、热门的、交叉研究广泛的"智慧城市"研究方向,其科研态势的研究不仅能够反映全球科研现状,如研究产出趋势、研究热点主题、研究活跃度等等,而且还能理清研究侧重方向和侧重学科,本文针对 2015 年至 2018 年期间的外文文献(数据源自 Web of Science 核心集数据库)和中文文献(数据源自 CNKI 期刊数据库)进行文献计量分析,并对典型热门文献重点分析,以期针对全球"智慧

---

[1] 汤莉华、杨翠红、黄文丽等:《智慧城市全球发展态势》,梅宏:《一个甲子的畅想——面向未来 120 项科技预见》,上海:上海交通大学出版社 2016 年版,第 585—622 页。

[2] 刘士林、马娜、赵思雨:《标准化视角下智慧城市建设面临的问题及发展路径》,《上海交通大学学报》2015 年第 8 期,第 1231—1236 页。

城市"科研态势进行持续跟踪和全面解析。

一、数据采集范围与分析工具

本文国内文献选用中国知网（CNKI）数据库平台（EI期刊、核心期刊、CSSCI期刊、CSCD期刊、CNKI会议）五个子数据库作为学术论文数据库来源，国外文献选用Clarivate Analytics（科睿唯安，原汤森路透—知识产权与科技）WOS（Web of Science）数据库平台的SCI-EXPANDED（Science Citation Index Expanded，即科学引文索引）、SSCI（Social Sciences Citation Index，即社会科学引文索引）、A&HCI（Arts & Humanities Citation Index，即人文艺术引文索引）、CPCI-S（Conference Proceedings Citation Index-Science，即科学会议引文索引）、CPCI-SSH（Conference Proceedings Citation Index-Social Science & Humanities，即人文社会科学会议引文索引）五个子数据库（即WOS核心合集引文索引）作为学术论文数据来源，文献采集的时间范围从2015年1月至2018年7月。

所选用的文献分析工具中，除了CNKI、WOS平台自带的分析功能外，还采用了汤森路透公司的TDA（Thomson Data Analyzer）数据分析工具、微软公司的EXCEL软件，对数据进行可视化分析处理。

二、"智慧城市"科研态势研究与分析

（一）论文产出与被引趋势

1. 外文文献产出与被引趋势

在WOS统计平台采集到核心合集引文索引期刊论文和会议论文3,192篇（以下简称WOS样本文献）。按年代对WOS样本文献进行分析可以看出，2015—2018年关于研究论文产出总体呈上升趋势（见图16所示），由于WOS平台的索引数据库收录期刊论文的时间通常滞后于论文发表时间，2018年数据不全，截至取样时间，2018年样本文献量为335篇；2015年发文量有689篇，2016年发文量有较大幅度的增长，到2016年突破1000篇，较2015年增加364篇，增长率为53%；2016年至2017年年度发文总量平缓上升，从1,053篇上升至1115篇，增

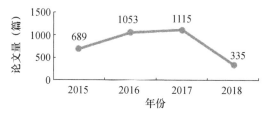

图16　2015—2018年"智慧城市"外文文献产出趋势

长率为6%。

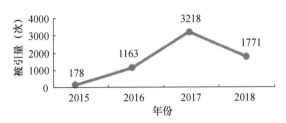

图17　2015—2018年"智慧城市"外文文献被引趋势

论文引用次数反映了该研究方向内部的活跃度,从整体论文被引情况来看,截至2018年7月,所有论文总被引次数为6330次,篇均被引次数约为2次,并且各年度产出论文总被引次数从2015年开始呈逐年上升趋势(见图17所示)。尤其从2016年开始,增幅迅速加大,到2016年被引量突破1000次;从2016—2017年更是以每年约2000次大幅增长。对比年度发文量和论文被引次数可以看出,全球"智慧城市"研究热度呈快速上升趋势,其研究方向处于活跃期,受到研究人员的广泛关注。

2. 中文文献产出与被引趋势

在CNKI平台采集到核心期刊论文和会议论文1282篇(以下简称CNKI样本文献)。按年代对CNKI期刊样本文献进行分析可以看出,2015—2018年关于研究"智慧城市"论文产出趋势较为平缓(见图18所示),同样由于2018年数据不全,截至取样时间,2018年样本文献量为192篇;2015年发文量有355篇,2016年发文量有417篇,较2015年增加62篇,增长率为17%;2017年小幅下降至370篇。

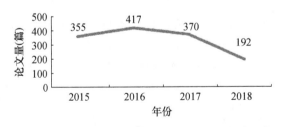

图18　2015—2018年"智慧城市"中文文献产出趋势

从整体论文被引情况来看,截至2018年7月,所有论文总被引次数为3788次,篇均被引次数约为3次,并且各年度产的论文总被引次数从2015年开始呈逐年上升(见图19所示)。每年约700—900次大幅度增长,到2017年被引量突破1000次。对比年度发文量和论文被引次数可以看出,中文核心论文的"智慧城市"

中国都市化进程报告 2018 | 115

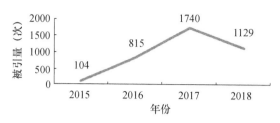

图 19　2015—2018 年"智慧城市"中文文献被引趋势

研究热度增长趋势平缓,但其研究方向处于活跃期。论文产出数量未出现大幅增长,有可能是前期已经有了大幅增长,目前处于调整期,也有可能大幅增长情况在后续几年即刻出现,具体情况还需进一步查看较长周期的数据。

(二) 研究领域与热点主题分布

1. 外文文献研究领域与热点主题分布

对 WOK 样本文献研究领域进行分析,统计显示研究共涉及 70 余个学科领域,学术论文数量占据前 10 位的分别是 Computer Science(计算机科学)1454 篇,Engineering(工程学科)1308 篇,Telecommunications(电信学科)550 篇,Energy Fuels(能源燃料)270 篇,Environmental Sciences Ecology(环境科学生态学)269 篇,Urban Studies(城市研究)187 篇,Business Economics(商业经济学)146 篇,Automation Control Systems(自动化控制系统)139 篇,Transportation(交通运输)114 篇及 Construction Building Technology(建筑施工技术)105 篇(见图 20)。其中计算机科学和工程科学两大类分别占发文总量的 45.55% 和 40.98%,可见这两个领域是智慧城市研究着重关注的领域。

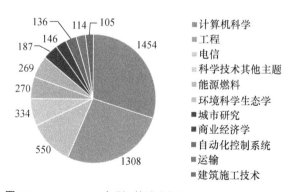

图 20　2015—2018 年"智慧城市"外文文献研究领域分布

为了进一步探寻外文文献"智慧城市"热点主题研究方向,对文献的标题和关键词进行了统计分析。通过 TDA 从 WOS 样本文献中抽取到 100% 的文献题名

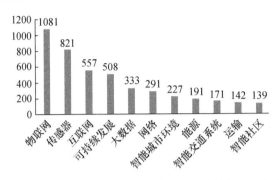

图 21　2015—2018 年"智慧城市"外文文献热点主题分布

和作者关键词①，共计 71841 个，以这些关键词作为数据源进行热点主题分析，从中抽取学科主题相关的词（以下简称 WOS 主题关键词），单独进行分析。

通过对 WOS 主题关键词进行统计分析，选出了频次排名前十一的"热词"（见图 21 所示）。研究发现，"智慧城市"热点研究方向是"物联网""传感器""互联网""可持续发展""大数据""网络""能源"等。这表明以物联网、云计算、下一代互联网技术为代表的新一轮信息技术革命，为信息技术向智能化、集成化方向发展，为信息技术与其他产业技术的高度融合，提供了重要的技术基础。其余热点主题的相关论文包括"智能城市环境""智能交通系统""智能社区"等。

2. 中文文献研究领域与热点主题分布

对中文文献的研究领域进行分析，CNKI 样本文献研究的学科领域中，学术论文数量占据前 10 位的分别是：宏观经济管理与可持续发展（312 篇）、建筑科学与工程（251 篇）、信息经济与邮政经济（240 篇）、计算机软件及计算机应用（163 篇）、公路与水路运输（93 篇）、行政学及国家行政管理（90 篇）、新闻与传媒（57 篇）、自然地理学和测绘学（50 篇）、电信技术（47 篇）、铁路运输（41 篇）。其中宏观经济与可持续发展、信息经济占发文总量的 63%，可见这是国内"智慧城市"研究着重关注的领域。

通过对主题关键词进行统计分析，选出了主题词出现频次大于 15 的"热词"（见图 23 所示），出现频率比较高的关键词揭示出智慧城市研究领域的热点所在。研究发现，国内智慧城市热点主题依次是"物联网""大数据""城市建设""新型城镇化""信息技术""城市发展""城市轨道交通""电子政务""基础设施""云计算"

---

① WOS 检索系统的关键词有两种，一种是 Key Words by author（论文作者提供的关键词），一种是 Key Words plus（系统从论文的引文标题中抽取的关键词），本文选择前一种关键词进行分析。Title（NLP）(Phrases) 是 TDA 平台将 WOS 检索出的文献标题用一种自然语言处理的方式将标题分割成几个短语，结合标题和作者关键词分析得出的结论会更加精确。

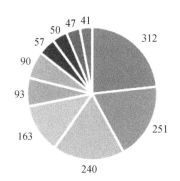

图22　2015—2018"智慧城市"中文文献研究领域分布

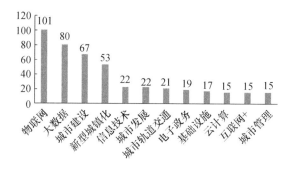

图23　2015—2018"智慧城市"中文文献热点主题分布

"互联网+""城市管理"。与国外研究文献对比发现,中文研究成果同样表明了以物联网、云计算、互联网技术为代表的新一轮信息技术革命,为智慧城市的建设提供了重要的技术基础。其余热点主题的相关论文包括"城市轨道交通""基础设施""城市管理"等,与外文文献的研究热点没有太多差异,研究基本都是围绕交通、基础建设等方面。

（三）发文和热点关注的国家与城市排名

1. 外文文献发文国家与城市排名

对WOS样本文献的发文国家和城市进行分析,统计显示发文数量前十的国家分别是中国、意大利、美国、印度、英国、西班牙、法国、德国、日本、澳大利亚（见图24所示）,其中中国发文数量遥遥领先,可见对于"智慧城市"的研究热情国内研究人员远高于国外研究人员,说明国内学者对于"智慧城市"热点的捕捉更加敏感,响应更加迅速；发文数量前十的城市分别是北京、上海、都灵（意大利）、武汉、米兰（意大利）、香港、新南威尔士州（澳大利亚）、伦敦、新加坡、巴塞罗那（西班牙）（见图25所示）。北京、上海的发文量位居前两位,说明这两个城市的研究机构、高等院校从事"智慧城市"的研究人员多,且成果产出也多,同时还说明这两个城市的研究人员在国际核心刊物发表科研成果的实力也已经位居前列。发文数量位居第二的国家意大利,在"智慧城市"的研究上已经超越美国,其中都灵市和米兰市贡献了多数研究成果。

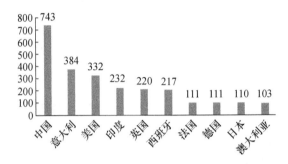

图24　2015—2018年"智慧城市"外文文献发文国家对比

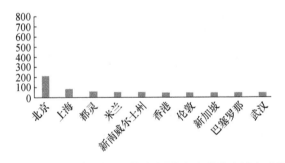

图25　2015—2018年"智慧城市"外文文献发文城市对比

2. 外文文献热点关注的国家与城市

为了进一步探寻国内外热点关注"智慧城市"的国家和城市,通过 TDA 对主题词中国家名称进行词频统计分析,文献数量大于十篇(排名前十一)的高词频国家分别是中国、日本、新加坡、意大利、印度尼西亚、德国、巴西、澳大利亚、西班牙、英国、波兰。可以看出研究中国"智慧城市"的论文数量远多于其他国家,在关注"中国"的230篇论文中,发文国家为中国的有175篇,发文国家为荷兰的有24篇,发文国家为英国的有18篇。说明近三年中国"智慧城市"的建设除了国内学者关注外,也广受国际学术界关注。我们发现受关注的国家和城市的文献数量相较全部论文数量,所占比例非常少,说明在发表的论文中,多数论文未将国家或城市的名称在主题词中做标示,也就是说论文成果适用于普遍的"智慧城市",而非某一特定的国家或城市。

通过对主题词中城市名称进行词频统计分析,文献数量大于十篇(排名前十)

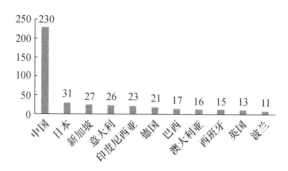

图26　2015—2018"智慧城市"外文热点关注国家对比

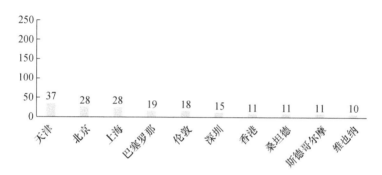

图27　2015—2018年"智慧城市"外文热点关注城市对比

的高词频城市分别是天津、北京、上海、巴塞罗那、伦敦、深圳、香港、桑坦德、斯德哥尔摩、维也纳。中国内地三大直辖市"天津""北京""上海"排名靠前,科研文献的聚焦再次证明了中国智慧城市在国际学术界的受关注程度很高,然而出乎意料的是,课题组前期有关城市科学的研究中,排名前十的"广州"此次却未上榜,"天津"却超越了一直位列居前的"北京"和"上海"。说明"天津"在"智慧城市"的研究中更被研究人员关注。

3. 中文文献发文和热点关注的城市排名

对中文文献的发文城市进行统计,发文数量排名前十的城市分别是北京、武汉、南京、上海、广州、天津、杭州、长沙、昆明、沈阳(见图28所示)。进一步对中文文献题名中关于城市名称的关键词进行词频统计分析,文献数量排名前十的高词频城市分别是北京、上海、红河、武汉、天津、宁波、雄安、深圳、沈阳、成都(见图29所示)。值得关注的是,除了北京、上海、深圳等超一线城市,中国云南省红河州、河北省雄安新区的"智慧城市"研究在近几年也取得了积极进展。这一点跟政府的大力支持不无关系,2015年红河州政府与中国移动云南公司签署"互联网+"战略合作协议,同年,邀请阿里巴巴到红河州调研,举办了首届红河跨境电子商务论坛,向省商务厅争取到外贸综合服务信息平台建设项目。高起点规划、高标准建设的雄安新区,其建设启动正值大数据、AIoT等技术应用成熟,所以"智慧城市"建设从建城之初便被政府所重视和推进。可见政策的利好相应地促进了研究的产出。

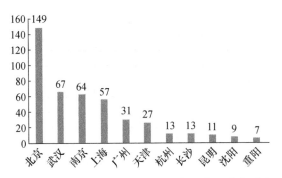

图 28　2015—2018 年"智慧城市"中文发文城市对比

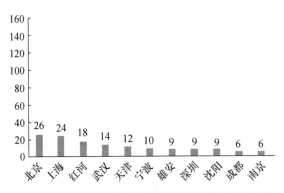

图 29　2015—2018 年"智慧城市"中文热点城市对比

三、"智慧城市"全球应用与研究案例分析

通过文献计量学分析的研究产出趋势、热点方向、发文国家和城市对比、受关注国家和城市对比,在一定程度上可以看出"智慧城市"研究的现状,但分析结果多偏重宏观分析,且"智慧城市"研究涉及多学科领域,宏观分析不能展现部分真实情况。如果引入"智慧城市"研究的具体应用案例解析,其研究态势将更加具体和完整。因此这里对热点文献进行梳理,将受到广泛关注的典型实际案例逐一进行解读,以期为"智慧城市"研究态势做补充。

通过对 WOK 样本文献(即外文文献)梳理,选取学科领域高被引论文 29 篇文献,以及学科主题排名前十且该学科领域被引次数排名前三的文献,从中筛选出

26篇与"智慧城市"研究密切相关的文献,并对其进行应用分类和总结。其中有8篇文献研究了"智慧城市"的概念、内涵、界定、发展情况;有18篇研究了"智慧城市"建设中所涉及的大数据、云计算、网络、通信、建筑、等应用技术。通过对CNKI样本文献(即中文文献)梳理,选取学科主题排名前十且该学科领域被引次数排名前三的文献,从中筛选出16篇与"智慧城市"研究密切相关的核心文献,并对其进行应用分类和总结。其中有3篇文献研究了"智慧城市"的概念、内涵、界定、发展情况;有13篇研究了"智慧城市"建设中所涉及的大数据、电网、通信、建筑等应用技术。

(一) 全球"智慧城市"研究概述

关于研究城市类别(包含"智慧城市")的热点论文,De Jong M 等(2015)研究了12个城市类别及其间的概念差异和相互关系,认为可持续发展城市是出现最多的类别,与生态城市和绿色城市概念密切相关,低碳城市和智慧城市的概念逐步趋于明确,政策在城市化中起主导作用。[①] Fu Y 等(2017)研究了主要城市类别及其演变,分析每种城市类别构成及其所解决的核心问题。[②] Ahvenniemi H 等(2017)分析了16套城市评估框架(8个智慧城市和8个城市可持续性评估框架),共计958个指标,研究可持续城市和智能城市之间的差异,认为与城市可持续性框架相比,智慧城市框架中的现代技术和"智能"更加受到关注,城市可持续性框架包含大量衡量环境的可持续性指标,而智慧城市框架缺乏环境指标,智慧城市的总体目标是借助技术提高可持续性。建议对"智慧城市"的评估不仅应使用衡量智能解决方案部署效率的产出指标,还应考虑衡量环境、社会可持续性等最终贡献指标。[③]

关于研究"智慧城市"概念和定义的热点论文,Albino V 等(2015)通过对研究的文献阐述以及国际机构的官方定义,阐明城市背景下"智慧"一词的含义,确定了智能城市的主要维度和元素、指标、构成、衡量标准等。[④] Calzada,Igor 等(2015)认为"智慧城市"的概念不应停留在技术决定层面,提出解构"智慧城市"的10维框架以及未来的关键思路和问题。[⑤] Angelidou M 等(2017)将智能城市近期

[①] de Jong M, Joss S, Schraven D, Zhan C J, Weijnen M, "Sustainable-smart-resilient-low carbon-eco-knowledge cities: making sense of a multitude of concepts promoting sustainable urbanization", *Journal of Cleaner Production*, Vol. 109, 2015, pp. 25—38.

[②] Fu Y, Zhang X L, "Trajectory of urban sustainability concepts: A 35-year bibliometric analysis", *Cities*, Vol. 60, 2017, pp. 113—123.

[③] Ahvenniemi H, Huovila A, Pinto-Seppa I, Airaksinen M, "What are the differences between sustainable and smart cities?", *Cities*, Vol. 60, 2017, pp. 234—246.

[④] Albino V, Berardi U, Dangelico R M, "Smart Cities: Definitions, Dimensions, Performance, and Initiatives", *Journal of Urban Technology*, Vol. 22, no. 1, 2015, pp. 3—21.

[⑤] Calzada, Igor; Cobo, Cristobal, "Unplugging: Deconstructing the Smart City", *Journal of Urban Technology*, Vol. 22, no. 1, 2015, pp. 23—43.

发展分为两大部分——城市未来和知识与创新经济，阐述智能城市当前的技术推动和需求拉动，提出关于"智慧城市"发展战略规划。[①] 吕淑丽等(2017)从智慧城市的内涵、建设途径与问题以及评价指标等方面进行梳理分类，并加以评析。[②] 于文轩等(2016)构建了一个包含五要素、两大理性(政治理性和技术理性)的模型来解释中国智慧型城市发展，并以2015年全国147个智慧城市的横截面统计数据对该模型进行检验，发现中国智慧城市建设不仅仅是由技术理性推动的，政治考量也很重要，作为城市"一把手"的市委书记政治支持对智慧城市发展水平有显著影响。[③] 曹阳等(2015)从城市数据监测采集与互联共享、城市系统运行问题梳理与综合分析、城市空间发展模拟仿真与决策评估、城市空间发展规划体系4个层面尝建基于智慧城市的可持续城市空间发展模型总体架构。[④]

关于"智慧城市"评价的热点论文，Bibri S E等(2017)认为智慧可持续城市现有模型以及它们对可持续性贡献来看，关键问题仍未解决，理论尚未得到实际运用，对未来智慧可持续城市的应用理论探究非常重要，值得研究。[⑤] Kitchin R(2015)认为关于"智慧城市"的研究大部分表现为非意识形态性、常识性和务实性，研究缺乏对概念缘起的详细追溯；规范实例，叙述单一；缺乏对特定智慧城市举措和比较研究的深入实证案例。[⑥]

(二)"智慧城市"应用案例分析

1. 物联网、云计算和网络

在物联网的相关研究中，Ejaz W等(2017)为基于物联网的智能城市的节能优化和调度提供统一框架，为延长低功耗设备的使用寿命提供解决方案，并将研究应用于智能家居中的节能调度和智能城市中物联网设备的无线功率传输。[⑦] Raza U等(2017)针对实现物联网的低功率广域(LPWA)网络技术，研究几种新兴的LPWA技术以及由不同标准开发组织(IEEE,IETF,3GPP,ETSI)执行的标准，围

---

① Ahvenniemi H, Huovila A, Pinto-Seppa I, Airaksinen M,"What are the differences between sustainable and smart cities?", *Cities*, Vol. 60, 2017, pp. 234—245.

② 吕淑丽、薛华、王堃：《智慧城市建设的研究综述与展望》，《当代经济管理》2017年第4期，第53—57页。

③ 于文轩、许成委：《中国智慧城市建设的技术理性与政治理性——基于147个城市的实证分析》，《公共管理学报》2016年第4期，第127—138页、第159—160页。

④ 曹阳、甄峰：《基于智慧城市的可持续城市空间发展模型总体架构》，《地理科学进展》2015年第4期，第430—437页。

⑤ Bibri S E, Krogstie J,"Smart sustainab le cities of the future: An extensive interdisciplinary literature review", *Sustainable Cities and Society*, Vol. 31, 2017, pp. 183—212.

⑥ Kitchin R: *Making sense of smart cities*,"addressing present shortcomings", *Cambridge Journal of Regions Economy and Society*, Vol. 8, no. 1, 2015, pp. 131—136.

⑦ Ejaz W, Naeem M, Shahid A, Anpalagan A, Jo M,"Efficient Energy Management for the Internet of Things in Smart Cities, *Ieee Communications Magazine*, Vol. 55, no. 1, 2017, pp. 84—91.

绕各个 LPWA 技术构建的工业联盟（LORa Alliance，WEIGHTLESS-SIG 和 DASH7 联盟），提出 LPWA 技术进一步研究的可能方向，鼓励研究界积极参与解决未来十年内数百亿设备连接性的问题。[1]

在云计算和网络技术的相关研究中，Yang C W 等（2017）介绍了云计算的未来创新和研究前景，支持将巨型数据的体积、速度、多样性和准确性转换为本地到全球数字地球科学和应用的价值。[2] Qiu T 等（2017）提出广泛应用于环境监测、武器控制、智能交通等领域的异构和自组织网络，介绍了大规模异构和自组织网络的典型架构，及其当前关键技术进展。[3] Centenaro M 等（2016）研究未受限制的带中的长距离通信技术，特点是在亚千兆赫频段内的低速率远程传输技术，用于实现具有星形拓扑的接入网络，给出在物联网场景中提供连接的新方法，并讨论了它的效率、有效性和架构设计方面的优势。[4] Buk S H 等（2017）针对未来新型互联网架构"命名数据网络"（NDN），研究其核心功能，为适应目前的集成网络提出了 NDN 新架构，并讨论 NDN 在未来应用中面临的问题。[5]

在物联网和云计算集成的相关研究中，Diaz M 等（2016）对物联网和云计算集成方面现存的问题进行了研究，包括云平台、云基础架构和物联网中间件等集成组件，以及集成建议和数据分析技术。[6] Botta A 等（2016）进行了关于云计算与物联网集成（CloudIoT）的文献调研，提供了文献中 CloudIoT 应用程序的最新图片，重点关注其特定问题和目前研究的主体，并讨论了已经可用的平台、开源、实施 CloudIoT 范例项目等。[7]

此外，Baccarelli E 等（2017）提出万物互联网雾计算（FoE），认为雾计算和万物互联网可集成为互联网、智能城市、行业 4.0 和大数据流领域的新应用程序，针

---

[1] Raza U, Kulkarni P, Sooriyabandara M, "Low Power Wide Area Networks: An Overview", *Ieee Communications Surveys and Tutorials*, Vol. 19, no. 2, 2017, pp. 855—873.

[2] Yang C W, Huang Q Y, Li Z L, Liu K, Hu F, "Big Data and cloud computing: innovation opportunities and challenges", *International Journal of Digital Earth*, Vol. 10, no. 1, 2017, pp. 13—53.

[3] Qiu T, Chen N, Li K Q, Qiao D J, Fu Z J, "Heterogeneous ad hoc networks: Architectures, advances and challenges", *Ad Hoc Networks*, Vol. 55, 2017, pp. 143—152.

[4] Centenaro M, Vangelista L, Zanella A, Zorzi M, "Long-Range Communication in Unlicensed Bands: The Rising Stars in The IOT and Smart City Scenarios", *Ieee Wireless Communications*, Vol. 23, no. 5, 2016, pp. 60—67.

[5] Bouk S H, Ahmed S H, Kim D, Song H B, "Named-Data-Networking-Based ITS for Smart Cities", *Ieee Communications Magazine*, Vol. 55, no. 1, 2017, pp. 105—111.

[6] Diaz M, Martin C, Rubio B, "State-of-the-art, challenges, and open issues in the integration of Internet of things and cloud computing", *Journal of Network and Computer Applications*, Vol. 67, 2016, pp. 99—117.

[7] Botta A, de Donato W, Persico V, Pescape A, "Integration of Cloud computing and Internet of Things: A survey", *Future Generation Computer Systems-the International Journal of Escience*, Vol. 56, 2016, pp. 684—700.

对 FoE 提出了一个新集成技术范例,详细描述了相应的技术平台和协议栈的主要构建块和服务,并给出了小型 FoE 原型。①

2. 大数据和数据收集

Li Y B 等(2016)研究了数据过度收集现状,提出了一个消除数据过度收集的移动云框架,通过将所有用户的数据放入云中,从而大大提高用户数据的安全性。② Xu Y X 等(2017)提出了一种延迟和覆盖优化数据采集(LCODC)方案,通过机会路由收集由广泛分布在智慧城市中大量传感设备产生的数据。由于 LCODC 方案中的数据流不仅包括车辆到设备的传输(V2D),还包括车辆到车辆的传输(V2V),因此提高了数据收集效率。③ Hashem I A T 等(2016)描述了在智能城市环境中使用的一种通信技术和应用。讨论了支持智慧城市的大数据分析愿景,提出了智能城市未来的大数据商业模式,并确定了商业和技术研究可能。④ 陆化普等(2015)提出了交通大数据的"6V"特征,总结了智能交通系统中大数据的基本类型。面对交通大数据带来的数据安全、网络通信、计算效率和数据存储等诸多问题,提出了应对策略和思路。⑤ 马亮(2015)以新加坡的智慧城市计划为例,分析了大数据技术在公共交通、医疗卫生、信息安全、社区治理、环境保护和政府管理等方面的应用实例。⑥ 李德仁(2016)论述大数据时代地球空间信息学的特点和必须解决的主要关键技术问题(全球空天地一体化的非线性地球参考框架构建技术、星基导航增强技术、天地一体化网络通信技术、多源成像数据在轨处理技术、天基信息智能终端服务技术、天基资源调度与网络安全、基于载荷的多功能卫星平台设计与研制)。⑦

3. 电网和能源

Calvillo C F 等(2016)将能源管理范围分为五个主要干预领域:发电、存储、基

---

① Baccarelli E, Naranjo P G V, Scarpiniti M, Shojafar M, Abawajy J H, "Fog of Everything: Energy-Efficient Networked Computing Architectures, Research Challenges, and a Case Study", *Ieee Access*, Vol. 5, 2017, pp. 9882—9910.

② Li Y B, Dai W Y, Ming Z, Qiu M K, "Privacy Protection for Preventing Data Over-Collection in Smart City", *Ieee Transactions on Computers*, Vol. 65, no. 5, 2016, pp. 1339—1350.

③ Xu Y X, Chen X, Liu A F, Hu C H, "A Latency and Coverage Optimized Data Collection Scheme for Smart Cities Based on Vehicular Ad-Hoc Networks", *Sensors*, Vol. 17, no. 4, 2017, p. 27.

④ Hashem I A T, Chang V, Anuar N B, Adewole K, Yaqoob I, Gani A, Ahmed E, Chiroma H, "The role of big data in smart city", *International Journal of Information Management*, Vol. 36, no. 5, 2016, pp. 748—758.

⑤ 陆化普、孙智源、屈闻聪:《大数据及其在城市智能交通系统中的应用综述》,《交通运输系统工程与信息》2015 年第 5 期,第 45—52 页。

⑥ 马亮:《大数据技术何以创新公共治理?——新加坡智慧国案例研究》,《电子政务》2015 年第 5 期,第 2—9 页。

⑦ 李德仁:《展望大数据时代的地球空间信息学》,《测绘学报》2016 年第 4 期,第 379—384 页。

础设施、设备和运输,通过分析智能城市与能源相关的规划和运营模式,提出了一种在智能城市环境中开发改进能源模型的方法。① Tushar W 等(2015)在智能社区能源管理方案中通过以分布式方式执行所提出的算法来保证共享设施控制器(SFC)和大量住宅单元(RU)达到均衡,提出其中最佳策略,并针对 SFC 的存储设备引入了充电、放电方案。② 蒲天骄(2015)针对未来城市能源互联网的建设内容、建设模式和前景规划设计城市能源互联网的应用场景,并根据实际能源互联网示范介绍当前的能源互联网发展现状。③

4. 环保与生态

Tan S 等(2017)从经济、能源模式、社会生活、碳和环境、城市流动性、固体废物和水的角度建立了评估低碳城市(LCC)的指标框架,采用熵权因子法和综合评价对 LCC 排序,确定了 LCC 认证的基准值。并对全球十个城市进行评价,斯德哥尔摩、温哥华和悉尼的排名高于基准值,表明这些城市实现了高水平的低碳发展,圣保罗、伦敦和墨西哥城仍处于向 LCC 缓慢过渡的过程中,由于人类活动密集造成的环境绩效和基础设施支持较差,北京和纽约各自的 LCC 水平远低于基准值。④ Ren J Z(2017)为城市污水污泥处理技术的可持续性评估制定了一个通用的多标准决策支持框架和通用标准体系,包括经济、环境、社会和技术方面的硬标准和软标准,提出了改进的分析层次处理方法、总加权法、有向图模型等。⑤ 方创琳等(2016)研究特大城市群地区城镇化与生态环境交互耦合效应,构建多智能体集成的时空耦合动力学模型,研发特大城市群地区可持续发展优化智能调控决策支持系统,构建多智能体集成的城镇化与生态环境交互耦合技术框架。⑥ 仇保兴(2015)阐述了海绵城市的基本内涵、实现海绵城市的途径,并对深化海绵城市建设的新技术作了展望。⑦ 刘勇等(2015)认为在智慧城市大数据和技术的支持下,基

---

① Calvillo C F, Sanchez-Miralles A, Villar J, "Energy management and planning in smart cities", *Renewable & Sustainable Energy Reviews*, Vol. 55, 2016, pp. 273—287.

② Tushar W, Chai B, Yuen C, Smith D B, Wood K L, Yang Z Y, Poor H V, "Three-Party Energy Management With Distributed Energy Resources in Smart Grid", *Ieee Transactions on Industrial Electronics*, Vol. 62, no. 4, 2015, pp. 2487—2498.

③ 蒲天骄、刘克文、陈乃仕、葛贤军、于建成、王丹、王伟:《基于主动配电网的城市能源互联网体系架构及其关键技术》,《中国电机工程学报》2015 年第 35 卷第 14 期,第 3511—3521 页。

④ Tan S, Yang J, Yan J Y, Lee C, Hashim H, Chen B, "A holistic low carbon city indicator framework for sustainable development", *Applied Energy*, Vol. 185, 2017, pp. 1919—1930.

⑤ Ren J Z, Liang H W, Chan F T S, "Urban sewage sludge, sustainability, and transition for Eco-City: Multi-criteria sustainability assessment of technologies based on best-worst method", *Technological Forecasting and Social Change*, Vol. 116, 2017, pp. 29—39.

⑥ 方创琳、周成虎、顾朝林、陈利顶、李双成:《特大城市群地区城镇化与生态环境交互耦合效应解析的理论框架及技术路径》,《地理学报》2016 年第 4 期,第 531—550 页。

⑦ 仇保兴:《海绵城市(LID)的内涵、途径与展望》,《给水排水》2015 年第 3 期,第 1—7 页。

于物理基础的分布式模型是未来城市洪涝模拟的主流发展方向,探讨了建立城市洪涝模型的建模机制、尺度、基础数据库的建立、更新和管理、地表与地下管网模拟并重等关键问题。①

5. 建筑与园区

Kylili A 等(2015)介绍零能耗建筑(ZEB)原则对实现欧洲智能城市的潜在贡献,对计划智能城市中 ZEB 的分析结论为建筑评估方法所需提供有用见解,以实现欧洲设想的智能城市。② 杨智勇等(2015)认为智慧档案馆的"智慧服务"特征是网络化、感知化、系统化和智能化,提出智慧档案馆的未来发展应从新技术的应用、体系架构的搭建、资源发现与智能服务三个方面进行探索。③ 于长宏等(2015)通过梳理教育信息化的发展历史,对智慧校园进行内涵分析,并对研究和建设现状问题进行系统总结,提出了智慧校园建设的对策。④

6. 智能监控

黄凯奇等(2015)对智能视频监控技术的发展历史、研究现状以及典型算法的现状给予了比较全面的综述,对智能视频监控技术在物联网背景下存在的挑战以及未来发展趋势进行了探讨。⑤ 该论文是 CNKI 样本论文中被引次数最高的论文,可见智能视频监控近几年被国内学者关注。

7. 智慧治理

Picon A(2018)论证了社会想象力对于理解城市基础设施的重要性,首先将社会想象定义为基于图像的表征和价值体系,由与工程师等基础设施相关的各种集体利益相关者共享,也包括政治家、管理者、操作员、维护技术人员和用户,然后引入三方模型基础设施,概述网络对想象力的依赖,分析了社会想象在城市基础设施概念中的作用。⑥ 张丙宣等(2016)认为未来的智慧治理应该用人本主义、智慧心智和新的想象力弥补纯粹的技术管理主义下的智慧技术治理的缺陷,开发更安全的技术,让公民参与到智慧治理过程中,培育社会企业家,让社会机制在城市智

---

① 刘勇、张韶月、柳林、王先伟、黄华兵:《智慧城市视角下城市洪涝模拟研究综述》,《地理科学进展》2015 年第 4 期,第 494—504 页。

② Kylili A, Fokaides P A. European smart cities, "The role of zero energy buildings", *Sustainable Cities and Society*, Vol. 15, 2015, pp. 86—95.

③ 杨智勇、周枫:《试析智慧档案馆的兴起与未来发展》,《档案学通讯》2015 年第 4 期,第 45—50 页。

④ 于长虹、王运武、马武:《智慧校园建设的现状、问题与对策》,《教学与管理》2015 年第 6 期,第 48—51 页。

⑤ 黄凯奇、陈晓棠、康运锋、谭铁牛:《智能视频监控技术综述》,《计算机学报》2015 年第 6 期,第 1093—1118 页。

⑥ Picon A. Urban Infrastructure, Imagination and Politics, "from the Networked Metropolis to the Smart City", *International Journal of Urban and Regional Research*, Vol. 42, no. 2, 2018, pp. 263—275.

慧治理中发挥基础性作用。① 柴彦威等（2015）提出中国城市社区管理与服务智慧化路径：智慧社区建设应以社区动态规划为引导、以社区网格化管理为依托，通过多网格融合和技术标准建立与互融，实现社区服务精细化。②

8. 应急决策情报

李纲等（2016）从人员要素、机构要素、技术要素、资源要素、制度要素与行为要素六个方面，厘清了智慧城市应急决策情报体系的框架内容。从组织体系、保障体系与运行机制三个层面系统探讨了智慧城市快速响应情报体系的协同运作模式。③

（三）"智慧城市"研究案例分析

1. 研究方法

选取分析的样本论文中，综述论文的研究方法多为文献计量分析，涉及归纳总结方法、案例分析方法；"智慧城市"研究多数为信息化技术应用论文，这类论文研究方法有数学建模方法、交互耦合、对比分析、熵权法、TOPSIS 法、灰色关联分析法、顶层设计方法、聚类法、有向图模型、理解相似度排序法、决策树法、演化分析法、总加权法等。

2. 应用与推广情况

选取分析的样本论文中，"智慧城市"针对技术方面研究的应用与推广比较多，有异构 Ad Hoc 网络的应用于解决自组织、大数据传输、隐私保护、数据融合等问题；雾计算（FC）和万物互联网（IoE）可为 IoE、智能城市、行业 4.0 和大数据流领域带来新的应用机会；低功耗低功率广域（LPWA）网络可满足各种新兴机器应用的需求，LPWA 技术已经大规模推出市场；基于物联网的智能城市的节能优化和调度提供统一框架，成功应用于两个实际案例；关于云计算与物联网集成（CloudIoT）的应用实例等。"智慧城市"针对概念、内涵、界定方面研究多是理论性研究，少有应用和市场推广。

四、研究总结

综上所述，本文从不同的角度对 2015 至 2018 年（近三年）SCIE、SSCI、A&HCI、CPCI-S、CPCI-SSH、CNKI 核心期刊和会议等十个子数据库的研究论文

---

① 张丙宣、周涛：《智慧能否带来治理——对新常态下智慧城市建设热的冷思考》，《武汉大学学报（哲学社会科学版）》2016 年第 1 期，第 21—31 页。
② 柴彦威、郭文伯：《中国城市社区管理与服务的智慧化路径》，《地理科学进展》2015 年第 4 期，第 466—472 页。
③ 李纲、李阳：《智慧城市应急决策情报体系构建研究》，《中国图书馆学报》2016 年第 3 期，第 39—54 页。

进行计量分析,探索全球"智慧城市"发展趋势与研究热点,比较发文国家和城市,受关注国家和城市,各项分析以翔实的数据作为基础,通过严谨的科学计量,揭示了城市科学研究中值得关注的特点与现象,其中,归纳起来主要有如下几点需要强调:

其一,从全球"智慧城市"发展整体趋势来说,近三年全球"智慧城市"发展研究有明显升温趋势,中外文研究均处于活跃期,外文文献增量明显,中外文献增量趋势平缓。说明全球"智慧城市"的研究依然处于国内外学者关注的热点研究,近三年全球范围内对"智慧城市"发展日趋深入,并在全球范围开展。

其二,从研究内容来说,从主题关键词分析来看,中外文文献分析结果差别不大,"智慧城市"研究的热门方向依次是"物联网""传感器""互联网""可持续发展""大数据""网络""能源"等,这些词代表了"智慧城市"研究与信息技术发展密不可分,目前现代化智能技术研究仍然为"智慧城市"研究的主流。"物联网"为最热门的研究方向,表明万物数据信息相连已然成为"智慧城市"研究的一大趋势。与外文文献稍有不同的是,中文文献排在前十的热词有"城市建设""新型城镇化""城市发展"等涉及"智慧城市"人文方面的研究,这反映出中文研究成果对"智慧城市"人文型智慧城市研究意愿比较明显,外文研究成果还未显示这方面的意愿,仍然热衷于科技型智慧城市和管理型智慧城市的研究。

其三,从发文国家和城市排名来看,"中国"发文遥遥领先于第二名"意大利",老牌发达国家"美国"位列第三,第四名为"印度",全球发文排名前十的国家除了中国和印度外,其他均为发达国家,说明具有信息技术优势的发达国家在"智慧城市"的研究方向也具有明显优势。发文城市"北京""上海""都灵"位列排名的前三,京、沪的"智慧城市"研究成果几乎占据所有发文的一半,其中北京的研究成果尤为突出。从热点关注的国家来看,受关注最多的国家也是中国,说明中国的"智慧城市"研究方向具有良好的应用环境和有力的政策支持。"天津""北京""上海"在受关注城市中排名位列前三。

最后,通过中外论文对比分析发现,中文论文在信息技术方面的论文数据量占比远不如外文论文,而外文论文发文国家数量占据第一的是中国,表明中国学者在信息技术方面的论文多发于外文期刊,这一点在热点文献的分析中也有相同的现象。学科领域前沿的研究多为外文文献,比如涉及网络协议、通讯框架、"智慧城市"评价指标等方面的研究多为外文论文,中文文献除了注重人文智慧型城市的研究,技术方面偏向于实际应用,比如涉及智慧校园、智慧旅游、智慧党建等方面的多为中文论文。

区域发展

宁波都市圈文化透析与整合研究报告

随着自然资源和社会资源的日益紧张,以旧式工业化为主体的传统城市化模式已陷入巨大困境,走文化发展之路成为城市可持续发展的世界性选择。在知识经济时代,除了依靠高科技研发新能源、新材料,文化资源与文化产业正成为社会财富的新引擎。由于"城市问题""文明病"和"都市精神生态问题"日趋突出,发展文化产业与提供良好的公共文化服务已经成为燃眉之急。因此,依靠文化力量来推动城市发展已经成为世界城市发展的最新规律,都市文化的研究已经成为全球化时代下的世界性前沿学科。遵循城市发展规律,针对宁波都市圈城市文化发展的实际,深入全面地解读宁波、舟山、台州三地文化内涵与城市发展目标,确定宁波都市圈文化建设的基本路径,是宁波城市文化研究发展的新命题。

一、宁波都市圈与文化整合研究

(一)宁波都市圈

都市圈的概念起源于日本,是通过研究城市人口增减的断面变化与地域结构的关系而提出的。1957年,法国地理学家戈特曼首次提出了大都市圈概念,用以概括一些国家出现的大城市群现象。现在,这一概念被广泛接受,是指在城市群中出现的以大城市为核心,周边城市共同参与分工、合作,一体化的圈域经济现象。这些大城市群往往具有区域内城市高度密集,人口规模巨大,城市间具有建立在分工明确、各具特色、优势互补基础上的密切的经济联系,是一个国家和地区经济最活跃、最重要的区域。浙江省早在"十一五"规划中就提出了建设杭州、宁波、温州都市经济圈和浙中城市群"三圈一群"的总体设想,"十二五""十三五"规划在继承创新的基础上,又连续提出"杭州、宁波、温州和金华—义乌四大都市区"概念。2016年,国家发展改革委、住房城乡建设部联合发布的《长江三角洲城市群发展规划》提出,优化提升长三角城市群,构建"一核五圈四带"网络化空间格局,包括宁波、舟山、台州三市范围的宁波都市圈被定位为"五圈"之一,宁波、舟山、台州的联动发展,上升为国家战略。"都市圈"和"都市区"有本质不同,城市群是当今世界城市发展的主流,都市圈则是城市群发展的升级,而都市区则指向本行政区划,在国家新的城市群规划实施背景下,宁波应该采用"宁波都市圈"的提法,强调中心城市与周围地区的区域协同发展,这是甬舟台三市形成一体化发展,实施

《宁波 2049 城市发展战略》,响应"大湾区、大花园、大通道、大都市区"建设、唱好杭州宁波"双城记"、集中力量打造现代化世界级大湾区,全面对接上海、融入长三角一体化城市圈的必由之路。

(二) 文化透析与整合

文化对于城市乃至城市群建设的重要性,越来越受到重视。美国著名社会哲学家刘易斯·芒福德指出,城市发展实质上就是城市文化的建设过程。法国著名思想家皮埃尔·布尔迪厄提出文化资本理论,指出在现代社会生活中,假如没有文化的大规模介入,那么无论是政治还是经济都将是缺乏活力的。花建研究员认为,一个或几个大城市群的兴起,并不仅仅是强劲的"经济增长极限",也应该是活动澎湃的"文化核心圈"。刘士林教授认为,当前城市群的发展已经从过去重经济、交通和人口的"经济型城市群"逐渐向重生态、文化和生活质量的"文化型城市群"演化。因此说,城市发展不仅是一个区域概念,更是一个文化概念,不仅要依靠经济增长,更应该利用文化形态的丰富性、体制改革的互补性、制度创新的多向性形成文化协调发展的巨大活力,才能推动整个城市群的持续发展。陈忠研究员指出,文化融合是城市文明的深层魅力所在,是城市发展的重要动力,也是文明转换的重要方向。因此,探寻一定区域文化资本的积累过程和文化特征,整合区域历史文化研究最新成果,形成共同的文化心理认同,做好文化透析和整合研究,是打破城市空间区隔、促进一体化发展的重要路径。

(三) 宁波都市圈文化整合研究的迫切性

都市圈发展,不是一个行政区划内的简单融合,更重要的是基于共同的历史文化心理认同上的一体化实践。甬、舟、台三地,属于历史上的越文化圈,地域相邻、文化相近、经济相融、人缘相亲,在历史发展过程中,诸如海洋文化、佛教文化等都具有一致性,这为文化的整合提供了可能性。三地在历史上,由于地理和行政区划的分割限制,文化发展不平衡,存在各自为政、自我封闭的现象,造成资源浪费、重复性建设,甚至是文化认同缺失,是对一体化进程的严重阻碍,因此全面深入探究三市文化并进行整合研究有着现实必要性。全面融入长三角不仅仅是核心城市的任务,必须充分挖掘宁波都市圈各城市的集体优势,形成合力,抱团出击,放大乘数效应,才能在日益激烈的城市竞争中打出宁波都市圈的品牌和风格,占据一席之地,因此整合都市圈先进文化资源,探索未来发展之路,是宁波都市圈立足当下、着眼未来的迫切要求。

二、宁波都市圈文化透析

(一) 宁波历史发展与文化特点

宁波属于典型的江南水乡兼海港城市,在长期的历史发展中形成了独特的地域文化。从7000年前的河姆渡时代开始,对鸟的自然崇拜风靡,鸟信仰文化不断沉淀发酵,濒海而居的生活环境锻炼了河姆渡人开拓、冒险的海洋性格,这种文化性格也一直影响着河姆渡人的后裔,越人的北上争霸、泛海外迁正是这一性格的延续。伴随北方的动乱,魏晋时期以虞氏家族为代表的士大夫家族纷纷南迁入驻浙东地区,传承着中原文脉的士大夫们把儒家文化的种子播种到四明大地,开唐宋四明文风之先河,才有了后来庆历五先生的教育活动、甬上四先生的哲学思想。与此同时,海洋性格进一步承袭开拓,唐宋商团经营着海上丝绸之路,青瓷、丝绸、茶叶、书籍等担负起文化传播的使命,繁荣起东亚文化圈乃至海上丝路的兴盛。在士大夫文化与海洋文化的共同滋养下,萌发的明代王阳明"知行合一"思想和清代黄宗羲"工商皆本"学说大大推动了市民社会的发展,促成了助推中国近代化的宁波帮的诞生,完成了从进士文化向院士文化的转型。依托士大夫文化,宁波衍生出藏书文化、佛教文化、戏曲文化、孝文化等多种文化,遗留下它山堰、天一阁、保国寺、阿育王寺、天童寺等一大批举世闻名的文化遗迹;依托海洋文化又衍生出商帮文化、港口文化、青瓷文化、渔文化、红装文化、音乐文化、红色文化等多种文化,共同组成了宁波丰富的文化资源。总结历史,立足当前,着眼未来,宁波提出了建设国际港口名城、打造东方文明之都的城市发展目标,以建设东亚文化之都和书香之城、音乐之城、影视之城为主要抓手,以共建海内外中国文化中心、打造国际性文化赛事等五方面为主要指标,打造魅力独具、影响广泛的东方文明之都。综合来看,是与生俱来的海洋性格和传承千年的士大夫文脉,淬炼出宁波文化开放、包容、稳重、开拓的特点。

(二)舟山历史发展与文化特点

舟山是一个海洋城市,从河姆渡时代开始,舟山群岛就有先民从事渔盐生产,先秦时期与宁波一样,属于百越之地。历史上的舟山,行政区划虽然屡次变更,但多数时间是隶属于宁波的一部分。特殊的海洋性地域造就了独特的渔文化、普陀山佛教文化、商帮文化、曲艺文化,特别是著名的渔民号子、舟山锣鼓、祭海仪式、渔民画都是海洋渔文化的典型例子。岛内海洋历史文化遗迹众多,共拥有佛教文化景观、山海自然景观和海岛渔俗景观1000余处,主要分布在23个岛屿。这里拥有普陀山、嵊泗列岛两个国家级风景名胜区,岱山、桃花岛两个省级风景名胜区以及全国唯一的海岛历史文化名城定海,它是华东旅游资源最丰富的地区之一,是中国东部著名的海岛旅游胜地,已经形成以海、渔、城、岛、港、航、商为特色,集海岛风光、海洋文化和佛教文化于一体的海洋旅游资源,在长江三角洲地区城市群中独具风采。当前,舟山文化立足传统优势,做大做强海洋文化品牌,海洋文化旅游业主导地位日益突出,具有海洋文化特色的节庆会展业、工艺美术品制造业和娱乐业产业初具雏形。舟山"十三五"规划提出建设四岛一中心一城,即国际物流岛、国际贸易岛、国际旅游休闲岛、海洋装备岛、江海联运中心、海上花园城市,在文化建设上全力建设全国海洋文化示范区和海洋文化名城。综合来看,海洋文化是舟山文化的根本文化,其丰厚性、多样性、历史感在全国海洋城市之林中独树一帜,值得进一步深挖和研究。

(三) 台州历史发展与文化特点

台州历史悠久,先民生息时代最早可考证到河姆渡时期。台州地理格局是山海一体,境域地势由西向东倾斜,南面以雁荡山为屏,有括苍山、大雷山和天台山等主要山峰,其中括苍山主峰是浙东最高峰,东部沿海海岸线长达651公里,海岸线在浙江省的比例占了将近三分之一,近海有12个岛群691个岛屿,主要有台州列岛和东矶列岛等。最大岛屿玉环岛与大陆相连,大陆架海域面积8万平方公里,陆地总面积9411平方公里,形成了居山面海,平原丘陵相间,"七山一水二分田"的格局。台州以"佛、山、海、城、洞"五景最具特色,拥有国家重点风景名胜区天台山、长屿硐天和国家级历史文化名城临海,自古以"海上名山"著称。相比较宁波和舟山,台州的传统文化以地理为依托,形成了有别于前两者的山海文化,孕育出华夏文明苑囿中一种具有相对独立体系的文化——天台山文化,生活在海边的台州人在与大海的搏击中,形成了歌唱渔海、反映渔海的渔海文化和"千年台州府,满街文化人"的美誉。台州人的性格是刚柔相济,既有山的硬气,更有海的豪气和江南人的灵气,并有极强的包容性,讲究人与人之间的诚信。鲁迅先生曾把台州文化的特征高度概括为"台州式的硬气",这就是台州所特有的文化。当前,台州文化发展以产业发展为依托,形成了工艺美术品生产、文体用品生产、儒释道文化旅游、海洋文化资源开发四个地理区块齐头并进的格局,提出了建设"现代化港湾都市区"的城市发展定位,其战略支撑为建设"国际智造名城""海上丝路港城""山海宜居美城"(简称"一都三城")。综合来看,台州深厚的传统文化与改革开放的时代精神相融合,形成了"敢冒险、有硬气、善创造、不张扬"的台州人文精神,其中"山的硬气、水的灵气、海的大气、人的和气"是台州人文精神的精髓。

(四) 宁波都市圈文化总体特点

区位地理和历史环境为区域文化的诞生与发展提供了土壤,以海为生的生活习性决定了宁波都市圈文化共同的特点是鲜明的海洋性,海洋文化成为这个地域的主旨文化,在此基础上诞生了比较一致的商帮文化、港口文化、渔文化、宗教文化、曲艺文化、哲学文化等优秀文化。虽然这些地域文化在各自的发展过程中形成了自己的个性特点,但究其源头和总体风格是一致的,其中所孕育的价值认同和人文精神是一致的,尤其是以心学为核心的崇尚"人皆尧舜""工商皆本"等共有文化和精神品质,是宁波都市圈历史发展和人文传承的载体所在,也是今后实现一体化协同发展的基石与起点。

三、宁波都市圈文化发展的现状分析

（一）在发展模式上呈简单化和粗放型，不利于都市圈的均衡和精细增长

从三个城市上一个"五年规划"的发展成果来看，尽管成绩突出，进步明显，但区域文化发展的主体仍然停留在传统的政府层面，政府不仅包办了几乎所有的文化事业项目，在文化产业上也往往是唱戏的主角，但尚未真正推进发挥政府主导作用和市场能动参与的良性机制。在具体的操作上，引导企业参与文化发展的力度不够，鼓励民间力量参与文化发展的尝试尚未铺开，在发展模式上呈现单一化，造成整体的文化生态活力不足，市场面狭窄，供需结构链缺环，在强化文化供给侧改革的路子上尚有很大的拓展空间。许多文化项目，往往只关注了项目本身，而缺乏长远的规划设计，还停留在"铺摊子""扩圈子"的粗放型做法上，不仅违反了市场运作的基本规律，也违背了都市圈协调发展的内在要求，没有指向精细化发展的更高发展目标，不利于城市群一体化的推进。

（二）未形成有效的文化协调和联动机制，层级体系和一体化缺乏内生动力

要想推进都市圈一体化建设，必然需要有一个高于三市自我规划的顶层设计，且在具体的实施过程中就共同关心和合作的领域进行协调和统筹，故而建立有效的文化协调和联动机制，势在必行。宁波与舟山的协同发展比较密切，已经在旅游文化等领域开展了系列合作，在融入长三角城市群的协同发展中，宁波的参与度也比较高，但是由于对宁波都市圈的认同不够及时，立足宁波都市圈的甬、舟、台城市发展协调和联动的官方机制尚未确立，推动宁波都市圈协同发展尚停留在市场和民间"自由发挥"的状态，整体推动缺乏内生动力，难以在发展进程上给出具体的时间表。

（三）区域合作尚处于"浅表阶段"，战略与规划"同质化"问题突出

文化型都市圈的建设，要在"差异化"与"均衡化"之间谋求发展，而当前三市的建设还仅仅着眼于自身规划，造成产业同质竞争、项目重复建设、空间批量生产，一些合作项目由于顶层设计和规划的缺失，很难收到整合的效果。以三市都花大力气发展的海洋文化为例，各自规划建设自己的海洋博物馆、港口博物馆、渔业博物馆、海洋生态馆等文化设施，虽然在馆际展览交流、人员培训等方面互通有无，有初步的合作交流，但并没有真正形成一个地域性的文化精神高地，不仅在资源上同质化竞争，导致因资源分散、小打小闹而缺少与都市圈外文化的竞争力，而且更谈不上以自己的优势打好参与长三角和国家格局的文化名片了。

（四）核心城市的极化功能和辐射功能尚显不足，整体聚合水平不高

都市圈建设，总体上依赖中心城市的首位度和聚合能力，而不是行政规划本身。与杭州、南京、合肥等省会城市相比，宁波都市圈建设的一个软肋就在于各自

为政、各取所需的县域经济特点。各县(市、区)在现有考核机制的激励下,都追求"大而全"的产业结构,却削弱了宁波都市圈作为一个整体的配套性和协调性。作为宁波都市圈的核心城市宁波,从辐射功能来看,由于行政区划、传统制度等思维定式,影响了人才的聚集流动、信息资源的共享,各方面的交流都受到相当制约,因此宁波对舟山、台州的极化和辐射功能并不明显。而事实上,一个可持续发展的都市圈,必须有引领的核心城市,核心城市发挥的极化功能和辐射功能如何,将直接影响到整个都市圈文化发展的水平。当前,宁波都市圈与国内大部分都市圈一样,尚处于从"强核"到"外溢"的过渡发展阶段,如不能破解辐射功能障碍,未来将对整个都市圈发展形成较大制约。

四、宁波都市圈文化发展的路径选择

(一) 研究提炼宁波都市圈文化精神,引领都市圈发展

都市圈一体化建设的过程,也是一个文化认同的过程,要使得城市之间在文化资源有一个协同发展的重新整合,必先提炼共有的文化精神作为引导,来统一思想,凝聚力量。如兰州都市圈融合黄河文化、丝路文化、民族文化为一体的特色文化资源,提出以黄河文化作为自己的核心文化来做好文化产业,长安都市圈以汉文化为核心文化规划文化发展,济南都市圈以齐鲁文化为核心文化打好城市的名片,许多都市圈都紧紧围绕自身的历史渊源和发展实际,提出了自己的品牌文化和核心精神,力图在思想上和价值层面上推进区域认同,消除因行政区划所带来的空间隔阂,以文化和精神的力量引领城市发展的方向,在诸多层面进行文化上、心灵上、价值上的整合。因此,借鉴诸多都市圈的做法,宁波都市圈的文化建设,首先就要在社科领域,提炼都市圈的共同价值体系,我们认为,不妨以东海文化为自己的共有文化,以海上丝路精神为共有精神,以此为起点,推开进一步的文化建设,这是发展宁波都市圈文化的第一先决。如三地在"共商、共建、共享"的前提下,做大做强先进制造业文化品牌,已经迈出了坚实的步伐。从台州兴起的吉利集团,在宁波杭州湾新区建设吉利—沃尔沃中国设计及试验中心,提出以"尊重、适应、包容与融合"的海洋文化精神为本,推动文化交融,建设开放包容的"全球型企业文化",将宁波都市圈作为展示中国汽车制造业形象的大舞台,不仅产生了较好的经济效益,还创造社会价值及履行相应的社会责任,这是宁波都市圈文化精神提炼的成功典型。

(二) 遵循都市发展规律,维护文明多样性和共同性

德国真菌学家德贝里在1879年提出"共生"观念,暗示了不同种属之间某种程度的永久性物质联系。只有各方有感于大家都是共生连接的共同体,才能以更宽容的态度,看待彼此的不同,推动文化共生。这一观念同样适合城市文化建设。

值得强调的是,文化共生指的是文化的共同存在和发展,而不是简单的融合。就城市而言,文明多样性是城市社会的重要特征,是城市创新、发展的重要机制和动力,文明共同性是城市社会运行的基础保障,城市社会在具有私人性的同时日益具有公共性。都市圈文化的建设也必须遵循这一规律。一些发展成熟的国际都市圈,由不同种族、不同习俗、不同信仰和不同文化的民众集聚,以其各自的方式,各美其美,美美共生,不但保留了各自城市的本土文化,也创造了新的多元、包容、和谐的共生文化,维护了文明的多样性和共同性。实践证明,一个地区文化越单一,保守性和排他性也越强,社会和文化发展也就越慢,而开放的、多种文化交流的地区,社会经济和文化的发展也较快,所以,凡是文化繁荣发达的地区大多是文化多元共存和文化交流发达的地区。在推进宁波都市圈文化融合的过程中,既要保护好甬、舟、台三地传统富有生命力的文化多样性,突出宁波临港优势,舟山海洋优势,台州山海优势,也要维护好海洋文化这个文化命运共同体,在建立统一、开放的文化市场的基础上,各城市结合自己的资源禀赋,有差异地发展文化产业,特别是发展文化旅游业,延伸上下产业链,各个城市做到优势互补、共同开发、共同发展。如台州历史悠久的天台宗佛教倡导"和合文化",宁波雪窦山弥勒道场倡导慈悲和乐,而舟山观音道场倡导慈悲圆融,他们在根本上都具有海洋文明的包容、和谐理念,而在具体地域环境下产生了不同的多样性文化,需要搭建统一的文化旅游平台,在发挥各自文化优势基础上,共同为都市圈和谐社会建设助力,抢占国家乃至东亚宗教文化旅游新高地,把宁波都市圈宗教文化旅游牌子擦得亮而又亮。

(三) 打破行政区划"壁垒",研究长效合作机制,系统谋划文化建设

城市群发展,按照地缘优势,必须打破传统的行政区划限制,探索有效的合作协调机制。这种协调机构不是仅仅依靠单个行政主体,或中央政府的推进就能完全奏效的,而往往是通过政府与民间力量的合作来完成的。比如五大湖地区成立的区域协调委员会,核心城市芝加哥建立的政府、市场和社会的多边协调机制。再如"纽约区域规划协会(RPA)"(民间机构),英国"巴罗委员会"(官方机构)。巴黎和东京的都市圈发展规划则直接由政府负责编制。这些机构无论其性质是民间的还是官方的,其科学性、权威性和民主性都是不容忽视的。在城市规划和建设、新技术推广和应用以及区域协调发展的总体思路等多方面的口径都是一致的。国内,杭州和南京都市圈也都成立了专门的协调机构,长三角城市圈建立了市长联席会议,借鉴这些成功做法,宁波应牵头成立相关的联席组织和制度,定期会晤,建立长期协商机制,尤其对于三地公共文化共建等共同关心和实施的项目进行顶层设计和全局规划,才能规避传统粗放型城市群发展的窠臼,推进长效合作。首先,应加强三市之间的沟通与协调,整合与对接政府职能,形成并提升行政

合力,确立政府在都市圈文化一体化发展中的领导地位。其次,依据国际经验,应考虑三地常设机构,协调包括政策和法规在内的都市圈的各类文化事务,多层面、多领域、多渠道进行统筹,及时疏通和解决发展中的具体问题。最后,通过建立城市间、企业间、社区间各种非营利性社会组织,共同维护和协调都市圈文化发展。

(四) 推进三市融合,打造产业合作示范项目,创新驱动文化产业整体转型升级

互惠共赢的区域产业合作,将为都市圈建设提供强大的助推力。文化的整合,不是简单的组合构件,在深层次上是把个性的文化资源向共性的文化资本转化,整合出宁波都市圈传统基础上的更有生命力的文化资本,要在资金、人才、项目上开展全面合作,打造一批产业合作的示范项目。宁波都市圈的主导文化是海洋文化,要构建海洋文化研究、交流、创作生产、展示及交易四大平台,进一步整合和繁荣区域内影视、出版、新媒体、创意产业等业态,尤其要把宁波都市圈青年作为主体人群,推动甬、台、舟参与海洋文化建设,共同推进都市圈海洋文化建设和海洋文化产业发展,促进文化产业成为都市圈的支柱产业,增进三地青年的文化认同和地域认同。当前,产业转型升级与协同创新发展是这一重大战略命题的要素之一,而文化创意产业作为新兴支柱产业的"奇迹式腾飞",则又极有可能成为这一核心命题要素中的发展亮点。因此,宁波都市圈要整合资源,重点在文创产业上发力,造就领军人才,培育具有核心竞争力的文化产业,如成立江南艺术生产基地,建设东海文献中心数据库,创设各种影视、演艺、文博、出版等文化事业的联盟组织,利用三地之力完善运作方式,丰富产业内涵,扩大项目辐射面,走产业化、规模化、集约化的道路,推动区域文化产业整体转型升级。

(五) 优化文化空间布局,推进都市圈文化交流国际化程度

纵观城市文化规划和文化发展进程,人们的关注度已经从原有对文化设施的需求提高转向对多种文化空间的高度融合。同时,对文化空间的关注也日益深刻,包括文化的空间生产、文化资源的战略应用,以及强调城市规划的文化思维。因此,在整合宁波都市圈文化资源的同时,必须优化文化空间布局,摒弃传统空间所倡导的空间覆盖率,重在强调形成都市圈的文化特质,并与都市圈的整体规划相衔接。这方面,可以借鉴一些都市圈成功的做法。比如,中国(浙江)影视产业合作实验区被誉为杭州都市圈文创产业联动与错位发展的成功探索。实验区的总部设在杭州,影视基地则建在海宁,充分发挥了两地各自的文创产业优势。宁波都市圈在文化整合上,要有利用陆、海、山三类城市文化禀赋的整体规划,在优化文化空间上,扬长避短,实施错位发展,形成多领域多功能文化分布格局,在发挥各自特色的基础上扶持一批具有国内领先、国际一流水准的文化品牌。同时,要把文化空间向国际拓展,对接国家"一带一路"重大合作倡议,实施都市圈文化国际发展战略,利用好中国—中东欧国家投资贸易博览会、国际服装节等重要平台,举办具有国际水准的节庆会展活动,并争取把众多具有国家影响力的会议会址永久落户宁波都市圈城市,讲好本土故事,传播中国声音,如打造文艺精品到世界巡演,推出国家级非遗项目的出国展示等,与周边甚至国外都市圈进行项目上的交流、对话与合作,提升参与国际交流的实力,推进都市圈国际化水平。

(六)增强宁波自身综合实力,强化核心城市的集聚和辐射功能

核心城市在都市圈形成过程中具有强大的集聚能量及带动作用,这些能量和作用体现出核心城市具有很强的综合能力。为此,做强宁波都市圈文化必先强化宁波这个都市圈核心城市的集聚和辐射功能,不断提升综合实力。宁波要进一步发掘丰富城市精神内涵,统一形象标识,打出城市文化名片,在推进"一都三城"建设的实践中打造东方文明之都,由文化自觉都市迈向文化自信、文化自强之都。在文化事业上,努力构建满足人民日益增长的美好生活需要的公共文化体系,文化产业上积极依靠甬商回归和高校、科研机构智库建设,走城市更新和文化共生的生态文明之路,以延续城市历史文脉增强城市文化特色,以社区更新促进城市和谐发展,真正增强作为都市圈核心城市的文化引领和辐射作用。同时,作为宁波都市圈的中心城市,宁波应当放低姿态、主动让利,在推动交通互联、民生互通、产业互动等方式的基础上,积极推动与都市圈内城市的文化发展合作,推动宁波都市圈由"文化大区域"向"文化强区域"转变。

基于轨道交通大数据的上海都市区通勤与空间结构分析报告

我国许多大城市由于公共交通尤其是轨道交通的发展,大大拓宽了通勤的空间范围,出现了明显的都市区化现象。上海是我国地铁网络最发达的城市之一,已形成基于地铁网络的通勤圈。本文利用2015年4月份上海公共交通刷卡数据,利用空间联系的可视化处理及借鉴社会网络分析方法等对上海都市区的通勤特征进行分析,并从通勤视角,在空间变动较少的邮区尺度对上海核心都市区的空间范围进行界定。

在世界各国的城市化进程中,一个普遍趋势是大城市发展速度更快。因为城市本身就是集聚经济的产物,而大城市的集聚经济效益更明显。近二十年来,都市区化同样成为中国当代城市化最重要的特点之一[①],然而对于中国都市区化的研究却出现了统计口径的问题。长期以来,如何衡量中国城市的规模一直是中国城市研究的一个难题,这是因为我国的城市是不同等级的行政区域,实质上是城市—区域,尤其是1982年我国市代管县体制实行后,中国的市域范围远远超过城市真正的规模。[②]

面对这一问题,以周一星、宁越敏等为代表的学者提出应采用国际上普遍使用的"都市区"来衡量中国的城市规模,从而开展中国都市区化的研究[③]。都市区是一个大的人口核心以及与其有高度经济社会联系的相邻社区的组合,一般以县为单位[④]。发达国家多以通勤率来衡量外围地区与中心市的联系强度,因中国缺乏通勤调查数据,在大都市区界定中对都市区外围县的界定采用了非农化率或城镇化率这一替代指标。目前,依托互联网、云计算等现代技术,如公交 IC 卡(Smart Card Data,SCD)、手机信令、微博签到等大数据的采集成为现实,为都市区通勤研究提供了新的更可靠的方法。

[①] 宁越敏:《中国城市化特点、问题及治理》,《南京社会科学》2012年第10期,第19—27页。
[②] 张欣炜、宁越敏:《中国大都市区的界定和发展研究——基于第六次人口普查数据的研究》,《地理科学》2015年第6期,第665—673页。
[③] 周一星:《城市地理求索——周一星自选集》,北京:商务印书馆2010年版。
[④] 许学强、周一星等编:《城市地理学》,北京:商务印书馆1995年版。

一、研究基础

如前文分析,对于都市区的界定和研究,西方均以通勤作为重要特征,会在人口普查中对通勤情况进行统计。由于我国缺少通勤的官方统计,因而多采用问卷或通过佩戴定位装置进行调查,样本数量有限,具有较大的随机性。公交 IC 卡作为一种大规模的具有时间标签以及地理标识的数据,连续性好、覆盖面广、信息全面,可以用于城市空间结构的分析研究,并对大都市区的通勤特征研究提供了新的视角。在国外,使用 SCD 大数据对城市交通规划和空间结构的研究已经展开,为该类研究提供了重要的经验。如 Joh 通过首尔公交 IC 卡数据,分析了持有者的出行轨迹与都市区的土地利用特征[1];Roth 等利用地铁刷卡数据分析伦敦居民的移动特征,发现大流量的活动被少数几个中心控制,但较小流量并不具有等级性,从而对多中心都市区项目开发具有重要启示。[2] 而 Medina 和 Erath(2013)则通过交通卡刷卡数据对新加坡就业密度空间分布作了深入分析。

在国内方面,目前对交通刷卡数据的利用多在交通系统规划、设计和分析上,而对城市空间结构、都市区通勤与职住关系分析方面成果较少。目前,基于公交 IC 卡数据对城市结构和都市区通勤研究较有代表性的是龙瀛等人的成果,其基于 2008 年北京市连续一周的公交 IC 卡刷卡数据,结合 2005 年居民出行调查,对北京的职住关系以及通勤特征进行了分析,文章发现识别的通勤出行与其他居民出行调查结果较为吻合,这为大都市区通勤研究开启了新的视角。[3] 在此基础上,周江平、龙瀛等进一步对北京的居住、就业中心以及通勤效率等问题进行了探讨。[4] 对于上海的研究,目前较多的成果是从手机信令的角度对职住关系和通勤进行分析,如丁亮、钮心毅等利用手机信令数据识别上海市域内手机用户的工作地和居住地,获取就业者的通勤数据,研究发现上海的就业中心呈主中心强大的弱多中心体系[5];而王德等以 2011 年和 2014 年上海移动公司的手机信令数据为分析基础,经过就业地识别与追踪,从总体特征、大区、街镇三个层面对上海居民就业的空间迁移进行研究,结果发现就业迁移以近距离迁移为主,同时就业并未由中心

---

[1] Joh C H, Hwang C,"A Time-geographic analysis of trip trajectories and land use characteristics in Seoul metropolitanarea by using multidimensional sequence alignment and spatial analysis",2010 AAG Annual Meeting, Washington, DC.

[2] Roth C, Kang S M, Batty M et al,"Structure of urban movements: Polycentric activity and entangled hierarchical flows", *PLoS ONE*, Vol. 6, no. 1, 2011, pp. e15923.

[3] 龙瀛、张宇、崔承印:《利用公交刷卡数据分析北京职住关系和通勤出行》,《地理学报》2012 年第 10 期,第 1339—1352 页。

[4] Zhou J, Long Y,"Jobs-housing balance of bus commuters in Beijing exploration with large-scale synthesized smart card data", Transportation Research Board 92nd Annual Meeting. Washington, DC. 2014.

[5] 丁亮、钮心毅、宋小冬:《上海中心城就业中心体系测度——基于手机信令数据的研究》,《地理学报》2016 年第 3 期,第 484—499 页。

城区向郊区新城迁移,而是由核心区和远郊区向中心城边缘集中。① 手机信令开创了上海都市区职住通勤研究的新思路,而通过公交 IC 卡的数据可以对都市区的通勤状况有更加直接、准确的剖析。

以轨道交通为骨干的城市公共交通系统是大城市保障交通出行的最重要手段,我国许多大城市由于公共交通尤其是轨道交通的发展,大大拓宽了通勤的空间范围。2010 年以来上海人口郊区化进程不断深入,大都市区的空间范围不断拓展,作为我国地铁网络最发达的城市之一,其已形成基于地铁网络的通勤圈。根据最新一次上海综合交通调查显示,全市公共交通(含轨道交通、公共汽(电)车、轮渡)日均客运总量为 1521 万乘次,占全市出行比例达到 27.4%,而轨道交通占公共交通比例则达到 51.5%。② 因而,对轨道交通刷卡数据的研究,可以很好地反映居民的通勤行为以及都市区空间结构的扩展与变化。

二、数据来源与研究方法

(一) 数据来源

本文采用 2015 年 4 月上海申通地铁数据开放大赛提供的公共交通卡刷卡数据,默认一张卡对应一个人员。公共交通卡刷卡数据主要包括以下内容:卡号、交易日期、交易时间、站点名称、交通方式(地铁、公交、出租车、轮渡、P+R 停车场)、交易金额、优惠类型(优惠、非优惠)共七项,如表 11 所示。

表 11　申通地铁开放数据大赛原始数据

交通卡号	交易日期	交易时间	站点名称	交通方式	交易金额	优惠类型
602141128	2015/4/1	7:51:08	1 号线莘庄	地铁	0	非优惠
602141128	2015/4/1	9:07:57	11 号线昌吉东路	地铁	6	优惠
2201252167	2015/4/1	19:20:33	7 号线场中路	地铁	4	非优惠
2201252167	2015/4/1	8:55:44	1 号线陕西南路	地铁	4	非优惠
……	……	……	……	……	……	……

(资料来源:申通地铁公司)

由于除轨道交通显示具体站点名称外,其他几种方式未出现具体站点名称,无法模拟交通出行线路,且上海轨道交通分担率已超过 50%,因而本文选取交通

---

① 王德、朱查松、谢栋灿:《上海市居民就业地迁移研究——基于手机信令数据的分析》,《中国人口科学》2016 年第 1 期,第 80—89 页。

② 本数据来自上海城乡建设和交通发展研究院 2015 年发布的《上海市第五次综合交通调查主要成果》。

方式为"地铁"的数据。根据数据显示,2015年4月上海共有轨道交通线路14条,站点数为288个(换乘站算1个站,不含磁悬浮、金山铁路),已完全覆盖了整个中心城区,而近郊区的宝山、嘉定、闵行、浦东均有轨道交通线路覆盖,远郊区的松江新城以及南汇临港地区目前也有轨交线路通过,因而对轨道交通的分析可以对上海通勤都市区的范围进行较好研究。

(二)通勤OD的识别方法与可视化处理

使用公共交通卡原始数据分析通勤特征,需对原始数据进行预处理。

第一,对同一张卡号的刷卡时间进行排序,得到同一人的出行记录。由于2015年上海一卡通开放数据中,公交车的信息只有路线名称难以准确定位,因而本文以乘坐轨道交通的刷卡人为研究对象。

第二,对于职住地的识别。由于地铁站具有一定的网线密度和服务半径,且部分居民是通过公交换乘地铁,因而本文将地铁站点假定为可以代表就业者的居住位置。根据龙瀛、许志榕等人的研究,99.5%居民首次出行地点为居住地,同时96%的被调查者其每天工作时间超过6小时。[1] 因而本文假定公共交通持卡人当日第一次刷卡进站地点为居住地站,而同一持卡人在某地逗留6个小时以上,则认为此地为其就业地站,即某名持卡人在某站刷卡出站后6个小时以上,又在该站刷卡进站。应该说明的是,由于居住地两站之间的间隔亦超过6个小时,因而就业地站的识别过程中需要把居住地站排除。

第三,通勤OD的识别。某一持卡人一天内既能识别出居住地站,又能识别出就业地站,则该卡可以构成一次有效通勤,并在数据库中形成288*288的OD通勤矩阵,并对计算结果进行可视化分析。

(三)中心性指标——社会网络分析法的借鉴

不同轨道交通站点之间的通勤流量,实际上可以看成这些站点之间的一种"联系",因而可以借鉴社会网络分析中的一些计量方法,从而更好地展现各站点在整个上海轨道交通通勤网络中的地位和作用。

社会网络分析法(SNA)是一种社会学研究方法,社会学理论认为社会不是由个人而是由社会行动者的集合网络构成的,网络中包含节点(社会行动者)及节点之间的关系(节点中的连线)。社会网络分析法通过对网络中关系的分析探讨网络的结构及属性特征,包括网络中的个体属性及网络整体属性。

中心度(centrality)是刻画网络中行动者联系和影响力的重要指标,反映了行

---

[1] 许志榕:《上海市职住关系和通勤特征分析研究——基于轨道交通客流数据视角》,《上海城市规划》2016年第2期,第114—121页。

动者在整个网络中的权力,其成为社会网络分析的重点之一。中心度按照不同的含义可以分为度数中心度、接近中心度、中间中心度以及点出度和点入度等。从轨道交通通勤的角度看,因大多数换乘无须出站,故不存在中转问题;第二,通勤是有方向性的,且应考虑不同流量的权重问题。因而本文选取度数中心度、点出度以及点入度三个指标来刻画轨道交通通勤网络中各站点的地位作用。

度数中心度(degree centrality)。如果一个点与其他许多点直接相连,就意味着该点具有较高中心度,居于中心地位,可以用绝对度数中心度来表示。对于某个轨道交通站点 i 的度数中心度 $C_D(n_i)$ 可表示为下式:

$$C_D(n_i) = \sum_j x_{ij}$$

式中,n 为样本中轨道交通站点的数量。

点出度(out-degree)**与点入度**(in-degree)。对于轨道交通通勤,除了各站点的联系水平,还需考察联系方向。一个点的点出度代表该点所指向的点的数量,点入度则是指向该点的点数量。在多值网络中,点出度与点入度的计算需要考虑各点的不同权重。

其中点出度的公式为:

$$C_o = \sum_j^n X_{ij}$$

式中,n 为样本中轨道交通站点的数量,x_{ij} 为从站点 i 发出指向站点 j 的联系。

点入度的公式为:

$$C_i = \sum_j^n X_{ji}$$

式中,n 为样本中轨道交通站点的数量,x_{ji} 为从站点 i 接收到站点 j 方向的联系。

三、上海都市区通勤特征的分析

经过对原始 SCD 数据进行预处理,共得到 14836174 次出行记录,基于居民通勤职住地的识别原则,共识别出 2432243 位持卡人的居住地,959955 位持卡人的就业地和通勤出行数量。建立 OD 通勤矩阵模型后,共得到 58066 个通勤方向,并由此识别全市的主要职住中心和通勤方向与范围(图 30)。

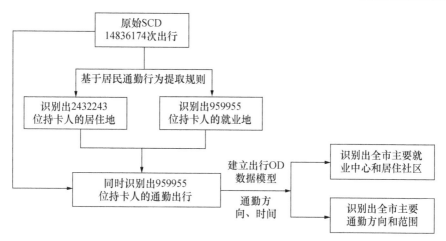

图 30　根据 SCD 数据识别居住地、就业地以及通勤出行的过程

(一) 职住地的识别与特征

将各居住地站和就业地站的职住人口数量绘制在图 31,并将整个上海市分成内环内、内外环间以及外环外三个空间层次,其中内环以内共有轨道交通站点 86 个、内外环间拥有 123 个、外环以外有 79 个(表 12)。

表 12　不同圈层居住地与就业地识别人数

	站点数量(个)	居住地人数占比(%)	站均居住量(人)	就业地人数占比(%)	站均就业量(人)
内环以内	86	26.9	2999	62.8	7015
内外环间	123	47.3	3693	28.4	2216
外环以外	79	25.8	3137	8.8	1064

研究结果发现,居住地站识别人数的分布在三个圈层相对均匀,其中内环以内占到 26.9%,外环外占 25.8%,而内外环之间相对较多,占比达到 47.3%,样本中站均居住量亦高于其他两个圈层。应当指出,如图 31 所示,居住地识别人数较多的轨道交通站点多位于外环两侧,如莘庄、九亭、徐泾东、泗泾等,其行政区划属于近郊区的范围,这与近郊区是上海常住人口的主要聚集地这一情况是相符的。

而从就业地站的视角看,就业通勤人数较多的轨道交通站点多位于内环以内,其就业地人数占比达到 62.8%(表 12),站均就业量达到 7015 人,是另两个圈层站均就业量总和的一倍以上,并占据就业人数识别量前十个站点的九席(表 13),包括了人民广场、陆家嘴、静安寺、徐家汇、浦电路(浦东软件园)、南京东路、南京西路、宜山路、中山公园,其中沿地铁 2 号线从中山公园经静安寺、南京西路、人民广场、南京东路至陆家嘴形成上海中心城区东西向的就业主轴。内外环

图 31 分别作为居住地站(左)与就业地站(右)的持卡人数

间的轨道交通通勤就业量约占 28.4%,出现了一定的下降,但有若干个就业中心,如漕河泾开发区,张江高科、金科路、淞虹路、真北路等。而外环以外则只占 8.8%,远少于前两者。总体上来说,上海各站点若比较居住地识别人数和就业地识别人数,居住大于就业的多集中在内外环间以及外环外,而以就业为主的则大量集中在内环以内地区。究其原因,上海现代服务业企业及就业主要集中在内环以内(图 32),由此造成居住与就业的空间分离。

表 13 上海主要就业地站

站名	就业地人数	位置
人民广场	34931	内环内
陆家嘴	33186	内环内
静安寺	28971	内环内
漕河泾开发区	26033	内外环间
徐家汇	25500	内环内
浦电路	21312	内环内
南京东路	20356	内环内
南京西路	17629	内环内
宜山路	16299	内环内
中山公园	15865	内环内

中国都市化进程报告 2018　　147

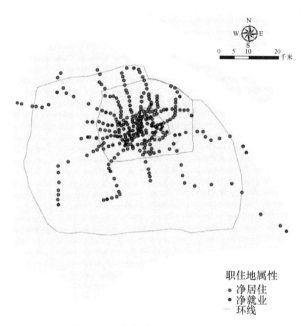

图 32　上海轨道交通职住地属性

(二) 通勤 OD 特征与可视化

为了更好地呈现上海的通勤范围和都市区扩展形态,将上述数据整理所得的 58066 个通勤矩阵方向进行空间可视化处理(图 33),其中每一个线条代表一个通勤出行方向,而线条的颜色和粗细则表示该方向通勤的人数数量。基于轨道交通的上海通勤形态显示,上海的通勤联系方向由中心向外围呈辐射状分布,外环以内的通勤是主要的联系方向,而昆山的花桥、浦东的临港等地区经过多年的发展,目前也已经产生了与中心城区的通勤,但人数远少于上海的近郊地区。

结合通勤方向箭头具体来看,如图 34a、b 所示,高流量通勤主要发生在松江的佘山、泗泾、九亭一线,闵行的莘庄、七宝、浦江镇,嘉定的金运路、丰庄等站,北外环的共富新村以及浦东的唐镇、川沙等区域和中心城核心区之间。这些地区多位于近郊区,表明目前通勤流联系最多的还是出现在近郊区(包括远郊区的近郊部分,如松江)与中心城区之间。金科路、莘庄等近郊区地区,也是本区域内通勤就业的主要联系地区。其中图 34b 则显示,部分地区出现了离心式的通勤路线,这种情况多出现在郊区居民向其新城方向或是开发区进行通勤活动,较为典型的通勤有莘庄—东川路方向(紫竹地区)、南翔—嘉定方向、九亭—松江方向以及部分中心城核心区向张江高科等高新技术园区的通勤。其中张江高科等地区就业人员高收入者较多,能够支撑通勤者居住在中心城核心区,因而导致该方向通勤

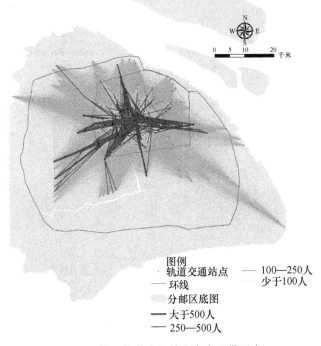

图33 基于轨道交通的上海市通勤形态

的产生,而嘉定等新城如前文所分析的那样,有一定的现代服务业集聚,同样吸引了本区域内居住的居民通勤行为的产生。总体上来说,中心城区具有全市范围内的就业通勤意义,而部分郊区新城和开发区主要吸引本区域内居民的就业通勤。

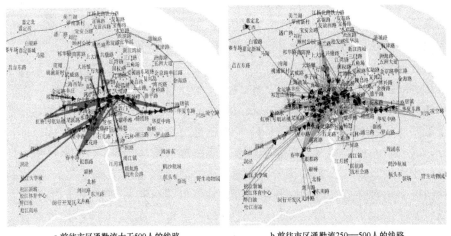

a 前往市区通勤流大于500人的线路　　　　b 前往市区通勤流250—500人的线路

图34 上海主要的通勤线路及方向

从三个圈层看,如表 14,内外环间—内环内通勤人数占比达到 31.77%,为全市最高,内环内—内环内、外环外—内环内以及内外环间—内外环间占比也超过了 10%,这表明从郊区向中心城区的通勤仍是上海都市区的主流。这其中需要说明的是,外环外—内外环间这一通勤区间虽然占总数的比例只有 8.33%,但它包含了上海最主要的通勤路线,其中九亭、泗泾到漕河泾开发区的路线占据了所有通勤流量的前两位(表 15),而前十位中,这一通勤区域方向就占据了 5 席,表明该通勤线路有较高的集聚程度。此外,由内环内到内外环间、外环外,以及内外环间到外环外等"由内到外"的离心通勤形式其通勤人数占比亦达到了 13.6%,这一方面表明上海的中心城区还拥有较多的居住功能;另一方面,上海一些吸纳就业较多的科技园区或办公楼宇集群在中心城的边缘或是郊区亦有相当数量的分布,这也促使部分反向通勤流的产生。

表 14 上海不同圈层轨道交通通勤情况统计

	通勤路线数量	通勤人数占比	最主要通勤路线
内环内—内环内	6565	16.61%	世纪公园—陆家嘴
内环内—内外环间	7769	7.94%	杨高中路—漕河泾开发区
内环内—外环外	4120	2.32%	中山公园—徐泾东
内外环间—内环内	9660	31.77%	莲花路—人民广场
内外环间—内外环间	10260	12.13%	龙阳路—张江高科
内外环间—外环外	5293	3.42%	莲花路—莘庄
外环外—内环内	5855	14.47%	莘庄—人民广场
外环外—内外环间	5924	8.33%	九亭—漕河泾开发区
外环外—外环外	2620	3.02%	金平路—莘庄

表 15 上海的主要通勤线路

通勤 OD	样本通勤流量	通勤区域
九亭—漕河泾开发区	2236	外环外—内外环间
泗泾—漕河泾开发区	1533	外环外—内外环间
佘山—漕河泾开发区	1494	外环外—内外环间
莘庄—人民广场	1363	外环外—内环内
莘庄—徐家汇	1284	外环外—内环内
七宝—漕河泾开发区	1272	外环外—内外环间
莲花路—人民广场	980	内外环间—内环内
九亭—合川路	974	外环外—内外环间
世纪公园—陆家嘴	967	内环内—内环内
莲花路—徐家汇	954	内外环间—内环内

(三) 主要居住地站和就业地站通勤分析

从通勤客流居住地和就业地的统计结果来看,一些上海规划的大型居住区、商品房基地成为通勤活动的出发地,而商务办公集聚区则成为吸纳就业的主要地区。以下分别选取有代表性的居住地站和就业地站进行分析。

大型居住社区的一般规模约为5平方公里,人口规模约10万人,形成以居住功能为主体、生活功能基本完善的城市社区。2009年以来上海共规划建设两批43个大型居住区以及六大配套商品房基地,可为30余万人提供住宅,分别是宝山顾村、嘉定江桥、松江泗泾、闵行浦江、浦东周康航、浦东曹路,除周康航外,多位于近郊区,且目前都有轨道交通与中心城进行联系。本文根据各站点统计的通勤量,兼顾不同区域特征,选取了嘉定江桥,松江泗泾、佘山,闵行浦江、梅陇,浦东川沙、唐镇等居住区较为密集的地区进行分析(表16)。

表16 本文选取的代表性站点

大型居住区	代表性站点	首位通勤线路
嘉定江桥	金运路	金运路—真北路商圈
松江佘山、泗泾	九亭	九亭—漕河泾开发区
	泗泾	泗泾—漕河泾开发区
	佘山	佘山—漕河泾开发区
闵行浦江、梅陇	沈杜公路	沈杜公路—人民广场
	莲花路	莲花路—人民广场
浦东川沙、唐镇	川沙	川沙—金科路
	唐镇	唐镇—金科路

如图35所示,本文选取各大居站点通勤OD在100人以上的路线进行可视化处理。其中嘉定江桥地区主要通勤的方向在真北路、大渡河路、长寿路等一线,偏重于13号线城区西部地区;九亭、泗泾、佘山地区通勤的主要方向是漕河泾开发区以及内环以内地区,同时有部分通勤指向松江新城,表明松江新城已产生了一定的就业反磁力中心,因位于松江区的几个大居位于松江新城和中心城区的中点位置,使其具有双向通勤的特点;梅陇、浦江两个大居由于位于1号线、8号线两条通向人民广场的地铁沿线上,因而其通勤联系地区多位于内环以内的中南部地区;而浦东的川沙、唐镇则和浦东陆家嘴、世纪大道、张江高科等地区联系紧密。总体上,大居出发的通勤呈现向心性、邻近性以及部分郊区的新城指向性。

在分析大居的基础上,根据通勤就业地的流量和位置分别选取人民广场(内环内)、漕河泾开发区(内外环间)、张江科技园区(内外环间)以及莘庄(外环外)四个代表性就业地站进行分析(图35)。人民广场站附近是上海的商业、行政中心,通勤人流大,且来自各个方向,范围较广,其他内环内的就业地站如陆家嘴、静安寺、南京西路均有类似特点。位于内外环间的漕河泾开发区与张江高科类似,其作为就业地的吸引通勤流范围小于人民广场,虽通勤线路具有全市性,但有一定的方向侧重性,如漕河泾西南方的九亭、泗泾及松江新城通勤量较大,张江高科则侧重浦东地区。外环外的莘庄其吸引的通勤流范围最小,且对闵行地区的通勤方向较多。总体上说来,随着远离市中心,就业地的等级逐渐降低,其对通勤人流的吸引范围逐渐减少,而个别方向、地区的指向性增强。

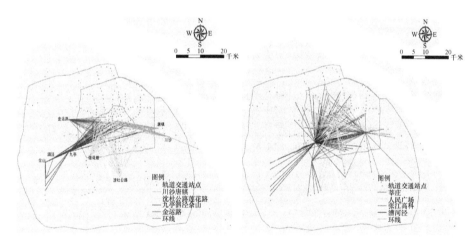

图35　上海主要居住出发地(左)和主要就业到达地(右)的通勤 OD

(四) 通勤网络节点的度数中心度、点出度与点入度分析

前文从可视化的角度展现了上海都市区的通勤图谱,在此采用社会网络分析方法对上海轨道交通通勤网络的中心性结构进行定量分析。其中虽然中心度可以展现网络的中心性,但其只考虑了是否发生联系,而忽略了联系的方向强度。因而在对通勤网络重要节点的研究中,需要进一步用点出度和点入度进行分析。

计算结果如表17所示:

表 17 上海轨道交通通勤网络的度数中心度、点出度与点入度(前 20 位)

	度数中心度			点出度			点入度	
1	世纪大道	100	1	莘庄	20222	1	人民广场	34931
2	广兰路	100	2	九亭	15793	2	陆家嘴	33186
3	上海火车站	99.652	3	莲花路	15123	3	静安寺	28971
4	中山公园	99.652	4	上海南站	13529	4	漕河泾开发区	26033
5	打浦桥	99.652	5	淞虹路	12538	5	徐家汇	25500
6	浦电路	99.652	6	广兰路	11724	6	浦电路	21312
7	静安寺	99.652	7	彭浦新村	11311	7	南京东路	20356
8	人民广场	99.303	8	通河新村	11200	8	南京西路	17629
9	大连路	99.303	9	徐泾东	10339	9	宜山路	16299
10	宜山路	99.303	10	龙阳路	9863	10	中山公园	15865
11	张江高科	99.303	11	沈杜公路	9509	11	陕西南路	15630
12	曹杨路	99.303	12	七宝	9419	12	金科路	15590
13	江苏路	99.303	13	中山公园	9208	13	张江高科	15353
14	陆家嘴	99.303	14	共富新村	8240	14	江苏路	14598
15	陕西南路	99.303	15	镇坪路	8180	15	上海火车站	12692
16	龙阳路	99.303	16	佘山	8035	16	世纪大道	12570
17	南京东路	98.955	17	泗泾	8034	17	淞虹路	12008
18	南京西路	98.955	18	金运路	8030	18	娄山关路	11979
19	徐家汇	98.955	19	曹杨路	7908	19	黄陂南路	11976
20	淞虹路	98.955	20	共康路	7762	20	东昌路	11364

1. 上海都市区通勤联系十分紧密,主要的换乘节点和地理中心占据着网络中权力的最高点

整个网络度数中心度普遍较高,平均值达到 85.051,表明上海轨道交通各站点之间的通勤联系非常紧密。上海轨道交通占公共交通出行比例已经超过 50%,而主要线路已经覆盖到大多数近郊区以及部分远郊区,如此紧密的通勤联系充分说明上海中心城区与外围区县之间已经形成了较为成熟的都市区形态。这其中主要的换乘节点如世纪大道、上海火车站、中山公园、龙阳路等由于其较强的节点性,成为主要的就业或居住区位选择,以及公交换乘终点,因而展现出了较高的中心度;而位于上海地理中心位置的高等级就业中心如人民广场、静安寺、陆家嘴、南京西路等由于其就业人员来自全市各个区域,因而其同大多数站点均发生通勤联系。其他排名前 20 位的站点,亦普遍是换乘点或是位于上海地理的中心区位。

2. 上海主要居住区站点的点出度较高,而高等级就业中心站点的点入度较高,就业次中心开始显现

考虑了联系的方向和强度后,网络的节点结构出现了一些变化,部分实际流

量较大的站点排位提升。在点出度方面,莘庄—莲花路地区、九亭—泗泾—佘山地区、彭浦地区、徐泾地区、曹杨地区以及丰庄地区等附近的站点点出度值均较高,这与这些站点周边分布大片居住区有关。而从点入度角度看,人民广场、陆家嘴、静安寺等主要商务中心其点入度排名远高于中心度的排名,表明这些地区不仅联系范围广,而且在通勤流量上占据优势,是整个网络的主就业中心;而漕河泾其度数中心度并未进入前20位,但点入度却高居第四位,相较于前面几个地区,通勤流量相差不多,但联系的站点数量较少,表明其在就业网络中处于次中心地位。

3. 在整个网络中,点入度明显高于点出度,表明就业的集中度要高于居住的集中度

前20位节点的点出度,最高为20222,最低为7762;而网络节点的点入度普遍在10000以上,人民广场和陆家嘴两个节点则超过30000。这一结果表明,上海通勤人口的就业地较为集中。这与现代服务业追求集聚经济效益,其布局主要集中在中心城区的高等级商务中心或科技园区有关。而居住区大量分布在中心城的边缘区以及近郊区,其覆盖范围要远远高于就业中心。金科路、娄山关路、黄陂南路、东昌路等站点所在地区和漕河泾的情况较为类似,但点入度远低于漕河泾,可作为区域性的就业中心。

此外应该说明的是,由于地铁通勤带有方向性,且上海城市内部联系较为紧密,各站点之间基本都有通勤联系,造成单从度数中心度的角度讲,其数值都普遍较大且较为接近,因而对于该类分析,点出度和点入度更能说明问题。

进一步利用计算出的上海288个轨交站点的点入度和点出度,对上海轨交通勤网络中的站点类型进行划分。上海地铁通勤全网络点出度和点入度的平均值为3333.18。图36以点出度为横轴,点入度为纵轴,并以(3333.18,3333.18)为原点建立坐标系,可以将288个站点划分为四种类型:第一象限的是Ⅰ型站点,该类站点的特征是高点入度和高点出度;第二象限的是Ⅱ型站点,该类站点的特征是高点入度和低点出度;第三象限的是Ⅲ型站点,该类站点的特征是低点入度和低点出度;第四象限的是Ⅳ型站点,该类站点的特征是低点入度和高点出度。不同类型站点的具体分析如下:

Ⅰ型站点:高点入度、高点出度。该类型站点所在地区既是重要的就业中心,也是主要的居住中心,具有职住复合型功能。这些节点共有39个,占总数的13.5%,平均点入度和点出度分别达到8791.8和6840.9。其中较有代表性的节点包括徐家汇、宜山路、中山公园、上海火车站、曹杨路、莘庄等。这些地区多位于中心城区的边缘区附近,承担着一定城市商务商业副中心的职能,同时兼有大片居住区分布。

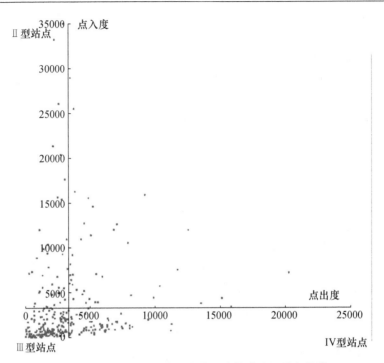

图 36　基于点出度与点入度的上海轨道交通站点分类

Ⅱ型站点：高点入度、低点出度。这类站点共有 38 个，占所有站点的 13.2%，其大部分为全市主要的就业中心，平均点入度高达 9880，而平均点出度只有 2021。排名靠前的节点为人民广场、陆家嘴、漕河泾、浦电路（浦东软件园）、南京东路、南京西路、陕西南路、张江高科等。这些地区或是上海的核心商务区，或为高科技园区，承担了大量的就业人口，但附近居住区较少，因而出现了高点入度但低点出度的现象。

Ⅲ型站点：低点入度、低点出度。该类型节点所在地居住和就业功能均不突出，平均点入度和点出度分别只有 1077 和 1691。这类节点数量较多，达到 145 个，大多位于非核心地区，就业和居住人口均相对较少；部分位于核心区的则是一些娱乐、教育、医疗等功能性节点，如新天地、江湾体育场、同济大学、上海游泳馆、上海儿童医学中心等，

Ⅳ型站点：低点入度、高点出度。这类型节点共有 66 个，占比为 22.9%，平均点入度只有 1296，但点出度高达 5624，表明是以居住功能为主的地站点，多位于都市区的外围区，排名靠前的包括彭浦新村、通河新村、沈杜公路、共富新村、佘山、泗泾、金运路等站点。

四、基于轨道交通通勤的上海核心都市区范围

基于对上海轨道交通通勤的分析,并利用较为微观的邮区尺度提出基于通勤的上海核心都市区概念(图37)。总体上上海都市区可以分为中心区和外围区两部分,而外围区则包括了通勤区和一般的外围地带。在此基础上,可以将中心区和外围通勤区范围界定为上海的核心都市区。

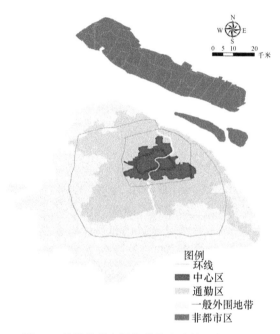

图37 基于轨道交通通勤的上海核心都市区

1. 中心区为上海主要的就业集中区

根据前文分析,内环内集中了62.8%的就业,而外环内的就业人数占比则超过了90%。此外如前文图32所示,以就业地为主的轨道交通站点主要位于内环以内及邻近地区。在此分析的基础上,本文以内环以内的邮区以及其相邻的、且有"净就业地站"的邮区确定为上海核心都市区的中心区,即图37中心区,其与上海中心城区的范围大体一致。

2. 外围通勤区划定的依据主要来源于轨道交通的通勤分析

本文选取样本中通勤人数大于100人的通勤量为门槛,共涉及1572条通勤路线,涉及的通勤总人数约占样本总量的33%。根据上海综合交通调查的结果,公共交通的出行比例约为总体的20%,而轨道交通约占公共交通的50%,则样本量

在100人以上的通勤线路所覆盖的通勤人口占总出行的3.3%,虽然低于欧美国家的标准,但高于日本总理府1.5%的标准,因而能对通勤区的识别有一定代表性。根据相应通勤线路,选取站点所在的及向心方向邻接的邮区(考虑可能的公交换乘)作为通勤区。其范围大体包括宝山、嘉定、青浦、松江等区靠近中心城区的部分,浦东新区的大部(主要是交换以内地区)以及闵行区的全部。

3. 中心区与外围通勤区共同构成了上海的核心都市区

而作为核心都市区以外的嘉定、青浦、松江等远离中心城区的部分以及金山区、奉贤区,其从城镇化率的角度符合宁越敏等对都市区外围县界定的标准,但由于通勤联系相对较弱,其和中心区主要体现的是其他的社会经济联系,因而可作为一般的都市区外围地带。这些地方随着公共交通的发展,将来可逐步升格为上海的核心都市区。此外,崇明区无论从城镇化率还是轨道交通通勤的角度均与上海的中心区联系较弱,目前尚未能成为上海都市区的组成部分。

五、结论与讨论

对轨道交通通勤进行分析,结果发现:(1)居住地识别人数较多的轨道交通站点多位于外环两侧,如莘庄、九亭、徐泾东、泗泾等,其行政区划属于近郊区的范围,这与近郊区是上海常住人口的主要聚集地这一状况是相符的;(2)就业通勤人数较多的轨道交通站点多位于内环以内,这和现代服务业企业和就业主要集中在内环以内的趋势较为一致;(3)基于轨道交通的上海通勤形态显示,上海的通勤联系方向主要发生在外环以内,呈由外围向中心的"向心式"分布,目前通勤流最多的联系还是出现在近郊区(包括远郊区的近郊部分,如松江)与中心城区之间。(4)部分地区出现了离心式的通勤路线,这种情况多出现在郊区居民向其新城方向或是开发区进行通勤活动,以及部分中心城核心区向张江高科等高新技术园区的通勤。(5)上海规划的大型居住区成为通勤活动的主要出发地,而一些商务办公集聚区则成为吸纳就业的主要地区。(6)上海都市区通勤联系十分紧密,主要的换乘节点和地理中心占据着网络中权力的最高点;整个网络中点入度明显高于点出度,表明就业的集中性要高于居住。此外,按照点入度和点出度的高低,288个站点可以划分为高高、高低、低低、低高四种类型。

基于对上海轨道交通通勤的分析,借助上海分邮区的GIS底图,进一步对上海的都市区范围进行细化,并提出基于通勤的上海核心都市区概念。上海都市区可以分为中心区和外围区两部分,而外围区则可根据通勤情况分为通勤区以及一般的外围地带,其中中心区与外围的通勤区可以构成大都市区中的核心都市区。随着城市房地产开发的扩展、交通线路的延伸,部分外围地带开始向通勤区转变,核心都市区的范围也将日益扩展。

从上海这一典型案例可以看出,中国都市区出现了中心城建成区向郊区的蔓延、离心方向通勤流的产生等重要趋势。如果说居住区在近郊区的大量开发建设促进了一般意义上向心式的通勤流产生,那么近郊区科技、产业园区的开发以及新城的建设则促使了特大型都市区离心式通勤的产生。首先,中国的城市在郊区化的过程中并未出现中心城区的衰落,大量的优质资源集中在中心城区,其许多街区居住的功能仍较强。其次,特大、超大城市郊区新城的开发也引起了部分离心式的通勤。在这种情况下,一些居住在近郊区(郊区新城与中心城区之间)的居民便出现了离心式的通勤。但与第一种情况不同,该类通勤主要集中在新城所在区县内部,且流量小于前者。

制造业与生产性服务业协同视角下中国城市职能格局演变研究报告

  城市职能是描绘城市发挥作用的指标,在城市化面临转型、产业亟须升级的时期,探究城市职能转变尤为重要。本文选择 2003 年至 2015 年 287 个地级市为研究对象,从生产性服务业与制造业协同角度切入,依据分地区分行业的单位从业人员统计数据,首先用区位商法对城市职能进行分类与再分类二次划分,利用 SPSS 和 arcgis 从时间及空间层面刻画城市职能协同的类型演变;接着用重心指标分别从构成均衡与空间均衡维度刻画城市职能均衡的演变。通过对职能协同与均衡两个维度城市职能的演变进行刻画,总结演变规律与分布特点,为我国城市职能结构优化提供参考,为产业升级转型提供借鉴,为新常态下城市区域版块、城市群、中心城市升级的相关产业政策提供更有针对性的指导意见。

一、绪论

(一) 研究背景

  改革开放以来,随着信息、科学技术的不断发展,我国经济发生了翻天覆地的变化,与其密切相关的城市化进程也不断加速,截至 2016 年,中国城镇化率高达 57.35%。然而,城市化发展质量却没有跟上城市化进程,城市化过程中交通拥堵、生态破坏、产能过剩等城市发展质量问题开始逐渐凸显出来,城市的发展模式亟须转变,经济及产业的结构也面临着转型的难题。党的十八大指出"当代中国进入加快转变发展方式的攻坚时期,城市发展面临新的转型";2016 年中央城市工作会议也提出需要对城市进一步规划统筹"空间、规模、产业三大结构";2016 年新型城镇化工作会议也进一步强调城市群及中小城市培养建设的重要性。伴随着城市的发展,城市职能作为描述城市在国家发展中所发挥作用的指标,也实现了由简到繁、由工业生产到生产与服务共存的职能结构的转变,不同城市间资源、区位、科技的差异变化使得城市职能格局也产生了较大的变化。在城市发展转型、产业结构升级的背景下,随之产生的经济体制、科技创新、区域政策的发展将会引发我国城市职能的发展进入一个新的时期,因此,对于中国城市职能的历史演变规律的分析以及未来发展的预测则十分具有必要性。

（二）研究意义

1. 理论意义

当前对于中国城市职能的研究大部分都是对于城市职能的界定、分类等相对大口径的静态研究，很少有面向所有地级市立足于较长时间序列的动态探索。本文首先通过细化研究方向与视角，选择了生产性服务业以及制造业两种产业的协同视野，立足于国家287个地级市层面，结合产业发展探究城市职能演变，探索城镇体系职能的分工变化，为城市与区域的发展提供更新更具体的方向。

此外，本文在传统的职能划分方法上结合文章研究背景，为城市职能的划分引入了新的方法，同时将时间分析与空间分析、职能协同与职能均衡的分析相结合，为城市职能演变的研究提供新的视角。

2. 现实意义

本文的研究是立足于产业的协同视野，在分析中考虑了城市职能发展中职能的完善及稳定程度，结合相关产业、区域政策考虑，判断城市产业职能发展的可持续性、潜力、城市职能的成熟度以及合理性。通过对城市职能均衡进行探究，能够为城市的协调发展以及新常态的达成提供参考意见，分别以城市版块、城市群体、中心城市为对象提供有针对性的产业发展与升级的政策导向，助推从空间、规模、产业三方面构建城市发展统筹规划。

二、文献综述

（一）城市职能研究综述

对于城市职能国外研究无论是研究理论还是研究方法都已经比较成熟了，具备了比较完善的研究成果，其成果可以大致总结为如下几个方面：基于对职能要素的考虑，城市职能划分为基本和非基本职能两种类型，其中基本指的是城市为了满足城市外的需求而产生出来的职能，非基本职能则是为了满足城市自身的发展需要，并在此基础上提出主导职能、优势职能等职能体系的划分；基于不同类型考虑，再结合城市的区位分布状况以及职能专门化的特征采用区位商等方法对城市的类型进行划分；最后通过定量分析，选取数学统计分析方法构建分类分析数据模型，更精确地刻画城市职能。

考虑到我国的国情及城市化的发展进程，国内城市职能的研究通常是以国外研究为基础展开。1981年，张孝存最早对首都城市、专业化城市以及综合大城市的城市职能与工业结构发展进行探讨[①]；1984年杨廷秀和孙盘寿基于对西南三省探究的基础上第一次提出了城市职能的分类，并将城市职能分为工业、运输邮电、

---

① 张孝存：《对城市职能和工业结构问题的一些看法》，《城市规划研究》1981年第1期，第1—7页。

机关团体、文教卫生四大类①;1988年,周一星等学者针对城市职能提出了三个要素,分别是专业化部门、职能的强度以及职能的规模,这三点为城市职能类别分析提供了新思路②;自周一星之后,关于城市职能的研究才逐渐开始展开,对于城市职能的分类不仅局限于大口径的分类,也通过结合城市的产业发展、资源背景、地理区位进一步细分亚类以及职能组。随着研究的进一步深入,关于城市职能的研究变得更加的发散化,涉及有城市的职能结构与转型、城市职能与主导产业的协同关系、城市职能的整合研究等方面。相比国外研究,国内的研究虽然在研究的深度、方法上略有欠缺,但无疑更加符合我国国情,有进一步提升空间。

(二) 生产性服务业与制造业研究综述

在当前信息技术发展以及消费方式转变的背景下,生产性服务业在产业结构中所占的比重越来越大,有些国家生产性服务业所占比重甚至超过了制造业,而对于二者关系,目前已经形成四种观点:一是需求论,认为制造业能够为生产性服务业提供可消费的需求市场,是其发展的基础与前提;二是供给论,认为制造业要想具备持续的竞争力必须依赖于生产性服务业,以其为基础与前提;三是互动论,认为二者能够相互促进,是前两种观点的综合;四是融合论,认为在信息技术飞速发展的当今,二者的边界会越来越模糊,相伴相生,并趋于融合。

生产性服务业以及制造业都在不断发展,二者逐步呈现出越来越明显的融合趋势,更多学者也开始倾向于认可互动论与融合论。但也有部分学者基于地理层面分析生产性服务业与制造业的空间协同效应,认为二者在信息、依赖性等方面都并不对称,且存在着比较大的空间差异。现有文献对生产性服务业和制造业二者之间的协同效应以及相应拓展研究也较多,宣烨等基于长三角地区城市探究生产性服务业的层级分工,得出生产性服务业专业化的分工以及空间的外溢效应能够提升制造业的生产效率③;杜传忠等通过比较京津冀区域与长三角区域的发展状况,得出制造业与生产性服务业之间的耦合协同水平的提高能够提高区域的竞争力④。虽然现有的关于两个产业的研究众多,但是在二者协同视野下探讨城市职能演变的研究不多。

(三) 述评

通过文献阅读可以看出,关于生产性服务业与制造业、城市职能这两个领域

---

① 孙盘寿、杨廷秀:《西南三省城镇的职能分类》,《地理研究》1984年第3期,第17—28页。
② 周一星、R.布雷德肖:《中国城市(包括辖县)的工业职能分类——理论、方法和结果》,《地理学报》1988年第43卷第4期,第287—298页。
③ 宣烨、余泳泽:《生产性服务业层级分工对制造业效率提升的影响——基于长三角地区38城市的经验分析》,《产业经济研究》2014年第3期,第1—10页。
④ 杜传忠、王鑫、刘忠京:《制造业与生产性服务业耦合协同能提高经济圈竞争力吗?——基于京津冀与长三角两大经济圈的比较》,《产业经济研究》2013年第6期,第19—28页。

虽然都已经形成了较多的较为成熟的研究，但是还没有在制造业以及生产性服务业视角下进行城市职能演变的研究成果，因此本文提供了一个新的研究角度。从关于城市职能类型划分的层面考虑，不同于已有研究，本文根据研究的协同视野、基于研究的目的，提出了对于城市职能的一个新的分类标准。基于研究对象，本文需要在借鉴已有理论的基础上，进行理论上的创新以及研究方法的创新。

三、研究方案设计

（一）研究对象

城市职能：通过以上的讨论可以得出城市职能反映出来的是城市在全国区域范围内在经济、文化等各个方面所发挥出的作用，不同于城市的功能强调的是城市的能力，城市职能更注重强调的是城市在一定范围内形成的地位。探究城市职能的演变过程，是在研究在一定时间序列内城市职能地位的变化过程。

考虑到城市的基本职能只是用来满足城市自身的发展需求，能够维持生存与发展的基础是城市的非基本职能，因此本文选取的是城市职能中的基本职能部分进行探究；而考虑到研究城市职能的演变现实目的是为了为产业的发展组合以及升级提供参考，因此本文选择生产性服务业以及制造业这两种推动城市发展的主要动力作为一个切入点进行职能的描述；同时以生产性服务业和制造业二者之间的协同关系为基础，如果一个城市的这两个产业职能都比较突出，那么认为该城市的产业职能表现比较完善且健康，能够稳定地发展下去，反之则需要进行一定的改善。

（二）研究指标

1. 数据来源

因为从产业方面刻画城市职能，而产业从业人员的数量分布在一定程度上能够反映出经济活动的分布状态，综合考虑到产业划分的差异性以及数据的可获取性，本文的样本数据选择的是2003年至2015年间的分地区分行业单位从业人员数。本文的研究数据选取了2004—2016年《中国城市统计年鉴》287个地级市全市分地区分行业的单位从业人员数。

2. 产业划定

本文从制造业和生产性服务业层面对中国城市职能进行刻画，因为生产性服务业依赖于制造业，是作为后者的配套产业存在，因此在参考《中国城市统计年鉴》的细分产业以及2002年至2015年的国家统计局的划分标准基础上，本文选取与制造业相关的金融业，信息传输、计算机、服务和软件业（后文称信息传输业），科学研究、技术服务和地质勘查业（后文称科研综合业），交通运输、仓储和邮政业（后文称交通仓储业），房地产业，租赁和商业服务业以及批发和零售业作为生产性服务业的研究对象,分别涉及与制造业相关联的资金、信息、知识、交通、住房、商业服务、社会销售市场等要素,具体细分产业与制造业的内在关系机理如下表 18。

表 18 生产性服务业细分产业与制造业内在关系机理

生产性服务业细分产业	与制造业的内在关系机理
金融业	资本要素:金融业是国家经济水平发展最为直观的衡量指标,为制造业提供稳定充足的资金来源,加速资金的流通,为实体经济提供服务;制造业的发展与结构的优化又能够进一步推动金融业更稳定的运作。
信息传输业	信息要素:信息传输、计算机服务和软件业的发展为制造业的运转、转型、升级提供重要的信息,同时加速实体经济发展过程中信息的流通;制造业的发展又能够加速信息的更替与升级。
科研综合业	知识要素:科学研究、技术服务和地质勘查业发展中形成的专业性、知识性、创新性是高端制造业发展不可或缺的一部分,为新型制造业的发展完善提供新的路径;制造业的升级又大大推动科研的发展、人才的创新,二者相互促进。
交通仓储业	物资要素:交通运输、仓储和邮政业连接制造业发展过程中的运输、仓储、装卸搬运、包装、物流等环节,将制造业的发展网络化,降低制造业发展的成本,加速制造业的流通;同时交通仓储业的发展也极大依赖于制造业的分布与发展。
房地产业	建筑要素:健康的工业房地产业发展是服务于实体经济的,其开发、建设、买卖、租赁和物业管理都是实体经济的重要中间投入;而制造业发展过程中形成的建筑需求也能够推进房地产业的稳定发展。
租赁和商业服务业	商贸要素:租赁和商业服务业为制造业的发展提供良好的商业市场环境,为从业人员提供工作平台,为制造业的发展提供流动的平台,租赁和商业服务业的发展与制造业的发展相互促进推动。
批发零售业	营销市场要素:批发零售业是商业的重要流通渠道,与制造业共同形成产业价值链上的销售与生产两个部门,批发零售业为制造业提供社会销售环境,也依赖于制造业形成的要素投入,二者之间良好的产业结构能够有利促进实体经济的繁荣。

3. 刻画指标

区位商:区位商通常用来衡量一个产业是否是一个地区中的专业化产业,因此利用区位商恰好能够反映一个城市的产业发展在全国范围的优势地位情况,结合已有的研究方法,本文选择区位商指标,并将其作为职能的刻画指标,公式如下:

$$LQ_{A_i} = \frac{q_{A_i}/q_A}{q_i/q}$$

其中 i 表示产业的类型,即 9 个细分产业,A 表示 287 个地级市,q_{Ai} 表示 A 市 i 产业的单位从业人员数,q_A 表示 A 市总的单位从业人员数,q_i 表示全国 i 产业的单位从业人员数,q 表示的是对应年份全国总的从业人员数。计算得出的区位熵 LQ_{Ai} 表示出 A 市 i 行业在全国范围内的发展集聚、专业化程度,若 LQ_{Ai} 大于 1,则说明该地区该产业在全国范围内具备一定的比较优势以及竞争力,该城市的该产业职能突出;若 LQ_{Ai} 小于 1,那么该地区该产业在全国范围内并不具备足够的竞争力,而是处于劣势地位,该城市该产业职能不显著;若 LQ_{Ai} 等于 1,那么该地区该产业职能在全国范围内属于均衡态势。

(三)研究思路

本文通过城市职能协同和职能均衡两个角度展开刻画城市职能的演变,最终形成一个较为全面系统的城市职能演变的格局,分析框架如下:

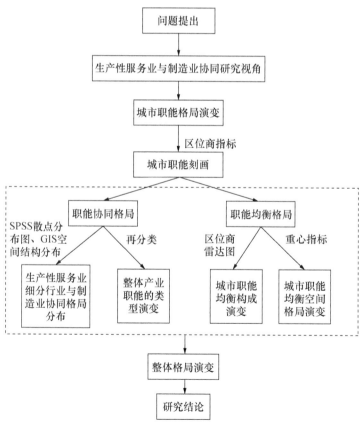

图 38　分析框架图

1. 城市职能的协同格局

首先,计算细分产业的区位商数值获取基础数据源,再利用 SPSS 和 arcgis 分别绘制生产性细分行业与制造业协同视野下每年城市职能的散点图以及空间分类图,探究细分行业下中国 287 个地级市城市职能的类型以及空间格局的变化。

其次,根据前文分析,再将细分的生产性服务业作为一个整体进行考虑,进一步划分类型,通过新类型划分标准下,得出 2003 年至 2015 年 287 个地级市城市职能的数量变化格局。

2. 城市职能的非均衡格局

首先,依托区位商的指示意义做出城市职能的均衡假设,用雷达图描绘在时间序列上中国城市职能的非均衡演变。

其次,依托区域商重心的指示意义结合重心的偏心距离、移动距离、方向、速度等指标从空间层面上更进一步刻画城市职能的空间分布不均衡,并尝试探究职能非均衡演变的原因。

四、城市职能协同格局演变

(一) 细分产业职能的类型及空间结构演变

为了更精确地得出各细分产业与制造业之间的协同关系下城市职能划分,本文首先针对不同类别的细分生产性服务业和制造业展开具体分析,分析全国 2003 年至 2015 年的城市职能的类型及空间分布情况如下图表。

图例:散点图的横轴为制造业区位商,纵轴为细分生产性服务业,以区位商等于 1 时为划分界限,得出 4 类城市,分别归类为类型 A、B、C、D(见表 19),同时对应城市空间分布图中的黑色、深灰色、浅灰色、白色四种颜色,其中无色表明当年该城市没有区位商数值。

表 19 细分生产性服务业分类标准及图例

制造业 \ 生产性服务业	区位商大于等于零	区位商小于1
区位商大于等于1	A(黑色)	B(深灰色)
区位商小于1	C(浅灰色)	D(白色)

其中 A 类型的两类产业的职能都比较突出,认为该类城市该细分产业与制造业之间的协同效应较好,城市职能相对稳定;B、C 两类城市的两类产业之间关系并不稳定,但是仍然有一定发展的潜力,在产业的升级以及发展组合中需

要加以侧重;D类城市产业职能并不突出,需要合理开发资源,寻找产业发展的方法。

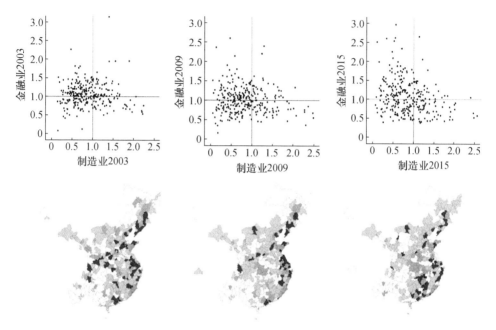

图 39 金融业与制造业协同视野下散点图与空间分布图

1. 金融业与制造业

金融业与制造业协同视野下的城市职能发展较为稳定,各类型城市的分布相对平均,且随着时间的推移,呈现出更加分散化的分布态势,B类型和C类型的城市数量不断增加,可见具备产业优势地位的城市不断深化发展优势,城市职能更加突出明显。结合金融业所具备的资金属性,具备较大的流动性,不需要紧密依附于制造业,金融业及制造业协同职能占据优势地位的城市广泛且相对均匀缓慢地向东部沿海及东北区域偏移。

2. 信息传输业与制造业

信息传输业与制造业协同视野下的城市职能分类在2003年呈现平均的分布状态,但是随着时间的发展,逐渐发展成向心的集聚态势,具备信息传输业与制造业协同产业职能的城市数量越来越少。考虑到信息传输业更多依赖于人才、技术的分布,对于制造业的依赖性较弱,二者职能之间的关联性较小。但是值得注意的是,随着时间的推移,C类型的城市也逐渐减少,仅有少数城市具备职能优势,可见,信息传输业的发展还具有较大的空间。

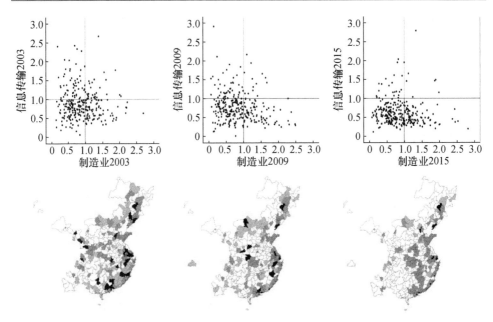

图 40　信息传输业与制造业协同视野下散点图与空间分布图

3. 科研综合业与制造业

2003 年至 2015 年间科研综合业与制造业协同视野下的城市职能维持基本稳定不变的状态,始终呈现较为明显的侧向金字塔结构,可见该城市的职能结构相对比较固化。因为科学技术的发展更依赖于高等院校、创新型人才分布,同时随着信息沟通成本的降低,科研综合产业职能的路径依赖性比较强,具有十分明显的空间分布惯性,因此空间结构也维持基本不变的状态。结合上述分析,科研综合业结构转型或者升级相对而言比较困难,需要在教育、人才的培养上进行转变升级。随着时间的推移,可以看出不断有城市科研综合业职能强化,但是要想增强制造业与科研综合业协同城市职能,还需要不断发展更为高端的制造业。

4. 交通仓储业与制造业

2003 年至 2015 年间 D 类城市始终占据全国城市的主要部分,A 类交通仓储与制造业互动紧密的城市数量只占小部分,且不断地减少,逐步向上海、深圳、天津、大连、厦门等城市集聚,整体呈现逐渐朝象限的东向、北向分散化的发展态势。在空间格局上,考虑到交通运输产业发展对地理位置的严格要求,具备交通仓储业比较优势的城市分布变化不大,更加集中分布于武汉、北京、西安、沈阳等枢纽城市,如果需要强化城市的交通仓储业职能,则需要更加精确地选择枢纽城市进行投入建设。

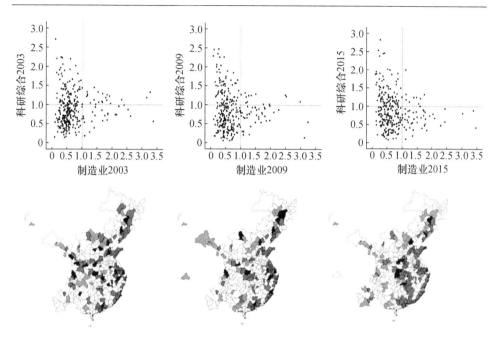

图 41 科研综合业与制造业协同视野下散点图与空间分布图

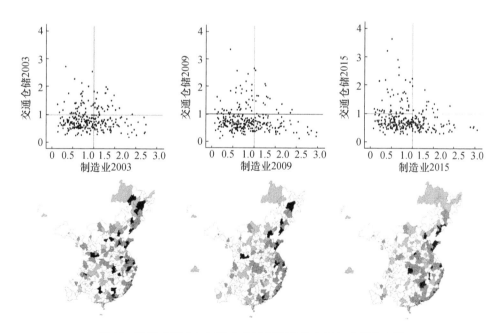

图 42 交通仓储业与制造业协同视野下散点图与空间分布图

5. 房地产业与制造业

2003年到2015年间房地产业与制造业二者的协同视野下中国城市职能类型的变化并不是很显著，类型分布象限图整体呈现的是一个朝D象限的向心集聚态势，但随着时间的推移，有细微地东西向拉长的趋势，制造业的极值逐渐变大。其中房地产业与制造业协同性较强的城市由2003年的东向沿边沿海分布发展成为更加均匀地分布于不同的城市中心，而具备制造业比较优势的城市由分散化的空间状态向中东地区移动更加有序地分布于中部及东部沿海区域，而房地产业职能突出的城市分布一般都依附于制造业的分布，可见二者的空间依赖性较强。

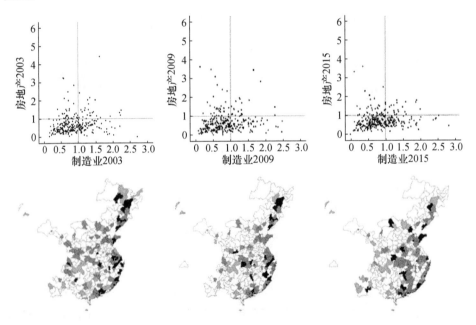

图43 房地产业与制造业协同视野下散点图与空间分布图

6. 租赁和商业服务业和制造业

租赁和商业服务业与制造业协同视野下的职能的分布较为均衡地分布在D、B类象限中，在2003年至2015年间整体的类型分布变化不大，仅有非常少的城市职能不断强化，向象限东向北向扩散。在空间层面上，租赁和商业服务业对于制造业的依赖性较强，因此商业服务业为优势产业职能的城市较为分散地分布在制造业职能突出的产业附近；但两个产业具备协同性的城市数量也在不断减少，需要一定的产业引导政策。

中国都市化进程报告 2018　　169

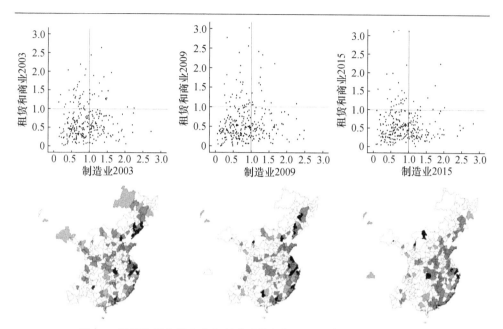

图 44　租赁和商业服务业与制造业协同视野下散点图与空间分布图

7. 批发零售业与制造业

2003 年至 2015 年间批发零售业与制造业逐渐呈现向两端分化的态势，具备

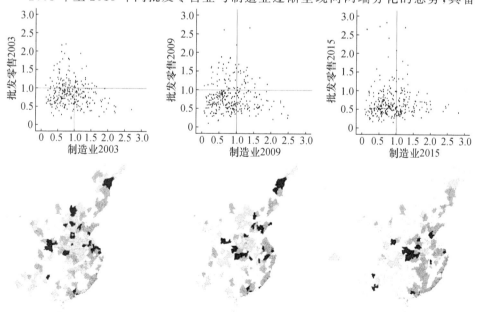

图 45　批发零售业与制造业协同视野下散点图与空间分布图

D 类型城市职能的城市不断集中,而 B、C 类城市的数量变化不大,不过优势发展更为突出,批发零售业与制造业的职能体现更加明显。但是 A 类城市数量不多,考虑到制造业对于资源分布的依赖性更强,其对于销售市场环境的依赖性不大。空间层面上,批发零售业的发展由 2003 年大饼状的发展状态逐渐向中部地区聚集强化,而批发零售业与制造业两个产业之间的协同职能分布状态也开始缓慢向中部地区偏移。

(二) 整体产业职能的类型演变

在上文对细分产业职能的格局演变分析,将 287 个地级市(除去有数据空缺的城市以外)分为 A、B、C、D 类的基础上,本文进行重新分类,在生产性服务业的整体与制造业的协同视野下探索中国职能格局的变化。

考虑到研究侧重于在生产性服务业与制造业两类产业的协同视角下探究城市职能的稳定性及发展潜力,综合考虑分析的简化性,在重新分类中,重点关注 A 类以及 D 类城市,并将城市归类汇总为三类:如果一个城市被归为 A 类的次数大于或者等于 4,则这个城市的生产性服务业和制造业职能有较强的关联,城市产业职能较为成熟且稳定(称为 4A 类城市);而如果被归为 D 类的次数大于且等于 4,那么这个城市二者职能不显著且之间的关联度很弱,需要归入产业转型发展的规划范围内进行着重分析(称为 4D 类城市);剩下的城市则统一归为第三类。通过得出的数据分析 2003 年至 2015 年在整体层面上城市职能格局的类型数量演变情况,绘出折线图如下图 46 所示。

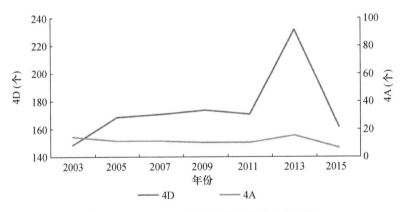

图 46 2003—2015 年城市职能类型数量演变

通过对图 46 分析能够得出,中国城市职能在制造业和生产性服务业协同视野下按照职能的成熟与稳定程度呈现的是上窄下宽的金字塔状态,该形态格局在 2003 年至 2015 年间基本维持稳定状态,不过 4A 及 4D 类的城市划分及数量还是有细微的波动。其中,4A 级的城市呈现波动下降趋势,4D 级城市整体呈现反向的波动上升趋势,只有2013年出现了较大波动,可见整体上金字塔顶端与底端的差距在逐渐扩大,城市职能不断地向少数中心城市聚集。

表20　生产性服务业与制造业协同视野下职能突出的城市(4A及以上)数量变化

2003	2005	2007	2009	2011	2013	2015
上海市	上海市	上海市	上海市	上海市	北京市	上海市
广州市	杭州市	南京市	广州市	深圳市	呼和浩特市	天津市
沈阳市	广州市	广州市	深圳市	广州市	上海市	廊坊市
杭州市	深圳市	深圳市	南京市	大连市	广州市	大连市
深圳市	天津市	哈尔滨市	杭州市	长春市	海口市	长春市
南京市	沈阳市	杭州市	西安市	南京市	石家庄市	宜昌市
武汉市	长春市	舟山市	天津市	杭州市	哈尔滨市	深圳市
石家庄市	哈尔滨市	天津市	沈阳市	长沙市	南京市	
大连市	石家庄市	石家庄市	大连市	日照市	杭州市	
长春市	大连市	包头市	长春市	宜昌市	成都市	
镇江市	南京市	大连市	哈尔滨市	柳州市	昆明市	
蚌埠市	西安市	泰州市			西安市	
南昌市					大连市	
贵阳市					长春市	
西安市					深圳市	
					深圳市	

进一步研究4A级城市会发现,生产性服务业与制造业二者协同视野下城市职能突出且较为稳定的城市集中分布于长三角、珠三角城市群的中心城市,如上海、深圳、广州、南京、杭州、西安等城市,这与政策导向、沿海优势地理位置、人才资源以及区域协同发展都是密不可分的。而随着东北老工业基地振兴计划的推出,大连、哈尔滨等城市的产业职能也得到了较稳定的发展。但是贵阳、石家庄、南昌、沈阳等城市的生产性服务业以及制造业职能的关联性并不稳定,考虑城市资源的受限、产业发展引导方向的变化,逐渐退出4A级别的双强城市层级如资源的获取来源受限、产业发展的政策侧重点变化,逐渐退出4A类双强城市层级,向下演变为其他层级的城市。

(三)职能协同格局演变小结

通过上述分析发现,我国具备合理的成熟的产业发展职能的城市数量不多,并且不断减少,城市职能越来越趋向于集中分布于少数中心城市;在城市职能的演变过程中,呈现城市群化的变化也较为明显,城镇职能的分工体现为自内部的自身分工向邻近的城市分工,并进一步扩展至国家尺度乃至全球尺度的分工,城市群等区域的分工在城市职能的变化下也将发挥越来越重要的作用。

而在各细分产业的协同分析下,金融业的流动性最强,职能分布较为均衡广泛,而基于金融业和制造业协同视野下产业职能稳定的城市数量较多,两个产业职能的发展相对成熟;信息传输、科研综合、交通运输、批发零售产业对于地理位置、教育资源、人才资源的依赖性相对于制造业较大,具有分布的惯性,要进行产业的升级调整需要将制造业上升为更加高端的制造业或者追溯至主要影响因素进行调整改进;房地产业与租赁和商业服务业相比其他的产业对于制造业的依赖性更强一些,倾向于分布在制造业的附近区域,较易通过对制造业引导进行升级。

五、城市职能均衡格局演变

(一) 区位商背景下的非均衡格局

1. 区位商背景下的均衡假说

在区域经济学中,区位商被用来刻画产业是否在地区构成专业化的部门,如果大于1,说明该产业在该地区形成专业化优势产业,等于1则说明该产业在该区域刚好能够达成自给自足的状态,小于1则说明仅能够自给自足。而探究到区位商的形成原因是城市与城市之间存在区位的优劣势之分,优劣势的形成可能是因为资源差异、人才分布不同等城市间的差异,因此如果城市间不存在差异且城市间不存在不平等的输入输出的时候,城市能够满足自给自足,城市的职能就刚好满足自身的需求,那么区位商为1。进一步假设如果全国287个地级市都处于平等的地位,城市的产业职能都相等,没有优劣势之分,那么整个国家达成均衡的状态,平均区位商为1,得出理想的均衡状态图如图47所示,制造业以及生产性服务业的细分行业都呈现出均衡的正七边形状态。

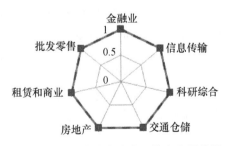

图47 城市职能均衡分布下的产业雷达图

2. 时间序列下的非均衡状态

不同于理想状态下的均衡,现实情况往往是城市之间存在地理、资源差异,同时信息、人才等一系列影响产业发展的要素都是易流通的,专业化的集聚形成的规模经济会进一步促进城市之间形成分工与协作,因此全国的城市职能很难达成理想的均衡状态,进而形成城市职能之间的优劣势之分。

通过计算城市的平均区位商,对城市职能的整体均衡状态进行描述,得出2003年至2015年的均衡状态图如图48所示。

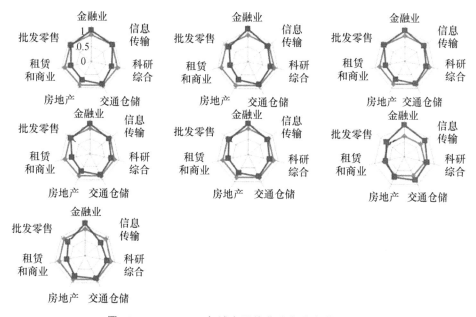

图48　2003—2015年城市职能非均衡分布的雷达图

不难发现,2003年至2015年间287个地级市的产业职能分布处于非均衡状态,其中生产性服务业产业职能呈现出一种窄长的南北向不等边多边形分布形状,这种非均衡的态势有着缓慢扩大的态势。因为与投融资密切相关,金融业直接影响着制造业的资金来源与资金应用,与制造业发展的关联性较大,同时得益于市场政策的逐步放开,全国地级市在金融业职能上始终处于优势地位,并且越来越突出;受制造业不断发展革新、信息技术创新的影响,信息传输、科研综合、交通仓储、房地产业职能的优势地位也不断凸显出来,且在制造业产业升级的背景下,存在着更大的发展潜力;相比之下,考虑到与制造业的关联程度相对较低,批发零售的职能变化并不明显,相对处于发展的劣势状态。

(二)重心刻画下的空间非均衡状态

在进行空间分析的过程中,每个城市都被理想化为一个点,忽略空间大小及城市发展水平,每个点都对应着特定的位置,通过刻画点的位置能够描绘出空间对象的分布格局以及相互的关系,本文通过计算各产业对应的空间重心的分布,提取所需的信息,分析城市产业职能格局的分布信息并进一步分析。依照前文的均衡假说,在全国各城市构成的整体处于均衡状态时,所有城市的产业对应的区位商中心就是所有城市的几何重心。但是通过以上分析我们看出城市产业职能呈现的是非均衡分布格局,全国城镇分工格局已经初步显现出来,市场化的影响日益加深,计划经济时期的大而全、小而全的城市已经逐步消失,每个城市都开始在整个大的城镇体系中寻找自己的位置。因此各产业职能对应的重心开始偏离几何重心,从而能够通过分析空间重心的分布,探究城市职能空间均衡状态的演变。

1. 指标计算

(1) 计算各产业对应的重心的空间位置坐标

本文选择的坐标对应的是经纬度坐标,并结合各城市各产业的区位商计算不同年份不同产业在全国的重心分布,形成一个中心数据库,并绘制重心在地理坐标系上的分布图:

$$\bar{X} = \left(\sum_{i=1}^{i=n} z_i x_i\right) / \left(\sum_{i=1}^{i=n} z_i\right) \quad \bar{Y} = \left(\sum_{i=1}^{i=n} z_i y_i\right) / \left(\sum_{i=1}^{i=n} z_i\right)$$

其中 $\bar{X}$ 表示的是所求空间的重心在地理坐标系上的经度,$\bar{Y}$ 则为重心对应的纬度,x_i,y_i 为第 i 个城市对应空间上的点的横坐标以及纵坐标,z_i 为第 i 个城市对应产业的区位商,n 为研究涉及的 287 个城市。

(2) 计算重心数据对应的指标模型

在计算重心的基础上,结合 287 个地级市的几何重心 (x_0, y_0),进一步计算偏心距离、重心的移动距离、重心的移动角度以及重心的移动速度等指标如下所示:

偏心距离:判断职能的空间结构是否均衡,并分析不同产业职能下城市整体的分布与均衡状态的偏离程度。公式:

$$D_i = \sqrt{(x_t - x_0)^2 + (y_t - y_0)^2} \quad (0 \leqslant D_i \leqslant \infty)$$

(x_t,y_t 由前面提及的重心公式求得)

重心移动距离:通过重心的移动距离判断 2003 年至 2015 年间产业职能均衡变化的幅度,并分析得出产业职能在空间上的流动性强弱。通过计算相邻年份城市职能重心之间的距离得出:

$$D_m = \sqrt{(x_{t+1} - x_t)^2 + (y_{t+1} - y_t)^2}$$

重心移动方向:通过计算城市职能重心的移动方向能够进一步得出引发职能的空间结构均衡变化的城市版块,据此得出空间结构演变过程中不同城市的城市职能此消彼长的状态。相邻年份的重心之间的连线与正东向的夹角为:

$$\theta = \operatorname{arctg}\left|\frac{(y_{t+1}-y_t)}{(x_{t+1}-x_t)}\right|$$

重心移动速度：重心的移动速度体现的是城市职能重心移动的剧烈程度，反映空间均衡变化的强弱情况。因为指标选取中研究的城市时间间隔相等，重心移动速度与重心移动距离刻画的空间均衡变化的程度得出的结论是相似的，因此在下文不进行重复讨论。

2. 重心的空间分布状态

利用区位商数据以及经纬度数据，代入重心计量模型得出各产业职能下的重心的位置坐标，并应用 arcgis 将重心的空间分布状态可视化，从点的分布状态直观得出产业偏离均衡的情况，并分析具体的生产性服务业的各细分产业与制造业产业职能的变化关系，得出重心的空间分布图如图 49 所示。

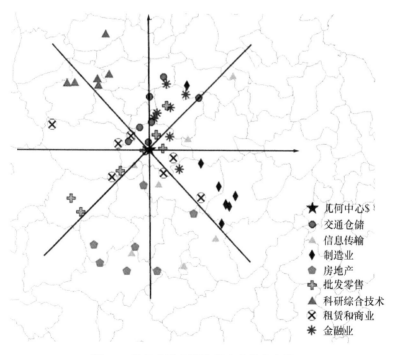

图 49　分产业城市职能重心空间分布图

通过总空间分布图结合细分产业的空间分布图可以看出，生产性服务业产业职能与制造业产业职能的空间重心与几何重心较为接近的，分布于中东位置。但是考虑到城市数量的众多，地理位置的细微变化就可能是由较大的职能变化或城市变化引发，因此将总空间分布图放大分析可以得出：房地产业职能在空间上呈现西南方向的偏移趋势；交通仓储业职能重心分布较为聚集，集中在河南、山东、江苏三省的交界处;金融业的重心分布呈现狭长的南北向发展态势;科研综合技术业的发展分布则是朝北略偏东向发展;批发零售业由集中的分布状态逐渐向西南向演变;信息传输业相比其他产业是以更加分散的形态向东北方向发展;租赁和商业服务业则是由江苏上海朝西北方向向安徽河南演变;制造业的重心分布与金融业相近,都呈现狭长的形态,但发展的方向与金融业相反。可见引起城市产业职能分布变化的空间因素各不相同,体现出资源要素的分布差异以及政策导向的区别。

3. 空间非均衡的量化分析

为了进一步探究职能的空间重心与几何重心的偏离程度所反映出空间均衡变化态势,本文接着通过计算各年份各产业的空间重心与几何中心对应的偏心距离、重心的移动距离、重心的移动角度以及重心的移动速度进行均衡的数据分析。计算结果如表21所示。

表21 2003—2015年全国287个地级市生产性服务业与制造业职能指标空间重心变化

指标	重心指标	2003年	2005年	2007年	2009年	2011年	2013年	2015年
房地产业	偏心距离	1.83	2.71	2.79	2.21	0.81	2.90	2.64
	移动距离		1.64	0.81	0.58	1.40	2.13	0.44
	移动角度(度)		46.79	-4.28	62.23	75.18	50.82	-73.83
	移动速度(/年)		0.82	0.40	0.29	0.70	1.07	0.22
交通仓储业	偏心距离	1.82	0.17	0.55	0.61	0.61	1.18	1.67
	移动距离		1.74	0.40	0.45	0.78	0.57	0.59
	移动角度(度)		29.87	-58.67	39.89	29.54	88.55	43.51
	移动速度(/年)		0.87	0.20	0.23	0.39	0.28	0.30
金融业	偏心距离	0.91	0.64	1.13	0.71	0.86	1.55	1.62
	移动距离		0.76	0.65	0.54	0.16	0.70	0.58
	移动角度(度)		-76.35	81.50	23.54	48.90	61.31	-28.03
	移动速度(/年)		0.38	0.33	0.27	0.08	0.35	0.29
科研综合技术	偏心距离	2.56	2.14	2.72	2.83	2.13	2.01	2.02
	移动距离		0.65	0.86	1.56	1.03	0.14	0.40
	移动角度(度)		4.23	3.12	40.67	71.76	-87.57	34.80
	移动速度(/年)		0.32	0.43	0.78	0.51	0.07	0.20
批发零售业	偏心距离	0.37	1.10	0.16	0.37	0.96	2.39	2.46
	移动距离		0.97	1.20	0.49	1.30	1.45	0.40
	移动角度(度)		78.09	52.92	41.23	33.73	36.21	-52.75
	移动速度(/年)		0.48	0.60	0.24	0.65	0.72	0.20

(续表)

指标	重心指标	2003年	2005年	2007年	2009年	2011年	2013年	2015年
信息技术业	偏心距离	2.72	2.37	0.80	0.56	1.10	2.63	2.91
	移动距离		1.42	1.72	0.79	1.62	2.32	3.67
	移动角度(度)		−15.85	59.13	−37.92	16.58	−77.76	75.06
	移动速度(/年)		0.71	0.86	0.40	0.81	1.16	1.83
制造业	偏心距离	1.45	2.05	2.39	2.54	2.48	1.81	2.52
	移动距离		0.69	0.44	0.32	0.29	2.89	3.18
	移动角度(度)		−52.33	−70.77	28.95	46.33	−73.37	−79.67
	移动速度(/年)		0.35	0.22	0.16	0.14	1.45	1.59
租赁和商业服务业	偏心距离	1.74	0.64	0.88	0.68	1.23	0.60	2.78
	移动距离		1.14	1.40	1.56	1.78	1.07	2.22
	移动角度(度)		−33.05	−31.95	−15.54	10.13	55.17	−9.73
	移动速度(/年)		0.57	0.70	0.78	0.89	0.54	1.11

偏心距离：以2003年为基础，各产业非均衡性都呈现波动变化的态势，其中房地产业、批发零售业、金融业、制造业都是在细小的波动中非均衡性逐渐增加；交通仓储业则在2005年非均衡性有突减，随后稳定增加与2003年的均衡状态基本持平；科研综合技术的非均衡性呈现先变大后变小的变化趋势；信息技术则呈现出先变小后变大的变化特征；租赁和商业服务业的职能的空间重心分布则处于十分不稳定的波动态势。所有的指标均衡性都是动态变化的状态，可以体现出在城市职能的演变过程中，不同时间空间作用力量博弈的过程。

移动距离：首先信息技术业、租赁和商业服务业、制造业、批发零售业等产业的重心移动距离相对而言都是比较大的，结合信息、技术资源、人才等这些产业所依赖的发展要素在不断地发生变化，可以看出这几个产业职能的空间城市格局变化比较激烈，城市之间产生了激烈的资源博弈。相比之下，金融业、科研综合技术业的中心移动距离较小，城市职能的均衡状态只是较小的波动态势，发展稳定。

移动方向：通过数据角度的绝对值大小关系以及正负号对应的方向能够判断出城市均衡变化的方向。以2003年为基础，金融业、批发零售业、制造业都呈现比较稳定且明显的线性变化趋势，金融业向北发展，制造业反向南向发展，这与前文的分析结果相近，可见金融业的发展一定程度上来源于北方地区相应的金融政策以及资源的引进；而制造业的南移也从一定层面归因于沿海城市的中东部城市的制造业的发展。房地产业、交通仓储业、租赁和商业服务业的演变方向则更加多变分散，可见在发展的过程中，来自中东与北方的城市的资源流动波动性较大，城市整体的均衡性并不稳定。

(三) 职能均衡格局演变小结

通过从区位商指示意义下对于城市职能格局的非均衡演变分析，紧接着从重心的刻画下对城市职能空间结构的非均衡性演变分析，可以看出，因为资源的差异及政策的引导区别，我国地级市的城市职能格局始终处于动态非均衡状态，进一步体现出城市之间资源博弈的过程。同时不同行业因为资源分布、关联产业的差异，分布的状态及中心也不同，通过重心变化分析能够得出资源分布的优势区位，通过重心变化的剧烈程度进一步判断相关产业的变化难易程度、变化幅度，同时可以判断出城市的相关产业所具备的发展能力。基于得出的结论，能够为产业的转移提供区位信息，为产业的调控强度提供参考。

六、结语

通过前文对287个地级及以上的城市职能在协同格局以及均衡格局的演变研究，对城市职能的演变状态形成比较全面且整体的把握。自2003年起，中国城市职能由分散化无规律的非均衡格局逐渐演变成为向心分布、具有空间规律性、职能优势集聚明显的格局。但具备成熟稳定产业协同职能的城市仅向东部地区的少数中心城市集聚，过半的城市职能不突出或职能不稳定、单一化，整体格局并不稳定。而从职能均衡的层面考虑，不同产业职能的非均衡波动方向以及剧烈程度各不相同，不同产业的发展强弱也存在较大偏差，金融业的发展态势显著强于其他产业的职能发展。

在新常态背景下，要想对产业结构进行升级以及对城市职能格局进行优化，必须要意识到城市职能格局演变中协同效应不突出以及空间非均衡的波动性和产业的差异性，并以此为切入点提出具有针对性的产业引导政策，对城市的职能格局进行政策上的调整。在今天体现出的单座城市产业协同变化与区域城市职能分工变化的趋势下，中国主动融入全球化的战略下，考虑受到一带一路政策变量的影响，我们需要将关注的重点放在国家中心城市、边境城市以及大量的资源型城市上，结合城市群考虑区域城市的共同发展。需要充分考虑在城市职能演变过程中城市群发挥的作用，需要以长三角以及珠三角城市群形成的相对成熟的产业协同发展结构为参考，探索京津冀城市群可行的产业发展路径，同时推动中原、东北地区的优势产业的形成；也需要加大对中小城市优势资源的挖掘，在强化城市的优势职能的基础上，向上海和深圳等中心城市靠拢，尝试发展更加多元化的城市职能。

河南大运河城市文化形象塑造研究报告

国家提出建设大运河文化带的重要战略构想,打造展示中华文明的金名片,为保护好、传承好、利用好大运河文化,再现隋唐大运河历史风貌指明了新路径,也为河南运河沿线城市的人文城市建设开辟了新的空间。目前,河南在大运河文化遗产保护传承的研究和关于大运河文化带建设的讨论中,并未扮演重要、积极的角色。未来,河南应该以更广阔的视角深入挖掘河南运河城市厚重的历史文化资源,对大运河漕运运道、贸易通路及人文交流纽带的多重功能进行更新发展,以创意引领跨界融合,努力在多元开放、协作共建方面增强相关城市的文化联系,在修复城市文化功能、重建城市文化特色中达到"文化传承、包容增长、外树形象、内聚人心"的目标。

一、新机遇:大运河文化带与河南人文城市建设

近年来,将大运河遗产的保护传承融入沿线地区经济社会发展的总体规划,把运河遗产的"活态"利用与协调推进沿线地区"五位一体"发展相结合,建设辐射沿线六省两市全境的"大运河文化带",已经成为完整保护大运河文化遗产价值的现实选择。中国著名的八大古都中有四个位于河南。郑州、洛阳、开封、安阳等运河名城既是人文资源厚重、历史文脉延续的古都,也是当下中原城市群的中心、副中心与重要节点。古代,大运河曾经滋润中原文明的历史辉煌,造就了中国古代农业文明发展的高峰。今天,河南仍旧在延续大运河文明活水长流、充实华夏中枢腹心、保障国家粮食安全方面发挥重要作用,属于大运河文化带规划建设的重点区域。

《国家新型城镇化规划(2014—2020年)》提出"文化传承,彰显特色"是中国特色新型城镇化的基本原则之一,要发展有历史记忆、文化脉络、地域风貌、民族特点的美丽城镇,把城市建设成为历史底蕴厚重、时代特色鲜明的人文魅力空间。在《河南省新型城镇化规划(2014—2020)年》(豫政〔2014〕55号)和《中共河南省委 河南省人民政府 关于推进百城建设提质工程的意见》(豫发〔2016〕39号)中,都着重强调延续城市历史文脉、提升公共空间品质,塑造具有鲜明地域特色和时代气息的中原城镇风貌。以河南境内大运河沿线的文化资源富集型城市为抓手,活化运河文化遗产,延续千年运河文脉,塑造文明交流互鉴、文化开放包容、人居环境

优良的城市文化形象。不但有利于激活大运河"汇文明活水,连中枢腹心,促区域协调"的历史作用,全方位展示大运河从"中华文明历史高峰"流向"中华民族伟大复兴"的深刻内涵,更有助于夯实文化自信的现实基础,使河南正在进行中的新型城镇化建设和"百城建设提质工程"更加出彩。

二、历史:河南运河城市的昔日辉煌

大运河文化遗产是世界上开凿时间最早、流程最长的人工运河,由京杭大运河、隋唐大运河、浙东大运河组成,全长 2500 多公里,流经北京、天津、河北、河南、山东、安徽、江苏、浙江 8 省市。其在现河南省境内主要包括隋唐大运河通济渠、永济渠及京杭大运河会通河台前段,即洛河、汴河、卫河、会通河 4 个遗产段落,涉及洛阳、郑州、开封、商丘、焦作、新乡、鹤壁、安阳、濮阳等 9 个省辖市和巩义、滑县、永城 3 个直管县(市),河道长度为 686 公里,遗存面积约 200 平方公里。

河南大运河沿线地区位于京津冀和长三角两大城市群之间,与中原城市群交叠,经济上多属于欠发达水平,文化上则是著名古都、历史文化名城密集分布的华夏文明高地。截至 2018 年 5 月 2 日,河南共有洛阳、开封、安阳、南阳、商丘、郑州、浚县和濮阳八座城市入选国家历史文化名城,绝大多数都与运河毗邻。

唐宋时期,洛阳、开封先后成为首都和国内陆路交通、大运河水系的中心。政治、经济活动的集中,辐射全国、通江达海的发达水运,多种因素共同推动了中原文明的繁荣发展,既使其所处的时代成为中国古代农业文明发展高峰的重要象征,也给这些城市今天的文化建设准备了厚重的历史文化底蕴。

隋唐洛阳城设计规划宏伟大气,隋朝洛阳城的三个"市"除了规模宏大、贸易繁盛外,它们大都紧邻可以行船的河渠,通远市南沿洛河,北傍漕渠;丰都市通运渠;大同市通通济、通津两渠。又分别向西、向东与陆上、海上丝绸之路连通,外国使节、商旅往来频繁,使城市文化既具有华夷融合、中西汇通的典型特征,又集中体现了盛唐时期社会文化的开放包容,以及中国与中亚、西亚文明格局变动的历史关联。《洛阳伽蓝记》记载:"自晋宋以来,号洛阳为荒土,此中谓长江以北,尽是夷狄。昨至洛阳,始知衣冠士族,并在中原。礼仪富盛,人物殷阜,目所不识,口不能传……市东有通商、达货二里。里内之人,尽皆工巧屠贩为生,资财巨万……舟车所通,足迹所履,莫不商贩焉,是以海内之货成萃其庭。产匹铜山,家藏金穴;宅宇逾制,楼观出云;车马服饰拟于王者……凡此十里,多诸工商货殖之民。千金比屋,层楼对出,重门启扇,阁道交通,迭相临望。金银锦绣,奴婢缇衣,五味八珍,仆隶毕口。"①

---

① [魏]杨衒之:《洛阳伽蓝记》,长春:时代文艺出版社 2008 年版,第 53—54 页。

今天,影视作品中的洛阳景象依旧令人震撼。在电影《狄仁杰之神都龙王》(导演 徐克,2013)的开始,主人公一句"大唐,我夙夜忧思的母国;洛阳,我魂萦梦系之地",立刻将观众带回充溢盛唐气象的洛阳城。繁忙的船坞码头、巍峨壮丽的天堂和明堂、宝象庄严的大佛、热闹的胡人街、墙上绽放的牡丹……一个个镜头生动刻画出洛阳昔日的辉煌,展示了本土与外来交融、多元开放、富庶繁荣的城市形象。2014年11月,国外著名旅游网站"smarter travel"向全球网友推荐了世界各地十处历史古城,洛阳代表中国八大古都入选其中,上榜理由为:"它是亚洲最古老的居住城市之一,曾经是发展的中心地区,并且是中国的四朝古都之一。洛阳四周皆是郁郁苍苍的群山,众多的佛像与历史遗迹雕刻在这些大山之中。作为众多个朝代的古都,洛阳浓厚的历史底蕴使之成为了联合国世界文化遗产。"① 英国BBC曾在纪录片《中国故事》(*The Story of China*,英国广播公司,2016)第二集中这样评价洛阳:"古城洛阳,丝绸之路在中国的起点。"这也是首次有外媒公开明确表示洛阳是丝绸之路在中国的起点。

开封因隋唐大运河而兴,在宋代成为国家运河的枢纽,政治、经济、文化高度发展,是当时世界上面积最大、人口最多、最繁荣的城市。北宋定都开封,宋人张方平曾说:"汴河之于京师,乃建国之本。"② 北宋定都为东京汴梁后,依托空前发达的运河水运,仅仅用了几十年时间,就"北通涿郡之渔商,南运江都之转输"。扬州等南方地区的石料、粮草、食盐等沿运河北上直达,当时东京城里专有一傍水路的城门就叫"扬州门"。在某种意义上讲,没有汴河就没有东京的繁荣,汴河就是东京的一张名片。正是大运河水的流淌促进了南来北往的商贸,滋养了开封城市的迅速扩张。

《清明上河图》《东京梦华录》及许多宋人诗词、笔记小说中,都对北宋时期开封万国咸通、八荒争凑的繁华景象有细致生动的刻画。《清明上河图》展现出的就是清明时分漕运船进入汴水时的热闹景象。图中出现的虹桥被后世誉为"中国四大古桥"之一。"四大古桥"中的三座桥梁至今仍保存于世,而虹桥却随着北宋覆亡后与干涸的汴河河道一起湮灭在历史的尘埃中。宋代著名词人周邦彦在《汴都赋》中说:"于是自淮而南,邦国之所仰,百姓之所输,金谷财帛,岁时常调,舳舻相衔,千里不绝,越舲吴艚,官艘贾舶,闽讴楚语,风帆雨樯,联翩方载,钲鼓镗铪,人安以舒,国赋应节。"③ 至明代,文学名著《水浒传》中还在以铺陈渲染的手法、充满

---

① 人民网:《穿越时光,重温那些惊艳了岁月的古城》,2014 年 11 月 14 日,http://lady.people.com.cn/n/2014/1118/c1014-26044861.html。
② [宋]张方平撰,郑涵点校:《张方平集》,郑州:中州古籍出版社 2000 年版。
③ 《汴都赋》作者周邦彦,北宋著名词人,字美成,号清真居士,钱塘(今浙江杭州)人。神宗赵顼元丰初,在汴京作太学生,写了一篇《汴都赋》,描述了当时汴京盛况,歌颂新法。

诗意的语言描绘北宋开封的富丽绚烂:"金明池上三春柳,小苑城边四季花。十万里鱼龙变化之乡,四百座军州辐辏之地。黎庶尽歌丰稔曲,娇娥齐唱太平词。……天街上尽列珠玑,小巷里遍盈罗绮。"①

2010年,描绘北宋东京盛世荣华的《清明上河图》在上海世博会中国馆中以动态版的形式重现,激活了中国人关于"城市,让生活更美好"的历史记忆,同时也向世界展示了中国在城市发展中追求进步、崇尚创新、开放共荣、倡导和谐的历史经验。2016年8月,由3A级景区"汴梁小宋城"投资制作的宋文化宣传视频惊艳亮相美国纽约时代广场,以连续48小时、12屏联动,累计500次滚动播出,向世界展现了开封悠久的历史文化、民俗风情及当代开封"新宋风"带动城市发展的雄心。

三、现实:被淡忘的运河历史文化资源

优秀传统文化资源要具有长久的生命力,必须融入日常的社会生活。大运河文化遗产的保护、传承同样也是如此,不但要在落细、落小、落实上下功夫,更应让人们从社会生活的方方面面感知、领悟运河文化的独特魅力。应该注意的是,在大运河河南段,由于运河传统的航运功能已经退化殆尽,沿线民众对昔日运河熙来攘往、沟通南北的文化记忆早已模糊,对于城市形象、人文交流、文化产业的潜在价值也没有得到足够重视。2014年6月24日,有18个城市参与的京杭大运河城市旅游推广联盟在杭州成立,聚焦运河沿岸特色风景、特色历史文化资源开发的京杭大运河旅游官网(www.grandcanaltravel.com)已经上线。但至今,河南却尚未就隋唐大运河有实际动作。

(一) 大运河河南段密集分布的文化遗产

大运河河南段沿岸座落着郑州、开封、洛阳、安阳等7座国家历史文化名城,沿线分布有世界文化遗产5处,全国重点文物保护单位264处,人类非物质文化遗产代表作项目1项(二十四节气)、国家级非物质文化遗产代表性项目66项。受国家文物局委托,中国文化遗产研究院于2013年1月编制了《中国大运河遗产管理规划》。该规划将大运河总体上分为通济渠段、卫河(永济渠)段、淮扬运河段、江南运河段、浙东运河段、通惠河段、北运河段、南运河段、会通河段、中河段,共10大河段。其中的通济渠段、卫河(永济渠)两段位于河南境内。各河段共有河道、运河水工遗存、运河附属遗存、运河相关遗产总计85处,河南为9处。目前,河南省内已经探明运河河道为686公里。如果考虑郑州东区至开封情况不明的河道,隋唐大运河河南境内长度应该逾700公里。

根据沿线历史文化资源分布的总体情况,大运河河南段可细分为4个各具特

---
① [明]施耐庵:《水浒传》,北京:中华书局2008年版,第652页。

色的遗产段落:洛河段、汴河河南段、卫河河南段、会通河河南段。既涵盖了河道、闸坝、堤防、驿站、码头、榷关、桥梁、城镇等物质文化遗产,同时又包含着文学、戏剧、民俗、信仰、礼仪、节庆等丰富的非物质文化遗产。

1. 洛河段

洛河段是隋唐大运河通济渠的重要组成部分,全长约50公里,流经洛阳市(第一批国家历史文化名城)、巩义市。自隋修成后,唐、后周、北宋时,洛河段就要经常开凿、疏浚、整修,才能继续使用。北宋灭亡后,因缺乏及时的开凿、疏浚而衰落,不再具有航运中枢地位。在《洛阳市大运河遗产保护规划(2011—2030)》中确定洛阳市大运河遗产共3大类6项,水上遗存类包括洛河洛阳段、洛阳南关码头遗址两个遗产项;附属遗存类包括含嘉仓遗址、回洛仓遗址、天津桥遗址3个遗产项;相关遗产类包括遗产项为隋唐洛阳城遗址,其中又包括定鼎门遗址、应天门遗址、明堂及圆形建筑遗址3个遗产点。含嘉仓和回洛仓是隋代大运河沿线的大型国家漕运官仓,在整个大运河运转过程中起着中转站和储备库的作用。定鼎门是隋唐洛阳城郭城的正门,与皇城正门端门之间为定鼎门大街,总宽142米,保存有完整的门道、垛楼、马道、水渠等遗迹。

河图洛书[①]传说是诞生于洛阳地区的关于"河出图""洛出书"等相关故事的民间传说体系,主要包括龙马负图寺的传说、神龟献洛书等内容。2014年河图洛书传说经国务院批准列入第四批国家级非物质文化遗产名录。唐三彩烧制技艺是洛阳市的地方传统手工技艺,2008年经国务院批准列入第二批国家级非物质文化遗产名录。位于巩义市白河两岸的巩义窑址包括黄冶三彩窑址和白河瓷窑址2处遗产点在2006年被国务院公布公布为全国重点文物保护单位。因洛河航运兴起的农官商结合的地主庄园——康百万庄园,目前是全国重点文物保护单位,国家4A级旅游景区。

2. 汴河河南段

汴河是隋唐大运河通济渠的重要组成部分,途经郑州市(第三批国家历史文化名城)、开封市(第一批国家历史文化名城)、商丘市(第二批国家历史文化名城)、永城市,河道长度共257公里,历经汉魏汴渠、隋唐通济渠、北宋汴河等历史时期,前后沿用达1500年,南宋偏安江南后,汴河段遂告废弃。汴河故道包括惠济桥及索须河段、开封至商丘段2处遗产点(段)。开封古城"因运河而生、依运河而兴",包括北宋东京城遗址、繁塔、延庆观、祐国寺塔、大相国寺和开封城墙6处遗产点。朱仙镇作为明代开封唯一的水陆转运码头,与汉口镇、佛山镇、景德镇并称为全国四大名镇。2006年由朱仙镇申报的"朱仙镇木版年画"入选第一批国家

---

① 河图与洛书是中国古代文明图案,是阴阳五行术数之源。

级非物质文化遗产名录。开封汴绣素有"国宝"之称,2008年进入第二批国家级非物质文化遗产名录。隋唐大运河商丘码头遗址已被列入大运河文化遗产点,是全国重点文物保护单位。

3. 卫河河南段

隋唐为永济渠,后北宋时称御河,明初改卫河并沿用至今,通航1000多年,一直沿用至20世纪70年代,途经新乡市、安阳市(第二批国家历史文化名城)、鹤壁市、滑县,全长227公里。经国家认定的大运河新乡段遗产主要有8项12个遗产点,包含水工遗存:卫河(永济渠)新乡段(卫河新乡段、卫河故道卫辉古城段),小丹河(大沙河),百泉河和百泉湖。附属设施:合河石桥。合河石桥位于新乡县,是卫河起点标志性建筑、河南省第四批文物保护单位。相关遗产有卫源庙、金龙四大王庙、卫辉古城(望京楼、望京楼历史文化街区、贡院街历史文化街区、盐店街历史文化街区)。非物质文化遗产有国家级3项(百泉药会、中州大鼓等)、省级26项(落腔、小店菜刀、小杨庄木板年画、比干祭祀等)、市级57项(门鼓、高跷、老君庵庙会、庞寨舞狮等)。

卫河(永济渠)浚县段(鹤壁)的保存现状良好,文化遗产丰富,主要有卫河浚县段、黎阳仓遗址、浚县古城、云溪桥、枋城堰遗址、大伾山浮丘山文化景观、屯子镇码头村古村落等大量历史遗存,同时还分布着以浚县泥咕咕、浚县大平调、浚县民间社火、浚县正月古庙会为代表的各级非物质文化遗产项目一百余项。浚县正月古庙会是一种古老的传统民俗及民间宗教文化活动,2014年经国务院批准列入第四批国家级非物质文化遗产代表性项目名录。滑县道口镇是河南省历史文化名镇,历史街区传统风貌保存较好,街区内街巷格局清晰,义兴张烧鸡老铺、德锦诚绸缎庄、同和裕钱庄等百年老字号至今犹存,其中大圣门字拳被列入省级非遗保护项目。

4. 会通河河南段

位于濮阳市台前县,全长约10公里,是明清时期"治黄保运"主战场,属于京杭大运河的一部分,始于元代,历明清两代,曾流淌了600多年,最后因河道淤积而废弃。主要包括通源闸遗址和八里庙治黄碑2处遗产点。八里庙治黄碑由多组石碑组成,其中以奉敕修河道功完之碑(徐有贞治黄碑)、明代御制祭文碑、明代镇河神兽铁鼠、清顺治重修大河神祠碑、清滚水坝碑尤为珍贵。濮阳有7项国家级传统戏剧类非遗:目连戏、大弦戏、大平调、四平调、罗卷戏、柳子戏。国家级传统体育杂技类非遗1项:东北庄杂技。2017年河南有9个非遗项目签约联合国教科文国际非物质文化遗产大数据平台,濮阳独占4席:葫芦烙画、掐丝银胎景泰蓝、陈氏绢艺和憨婆婆粗布。

(二）亟待重视的运河遗产保护

在大运河沿线省市中,河南运河资源的保护与开发起步明显较晚,重视不够,力度不足,机制不活。临近的江苏省在大运河申遗阶段就支持扬州联合全球运河城市共同发起成立世界运河历史文化城市合作组织(WCCO,2009),推动扬州成为中国大运河申遗牵头城市,编制了《大运河江苏段遗产保护规划》。申遗成功后,江苏2015年又启动的大运河旅游推广月活动中运河沿线7个城市联合当地公益组织开展沿大运河"百里毅行活动",以实际行动呼吁全社会共同保护运河环境。2018年4月26日,江苏省又宣布成立大运河文化带建设研究院,意图建成全国运河文化智库的样板和标杆。与之相比,当前河南在运河遗产保护开发中还存在着许多难题,需要认真研究、逐个突破,才能迈出保护好、传承好、利用好大运河历史文化资源的关键一步。

1. 运河遗产保护与城建环保矛盾依旧突出

河南运河沿线地区面临经济社会发展和文化遗产保护的双重压力。一方面,生态环境恶化对运河本体的破坏与威胁依然存在,除湛河水质较好外,卫河等"活着的古运河段"均存在不同程度的污染,有的河段还相当严重。另一方面,河道原有功能退化,多数深埋地下,也加大了保护挖掘、开发利用的难度。目前开封离地表一米多就会打出水,而运河故道在地表十几米深处。部分城市建设活动正在严重威胁运河遗产本体,具有历史价值的古代水利工程遗产被遗弃、破坏、拆毁,或被现代工程所取代,保留下来的传统河道工程遗产较少,河道断头情况比较多。比如,商丘夏邑、永城境内20世纪60年代还保存有高出地面两米多的运河故道河堤,后来旁边公路挖土修建路基时对其造成了破坏。

2. 缺少运河文化遗产展示的亮点工程

河南运河沿线城市对运河文化遗产公共展示场所数量偏少,部分遗产与主要交通线路联系不便,可达性不强,公众参与度、利用水平低,缺乏媒体追捧、群众关注、内容瞩目的"亮点"。如:目前河南仅在洛阳市设立有隋唐大运河博物馆。位于省会郑州的河南省博物院并无相关运河主题展览馆,也未举办过运河主题相关的展览活动,和河南省在大运河文化带"腹心"的关键地位,以及郑州延续通济渠渠首之运河文脉的现实要求极不相称。运河沿线其他省份则已经"落地"许多不同形式的运河文化展示展览项目。2016年建成的杭州市中国京杭大运河博物馆,是国内第一家以运河文化为主题的大型专题博物馆,它的建成填补了博物馆界的一大空白。还有北京的通州运河文化景观带、大运河通州森林公园;宿迁的江苏运河文化城、运河文化创意园;淮安的中国漕运博物馆、淮安里运河文化长廊;扬州的扬州水文化博物馆;常州的运河五号创意街区等,都是集运河文物收藏、遗产保护、资源研究、文化创意、宣传教育于一体的大型综合类工程。

3. 民众对保护传承运河遗产意识不强

整体上,河南省对大运河遗产的保护开发还停留在政府主导、财政推动的层面,主要涉及财政投入的考古发掘、河道恢复、展馆建设,而忽视了普通群众在保护运河遗存、传承运河遗产的主体地位。没有"知运河、爱运河、护运河"的良好社会氛围,导致社会各界主动了解运河文化的意识不足,保护传承运河文化的动机缺乏,更会引发破坏运河遗址的恶劣行为。2016 年,滑县旅游发展和文物保护中心与运河遗产管理处联合对滑县段运河沿线进行了相关调查,在初步确定无重要遗迹的前提下开始实施河道清淤工程。在施工过程中,部分不法分子私自在大运河遗址私挖乱采,少数不明真相的群众,受人怂恿,在施工现场进行所谓的"寻宝",一些不法分子在现场用事先准备好的器物,假借是从河道挖出的"宝贝"进行现场出售,欺诈群众,以致运河寻宝传得沸沸扬扬。在社会上造成了恶劣影响,严重影响了施工进度,造成极大的安全隐患。

4. 多头管理、协调不力的现象依然存在

大运河河南段主要指隋唐大运河通济渠、永济渠及京杭大运河会通河台前段,包括洛河、汴河、卫河、会通河 4 个遗产段落,流经洛阳、郑州、开封、商丘、焦作、新乡、鹤壁、安阳、濮阳等 9 个省辖市和巩义、滑县、永城 3 个直管县(市),已探明的河道长度为 686 公里,遗存面积约 200 平方公里,点多、线长、面广的特征十分突出。大运河河南段各种涉水功能逐渐减弱或丧失,部分河段河道防洪标准低,河道萎缩,严重阻水,影响排洪,不但使文物、水利、城建、交通、土地等多个管理部门难以协调行动,更使整体保护规划需要的跨区域统筹管理无从着手。

(三) 大运河在河南城市文化建设中的缺位

一部运河史,半部河南史。一方面,洛阳、开封历史上先后是大运河水系的中心。大运河曾经滋润了中原文明的历史辉煌,成为中国古代农业文明发展的高峰。另一方面,河南也一直在维系大运河文明活水长流、协调华夏中枢腹心、保障国家稳定繁荣中发挥着重要的历史性作用。

党的十九大报告提出了中国特色社会主义文化发展的基本方略,要在"不忘本来、吸收外来、面向未来"中推动中华优秀传统文化创造性转化、创新性发展,更好构筑中国精神、中国价值、中国力量,为人民提供精神指引。在此之前,《国家新型城镇化规划(2014—2020)》提出要走以人为本、四化同步、优化布局、生态文明、文化传承的中国特色新型城镇化道路,将地域环境、文化遗产、建筑风格等特有的"文化基因"与多元开放的现代城市文化相结合,通过人文交流、文明宽容和特色文化产业彰显城市人文形象的差异性、多样性。但在河南运河城市的文化建设中,厚积的运河历史文化资源却尚未得到足够的重视。具体体现在以下几个方面:

1. 城市形象宣传缺少运河符号

目前,在河南各地的城市形象宣传中,除了洛阳城市宣传片《寻梦·让世界重回洛阳》(2015)等少数情形,无论是城市特有文化元素的找寻与挖掘、关键词的提取与展示,还是城市形象的凝练及表达,大运河出现的频率都不高,或没有被作为突出强调的"文化名片"。2018年4月,中国外交部河南全球推介活动在京举行,8分钟高清形象片震撼发布,惊艳全球。视频以"新时代的中国:与世界携手,让河南出彩"为主题,从古老的历史文化出发到现代化的产业发展,集中展示了河南诸多历史文化名城的代表性文化符号:新郑轩辕故里、温县陈氏太极、登封少林寺、开封《清明上河图》、河南烩面等等。但却始终未出现大运河的字样和画面,显然忽视了大运河河南段在河南历史乃至中国历史上发挥的重大作用,也没有顾及唐宋时期运河对洛阳、开封等大都名城的滋养哺育。

与河南不同的是,江苏致力于将运河旅游打造成世界知名的旅游品牌。2015年3月,江苏省旅游局邀请美国国家地理频道摄制组对江苏运河沿线进行采风,拍摄《古之奇迹今之传奇——中国大运河》纪录片,囊括运河沿线扬州、常州、镇江等8个城市的特色精华。该片于世界旅游日9月27日当天在美国首播,10月起在欧洲28国按语种分别播映,面向欧美主要国家宣传推广江苏省运河旅游资源,展示大运河江苏段沿线城市的魅力,以吸引更多国内外游客来江苏。2016年杭州G20峰会前夕,杭州城市形象宣传片《韵味杭州》(杭州市人民政府新闻办公室与杭州电视台,2016)在BBC电视台首播,同步在北美地区、欧洲地区和亚太地区播出,短短30秒的视频中灵隐、龙井、西泠印社、运河、西湖、西溪、钱塘江、丝绸、夜景、喷泉、阿里巴巴等杭州元素一一出现,京杭大运河作为其中之一,在古今交错中向国际展示了其独特的魅力。2018年6月9日是我国"文化和自然遗产日",文化和旅游部公布的非物质文化遗产保护主题是"多彩非遗,美好生活"。浙江主场城市(杭州)系列宣传活动的主题是"传承运河文脉,建设文化浙江"。而河南的宣传主题是"文化遗产的传播与传承",在其宣传时很少见到与大运河相关的主题活动。

2. 运河保护未能融入居民生产生活

大运河文化遗产要具有长久的生命力,必须融入日常的社会生活。不但要在落细、落小、落实上下功夫,更应让人们从社会生活的方方面面感知、领悟运河文化的独特魅力。河南大运河沿线地上可视遗产较少,地下埋藏遗产较多,缺乏直接展示遗产的便利条件。目前,河南各地已有的运河保护规划等政策文件常常是由文物部门主持制定,多重视考古挖掘,对如何使大运河有益的文化价值深度嵌入百姓生活、实现文化价值与实用价值的有机统一则缺乏关注。既难以使相关城市的普通居民在视觉上形成对千年大运河的整体体验,又不能吸引他们主动参与大运河文化的保护传承，形成促进运河历史文化资源的创造性转化、创新性发展的社会效应。

当今时代，文化创意和设计服务已贯穿在经济社会各领域各行业，呈现出多向交互融合态势。大运河在河南沿线，尤其是河道被掩埋区域居民的记忆中早已模糊。通过丰富创意和设计内涵、加强科技与文化的结合，拓展运河物质和非物质文化遗产的传承利用途径，在与文化和旅游产业的结合、居民生产生活的融合中激活运河文脉的潜在活力，是保护传承大运河文化遗产不能忽视的重要命题，也是建设大运河文化带的必由之路。在《河南省大运河文化带建设总体规划研究报告》（河南省发展和改革委员会，2017）中提及要建设国家大运河文化旅游改革创新示范区，开展"盛世长河"旅游品牌推广工程，组建"9+3"河南省大运河旅游城市推广联盟，制定全省大运河旅游营销推广计划，共同打响"盛世长河"旅游市场品牌，实施河南省大运河旅游互联网营销计划，建立中英文版的河南省大运河旅游官网，通过脸书、推特、微博、微信等互联网新媒体实施营销推广。但这些举措一方面尚处在顶层设计层面，短期内难以见到实际效果；另一方面也没有涉及运河相关文创产品的开发拓展。

3. 城市文化标识缺少运河元素

大运河文化带是探寻中华文明生命轨迹的重要主线，是传承中华优秀传统文化的重要抓手。大运河流淌千年，不仅留给沿线城市舟楫之便的历史记忆，其厚重文化中的勇于开拓精神、开放包容理念、融合创新精神更能跨越时间距离，深入人心。

运河沿线其他省份的城市，往往结合当地在运河体系里的地位、运河历史沿革、当地特色文化资源，为当地的大运河遗产点寻找响亮而独特的称号。如山东汶上南旺镇是京杭大运河的"至高点"，白英治水的戴村坝、南旺分水枢纽工程被誉为"江北的都江堰"；元明清三个朝代的运河管理机构"总督河院署"都曾设在济宁，济宁也被称作"运河之都""江北小苏州"。而在河南运河城市的文化标识中则并未出现与运河元素相关的词汇。2018年3月，郑州市城乡规划局公示了惠济区《古荥大运河文化区综合安置区（一期）控制性详细规划》，要依托国家级历史文化名镇——古荥镇和世界文化遗产——隋唐大运河两大顶级资源，把古荥镇打造成郑州市乃至河南省顶级的文化旅游古镇。但是，该规划中出现的运河小镇、运河示范带等名称即便在省内运河沿线也没有辨识度。

四、未来:河南运河城市文化形象塑造的对策建议

"城市是文化的容器。"①每个城市都拥有自己的历史,也必然形成各具特色的文化名片。尽管其样式和符号表达在不同时期会有变化,但打造城市文化名片或者说塑造城市文化形象却都必须根据不同地区的自然历史文化禀赋,体现历史记忆、文化脉络、地域风貌、民族特点。

河南在整个大运河文化带中具有承接南北、汇通东西的重要地位,洛阳、开封两大古都更曾是隋唐、北宋时期大运河水系的中心。"活态"展示大运河河南段沿线城市在促进中国各区域间人文交流方面的历史价值,彰显大运河贯通古今、联系中国东西南北中部的"文明水路"功能,迫切需要以更广阔的视角对河南运河城市厚重的历史文化资源进行深入挖掘,形成礼敬守护、传承发展运河文化的良好社会环境。为尽快改善河南在大运河文化创新利用、活化传承中的"后知后觉"局面,需要将运河历史文脉延续融入现实的城市文化形象塑造,在文化传承、科技支撑、市场主导、创新驱动中唤醒沿河地区民众对大运河的多重文化记忆,引导、鼓励他们群策群力,积极参与到大运河文化带的建设中,给河南的大运河文化带建设奠定坚实的社会基础。

(一) 重视文化地标建设

经过历史的累积沉淀,运河城市内往往会形成一些特色浓郁的标志性文化景观,不仅凸显出文化的区域差异性与形态多样性,也集中体现了相关城市的自然历史文化禀赋和文化发展脉络。河南段运河遗迹往往深埋地下,为激发民众对运河历史的想象,需要对建设凸显运河文化特质的文化景观予以特别关注。可以围绕"文明活水,记忆运河"的主题,结合生态修复、城市修补,兴建一批标志性的文化基础设施。

1. 运河文化遗址公园

商丘大运河世界遗产公园作为商丘运河城市的标志性项目已于2017年6月开工,项目建成后,将和商丘古城、商文化、火文化、大沙河古宋河生态长廊等景区连成一片。未来在开封还可依据《清明上河图》中有关运河的场景建设漕运文化公园,全方位展现漕运历史、风光、生活及码头场景,重现大宋盛世风貌。

2. 运河博物馆

在立足运河遗址、彰显隋唐特色、彰显生态环保的基础上,洛阳隋唐大运河博物馆可以开展3D影像科技、大运河出土文物VR虚拟展示等大运河数字展览,实现"互联网+大运河"的深度体验,强化隋唐大运河国家文化符号。

---

① 〔德〕斯宾格勒:《西方的没落》,陈晓林译,哈尔滨:黑龙江教育出版社1988年版,第353页。

还可以由河南省大运河遗产保护管理办公室牵头,省博物院组织,与运河沿线省市博物馆联合举办"南北通波"运河文物展。在全国范围内组织与漕运(漕粮征收、运输、仓储、分发等)有关的历史文献、度量衡器、船只模型、陶瓷绘画等展品,结合巨幅投影卷轴、彩绘雕塑与艺术沙盘模型等手段,精心组织,认真筹划,在省内沿运河的开封、洛阳、郑州等古都名城举行大型巡回展览。

3. 运河之心

较为重视大运河文化带建设的山东、江苏等省已经在多地建造了名为"运河之心"的展示设施。大运河(山东段)的戴村坝则被誉为"中国古代第一坝"和"大运河之心"。扬州市广陵新城中央商务区在紧邻京杭大运河处建造了"京杭之心",将作为世界运河博览会的永久性会址。2017年,扬州三湾湿地生态中心开建了占地3286平方米的"运河之心"展示馆。

在大运河全线通航的整个历史过程中①(隋朝至清朝末年),运河的中心大约有一半时间是在河南境内。元明清定都北京,河南虽失去运河中心的地位,但仍是漕粮征收、运输的重要区域。当下,河南又处于发挥优势推动中部地区崛起,实施区域协调发展战略的关键位置,也是大运河文化带与丝绸之路经济带交汇的文明枢纽。应该在郑州、洛阳、开封等地选址建设一系列"运河之心"地标建筑物,以显示相关城市在运河水系中的历史地位。其形式可以是纪念碑,也可以是在广场地面上刻画的运河水系图,等等。

(二) 举办主题活动

运河城市作为一种可辨别的城市文化意象和文化身份,不仅反映在诸如宣传用语、景观名称等可读性较强的符号上,更体现于本地居民、外来游客参与的文化活动、持有的审美情趣和举止的文明程度等方面。应该策划一批具有较强操作性和现实可行性的主题性文化活动——如庆典、展会、比赛、表演、讲座、论坛等,吸引公众积极参与。

1. 运河民俗文化展

大运河南北大动脉的航运功能在多数河段已难以恢复。但通过铁路、公路和现代传媒技术,"江南北国脉相牵"的经济、文化交流在千里运河两岸却依旧密切。为传承、弘扬运河文化,可以由省文化厅、文物局牵头面向省内外征集与运河航运、商贸以及沿运河的人口流动、移民定居、民俗变迁等有关的实物(可能包括部分文物)、图片或影像资料,整理分类后分别在省博物院和沿线地市的博物馆中进

---

① 隋朝至北宋(时间大致在 610—1127,约 517 年),610 年为隋唐大运河修通年份,1127 年为北宋灭亡年份;元代至清末(1293—1912,约 619 年)。1293 年为京杭大运河通航年份,1912 年清朝灭亡,民国建立。在此之前的 1905 年,清廷裁撤漕运总督,漕运制度完全解体。

行为期一年的专题展览。

相关展品应定期在不同博物馆间进行交流,并注意在大运河河南段沿线居民中采集80岁以上高龄老人对昔日运河状况的口述史,精选片段以印刷品、视频等形式在展览中加以呈现。要联合各级教育行政主管部门组织大中小学生前来参观,以从小培养青少年对运河的感情,强化他们对运河"流动的文化""文明活水"性质的认知。在运河文化资源富集的乡镇和行政村,还可利用中小学闲置教室、文化大院等设立运河文化陈列馆,陈列、展示移民家谱、商号牌匾、龙泉窑瓷器、地方志、完纳漕粮执照等与昔日运河两岸日常生活有密切关联的物品,聘用退休教师、公务员等担任管理和讲解工作,免费向中小学生和当地居民开放。

2. "记忆运河"青年微电影大赛

大赛可以由河南省委宣传部或相关传媒企业主办,联合河南大学、郑州大学、河南师范大学等省内知名高校,中原出版传媒集团、河南日报报业集团、河南电视台、新浪网、腾讯网、优酷网、爱奇艺网等大型文化企业及视频平台共同举办。作品征集面向全社会进行,主创人员(导演、编剧、主演、摄影、剪辑)的年龄应该在18至40岁之间,国籍不限。征集公告在平面媒体和新媒体上同时发布,与相关门户网站的地方频道、地方论坛以及地方政府文化行政主管部门的官方微博、微信公众号、中国高校新媒体联盟等合作定时推送有关信息。邀请历史学家、文艺界名人、文化行政主管部门领导等共同组成评审小组,制定奖项类别、评选标准和评分细则,根据参赛作品的数量合理确定获奖比例和名次。获奖作品将在网络平台、影院和电视台进行展播。

3. 河南运河文化节

运河沿线的山东、江苏、浙江等省,近年来都有城市举办运河文化节,相互之间日期并不统一。2014年6月22日,包括隋唐大运河、京杭大运河、浙东运河在内的三大部分十段河道被列入世界文化遗产,成为中国第46个世界遗产项目。可以以地方法规的形式将每年的6月22日定为河南运河文化节。历史上,运河沿线城市间的密切联系在政治、经济、文化等方面得到了充分阐释。这种关联曾经通过运河的联通而强化,现在则因为运河通航功能的弱化而消失殆尽。为唤起运河城市共同的历史记忆,文化节主会场可以轮流设置于河南运河沿线市县,主会场与各地分会场同时举办丰富多彩的运河文化主题活动,如河南大运河文化论坛、运河美食节、运河民俗节、划船比赛、运河文化博览会等。

4. "共享单车,骑行运河"活动

可以由共青团河南省委主办,各地共青团组织,从省内各大学选派优秀大学生参与"共享单车,骑行运河"活动。活动利用共享单车这一低碳、环保的交通工具,配备统一的标志、旗帜,并携带运河文化的宣传品与文创产品在沿途的城市、乡村分发。活动分为省内、省际两个阶段,每年暑假期间举行。省内阶段参与者沿各地运河故道骑行,分段设立宣传站点,总里程以不超过 40 公里为宜。省外阶段参与者分别沿大运河故道从开封、郑州、洛阳等地向隋唐大运河、京杭大运河的两端骑行,以北京、杭州为终点。每年的活动启动仪式可以在省内大运河文化遗产点轮流举办,各地设立分会场。活动举办过程中可以由省、市电视台现场直播,主流媒体记者追踪报道,并鼓励参与的大学生利用直播平台进行网络直播。

(三) 以创意引领推动运河文化与相关产业融合发展

文化创意和设计服务具有高知识性、高增值性和低能耗、低污染等特征。推进文化创意和设计服务等新型、高端服务业发展,促进与实体经济深度融合,是培育国民经济新的增长点、提升国家文化软实力和产业竞争力的重大举措,是促进产品和服务创新、催生新兴业态、带动就业、满足多样化消费需求、提高人民生活质量的重要途径。要在完整保护大运河文化遗产多样性和独特性的基础上,坚持继承和创新相结合,采取有力措施,有效促进延续运河文脉、开发特色文化资源与现代消费需求的有效对接,加快文化创意和设计服务与相关产业的融合发展,不断推动产品和服务创新、催生新兴业态。

1. 打造隋唐大运河旅游精品线路

以运河文化的深入挖掘、运河价值的不断丰富为切入点,加强运河文化遗产地和非物质文化遗产的保护利用,大力发展特色文化旅游,推进运河文化资源向旅游产品转化,打造文化旅游精品线路。深入实施"盛世长河"隋唐大运河旅游形象推广工程,组建"9+3"河南省大运河旅游城市推广联盟,制定全省大运河旅游营销推广计划,整合旅游资源,统一旅游形象,共享旅游客源,共同打响"盛世长河"旅游市场品牌。将隋唐大运河旅游线路纳入国家对外推介精品旅游线路,以洛阳为中心,向北向东延伸,带动沿线城市特色街区和运河特色小镇发展。实施河南省大运河旅游互联网营销计划,建立中英文版的河南省大运河旅游官网,通过脸书、推特、微博、微信等互联网新媒体实施营销推广。加强与世界运河历史文化城市合作组织(WCCO)、京杭大运河城市旅游推广联盟等组织的合作交流。

2. 建设大运河新型文化演艺带

杭州歌剧舞剧院编排的舞蹈剧《遇见大运河》作为助力运河申遗的一部艺术作品,在运河申遗成功后,先后走进了大运河沿线城市,以及法国、德国、埃及、希腊等国的著名运河城市,让更多的人感知到中华文明的渊源博大。河南运河沿线地区传统戏曲资源丰富,许多剧目的故事背景、情节推进都与运河有关。

借鉴杭州经验,河南应该广泛搜集、细致梳理传统戏曲与运河变迁的历史渊源。省政府可出台政策引导郑州、洛阳等城市策划开发彰显运河底蕴的大型实景演艺产品,鼓励运河沿线其他城镇、景区等因地制宜推出各类运河文化主题演艺项目。将豫剧、大相国寺梵乐、开封盘鼓、朱仙镇木板年画等国家级非物质文化遗产项目与沿线具有地域特色的节庆祭典、戏曲文学、信仰习俗、传统技艺充分整合,利用现代科技,精心设计打造富有运河特色的文化演艺项目,建设在国内国际具有较大影响力的大运河沿线实景演艺带。为加快形成运河演艺市场和扩大影响力,相关剧目可以在新郑黄帝拜祖大典、太昊伏羲祭典、浚县正月古庙会、洛阳牡丹节等重要节庆节会上演出,也可申请国家艺术基金和文化消费补贴支持。

3. 挖掘运河沿线特色农业发展潜力

河南是产粮大省、农业大省,古往今来都在保障国家粮食安全方面发挥重要作用。河南境内的运河沿线地区,农业生产条件良好,是众多优质农产品的"道地"产地。郑州黄河鲤鱼,开封西瓜、大蒜、花生、菊花,洛阳偃师银条,安阳内黄花生、鹤壁淇河鲫鱼、新乡辉县山楂、获嘉大白菜、卫辉卫红花、获嘉黑豆、焦作清化姜、马宣寨大米、濮阳西邵红杏、古寺郎胡萝卜,巩义小相菊花等都是受国家登记保护的地理标志农产品,也是河南特色饮食小吃的必需原料。为在运河沿线建设集农耕体验、田园观光、教育展示、文化传承于一体的休闲农业园,强化休闲农业与乡村旅游经营场所的创意和设计,培育一批休闲农业知名品牌,进一步拓展休闲农业发展空间奠定了坚实的基础。未来可依托运河饮食文化开发出"重识运河路,重温家乡情"旅游路线,展示河南农业与文化、科技、生态、旅游的融合发展新趋势。

(四)建立运河文化研究机构

目前有关大运河的研究力量主要集中在京杭大运河沿线的杭州、扬州、聊城等城市,研究内容主要集中在元明清时期,对隋唐大运河的研究非常薄弱。千百年来,大运河与沿岸城市唇齿相依、兴衰紧联,形成了中国运河文明与城市发展历史上的一个重要谱系——"大运河文化型城市群"。为给河南的大运河文化带建设提供智力支持,对大运河沿线城市的文化形象塑造和文化事业、文化产业发展提出合理建议,确立河南在大运河文化带建设、大运河文化研究中的鲜明特色和重要地位,可以在河南成立"大运河文化型城市群建设研究院"作为专门的省级智库。遵循历史文脉延续、文化开放包容、人居环境优良的基本原则,按照文化引领、统筹规划、分工协作、以大带小的要求,依托运河沿线区域性文化中心城市和特色文化城市、特色文化小镇建设,构建文化资源传承创新、文化产业繁荣发展的多层次、跨行政区划、国际化协作平台。针对大运河文化带经济社会发展极不平衡的特点,大运河文化型城市群在建设中将深入挖掘大运河漕运运道、贸易通路及人文交流纽带的多重功能,概括提炼、阐释演绎文化型城市群建设的统一主题,以多元开放、协作共建增强相关城市的文化联系,努力在修复城市文化功能、重建城市文化特色中达到"文化传承、包容增长、外树形象、内聚人心"的目标。

决策咨询

当前我国城市发展中值得关注的几个影响因素

当前,我国的经济社会发展进入了新的阶段,一些重大的环境变化已经或正在发生。而城市作为聚集人口和经济活动的空间,首当其冲地要受到这些重大环境变化的影响。因此,思考今后一个时期的城市发展问题,必须对这些重大环境变化及其对城市发展带来的可能影响进行分析和预判。基于这样的考虑,本文以下聚焦于技术进步、消费需求升级、人口老龄化三个方面的环境变化,探讨其对城市发展可能带来的影响。

一、日新月异的技术进步

很多人都会发现,对比10年前和现在,我们的生活方式已经发生了巨大的变化。以达沃斯世界经济论坛主席施瓦布教授为代表的一些学者认为,第四次工业革命已经到来。有专家提出,第四次工业革命是在物联网技术、大数据与云计算以及人工智能、3D打印技术推动下,开始的生产与服务智能化、生活信息化及智能化的全新革命。而且,这种技术进步的发展速度是空前的,用施瓦布的话说就是:"如果与此前的工业革命相比,第四次工业革命不是以线性速度前进,而是呈几何级增长。"[1]以下就选取几项新技术作为对象,探讨其对城市发展可能产生的影响。

1. 人工智能技术

2016年3月,人工智能围棋程序"阿尔法狗"在五番棋人机大战中以4∶1战胜顶尖棋手李世石,成为人工智能发展史上的一个标志性事件。人工智能(Artificial Intelligence,简称AI)是计算机科学的一个分支,它企图模拟人的意识和思维的信息过程,创造出一种能与人工智能类似的方式做出反应的智能机器。其主要涵盖范围包括智能机器人、计算机视觉、自然语言处理、自动推理和搜索方法等。其应用领域极为广泛,目前已大规模应用于智能驾驶、人脸识别、语音识别、金融交易等多个领域。

以前述"人机大战"为契机,人们对人工智能的关注快速升温。2017年初,美

---

[1] 〔德〕克劳斯·施瓦布:《第四次工业革命》,北京:中信出版社2016年版。

国社会科学联合会(ASSA)年会专门组织了人工智能与经济研讨会。著名咨询公司埃森哲也于同年发布题为《人工智能:经济发展新动力》的研究报告,提出人工智能是一种新的生产要素。许多经济学家认为,人工智能使得机器开始具备人类大脑的功能,将以全新的方式替代人类劳动,冲击许多从前未受技术进步影响的职业,其替代劳动的速度、广度和深度将大大超越从前的技术进步。

基于目前对人工智能还十分有限的了解,初步推断其对未来城市发展的影响可能会体现在以下几个方面。第一,在所有用机器替代人工具有经济性的工作岗位,机器替代工人将成大势所趋。在大批量标准化生产的制造业生产线上这种趋势将最为明显。这将使得一些传统的劳动密集型产业变身为资本和技术密集型产业。从事这些产业的企业由于用工的大量减少,对于城市的生活支持功能的依赖程度降低,将生产线转移到地价较低、运输条件便利的公路沿线、高速公路出入口附近以及港口地区,将是经济上有利的选择。而企业的这种选择,将使城市的土地利用格局发生改观,我国城市中工业用地占比过大的现状有望得到一定程度的纠正,有利于提高城市的宜居性和绿化水平。第二,随着人类把机械性的、单调的工作逐步交给人工智能来完成,大部分人用于工作的时间将会减少,而用于学习、兴趣爱好、娱乐休闲、康体健身的时间将相应增加。城市需要适应居民生活方式的这种变化,从而引发城市规划布局和设施建设的相应变化。第三,随着生产线上的机械性重复岗位被机器人替代,企业中需要按照时间来计算薪酬和绩效的岗位会越来越少,对员工将主要以工作完成程度和效果来评价。再加上现代信息通信技术的广泛应用,企业要求员工集中在一起办公的必要性将大幅降低,居家办公很可能成为未来办公的流行模式。其进一步的影响,首先容易想到的是通勤交通压力的大幅减小,而更重要的可能是将改变人们对居所的区位选择。由于通勤不再是日常之必需,人们选择居住地点的自由度会大大提高,一部分人将离开城市中的高密度住宅区而到郊外田园地带"诗意地栖居"。这种趋势不仅会导致大城市地区人口空间分布的相应变化,还将给未来大城市地区的城乡关系带来深刻的影响。

2. 新能源技术

美国未来学家里夫金曾提出,未来的能源供应将会越来越廉价。这实际上意味着,未来的能源供给将越来越充足,人类曾经忧虑的能源短缺将永远不会出现。近几年来能源领域的技术进步日益有力地佐证了里夫金的这一观点。我国的光伏发电和风能发电的装机容量以指数级别迅速增长,特别是分布式光伏发电,2018年一季度的增速达到了217%。与此同时发电成本快速下降,与传统火电的成本持平指日可待。不仅如此,来自不同路径的能源领域的新的技术突破正在孕育之中,有的已经接近实用化。

能源领域的技术进步,也将给城市发展带来多方面的影响。首先,分布式能源的广泛应用将有助于居住向郊外的分散,因为无需集中的能源供应和供暖就可以实现舒适的室内居住环境。其次,充裕并廉价的能源供给,可以通过资源替代效应缓解土地、淡水等资源的紧缺,从而缓解自然资源条件对城市发展构成的制约。例如,通过采用更多消耗能源而较少使用土地的"植物工厂"来生产蔬菜等农产品,可以腾出部分农业用地,增加城市发展在空间上的余地。再如,有了充足的能源支撑,大规模的海水淡化及输送将变得现实可行,为受水资源短缺困扰的城市带来福音。

3. 自动驾驶技术

汽车自动驾驶技术也是一项距离实用化越来越近、众多企业正在勉力攻关的新技术。美国和中国的多家企业都已经开始了对无人驾驶汽车的路测。在日本,物流巨头大和运输已经在特定地区开始了自动驾驶配送实验。有技术专家估计,再过三到五年将迎来辅助驾驶技术的规模化应用,再过七到十年将迎来自动驾驶技术的规模化应用。

自动驾驶技术一旦得到规模化应用,将与共享汽车的商业模式相结合,从而使汽车的使用方式乃至人们的出行方式发生重大的变化,进而影响到城市的土地利用形态。

首先,自动驾驶技术与共享汽车模式相结合,将大幅度减少城市中对停车空间的需求(有专家估计在50%左右)。其次,自动驾驶技术还将大大提升道路交通的效率,从而使得以较少的道路空间就能满足汽车交通的需要,减少未来行车车道在数量和宽度上的需求;道路中央的隔离带也会呈减少和缩小的趋势。节约出来的停车空间和道路将可以用来增加人行道、自行车道、绿地等公共空间,使城市空间变得更绿色、更有趣和更人性化。

二、大众消费需求的升级

2010年,我国进入了上中等收入国家行列。2015年,我国人均GDP突破8000美元,2017年达到8800美元,正稳步向着高收入国家的行列迈进。在这一大背景下,我国的中等收入群体数量快速扩张,带来对高品质消费品和高质量服务的巨大需求,已经并且还将继续引发消费需求的持续升级。根据国务院发展研究中心的研究,相较于2008年,2014年我国中等收入群体消费支出总增加量为1.1万亿美元,相当于美国同期增量的6.3倍,日本的12.7倍,韩国的15.6倍[1]。党的十九大报告指出了我国社会的主要矛盾已经发生转化,如果从消费视角来

---

[1] 国务院发展研究中心课题组:《迈向高质量发展:战略与对策》,北京:中国发展出版社2017年版。

看,实际上就是指现有供给不能满足大众消费需求升级的需要。麦肯锡发布的咨询报告《2016中国消费者的现代化之路》也指出,国内消费者在增加支出的同时,消费形态也在悄然变化,具体表现为消费者更加注重生活品质及体验的提升,诸如文化、旅游和休闲娱乐的支出增多。

消费需求的升级,也将给城市发展带来基础性的影响。首先,城市的形态和设施类型将发生相应的变化。拿过去的例子来说,随着汽车保有量的增长,城市中的道路密度和里程相应地大大提高。城市中大量的住宅小区,多数是从1980年代末期开始才陆续拔地而起的。今后,随着人们对于文化生活、终身学习、康养健身、休闲娱乐等方面需求的不断增加,城市中的演艺设施、图书馆、咖啡书吧、健身场馆、公园等设施也将相应增加。只不过其中商业化的设施可以在市场需求的拉动下自发增加,而属于公共产品的设施则需要公共部门投资建设以满足市民需求。其次,消费需求的升级也将对城市居民的居住形态以及城市的空间格局产生一定的影响。部分中高收入人士将不满足于在城市现有高层高密度住宅区的居住生活,出于对田园风光和良好空气质量的向往将在郊外选择别墅式居住。另外,将郊外农家的房子改造成特色民宿、吸引市民进行农家体验式旅游休闲的新型业态已经悄然兴起。这些都将为城郊的土地利用形态带来相应的变化。

三、人口的少子老龄化

少子老龄化是我国当前乃至今后相当长时期内面临的最为重要的人口基本国情。我国的妇女总和生育率自1990年代中期以来一直低于更替水平,近年来更是呈现出超低生育水平。与此同时,由于国民生活水平和国家医疗卫生水平的提高,我国的人均寿命在稳步提升。两方面的因素共同作用,使我国的人口老龄化快速发展。2017年年底,我国60岁以上老年人口数量已达2.41亿,占总人口的17.3%。根据全国老龄工作委员会的预测,2013—2021年是老龄化快速发展阶段,年均增加700万老人;2022—2030年为老龄化急速发展阶段,年均增加1260万老人;2040年前后,我国将进入深度老龄化阶段,即老年人口中高龄老人的占比快速上升。到2050年,我国老龄人口将增至4.8亿,占全球老年人口的四分之一。人口的快速老龄化会对经济和社会运行带来多方面的巨大挑战,也必将给城市发展带来相应的深刻影响。

城市的首要功能是满足其居民的需求。伴随着城市的人口年龄结构发生重大变化、老年人口比重快速上升的现实过程,城市需要根据老年人口不同于其他年龄层人口的需求特点从多个方面入手加以适应和准备。

首先是城市中包括住宅在内的大量设施需要进行适老化改造,以构建老年友好环境。我们目前所处的城市居住环境和生活环境是成年型社会的产物,有很多不适老不宜居之处。如按照现行建筑规范,6层以下的多层住宅楼不必设置电梯。一直到20世纪90年代中后期,这种多层住宅都是我国城市住宅建设的主流。对于许多仍住在这种多层住宅的老人而言,没有电梯给他们的生活造成了严重的不便。类似这样的问题还有许多。由于问题的量大面广,解决起来需要面对资金上、利益协调上等多方面的困难,将对城市政府形成严峻的挑战。

其次,城市应当为"老有所为"提供充分的条件。联合国倡导健康老龄化、积极老龄化和老年人原则等理念,其中最重要的是积极老龄观。积极老龄观的一个核心观点是,老年人并非社会的负担和拖累,而是社会的宝贵财富和积极力量。有研究表明,60—69岁低龄老人,思维能力保持着普通人智力高峰期的80%—90%,部分人智力和创新力其至会进入一个新的高峰期[①]。我国目前虽然处于人口老龄化快速发展期,但老年人群结构仍处于低龄期,老有所为大有可为。一方面,城市可以利用信息化手段,建立大龄劳动力档案数据库,并搭建公益性网络推介平台,为低龄老年人的再就业提供便利。另一方面,少子老龄化社会中谁来提供对失能半失能老人的护理服务,是政府、社会和家庭都必须面对的一个现实问题。老年人与老年人之间最容易相互理解,在提供精神关爱、非常规的临时性的帮助与服务方面具有独特的优势,可以通过建立"时间银行",开展互助养老服务,鼓励低龄老年人、健康老年人帮助高龄、失能老年人,这在客观上也可以缓解养老服务用工难的问题,降低养老服务成本。另外,鼓励志愿者组织的发展,在设施和机制上为终身学习活动提供便利等,也是城市从促进老有所为角度应当付出的努力。

再次,城市构建居家医疗护理体系势在必行。根据国际经验和我国政府确定的目标,我国未来90%以上的老人都将在家庭和社区中度过晚年生活。老年人随着年龄的增长逐渐变得体弱多病是自然规律,需要越来越多的医疗和护理服务。如果不改变目前的单纯依靠到医院就诊的医疗模式,未来所有的医疗设施都将人满为患,出现严重的设施短缺。而且对于老年人而言到医院就医本身就是一件难事,特别对于那些无人陪伴的单身老人更是如此。在日本等老龄化先行国家,应对这一难题采取的做法是大力发展居家医疗和居家护理。提供居家医疗服务和居家护理服务的主体,分别是主要由医生构成的医疗服务企业和主要由专业护理员构成的护理服务企业。家庭与企业签约,企业通过接收呼叫后上门和定期巡回访问两种方式提供服务。在我国,这种业态尚属空白,但从少子老龄化的发展趋

[①] 吴玉韶:《积极老龄化要贯穿新时代养老服务业发展全过程》,在清华大学第十届养老产业论坛上的演讲,2018年4月22日。

势可以判断,这种业态未来有着巨大的发展空间,并将构成居家医疗护理体系的重要组成部分。

"未来已来",城市将迎来产业结构、土地利用形态、空间格局、治理体系与治理机制等多方面的变局。把握趋势,顺势而为,应当成为今后思考城市发展战略最重要的基本原则。

恢复中江水道，构建三江江南水系互联网
——关于长江下游水网建设的构想

本文认为，包括皖南、浙江在内的、以太湖流域为中心的江南长三角地区，正是《尚书·禹贡》及《汉书·地理志》所说的"三江"（简称"汉志三江"或"太湖三江"）流域。"三江"源头均在皖南，皖南与浙江有"南江"新安江钱塘江一脉相连，皖南与苏南有"北江""中江"水域相连，皆属"三江江南"区域。清代康乾时期江苏、安徽分省后才有"皖南"与"苏南"之称，所以明清三江江南范围应包括今天的江苏、安徽两省南部与浙江省大部分地区。长江下游水利建设，从根本上讲，还是要恢复整个"汉志三江"或"太湖三江"水系，使之网络化并彼此协调疏通。如此，则所谓"汉志三江""魏晋江东""唐宋江左"与"明清江南"皆"因水而兴"，形成皖南、苏南、浙江通畅的水网体系，使长江下游太湖流域"三江"水系成为一个流动着的循环系统，达到皖江悠悠，越水漫漫，吴波漾漾的理想目标。①

《尚书·禹贡》曰："淮海惟扬州，彭蠡既豬，阳鸟攸居，三江既入，震泽底定。"《周礼·职方》曰："东南曰扬州，其山镇曰会稽，其泽薮曰具区，其川三江，其浸五湖。"这里的"五湖"一般学者皆认为指太湖，而"三江"的方位，历代专家学者均各执一说，其中"北江、中江、南江"三江说最有代表性，该说源自班固《汉书·地理志》，经《水经注》等补充完善，简称"汉志三江"或"太湖三江"。

一、"江南三江"与"太湖三江"源流

关于三江地理位置说法很多，如《国语·越》上"三江环之"贾逵注以吴江、钱塘江、浦阳江为三江。《吴越春秋·夫差内传》"出三江之口"赵晔注"吴江"作"松江"。晋郭璞以岷江、松江、浙江为三江。《禹贡·释文》引《吴地记》以松江、娄江、东江为三江。《汉书·地理志》上"三江既入"注"以北江、中江、南江"为三江。《汉书·地理志》毗陵县下曰"北江在北东入海"（今扬子江）；丹阳郡芜湖县下曰"中江出西南，东至阳羡入海"（即今"芜申运河"，原称"胥溪运河"，后称"芜太运河"）；会

---

① 余同元：《楚水漫漫、吴波漾漾：从〈汉志〉三江沿革看皖南与长三角的历史地理相关性》，《池州学院学报》2011年第2期，第1—7页。

稽郡吴县下曰"南江在南东入海"(今新安江与钱塘江)。

关于中江,《汉书》说:"在丹阳芜湖县南,东至会稽阳羡县入于海。……禹贡所谓中江北江自彭蠡出者也。"①关于南江,郦道元《水经注》承接《汉书·地理志》说法作了进一步说明:"沔水与江合流,又东过彭蠡泽,至石城县分为二。其一过毗陵县北为北江,其一为南江,东至会稽余姚县东入于海。"《水经注·沔水》曰:"南江又东,径宣城之临城县南,又东合泾水,南江又东与桐水合,又东径安吴县,号曰安吴溪。又东,旋溪水注之。水出陵阳山下,径陵阳县西,为旋溪水。分江水自石城(今贵池)东出后,经过临城县南(今青阳),就到达安吴县,又东径安吴县,号安吴溪(现泾县安吴镇)。"对于《汉书·地理志》和《水经注》所言分江水和南江,《大清一统志》认为:"言之凿凿,必非无据,今其道虽湮,未可轻訾。"②

支持班固"汉志三江"说者,有朱鹤龄《禹贡三江辨》、钱塘《三江辨》、许宗彦《禹贡三江说》、张澍《三江考》、张海珊《三江考》、萧穆《禹贡三江说》、汪士铎《三江说》、胡薇元《三江说》、黄家辰《三江既入解》、邹汉勋《三江彭蠡东陵考》,等等。顾炎武《日知录·三江》、王鸣盛《尚书后案》、阮元《浙江图考》亦持类似观点。晚清朴学家孙诒让在《周礼正义》中认为:"三江之说,以《汉志》最为近古可信。"(见图50)。

已故安徽师范大学教授、著名历史地理学家陈怀荃先生在20世纪80年代初就分别在《历史地理》和《中国历史地理论丛》等杂志发表《〈汉志〉分江水考释》《〈禹贡〉江水辨析》《〈禹贡〉东陵考释》等著名论文,认为"《禹贡》三江实际包括的地理范围,从九江以下,除今皖南沿江平原和太湖流域之外,还有皖南山区和浙江流域。江水的名称,也就由此扩展到钱塘、会稽一带,并逐步成为东南诸川的通称"③。

"汉志三江""魏晋江东""唐宋江左"与"明清江南"区域皆"因水而兴",自然含有现代的皖南、苏南和浙东北三片地域,其中水系相通,源头皆系于皖南(见图50)。所以有人统计,太湖流域行政区划分属江苏、浙江、上海、安徽三省一市,其中江苏19399平方公里,占52.6%;浙江12093平方公里,占32.8%;上海5178平方公里,占14%;安徽225平方公里,占0.6%。④这里"安徽225平方公里"可能要远远小于实际面积。但仅此足以看出,皖南与浙江有新安江钱塘江一脉相连自不用说,皖南与苏南地区不仅自然地理上属"三江"流域这一整体区域,而且行政

---

① [宋]毛晃:《禹贡指南》卷1《三江》,文渊阁四库全书本,第14页。
② 乾隆《大清一统志》卷82《池州府》,文渊阁四库全书本,第631页。
③ 陈怀荃:《黄牛集》,合肥:安徽教育出版社2000年版,第144—145页。
④ 太湖志愿者协会:《07年5月无锡市太湖地区蓝藻爆发和饮水危机综合分析报告》,豆丁网,http://jz.docin.com/p-245575090.html。

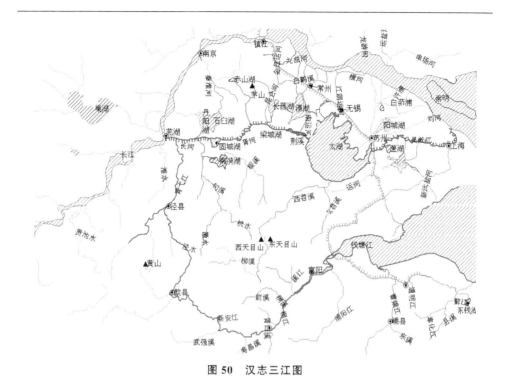

图 50　汉志三江图

区划上也很晚才有分治。两地原称"江东""江左",在明代同属南直隶,清初同属江南行省,同属古代"三江"和近代"江南"区域,康熙年间江苏、安徽分省后才有"皖南"与"苏南"之称。"皖南"即清代皖南道所属地。皖南道原名安徽道,雍正十一年(1733)置,驻安庆府(安庆市),领安庆府、徽州府、宁国府、池州府、太平府、广德州;十二年移驻芜湖县;咸丰五年(1855)移驻宁国府;十年(1860)移驻祁门县;同治四年(1865)移驻芜湖县;光绪三十四年(1908)更名皖南道,民国二年(1913)废。

日本学者斯波义信在《宋代江南经济史研究》中,认为宋代江南五大水系并列——即中江水系与天目山水系、吴淞江水系、钱塘江水系和杭州湾南岸北流的一组水系互动。其实这五个水系就是历史上的汉志三江水系。斯波义信在书中云:"据说长江曾在芜湖附近分为两条支流,向南分流的是中江,东流的江水一旦注入太湖,这一太湖水又通过吴淞江的导引而注入海。"①中国学者姚汉源在《中国水利发展史》中也认为:"相传自太湖向西,大约经今芜湖附近,还有一条胥溪运

---

① 〔日〕斯波义信著:《宋代江南经济史研究》,方健、何忠礼译,南京:江苏人民出版社 2001 年版,第 190 页。

河。《汉书·地理志》的中江似即这一水道。"[①]历史事实说明,这两位学者使用"据说"和"相传"这样的"帽子"都可以摘掉。

二、"中江"沿革与"太湖流域"水系范围

太湖流域即太湖水系流经范围,有上游与下游之分。太湖下游主要经太浦河、吴淞江、黄浦江、胥江、望虞河、梁溪河、京杭大运河等河道流入长江,向东归入大海,构成长江三角洲上一个独立的太湖下游水系。而太湖上游主要水源,大多认为是来自天目山及宜溧山地的南溪水系与苕溪水系,其实还有来自古代胥溪运河和近现代"芜太运河"(亦称"芜申运河")的"中江"水源。所以说:"太湖上流之堰漊溪港,其最著者凡三十有五。五堰在溧阳县西八十里,高淳县东五十里,一曰银林堰,长二十里。少东曰分水堰,长十五里,又东五里曰苦李堰,长八里,又五里曰何家堰,长九里,又五里曰余家堰,长十里,所谓鲁阳五堰也。西有固城、石臼、丹阳南湖受宣、歙、金陵、姑孰、广德及大江水,东连三塔湖、长荡湖、荆溪震泽。中有三五里颇高阜,春秋时,阖闾伐楚,用伍员计,开渠运粮,今尚名胥溪镇。西有固城邑遗址,则吴所筑以拒楚者也。自是湖流相通,东南连两浙,西入大江。"[②]

关于汉志所述"中江"是否为胥溪运河,向来争论不已。顾颉刚《苏州史志笔记》中说:"史念海君《中国的运河》谓伍子胥伐楚时,曾凿运河,由芜湖江边向东经丹阳、石臼、固城诸湖而连接太湖,此即为后来经学家说《禹贡》时指中江者也。"谭其骧先生主编的《中国历史地图集》中,从春秋战国到两晋时期,均明确标出中江水系,大致自芜湖青弋江起首,东流穿越江苏高淳、溧阳、宜兴注入太湖进而入大海。

胥溪运河又名伍堰河,位于江苏宁镇地区茅山山脉南麓高淳、溧阳县境,西经固城、石臼、丹阳诸湖在安徽芜湖通长江,东接荆溪至江苏宜兴入太湖,长 30.6 km,流域面积 225 km^2。胥溪河以东坝为分水坝,坝西为水阳江、青戈江水系,坝东为太湖水系。黄钺《泛浆录》述其自芜湖至杭州路线云:"乾隆五十二年丁未正月十八日,由芜湖买舟至东坝。十九日,泊高淳县。二十日,过高淹湖,抵东坝,换船至杭。二十三日,至苏州,泊阊门外。二十五日,到杭州。"[③]证明确有一条水路从芜湖,经太湖,至苏州,再到上海、杭州。这条水路即中江胥溪运河,利用自然界的河流、湖泊连接而成。

---

① 姚汉源:《中国水利发展史》,上海:上海人民出版社2005年版,第39页。
② 乾隆《江南通志》卷61《河渠志·水利·太湖》,文渊阁四库全书本,第738页。
③ [清]黄钺:《泛浆录》,见《小方壶斋舆地丛钞》第5帙,光绪六年南清河王氏刻本,第96页。

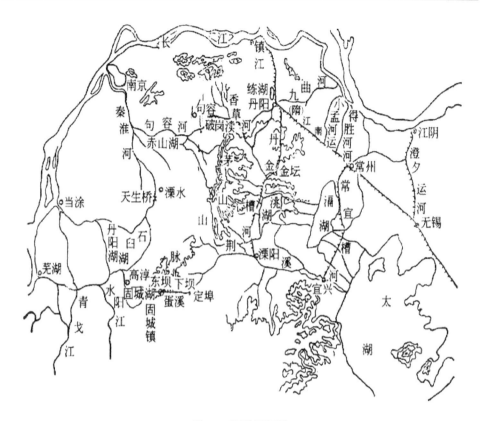

图 51　胥溪运河图

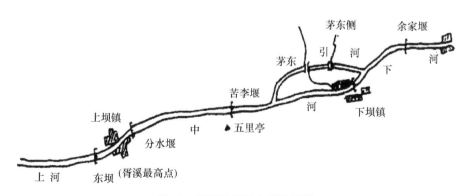

图 52　胥溪五堰及东坝下坝图

有关胥溪成因，向有"天然河道说"和"人工运河说"两种。"人工运河说"认为是春秋伍子胥所开凿，最早提出这种看法的可能为北宋钱公辅。单锷《吴中水利

书》云:"公辅(即北宋钱公辅)以为(伍堰者),自春秋时吴王阖闾用伍子胥之谋伐楚,始创此河以为漕运,春冬载二百石舟,而东则通太湖,西则入长江。"①明代韩邦宪《广通文考》中谓:"春秋时吴王阖闾伐楚,用伍员(即伍子胥)计,开河以运粮,今尚名伍胥河,及旁有伍牙山云。左氏襄三年(前570),楚伐吴,走鸠兹(今安徽芜湖市东),至于衡山;襄十五年(前480),楚子西子期伐吴,至于桐(今安徽广德县西桐水,北流入丹阳湖),盖由此道。"清代地理学家胡渭《禹贡锥指》卷六谓:"通江于淮,即夫差所开之邗沟;通湖于江,则阖庐(即阖闾)所开之胥溪也。"②(见图53)

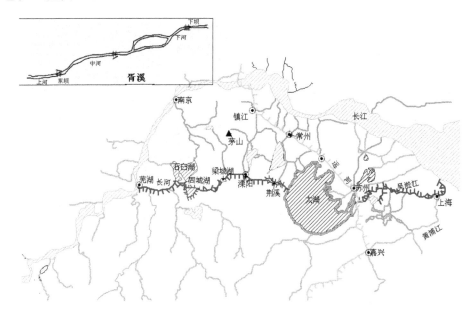

图53 古中江图及今芜申运河图

但也有人认为在伍子胥开凿胥溪运河之前已有天然河流,此处水源本来相通,只是被利用于航行,又经多次整治才被改造成为运河。复旦大学魏嵩山就认为胥溪运河原是一条自然河流,很早就被用来航行,经过大规模整治后被改造成运河。③ 南京大学、高淳县文物管理所等单位的专家调查研究证明,古中江流经高淳,胥溪河就是在古中江的基础上形成的,并初步认定这里在远古确有天然河流遗迹。说明吴国开凿胥溪运河之前,该处存在过规模较大的天然河流,后来河道

---

① [宋]单锷:《吴中水利书》,文渊阁四库全书本,第11页。
② [清]胡渭:《禹贡锥指》卷6,文渊阁四库全书本,第392—393页。
③ 魏嵩山:《胥溪运河形成的历史过程》,《复旦学报》1980年增刊总第81期,第53—59页。

经历了淤塞,河流沉积物经历了很长的成土过程形成土壤层。调查发现,胥溪河流域在大地构造上属于"南京凹陷"南缘,从地貌调查看,这一地区地质构造及地貌特征与《禹贡》"三江"的"古中江"位置可以对应。①

古三江之中,虽然北江扬子江与南江钱塘江经流不改,但中江胥溪运河则曲折多变。宋时胥溪15里间设有5处堰埭,故又名伍堰。自东而西为余家堰、何家堰、苦李堰、分水堰、银林堰。分水堰和银林堰位置最高。江苏高淳胥溪古河,横穿茅山山脉西南丘陵地带,跨越分水岭,沟通太湖和青弋江两个流域。岭脊在今上坝附近,高程为吴淞零点以上20米左右。河道分别向东西倾斜,而水位则西高东低,一般相差五六米左右。汛期西水东注,增加太湖地区洪水威胁。冬季溪水干涸,不能通航。针对这一地形特征,在今东坝镇至定埠间河段上,修筑土堰五道,古称"五堰",藉以蓄水通舟山,并节制西水东流。唐末废去五堰,北宋在五堰东西两端建东西两坝。到明初复浚胥溪,改建广通镇闸。永乐初,改闸为坝,又称上坝,即东坝。嘉靖时,在坝东再筑一坝,称为下坝,自此水道隔开。航运经此必需要盘行。

朱诚、王心源等《对江苏胥溪河成因及其开发利用的新探讨》认为,"表面看来,胥溪河在穿过太湖流域与水阳江流域的分水岭岗地部位处海拔20米左右,而分水岭两侧水系的海拔在7—8米,似乎与古中江之说有矛盾,但仔细分析可知,此分水岭并非由基岩构成,而是由坡积物堆积而成,它完全可能是茅山南麓的坡积物在古代受多次洪水搬运作用造成古中江被埋塞的产物"。另据该文作者之一高淳县文物管理所濮阳康京先生多年来实地调查走访,发现以东坝为界,在东坝以西地区胥溪河南岸1公里范围内以及东坝以东胥溪河北岸1公里范围内,均发现地表数米以下便是厚度达数十米的淤泥层,这更是古中江在青溪河一带存在的重要证据。详见《对江苏胥溪河成因及其开发利用的新探讨》所附《胥溪河位置及五堰分布图》如下。

张爱华《舞动的河流:皖南青弋江历史源流考》认为,从地理学角度看,《汉志》所述中江走势是符合地形条件的。"在长江下游地区,九江海拔标高为18米,但到芜湖以下流域,坡度极为平坦,约为十万分之一的倾斜角。因此长江在芜湖分流入海的可能性是存在的。事实上,芜湖一直到当代,在洪峰季节,依然出现长江泄流不及,倒灌青弋江的情况。长江水的倒灌能力很强,一直能上溯到36公里之外的芜湖县城湾沚。倒灌时间长达4—8个月。根据地形,长江沿青

---

① 朱诚等:《对江苏胥溪河成因及其开发利用的新探讨》,《地理研究》2005年第4期,第673—679页。

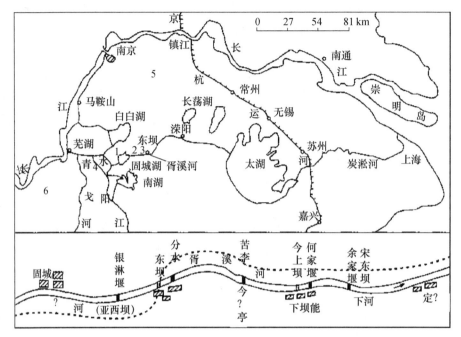

图 54　胥溪河位置及五堰分布图

弋江、水阳江可进入丹阳、石臼、固城湖区,再经溧水、荆溪可以通太湖进而入海。"①

三、恢复中江水道,构建大三江水网循环系统

顾祖禹在《读史方舆纪要》中考证,在太平府芜湖县下指出:"中江,在县南,汉志注云在县西南,东至阳羡入海,今县河东达黄池,入丹阳、石臼等湖,至银林堰乃中江故道也。苏、常承此下流,常病漂没,及银林五堰筑而中江不复东,而宣歙之水皆系县西达于大江。"②"县河"就是青弋江,"黄池"即水阳江。循《汉书·地理志》所述中江走势,由青弋江转水阳江经丹阳、石臼等湖至银林五堰为止一段就是中江故道的上游;太湖附近苏州、常州地区原本承接其下流,但自五堰截断中江后,迫使可以经中江分流的宣歙之水包括青弋江全部西行自芜湖入长江。可见中江是沟通芜湖青弋江流域和太湖流域的重要通道,五堰则是中江的咽喉,其兴废历史关乎全局。

顾炎武《日知录》卷二《三江》曰:"北江,今之扬子江也。中江,今之吴淞江也。

---

① 张爱华:《舞动的河流:皖南青弋江历史源流考》,《社会科学》2010 年第 3 期,第 158—168、192 页。
② [清]顾祖禹:《读史方舆纪要》卷 27,上海:商务印书馆 1937 年版,第 1242 页。

不言南江,而以'三江'见之。南江,今之钱塘江也。《禹贡》该括众流,无独遗浙江之理,而会稽他日合诸侯计功之地也,特以施功少,故不言于导水尔。'三江既入',一事也;'震泽底定',又一事也。后之解《书》者必谓三江之皆由震泽,以二句相蒙为文,而其说始纷纭矣。"① 顾说与汉志三江说基本相同,唯中江只言太湖下游吴淞江而不言太湖上游胥溪运河,理由是在固城湖和溧水之间是一块高埠地,即《读史方舆纪要》中所说的银林五堰所在地,太湖水系与芜湖水系因此而水分东西。其实经过现代地理学家勘察与研究,从整体上看出,胥溪运河西部略高于东部,是太湖上游水道之一。

太湖流域是长江三角洲的主体。该流域以太湖水系为中心,上有长江及太湖上游来水,下有海潮倒灌,是中国河网密度最高的地区,平均每平方公里河网长度达五六公里。是古代"汉志三江"到"明清江南"再到现代长江三角洲经济圈的核心区域。皖南与长三角的区域空间相关性与整体性是不言而喻的。长江下游江南"三江"水系是一个流动着的循环系统,彼此之间相互依赖相互影响。其中,源头均在皖南,均可与太湖上下游水系连接起来,形成了极具内部和外部活力的区域整体性与相关性。(见图55)

明清时期,徽商长期称雄商界。其人数之多、活动范围之广、资本之大、延续时间之长,无不首屈一指。王廷元先生在《略论徽州商人与吴楚贸易》中指出:"明末徽人就曾自称:'吾徽之人不讳贾,以故豪长者多游于吴越荆襄间。'可见徽商虽然足迹常遍天下,但其主要活动场所则不外苏浙与湖广两个地区。值得注意的是,明清时期由于商品流通范围的扩大,活跃在苏浙湖广的徽州商人往往并不固定在一处经商,而是往来于大江之上,奔走于吴楚之间,从事长途商品贩运活动。他们的这种商业活动,不仅使自己积累起雄厚的商业资本,而且也对长江中下游的经济发展带来了深远的影响。"② 明清时期徽商在吴楚贸易中最为活跃,其中又以盐商实力最为雄厚,控制了淮盐在湖广行销的专利权,而且吴楚之间的粮食贸易也大部分操纵在徽商之手。徽商的活动有利于长江中下游商品流通的扩大和商品经济的发展,也促进了城市经济的发展,对沿江一带市镇的兴起与市场经济繁荣更起着重要作用。

在陆上交通工具不发达的古代,水运条件好坏对区域社会经济的发展至关重要。其中胥溪运河扼中江故道的咽喉,其开闭无疑对太湖上下游流域经济文化交流影响极大。明清由于水利建设的需要,曾切断"中江"胥溪运河这条大动脉,使江水下泄的一个重要通道被堵塞。

---

① [清]顾炎武:《日知录》卷2,第427页,文渊阁四库全书本。
② 王廷元:《略论徽州商人与吴楚贸易》,《中国社会经济史研究》1987年第4期,第24—31页。

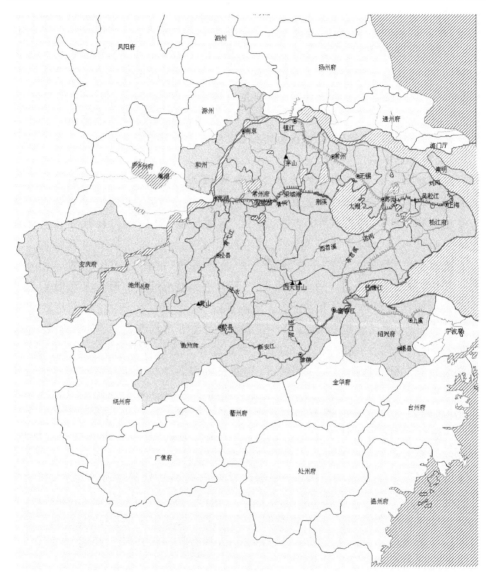

图 55　长江三角洲经济圈示意图

乾隆《江南通志》云:"唐景福二年,杨行密将台濛作五堰,拖轻舸馈粮,其后东坝既成,遂不复通。惟永阳江水入荆溪。明太祖都金陵,以苏浙粮道自东坝入可避长江之险。洪武二十五年浚胥溪,治石㘭,司启闭,命曰广通镇。永乐元年,始改筑土坝,自是宣、歙诸水希入震泽,而坝犹低薄,水间漏泄,舟行犹能越之。正德七年,增筑坝三丈,水势相悬远甚。嘉靖三十五年,复自坝东十里许更筑一坝,名东坝。两坝相隔,湖水绝不复东矣。傅同叔云,自宜兴航太湖经溧阳至邓步凡两日水路,自邓步登岸上小市名东坝,自东坝陆行十八里,至银林复行水路百余里,乃至芜湖入大江。银林之港,邓步之湖,止隔陆路十有八里。……单锷著《吴中水利书》谓五堰废则宣、歙诸水尽入震泽,三州水患无已。王鏊《震泽编》云,以此一源最钜,为苏常患。伍余福《三吴水利书》亦谆切言之,盖苏、常、湖水利之一大锁钥也。"①

阎若璩曰:"东坝自明洪武、永乐两番筑之后,若宣州,若歙州,若今广德州西境诸水,悉从芜湖以达大江,不复涓滴入太湖。惟广德州东境及溧阳、金坛、宜兴诸水总汇于荆溪,然后东入太湖。故三吴水患少,此岂非东坝之力哉。水与班氏时迥相反。……《元和志》当涂县有芜湖水在县西南八十里,源出县东南之丹阳湖,西北流入于大江,水道蚤与今时符合,应是唐元和以前此地已置堰,方改而为西北流入江。……又按江南之有东坝,犹江北之有高堰。无高堰是无淮扬也,无东坝是无苏常也。东坝在高淳县东南六十里,与溧阳县分界。高淳父老言湖底与苏州谯楼顶相平,假令水涨时坝一决,苏常便为鱼鳖。"②

中江胥溪筑坝,对太湖下游水利建设及农业生产确有其利。明人王樵说:"自我太祖高皇帝定鼎金陵,一时财赋仰给东南,鉴三吴水患,因宋五堰之旧迹,立为银渚、东坝,禁商篰往来。此坝一成既可以挽东坝以西之水北会于南京,以成朝宗之势,又使东坝以东之水返注于芜湖,不下震泽,而三吴成陆海之饶,是岂徒得五堰之遗意而已哉,乃东南万世之利也。东坝既足以当五堰之利,则上源既杀,下流亦可减荆溪百渎,疏之亦可,不疏亦可。"③

但解决了太湖下游水患,却不利于中江上游的排水与运输。魏嵩山文章云:"胥溪运河以西地区,由于排水受阻,水灾骤增。明代随着东坝的修筑,固城、石臼、丹阳诸湖沉没圩田竟达十余万顷,废圩八十所,原分布在今安徽省当涂县境内著名的万春圩也于正统年间被浸为湖。"万春圩在地处芜湖和当涂交界处,其因东坝修筑导致破圩成万顷湖的情况,朱云锦修纂,道光元年成书的《皖省志略》说:"(芜湖)县东十五里,有万春圩,明正统间,巡抚周忱筑东坝,遂破以潴水,俗名万顷湖,其赋派入苏常二府,万历间复令居民纳租草,今废为青风草场。"

除了水利建设方面东西失调导致负相关性增强以外,清代江南行省一分为二,出现苏南、皖南行政分治,更加大了两地之间社会经济发展的负相关性。加上清末民初铁路公路运输兴起,使皖南到苏南、浙江地区的"中江""南江"水上便捷

---

① 乾隆《江南通志》卷 61《河渠志·水利·太湖》,文渊阁四库全书本,第 738—739 页。
② [清] 阎若璩:《尚书古文疏证》卷 6 下,文渊阁四库全书本,第 421—422 页。
③ [明] 王樵:《尚书日记》卷 5《禹贡》,文渊阁四库全书本,第 338—339 页。

快道再次受到排挤,皖南经济发展再次受阻。区域经济一体化必然要超越行政区划界限,形成跨行政区划的经济区域。经济社会一体化进程中,行政区域与经济区域之间的矛盾也就是市场机制与政府行为之间的矛盾。长三角三江区域一体化实践中,一种跨行政区域的大区域规划应当适时而生,以发挥政府与市场的双重推力,融合"区域化"与"区域主义"两种区域协作模式,并加强区域内纵向协调和横向协作。其中,利益分配和利益补偿问题日益显现,必将成为大区域市场规划制定与实施的核心内容。

由"汉志三江"到"明清江南"沿革而成的"长江三角洲",西高东低,楚山绵绵,越水茫茫;楚水漫漫,吴波漾漾。从经济地理上看,从明代开始,"织造上松江,浆染上芜湖"①的江南区域内相关经济格局就已逐步形成,以上海为一端点,再以芜湖为一端点,形成东西直线运河的芜申运河(即芜太运河),前身就是古代中江基础上形成的胥溪运河。1984年,国家计委计划修复芜申运河,与长江这一段的距离缩短100多公里。为什么要有一条运河来辅助长江水运呢?就是因为这个经济区域互补相关性日益加强,经济文化联系密不可分,必须再通过中江运河及其沿线高速公路加强物资运输、沟通东西联络。

互补相关性增强必然导致长三角区域内经济共生力增长。如胥溪运河边上的东坝镇是历史悠久的江南古镇,五代时名银林,明洪武二十五年(1392),在镇内胥河上建石闸启闭,名广通闸,始命广通镇。"广通镇,高淳县东五十里,接溧阳界,即古东坝地。明洪武中置镇,有巡司。……东坝市,县东五十里。"②因地处固城湖东,又名东坝。东坝镇地理位置优越,水陆交通便利,成为车马驿站,商贾云集,明清时有"七省通衢"美称。境内下坝船闸是水上运输西进长江、东达太湖的必经之路,是沟通苏南、皖南的经济走廊。又如,胥溪运河边上的梅渚在安徽省东南边境,位于沪、宁、杭、芜之中心,是郎溪县北大门,和江苏溧阳毗邻,内有胥溪河,驳轮常年通航太湖,直达苏锡常,鼎盛时期有"小上海"之美誉。梅渚古为春秋时吴国辖区,因而深受吴文化的影响,在社会经济、文化教育、民间风俗等方面与"吴风"有着千丝万缕的联系。更为甚者为地方方言主承古吴语,兼有其他地方语言的影响,经千年的演变,形成独特风格,称之为土著语,又为定埠话,在全国方言体系中独一无二。

从自然地理上看,确定一条河流的三角洲的主要标准是,海潮的潮汐把河水倒推波及地的上端都属于三角洲,长江水被海潮的潮汐倒推到安徽的大通。所以,安徽境内的长江部分,基本上都在海潮的影响范围之内。芜湖上溯到大通是

---

① [明]宋应星:《天工开物》卷上《乃服》篇,上海:商务印书馆1933年版,第38页。
② 乾隆《江南通志》卷25《舆地志·桥梁镇市·高淳县》,文渊阁四库全书本,第724—725页。

长三角的西北角,东北角是上海、东南角是宁波,这大抵就是历史上的汉志三江流域。在这个三江三角洲区域内,社会经济和文化发展具有区域均质性(homogeneity),自古存在着很强的内生变量和空间相关性的共生关系。所以,无论是从历史自然地理上看,还是从历史人文地理上看,"长江三角洲经济圈"区域概念中,都必然包含清代分省以来的"三江"上游"皖南"在内。借用朱熹的话说:"半亩方塘一鉴开,天光云影共徘徊。问渠那得清如许,为有源头活水来。"

孙中山城市文化思想与中山市人文城市建设

中山市是孙中山先生的故乡。在他逝世92周年后的今天,中山市的常住人口达到321万,正式迈入Ⅰ型大城市的行列。与我国城镇化进程中普遍存在的"重规模轻质量"相比,中山市不仅经济总量多年来位居全省前列,也因城市建设质量优异而获得联合国"人居奖"等奖项。今年3月5日,李克强总理提出研究制定粤港澳大湾区城市群发展规划,标志着泛珠三角城市群开始走向"大湾区时代"。在这个背景下,作为大湾区重要成员的中山市,如何继续保持经济和人文融合发展的优势,百尺竿头更进一步,力争做我国第一个大湾区的领跑城市,是当下亟待深入研究和探讨的重大战略问题。

一、机遇叠加:国家人文城市战略与大湾区城市群规划

1. 人文城市是新中国城市发展的历史选择

新中国成立以来的30年属于政治型城市化,这是一种以政治理念和意识形态需要为中心、一切服从于国家政治需要与政治利益、带有浓郁"逆城市化"特点的城市化模式。政治型城市化导致城市经济的萎缩与城市人口的下降,使新中国的城市发展出现了停滞和局部的倒退。

改革开放以来的30年属于经济型城市化,这是一种以GDP为中心、一切服从于发展经济生产力的城市发展模式。经济型城市化的主要问题一是粗放型工业化使城市可持续发展面临的资源和环境压力逼近"红线",二是西方城市文化冲击和破坏了传统的文化价值和社会秩序,社会危机、道德危机和心理危机愈演愈烈。这也是我国城市在高速发展中面临的突出问题和普遍的后遗症。

从2005年建设部力推"宜居城市",到2014年《国家新型城镇化规划》首次提出"注重人文城市建设",标志着我国开始进入"文化型城市化"的新阶段。"文化型城市化"是对"政治型城市化"和"经济型城市化"的重要矫正和补充,"人文城市"代表着新型城镇化的战略主题与先进方向,彰显了城市的本质在于一种"有价值、有意义、有梦想"的生活方式,而不单是人口增加和经济增长。在改革开放以来的城市发展观念上,具有拨乱反正、正本清源的重大作用。

2. 新型城市群是大湾区城市群的规划理念

2015年3月,国家发展改革委、外交部、商务部发布《推动共建丝绸之路经济

带和21世纪海上丝绸之路的愿景与行动》,首次提出"深化与港澳台合作,打造粤港澳大湾区"。2016年3月,粤港澳大湾区正式写入《国家"十三五"规划纲要》。2017年3月5日,李克强总理作出开展粤港澳大湾区城市群发展规划编制工作的指示。由此可知,粤港澳大湾区是在"一带一路"和"十三五"这一时空背景下出现的城市群战略。

大湾区城市群的规划建设,既遵循世界城市群发展的一般规律,也必然承载我国新型城镇化的战略意图要求。

就前者而言,当今世界城市群主要有两种模式:一是传统以经济、交通和人口为要素的"经济型城市群";二是重文化、生态和生活质量的"文化型城市群"。目前我国城市群走的是"经济型城市群"发展道路,尽管在短期内经济总量、交通基建和人口规模增长很快,但也导致了"经济"与"人文"的失衡和不协调,以"文化型城市群"取代"经济型城市群"已势在必行。

就后者而言,《国家"十三五"规划纲要》提出"努力打造和谐宜居、富有活力、各具特色"的"新型城市"。从城市群的角度则是建设"和谐宜居"的新型城市群。就此而言,新型城市群是大湾区的规划理念和建设目标。新型城市群是若干新型城市按照城市群原理和规律发展形成的。新型城市包括绿色城市、智慧城市、创新城市、人文城市、紧凑城市五个目标,这就要求包括中山市在内的泛珠三角城市必须把自身建成新型城市。

中山市经济和人文发展相对充分、比较均衡,建设新型城市的经济条件、空间条件、人文条件在泛珠三角区域内具有比较优势。现在的关键是要对大湾区发展战略有深入的和超前的把握,在已有积累和优势的基础上进行取舍和新布局,为对接大湾区新型城市群规划建设做好充足准备、提供有力支持。

二、资源耦合:文化城市理论与孙中山城市文化思想

1. 文化城市理论的源流与趋势

文化城市是指导人文城市建设的理论基础。我们的很多城市,即使在文化建设上也倾向于照搬经济学理论,习惯于用文化投资、文化企业数量、文化GDP占比等来显示城市文化软实力。这是当代城市千城一面、特色沦丧、文化功能不振的主要原因,究其根源主要是缺乏文化城市理论指导造成的。

当今世界,文化城市已成为城市研究和实践的主流话语与发展趋势。在理论上,是从传统城市社会学最看重的"人口集聚"、新城市社会学最重视的"政治经济结构",转向人本主义城市社会学最看重的"艺术文化"。如芒福德强调:"城市不只是建筑物的群体,……不单是权力的集中,更是文化的归极。"在历史上,是城市发展模式由古代"以政治、军事为根本目的"的"政治城市"、现代"以工业、商业为

核心功能"的"经济城市",转向当代"以生态环境和生活质量为主要内容"的"文化城市"。

城市科学认为:文化城市不同于"政治城市"和"经济城市",超越了城市原始的防卫、商业等实用功能,是一种以文化资源和文化资本为主要生产资料,以服务经济和文化产业为主要生产方式,以人的知识、智慧、想象力、创造力等为主体条件,以提升人的生活质量和推动个体全面发展为社会发展目标的城市理念、形态与模式。这是"以人为本"在城市中的真正落实,也是新型城市、新型城市群的本质意义所在。

2. 孙中山文化理论体系中的城市文化思想谱系

孙中山先生并不直接研究城市,但在《建国方略》中体现出的高度的区域与城市战略规划眼光和战略定位能力,在《建国大纲》《三民主义》和《中国国民党第一次全国代表大会宣言》等著述中,不乏关于空间和城市规划、城市战略定位、城乡建设发展、城市社会建设、城市文化等方面的真知灼见。这是因为他高度关注"社会的文明发达,经济的组织改良和道德进步"等"民生问题",这些问题不仅主要集中在城市,也是城市化必须面对和解决的问题。

一般认为,孙中山对近代城市的经济、政治、社会有一定的认识和体察,但对城市文化认识不足,未揭示出近代城市在文化发展过程中的作用。但这个判断是相当偏颇和浅表的。

"花园城市"是孙中山百年前播下的一粒"文化城市"的种子。在《实业计划》中提出广州要建成南方大港的同时,他还明确说广州要建成美丽的花园城市。孙中山说:"广州附近景物,特为美丽动人,若以建一花园城市,加以悦目之林圃,真可谓理想之位置也。"在《建国方略》中,孙中山全面思考过城市形象问题,认为外在形象是:城市建筑宏美、市街清洁卫生、交通便利,有公园和医院等;内在则是:社会秩序良好、人民安居乐业、精神乐观向上等。他还特别重视"城市地标",如纽约自由女神像、里约热内卢耶稣像、巴黎之埃菲尔铁塔等。

从这些片段不难看出,孙中山对城市本质和城市文化有着深刻认识和前瞻思考,它们既是孙中山哲学和文化研究中的瑰丽宝石,也是中山市在新型城镇化和大湾区背景下最应珍惜和借题充分发挥的理论财富。在国家人文城市战略和大湾区新型城市群的框架下,对孙中山城市文化思想进行深入系统的研究,可以为中山市文化建设提供一种传承历史、联通未来的"乡邦城市理论文献"。

三、因地制宜:孙中山城市文化思想与中山市人文城市建设

在珠三角城市群时代,中山市的经济、环境与人的协调发展良好,但也不可避免地有旧城市化的烙印。在大湾区城市群时代,中山市新型城市该怎么定位和建

设，不仅要认真领会新型城镇化战略内涵，广泛学习借鉴世界各地的先进经验，还应深入思考和研究孙中山先生遗留的城市文化思想遗产。

孙中山文化是中山市核心文化资源。过去从经济看文化，视野比较局促；文化与很多方面有关，最需要从城市整体角度探讨。从城市角度看文化，这是当下的共识。但城市内容很多，需要确定核心文化。城市的很多需要都和文化有关，一个城市要知道自己最根本的文化需要。最根本的需要是在城镇化背景下传承创新孙中山文化，这就需要深入研究文化和城市、中山文化和中山市新型城镇化的关系，而孙中山城市文化思想则是重要桥梁和主要通道。

孙中山城市文化思想之于中山市，属于禅宗讲的"自家宝藏"，最接地气和民心，同时也最具世界眼光和开放精神，是能开出特色之花、结出特色之果的文化基因组。中山市在人口和面积上都不算小，总面积比深圳仅小不到200平方公里，城市的躯壳和骨架、城市的"四梁八柱"基本明确，文化建设也成绩斐然。开展孙中山城市文化研究，可以为中山文化研究创新和中山市人文城市建设提供优质核心资源，并贯穿于中山市已有的中山文化、历史文化、产业文化、民俗文化、公共文化、博爱文化、"三名"文化、生态文化等八大文化工程中，可以为中山市文化建设确定一个"城市化之魂"。

以"经济代文化"是当下城市文化建设存在的最大问题。《2011中国都市化进程报告》指出：只要以GDP为中心的经济型城市化模式不能从根本上改变，不管过去打着"经济中心""国际大都市"，还是现在打着"文化大省""文化强省"或"生态城市""宜居城市"，结果都是"换汤不换药"。从人文城市建设上看，以孙中山城市文化思想为独特理论资源，制定大湾区新型城市群背景下的中山市人文城市发展战略，可以有效规避中山市与珠三角其他城市的文化雷同现象，为走出一条以孙中山城市文化为核心资源的中山市人文城市特色发展之路提供强有力的支持。

具体建议包括五个方面：

开展一项原创理论研究：孙中山城市文化理论的基本问题和框架体系。

制定一个人文城市战略：大湾区背景下中山市人文城市发展战略纲要。

编制人文城市建设规划：大湾区背景下中山市人文城市建设规划。

形成一套人文城市政策：具有一定的可复制和可推广性。

摸索人文城市发展模式：为大湾区人文城市建设提供参考。

关于持续推进苏州传统村落保护
利用动态监测的建议

苏州作为国务院公布的第一批国家历史文化名城,古城、古镇、古村三位一体,其保护利用成绩斐然并享有盛誉,在目前住建部等部门公布的四批中国传统村落名录中苏州市共有14个,数量已占到江苏省中国传统村落总数的一半。《苏州市古村落保护条例》要求规划部门应会同文化、建设等部门建立苏州古村落动态监测信息系统,以对古村落的保护状况和规划实施进行动态监测、年度评估,虽然苏州市规划局在2016年全国首创性地开展了苏州古村落保护利用动态监测信息系统建设,但是在具体的推进过程中也面临着一系列的问题和困难。

一、对监测工作目的、地位和作用认识不清

保护利用动态监测是反映传统村落保护状况最有力的依据,也是进行管理决策、实施管理行动的基础。但是由于传统村落管理一般还处于管理者感性管理阶段,基本上所有的管理决策都是建立在管理者个人素质和认识水平上,管理者对监测工作的目的、地位和作用未能完全理解,未能系统主动地参与到监测过程中来,导致监测所获取的信息在管理中所能发挥的作用非常有限,监测与管理行动之间严重脱节。

二、未能构建起完整的监测管理体系

监测工作不仅是科学仪器设备的使用和日常繁琐记录,而且应该有一套管理体系、一个管理过程,包括监测制度的建立、管理组织的体系与机制、操作层面的技术准则和规则,以及监测的约束机制等,苏州目前针对传统村落的监测还只是规划部门的单一自觉行动,缺乏相应的体制、机制和约束力,监测技术手段未与各个政府部门的管理制度相结合。

三、缺乏对文化遗存保护状况影响因素的监测

传统村落的监测对象应包括村落文化遗存的价值保护状况与影响因素两方面,目前苏州古村落的保护利用动态监测对象涵盖4个层面7个指标及28个要素,但全部为针对村落物质遗存价值本底的监测,如自然环境、历史街巷、历史河

道、传统建筑等,缺乏针对村落文化遗存保护状况影响因素的监测,如村落保护管理过程本身、村落原住民数量以及人为破坏、经营性开发利用等活动。

四、相关利益人参与度薄弱

传统村落是一种最为原始的人类聚落,积淀了农耕时代的生活方式、民风习俗,融含了历史、文化等多方面的价值,目前也依然属于当地村民生活和生产的场所,当地居民、村落村民、专家学者、游客以及相关社会团体等均是其保护工作的利益相关人,由于行政体制长期采用自上而下的管理模式,目前的传统村落监测工作相关利益人参与程度明显不足,未能形成合力取得各利益相关人的认同。

对传统村落进行持续性动态监测有利于实时了解其变动的趋向,从而引导其向有利于风貌保持及优化的方向发展,及时控制甚至终止某些可能会影响或伤害风貌环境的行为,而在对传统村落进行保护修葺时,又可以通过监测数据深入细致了解其历史、现状、风貌特征以及存在的问题,有利于将村落特征及差异性针对性地落实到保护修葺设计中。动态监测工作可以为传统村落的保护、管理、修缮等一系列决策提供关键性资料和信息,实现对传统村落保护的持续长效管控。为此,提出如下建议:

1. 明确监测工作在传统村落保护管理中的地位

加强对传统村落管理者的教育培训与能力建设,制订相应的培训行动计划,邀请相关专家学者定期来苏州讲学,为传统村落管理者提供智力支持,转变管理理念,充分认识监测工作的重要性。

2. 进一步制定完善各项规章制度

《苏州市古村落保护条例》的出台初步构建了苏州传统村落动态监测的管理框架,要进一步加紧制定该条例中有关监测工作的《实施细则》,将其中涉及的概念、规则、程序、内容、机制进一步明确和细化,使其可操作。

3. 构建完整的监测管理体系

首先,通过行政强制手段使监测工作正规化、常态化,制定出台《苏州市传统村落动态监测管理办法》,明确监测机构、监测内容、监测指标、监测数据管理以及考核约束机制等;其次,强化监测技术规范的标准化与指导性,制定出台《苏州市传统村落动态监测工作技术指导手册》,明确监测范围、术语、监测结果与评价、监测报告的内容格式,使监测工作真正发挥确认保护状况、减少影响因素、评价管理成效的工具作用。

4. 建立专项基金,开展绩效评估

建立苏州传统村落保护利用动态监测专项资金,保障监测数据采集、监测数据分析、监测报告发布等各项工作的顺利开展,同时拿出一定比例的资金用于监测工作人员的培训教育,保证动态监测效果。对动态监测工作开展绩效管理和资金审计,做到专款专用,确保监测工作持续推进。

5. 进一步完善动态监测信息系统建设

设立相关的监测网站、微信公众号等,将监测各项数据以及评估结论公开并及时更新,各利益相关者(专家学者、管理人员、当地居民、村落村民和游客)能够随时查询监测信息,并能上传各自对于监测的建议和意见,使得监测系统更加完善。

国际交流

上海的发展与中国的城镇化

2015年3月17日下午,就中国城镇化特别是上海城镇化的问题,上海交通大学城市科学研究院院长、国家"十三五"发展规划专家委员会委员刘士林教授应邀接受芬兰《赫尔辛基新闻报》北京分社社长兼首席记者米克(Mikko Paakkanen)的专访。《赫尔辛基新闻报》北京分社翻译陈欧先生、摄影师沈祺徕,上海交大城研院国际事务学术秘书、兼职研究员盛蓉博士参加。据悉,《赫尔辛基新闻报》是芬兰第一大报,也是北欧地区发行量最大的报纸。其知名度和影响力在北欧地区都位居前列。平日发行量44万份,周末发行量50万份。该报正在撰写关于中国城镇化的系列报道,第一篇是关于浦东和上海城镇化发展问题,特邀刘士林教授对此进行解读和分析。

1. 城镇化在哪些方面给中国城市特别是上海带来了哪些益处?

城镇化是指农业性的环境、资源、人口、财产、社会结构、文化传统、生活方式、审美观念的现代化进程。这是一个系统性的变化,各有利弊得失。如果说益处,主要是经济发展、生活水平提高、医疗教育等公共服务提升,还有就是激发了人的活力。这是由于环境不同,"城市的空气使人自由"。

城市是天生的消费主义者,城市人口的快速增长为"扩大内需"提供了现实条件和广阔前景。关于城镇化对中国经济增长的巨大带动,已有定论,也是大家一致看好的前景。2002年,世界银行专家尤素福曾认为,自20世纪80年代以来,中国经济增长有10%是从城市化进程中获得的。2012年,由世界银行和中国国务院发展研究中心联合完成的中国展望报告指出:"中国的城市化将快速发展。到2030年,城市居民占总人数的比重将从1/2上升到2/3。这又会成为中国经济增长的推动力。"最近还有研究表明,快速的城市化有可能使中国GDP的增长重新恢复到9%以上。

对上海也是如此。1978年改革开放之初,上海生产总值(GDP)只有273亿元,常住人口为1140万;到2014年末,上海实现生产总值23560.94亿元,全市常住人口达到2425.68万人,这都是城市化给上海带来的巨大变化。

最典型的是浦东开发。1992年的浦东,还是与市中心区一江之隔的一块三角形地区,当时的陆家嘴,到处是破旧棚户、低矮厂房与阡陌农田。现在的浦东已是一个环境优美、经济繁荣的现代化中心城区。陆家嘴也成为可与纽约曼哈顿、

东京新宿媲美的世界级中央商务区。据2003年的统计,这里的每一平方公里产生的GDP增加值已高达147亿元。所以中国城市化有句话,叫20年看浦东。这20年,是中国城市发展最快的20年,以后很可能也不会这么快了。

2. 中国的城镇化速度是否合适？是否过快(过慢)？中央和地方政府在基建、产业引入、人才培养、创造就业、管理等方面能否跟上城镇化的速度？

这是一个很难判断的问题,一个城市的发展很复杂,很难用快和慢这样简单的二元对立思维来判断。或者说,很难有一个大家都认可的判断标准。从总体上看,中国的城镇化既有内在的主动原因,也有外部的强迫和无奈。由于每年都有超过2000万人口进城,这个数字差不多是芬兰总人口的4倍,所以,中央和地方政府在基建、产业引入、人才培养、创造就业、管理等方面一直在努力跟进,但说老实话也跟得很吃力,在很多地方跟不上也很正常。这是现在城市内部、城乡之间、中西部之间城市化不平衡、差距很大的主要原因。

就我们的研究而言,我们很少做中国城市化峰值的研究,主要是标准不好确定。中国城市化非常特殊,我们叫作巨国型城市化。"巨国"不同于"大国"。大国一般是指"面积大""人口多"或"GDP总量高",但一般都是单项指标。巨国是指几个指标都偏大,中国最突出的是"人口多"和"面积大"叠加在一起,发展模式和道路非常特殊,几乎每一个城市问题,都会因同时加入人口和区域的参数而被无限放大,结果是每一个简单的问题都会变得无比复杂。这就导致了两大问题:一是很难借鉴和使用其他国家城市发展的模式和经验,或者说,在其他国家和区域很成功的经验和模式,一旦纳入中国巨大的空间和人口框架之后,结果往往是变色、变质和走样。二是由于在层次和关系上过于复杂,中国城市化具有明显的"测不准"属性,或者说,几乎所有的预测和判断都是无效甚至是适得其反的。以城市化水平为例,2002年,曾有学者认为中国人口城市化水平会从2000年的36.9%发展到2020年的50%。但实际上,我国城镇人口在2011年年末就达到69079万人,占全国总人口的51.27%,这几乎比当时的预测提前了近十年。在这样的背景下,要想什么都跟得上,是不现实的。

3. 上海未来的发展规模会继续增大吗？有无人口、经济产值、行政面积等方面的规划？

关于上海的规模,可以明确说不会继续增大,这是一个基本判断。在客观上,是因为上海经过改革开放、特别是浦东开发以来快速的城市化,已经没有多少土地可用。截止到2011年,上海全市建设用地规模达到2961平方公里,占全市陆域面积的43.6%。在主观上,是上海开始有意识地刚性地约束城市规模的扩张。2014年启动的上海新一轮城市总体规划战略研究,主要是要确定2040年的城市总体规划,核心是全市新增建设用地年度计划,将在2013年的基础上逐年递减,这也就是所谓的"零增长"。

没有土地了怎么办？主要是通过提高土地集约化水平、土地开发质量和效益、转变土地利用方式，为城市发展提供空间支持。同时，由于信息化引发了城市生产生活方式的巨大变化，特别是在电子商务、政务、分布式办公等冲击下，现在中心城区占地面积庞大的CBD，已经开始过剩，并出现空心化迹象。这些中心城区"空"出的土地，也将成为未来规划和重建的重点。

4. 上海城镇化的扩大给周边地区（如昆山）带来了哪些好处？打破行政区划的上海大城市圈的合作发展模式有哪些优点和缺点？

和前边一样，也不能只说好处。上海和昆山的关系，是一个典型的中心城市和城市群的关系问题。从理论上讲，这可以分为恶性循环的初级阶段和良性循环的高级阶段。在初级阶段，中心城市和城市群主要是矛盾和斗争关系，而在高级阶段，则是互补与和谐关系。目前，尽管长三角综合发展水平在中国城市群中位居第一，但受整体发展水平的局限，长三角仍处在从初级阶段向高级阶段的发展演化中。在这种背景下，中心城市对周边地区的影响是一分为二的。好的方面主要是以都市交通为骨架的良好城市基础设施、高速经济增长、巨量投资、人才人力红利，直接提升了区域的发展水平和影响力，为周边地区带来巨大的溢出效应和发展机会。但也有不好的一面，主要是"恶性博弈"，造成区域内资源、资金和人才的巨大浪费和低效配置，同时也剥夺了周边小城市的发展机遇，对这些地区的社会和文化传统冲击较大。

城市群的发展目标是建构良好的分工体系和层级关系，解决大城市与中小城市、城市与农村在工业化和城市化进程中不断激化的对立和冲突，平衡城市之间的大小、强弱和贫富差距，实现中国城镇化的健康发展。所以打破行政区划、实施一体化发展是必然的。顺便说一下，与西方学者用"上海城市圈"不同，中国的概念叫"长三角城市群"，在经历了20世纪80年代以来的"长三角经济区"，90年代以来包含16城市的长三角城市群，2008年的包含苏浙沪的城市群新形态之后，"长三角城市群"正在迈向建设世界级城市群的途中。但目前中心城市和周边城市的矛盾冲突还是比较多，但由于走一体化的战略意识已经觉醒，各种一体化的现实举措也不断推出，所以未来的基本面和大方向是没有问题的。

此外，刘士林还就中国城市化模式、中国城市化峰值、长三角城市群的历史演进、中国城市化中的农村问题、浦东新区与芬兰的比较等，与米克做了深入的交流和探讨。

京津冀协同发展：一场时间与空间的博弈

2015年5月30日，上海交通大学城市科学研究院院长刘士林教授以书面形式接受美国《华尔街日报》记者吴尚蔚的专访。

1. 您觉得京津冀协同发展的规划是否有些急于求成？

这个问题很难用一个简单的"是"或"不是"来回答。因为城市群涉及的城市和部门众多、人口规模和体量巨大、层次和关系极其复杂、利益和需求很难一致，比较客观的回答应该是：在一些城市、领域和阶层显得"有些急"，很多问题还没有好好研究，各项准备也没有做好就匆匆上马。在另外一些城市、领域和阶层，规划却已经"有些晚了"，如果再早一些，有些人才和资源可能就不会流失，自己城市的规划和建设也会更符合区域发展的整体要求，避免再一次"翻烧饼"。当然，也不排除还有一些"运气特别好"的"幸运儿"，这些城市具备如古人所说的"天时地利人和"的条件，自己的发展需要正好踩在国家战略的"鼓点"上，将是这一国家战略最大的受益者。从总体上看，对《京津冀协同发展规划纲要》要避免"宏大叙事"，尤其要避免"不是好就是坏"的简单化判断，在发展中也应分类对待，对跟不上节奏的，要加以鞭策。对有急于求成倾向的，要予以适当降温。

2. 您觉得这个进程可能带来哪些问题是我们所需要注意的？

京津冀城市群包括了约1.07亿人口和22万平方公里的面积，像这样一种超级社会发展工程，其复杂性和艰巨性不亚于历史上任何一场大战役。在《规划》中也不可能把所有的问题都想到，都考虑清楚并做出完美的制度安排，同时，在实际建设过程中，也必然会遭遇各种意想不到的新情况和新问题，所以在总体上要充分照顾城市群自然成长和演化的规律，确定"蹄疾而步稳"的战略原则："蹄疾"是步子一定要快，慢了就等于不发展，就等于倒退；"步稳"是稳扎稳打，特别是要防止不顾自身资源和社会承受限度的"左倾冒进"倾向。只要把这两方面的要求统筹协调好，就应该不会出现比较大的问题。

但就现阶段来看，有两个方面需要引起重视：

一是在观念上，不能把城市群的规划建设等同于"经济"和"交通"。理想的城市群是一个在人口、经济、社会、文化和整体结构上具有合理层级体系，在空间边界、资源配置、产业分工、人文交流方面具有功能互补和良好协调机制的城市共同体。如果只集中在"眼见为实"的交通和产业，就可能导致"旧的问题还没有解决，新的问题又来了"。比如交通一体化有可能是"摊一个更大的大饼",而产业转移也很可能把"一个城市的资源环境问题下放到身边的其他城市"。

二是在实践上,要切忌各种"形式主义"和"本位主义"。前者的问题是容易导致"例行公事",对《规划》中的各项要求只是敷衍应付,或者是"嘴上说一套,实际干一套"。后者的问题是"屁股决定脑袋",凡是和自己局部利益相关的就"真抓实干",否则就"事不关己,高高挂起"。

3. 产业、交通和行政之间的协调存在哪些问题需要解决?

产业是城市的"肌肉",交通是城市的"大动脉",行政是城市的"神经中枢",共同构成了城市发展的"硬件系统"。没有强大的产业支持,城市就没有竞争力,而没有便捷快速的交通设施和高效精干的行政机构,城市就不可能是一个现代化的城市。也可以说,"硬件系统"是基础和支撑体系,即使放在一个城市里,也不是很容易理顺和协调的。在由"一大堆"城市组成的城市群中,需要协调和解决的问题当然更加庞杂。

就京津冀而言,首先要对问题本身有正确的认识和态度。城市群的繁荣离不开产业发展,而发展产业就需要集聚更多的人口。但任何城市本质上都是"有限的容器",一旦人口增加过快和流动加速,就必然加剧城市固有的交通和管理问题,并最终制约和影响区域的经济发展。但从发展趋势上看,2014年初,京津冀三地达成"协同发展、交通先行"的共识,各种新的高速公路、铁路、地铁在加快建设,过去遗留的各种"断头路"等也开始接通,所以我们认为以后"交通"方面的问题不会太大。在产业方面,由于《规划》重新明确了各城市,特别是北京在定位上不再提"经济中心",在产业调整和布局上,各方不管"转让"还是"承接",大都属于"一个愿打,一个愿挨",所以问题也不会很大。相对而言,可能最麻烦的还是"行政"方面。京津冀是一个包含了13个城市的"大块头",其良性运行自然需要更高更强的"执政能力"。三省市在这方面可以说差距最大。北京作为首都和国家行政中心,天津作为直辖市,多年来培养和锻炼了一大批优质行政人才,而河北作为一个相对落后的省份,其"城市指挥系统"如何适应一个更加复杂的城市群发展,在我们看来是最可担忧的。

4. 相对而言,长三角和珠三角的发展是更加有机的,特别是珠三角地区,各个城市可以在省级政府的组织下相互协调。而京津冀三地政府各自为政的状况是否比较严重?

我个人一直不大赞同这种观点,它夸大了中国国家框架下不同区域在行政体制机制上的差异,也把"政府"和"市场"的复杂关系理解得过于简单片面。我们知道,城市天生是最活跃的经济体,城市群是更复杂、更庞大也更活跃的经济巨人。其中,"政府"和"市场"的真实关系是"你中有我,我中有你",在有些阶段和层面上是政府主导,而有些阶段和层面则是市场主导,有些问题表面上是政府主导而实际上是市场主导,有些问题则相反,甚至还有先是政府主导后来被市场机制替代的情况,也有先是市场发动但陷入困境后又不得不让政府来接管的情况等,所以不宜把珠三角的省级政府优势"拔得太高"。实际上,不同城市的协调和相互尊重,主要是"政府"和"市场"既不断博弈又相向而行的结果。比如,在过去的30多年,长三角各城市一直是"面和心不和",但在我们发布的2014年度排名中,长三角之所以名列第一。主要原因有两个:一是30年来大家饱尝了"同质竞争"甚至"恶性竞争"的苦果,由此产生了越来越强烈的协同发展需要;二是区域资源和市场的联系更加紧密,逐渐形成了"一荣俱荣一损俱损"的命运共同体关系。这是大家"由斗争转向对话"的根源。

对于京津冀,需要从"转型"的角度看。在过去,"各自为政"情况的确十分严重,主要是落后地区有热情但没有能力,而发达地区有能力却没有热情。但自2014年以来,情况正在发生"质"的变化。在强大的国家意志和战略需要支配下,京津冀在破除行政壁垒方面已走在了长三角和珠三角的前面。如天津自贸区的京津冀海关区域通关一体化、检验检疫通关业务一体化改革等。在城市环境方面,如河北省的张家口市、固安县等已开始采用首都环卫标准。一些硬骨头也开始被啃下来,如不久前审议通过的《京津冀及周边地区大气污染联防联控2015年重点工作》,就涉及北京、天津及河北省的唐山、廊坊、保定、沧州等城市。

5. 如果算上很早就提出的"环渤海城市群"的概念,京津冀一体化的进程是不是过于漫长,为什么会耗时如此之久?

时间长不长,既有感觉上的问题,也有评价标准的问题。从感觉上讲,在20世纪90年代,长三角、珠三角和京津冀地区几乎同时提出了规划建设城市群的设想,但2008年和2009年,长三角和珠三角的发展规划陆续发布,京津冀却一直"雷声大雨点小",这是人们感觉后者比较拖沓、进展缓慢的主要原因。在评价标准上,主要看和谁比较和怎么比较。和西方城市群相比,全球首个城市群是位于美国东北部海岸的波士沃施(BosWash),杰出的地理学家戈特曼(Gottmann)从1942年开始研究到1961年正式命名,大约经历了20年的时间。在中国,情况比较特殊,长期以来,中国一直实施"限制大城市"的政策,这在很大程度上压抑了城市群的发展。"城市群"真正进入中国国家规划框架是在2005年年底,其中明确提出了推进长三角、珠三角、京津冀三大城市群的规划建设。如果按照这个时间节点算起,京津冀城市群的实足年龄不过10年。与国外相比,已经是很快了。但从国内看,由于京津冀在行政地位和经济发展方面的不平衡,所以协调起来比较困难。但在《规划》发布以后,这个问题已经不再是问题。所以,在中国城市群发展报告中,我们是很看好京津冀的。

6. 不久前,习近平主席说京津冀一体化将是国家发展的一个重点,并且相关方面已有所行动。要看到京津冀一体化有实质性的进展,开始真正地协同合作,大概还需要多久,会从什么时候开始?

国家战略的说法以前比较多,凡是有国家政策文件的,包括一些部委发文的都可以被称为国家战略。2014年以来,中国的国家战略被明确下来,"京津冀协同发展"就是其中之一,由此可见京津冀城市群的重要地位。在这个大背景下,相关城市与部门迅速做出反应,从"口头"落实到"行动"中。在政府层面,如保险监管一体化、法院"同城"办案、联控机动车污染、协同防治林业有害生物、协同发展引智计划、演艺领域深化合作等。在科技合作方面,仅北京大学与天津签订的合作项目就超过170个,同时与河北省也签了160多个。在企业方面,据相关统计,中关村的高新科技企业目前在河北设立了1029家分支机构,在天津也超过了500家。如果一定要选一个时间起点,我想可以把2015年看作是京津冀协同发展"元年"。

正如西方的一句谚语,"罗马城不是一天建成的",区域的一体化和协同发展,和人类社会的其他历史进程一样,都不会是一帆风顺的。京津冀城市群的发展,不仅涉及环境资源、人口、经济、社会、文化等多种要素,也由于其体量巨大、关系众多和层级复杂等原因,在实际建设过程中,出现摇摆、反复甚至是局部的倒退,都是正常和无可避免的,也无须"大惊小怪"。对于所有"发展中的问题",只能以更高水平的发展来解决。

7. 京津冀的规划非常关注"硬件"层面。"软件"层面是否需要更多的关注?比如放松户口限制?

《规划》的确比较关注"硬件"这是事实。但问题要从两方面看,首先,这有现阶段不得已的"苦衷"。在交通、城市建设等"硬件"方面,京津冀的突出问题是"不协调"和"不均衡"。城市群不管多大,本质上都是一个"木桶",其中任何一块"短板",都会影响到区域的"承载力"。如果不能把河北的交通建设好,北京和天津再好,也不可能达到优化城市群格局、提升资源环境承载能力的目的。所以只有尽快缩短差异、做强"硬件",才能支撑起更大规模的经济和人口。其次,从长计议,京津冀协同发展是要建立合理的城市分工和层级体系,促进区域内大都市、中小城市、乡镇、农村协调发展,解决中国城市群"硬件上去了,软件上不去"的问题,所以目前的《规划》还需要进一步补充和完善,特别是在协调体制机制、社会治理和公共服务、文化产业和文化遗产保护等方面,需要研究和制定一些专项发展规划,因为这些方面,在交通、产业等规划中是缺席的。

户籍问题是中国比较特殊的问题。现在一些人主张全部放开,以为"一体化"就是"什么都要一样",对此我个人并不完全同意。因为这种观点忽略了城市环境资源和城市人口之间的矛盾,不仅是中国也是世界城市化的主要矛盾。但也不应该"完全卡死",堵塞了人力资源的自由流动,影响到市场对人力资源的有效配置。一个可以提出的建议是,要放弃"拍脑袋定政策"的做法,比如通过大数据和社会计算方法,以城市的环境和社会资源的可支撑为基准,测算不同城市到底需要多少人口、什么样类型的人力资源等,然后据此制定相关的政策加以引导。

8. 有什么别的方面是您觉得需要引起重视的吗?

时间和空间是人类发展的基本问题和永恒困境,也是京津冀城市群在顶层设计上需要协调的主要矛盾。时间问题的本质是"来不来得及做"或"有没有时间去完成某件事"?空间问题的本质是"有没有条件和资源做"或"具备不具备做某件事的历史条件或社会土壤"?京津冀协同发展而言,一方面是环境资源的不足和配置的不均衡,另一方面也没有充足的时间"不紧不慢"地建设,在本质上是一场时间和空间的博弈。

就目前而言,最需要的是协调好这两方面的矛盾关系和需求。我个人觉得,在时间方面主要是要处理好"主体"的问题,核心是要有耐心和信心,要知道很多问题不是一天可以解决的,要有长期斗争的精神和心理准备。在空间方面,主要是开拓新资源的问题,核心是转变发展理念和发展模式。中国城市群建设面临的最大悖论是,一方面是土地、矿产、江河湖泊等环境与资源的瓶颈问题日益突出,另一方面,"取之不尽用之不竭"的文化资源没有得到高水平规划和良性开发利用。充分利用京津冀深厚丰富的区域文化资源,以及北京在区位、政策、人才、资金、市场等方面得天独厚的优势,规划和建设京津冀"文化型城市群",突出文化、生态和生活质量的主体和导向作用,解决过分强调人口、经济和交通等导致的"城市病",在我看来,应该是京津冀协同发展最应该考虑的战略选项。

关于当前中国城市化的几个焦点问题

2015年10月13日,上海交通大学城市科学研究院院长刘士林教授以书面形式接受新加坡《南华早报》记者Liu Zhen的专访。

1. 您一直密切关注并研究中国城市化进程,持续发布中国都市化进程年度报告。就您的观察,在目前中国城市化进程中,最核心的、待解决的问题有哪些?(能否列举前三)

中国是最大的发展中国家,也是最大的城市化国家。问题千头万绪,又处在高速变化中,有一千个人,就会有一千个不同的回答。张三认为"最核心的、待解决的问题",对李四来说往往就是个"伪问题"。大家争来争去,最终也不会有什么结果。

但从城镇化战略的角度,我个人认为有三大问题,是不同城市、领域和阶层都需高度关注的。一是时间问题,二是空间问题,三是人的问题。

时间问题的本质是"来不来得及做"或"有没有时间去完成某件事"?中国城市化面临的最严峻的挑战,不是一般的经济社会发展问题,也不在交通、住房、户籍、就业等具体层面,而是以城市为主体形态的中华民族的现代化进程,会不会因某种突然的变化而被打断。也可以说,如果有充足的时间给我们,目前的所有问题都不成其为问题。

空间问题的本质是"有没有条件和资源做"或"具备不具备做某件事的历史条件或社会土壤"?即目前中国已有的,也包括未来可能获取的资源,是否足以支撑一个13亿的人口大国、且基于较高物质生活和文化需求的城市化。尽管一直说中国"地大物博",但在加上世界第一人口大国的参数后,资源总量就被摊得很薄。再加上近年来快速城市化的损耗,资源和环境问题在当下已愈演愈烈。

人的问题的本质是"有没有合适的人去做"或"这样一群人能否完成历史赋予他们的艰巨任务"。和时间问题、空间问题相比,人的问题最关键和最重要。历史经验告诉我们,无论历史进程会出现什么意想不到的风雨,也不论现实条件怎样的贫瘠和恶劣,只要有一大批不辱使命的"主体",就可以创造任何人间奇迹。现在做城市竞争力的研究者很多,但大都忽略了城市真正的竞争力在于"有没有人",而不是其他。这是很可悲的。

就这三方面而言,我的一个基本判断是:最担心的是"时间",最急切的是"空间",最根本的是"人"。由于刚从农业社会演变过来,各种小农思维和生活习惯依然顽固,又由于百年来中国优秀传统文化的流失,所以说"人的问题"是最不乐观的。

2. 您大力提倡"城市群"的发展模式。您认为理想的城市群有哪些特征?"城市群"模式为何能够在经济转型的"新常态"下,有利于持续发展?

城市群是当今世界城市发展的主流和大趋势,也是《国家新型城镇化规划》为我国新型城镇化设计的"主体形态"。城市群基于合理的城市分工和层级体系,可有效促进区域内大都市、中小城市、乡镇和农村的协调发展,并有望从根本上解决城市粗放发展导致的"产业同质竞争、项目重复建设、空间批量生产"。这是我和我们团队特别看重它的主要原因。

什么是理想的城市群,我们有一个自己的界定,认为它是一个在人口、经济、社会、文化和整体结构上具有合理层级体系,在空间边界、资源配置、产业分工、人文交流等方面具有功能互补和良好协调机制的城市共同体。由此出发,一个理想的城市群,应主要具备三大特征:一是城市层级体系合理,区域内大、中、小城市空间布局合理,具有"环境友好型"的特点;二是经济秩序良好,不同城市在经济分工上具有很强的互补性,一般不会出现"同质竞争";三是拥有共同的"文化小传统",城市之间除了交通、经济联系密切,在生活方式和文化价值上也有很高的认同感。这最后一点,主要是我们团队的贡献。

"经济新常态"的基本内涵是经济增速"从高速增长转为中高速增长"。这对于城市发展肯定是不利的,甚至在局部会加剧城市之间的恶性竞争。但也要看到,在过去的经济快速增长中,尽管 GDP 的数字很好看,但也有很多是属于"没有质量的增长"或"没有内涵的增长"。而"以邻为壑""单打独斗"的"单体式"城市发展理念和发展模式,正是造成区域内资源、资金和人才的巨大浪费和低效配置的主要原因之一。"城市群"是"单体城市"的天敌,它意味着可以在更大区域内实施资源和政策的合理配置,并在整体上降低区域发展成本。因而有理由相信,如果城市群战略实施得好,完全可以弥补当下城市发展面临的经济减速、人口红利衰减等问题及负面影响。

3. 当前国家考虑跨省市的区域协同发展规划(以京津冀纲要为代表),在硬件方面计划了大量的基础设施建设以及产业布局调整,在软件方面还需要着力的是什么?

目前在国家战略上明确提区域协同发展的,只有京津冀城市群一个。京津冀包括了约 1.07 亿人口和 22 万平方公里的面积,是一种超级复杂的文明和社会发展工程,其复杂性和艰巨性不亚于历史上任何一场大战役。

目前的《京津冀协同发展规划纲要》,的确比较关注"硬件"。但也要理解这有其在现阶段不得已的"苦衷"。在交通、城市基础设施建设等"硬件"方面,京津冀的突出问题是"不协调"和"不均衡"。城市群不管多大,本质上都是一个"木桶",其中任何一块"短板",都会影响到区域的"承载力"。如果不能把河北的交通和城市基础设施做好,北京和天津发展得再好,也不可能达到优化城市群格局、提升资源环境承载能力的最终目的。只有尽快缩短差异、做强"硬件",才能支撑起更大规模的经济和人口。在这个意义上,"交通先行"等并没有错。

关于京津冀的"软件"问题,也是大家比较关注的。一方面,这有现实原因,和中国其他的城市群一样,要提高京津冀协同发展的质量,必须充分考虑"硬件上去而软件上不去"的痼疾问题。另一方面,由于《规划纲要》只是一个战略框架,不可能把所有的问题都解决好,这就需要在协同发展的精神指导下,在城市群的协调体制机制、社会治理和公共服务、文化产业和文化遗产保护等方面研究和制定一些专项发展规划,使京津冀协同发展的软性目标更加丰富和完善。

但坦率而言,并不是"软件"方面规划做得少。事实上,两市一省不仅各自做了自己的文化类规划,同时也做了为数不少的京津冀文化类规划。所以现在最需要的是认真研究和总结已有的"软性"规划,充分吸收它们的合理性,超越它们的局限性,而不宜把这些方面的努力和探索"虚无化",再搞一次"大跃进"式的文化类规划。

4. 作为国家"十三五"规划的专家顾问之一,从您的专业视角出发,会建议在规划中强调什么内容?

我个人主要从事城市科学、文化战略和智慧城市研究,目前主要在推三个战略性概念:总体规划、文化型城市群和人文型智慧城市。

新型城镇化不可能脱离21世纪国内和国际的两大背景,要想统筹兼顾好这些方方面面的关系和问题,应以城市群规划为中心设计我国的城镇化道路。由于城市群本身涉及的内容和层次过于繁多,再加上我国城市群的数量很大,所以我认为城市群规划应分两步走,即在具体的单个城市群规划前,先做一个具有"总规"性质的《中国城市群战略规划纲要》,从总体上和中长期的角度,为我国城市发展的政策和资源配置提供制度安排。但比较遗憾的是,我国各主要城市群都有了自己的规划,但唯独缺乏一个总体性、战略性的东西。

关于中国城市群的发展模式,我们认为应考虑走"文化型城市群"的发展道路。当今世界的城市群主要有两种发展模式:一是传统以经济、交通和人口为要素的"经济型城市群";二是重文化、生态和生活质量的"文化型城市群"。前者虽"貌似"城市群,但在本质上仍是"唯我独尊的大都市",不仅没有推进区域一体化和协调发展,本身还是城市发展结构失衡、功能失调、秩序混乱的主要原因。紧密结合《国家新型城镇化规划》提出的"注重人文城市建设",我们认为应及时研究、提出和实施"文化型城市群"发展模式,这有助于协调城市群的交通、经济、人口增长和文化、生态、生活质量改善的矛盾冲突,带动我国城市建设进入以文化发展为主题、以经济发展为基础、以社会建设为目标的良性循环阶段。

我们团队把智慧城市分为三类:一是以数字科技为中心的科技型智慧城市;二是以管理服务为中心的管理型智慧城市;三是以人文科学为基础的人文型智慧城市。一个真正的智慧城市,必须集科技型智慧、管理型智慧、人文型智慧于一体,才能解决人在城市中的"真"(物质生活资料)、"善"(社会制度保障)、"美"(精神文化享受)需要。目前的问题是,科技型占主流,管理型备受重视,而人文型才刚刚提出。但人文型智慧城市关乎智慧城市建设的"价值和意义",没有人文型智慧城市,就不会有真正的智慧城市。我们认为,在"十三五"时期,我国智慧城市在总体上应确立以智慧科技为重要基础,以智慧管理为主体形态,以智慧文化为理想目标的战略定位和基本思路,为早日建成"有意义、有价值、有梦想"的中国现代化城市提供全面的信息化系统工程支持。

关于上海社会资本和文化消费水平的问答

2015年7月,上海交通大学城市科学研究院院长刘士林教授应邀参与经济学人智库(EIU)的社会城市项目研究。该项目就城市社区的社会资本和文化消费水平对世界上20个大城市进行比较研究,涉及的中国城市有上海和北京,其他包括孟买、新德里、圣保罗、波哥大、莫斯科、巴黎、纽约、伦敦、温哥华等,项目通过社会网络、市民参与度、互惠性、社会基础设施、安全性和文化消费等指标对以上城市进行评估。7月28日至8月7日,刘士林教授以书面形式接受经济学人智库Denis McCauley先生的专访,上海交大城研院国际事务学术秘书、兼职研究员盛蓉博士担任了协调和翻译工作。此为中文稿。

1. 您认为中国大城市近几十年来发生的巨大变化(如经济增长、建筑物的大批量建设等)对城市社区的社会资本有什么影响?

工业化和城镇化是改革开放的主导机制,这是中国大城市迅速发展的主要背景。从1978年至2001年,中国100万人以上的城市从13个增加到49个,50万至100万人的城市从27个增加到78个。特别是以2005年为界标,这一年国家"十一五"规划首次提出建设"城市群",住房和城乡建设部在《全国城镇体系规划纲要(2010—2020年)》中明确提出建设五大(北京、天津、上海、广州、重庆)"国家中心城市",意味着国务院1989年制定的"三句话方针"——"严格控制大城市规模,合理发展中等城市,积极发展小城市"——逐渐淡出,大城市发展愈加势不可挡。在中国最新的城市分类中,"特大城市"的人口标准已从原来的100万人提高到500万以上,而最新提出的"超大城市"概念,则是指城区常住人口在1000万以上的城市。截至2013年年底,中国已有北京、上海、重庆3个超大城市,天津、沈阳、郑州、南京、武汉、广州、汕头、成都、西安9个特大城市。而如果按照实际生活在城市的人口统计,超大城市和特大城市估计还会翻上几倍。人口和资源在大城市中的集聚,为城市各板块、各层面的快速发展提供了坚实基础。

关于城市发展对其社会资本的影响,我认为可从三方面来了解:一是城市经济。这是社区社会资本的母体,如果一个城市经济捉襟见肘,其他的一切都谈不上,这也是中国东部地区社区建设要比中西部活跃的根源。二是城市建设。这是社区社会资本表现的现实空间。一般的老城区基础设施落后、城市空间狭小,不利于资本和人口的居住和工作,这是社区资本在新城、新建社区容易落地并产生效果的主要原因。三是人的因素。不是一般的"城市新增人口",而特指在改革开放和市场经济中出现的"新社会阶层",以非公有制经济人士和自由择业知识分子为主体,包括民营科技企业的创业人员和技术人员、受聘于外资企业的管理技术人员、个体户、私营企业主、中介组织的从业人员和自由职业人员等。据2013年一份研究报告,这个新阶层在上海已超过440万人,其中,个体工商户约36万人、私营企业主约160万人、受聘于外资企业管理和技术人员约60万人、民营科技企业创业和技术人员约30万人、中介组织从业人员约75万人、自由职业人员约80万人。它们掌握着大量的资金和人才,在主业之外,会有一部分流入社区公共服务领域,是社会资本影响城市发展的主力。

2. 您认为上海城市社区的社会资本水平高吗?不同社区之间的水平差异大吗?

关于上海社会资本水平的高和低,很难做出准确的描述和评价:一是由于数据缺乏,没有相关的准确统计;二是没有权威的评价标准,说不清"多少算高,多少算低"。但综合已有的信息,初步可得出几点结论:一是上海的社区社会资本水平在中国应稳居前茅,这是由上海经济综合发展水平、社会总体发达程度、新社会阶层人口多、居民参与社区建设热情高等决定的。同时,这也与上海各级政府部门重视社区建设有关。如黄浦区打浦桥街道的文化活动中心,就委托给上海华爱社区服务管理中心运营,政府变成"监督者",不再直接"组织"和"管理"。二是社会资本在不同领域的发展不平衡。比如医疗体制改革,国家"十二五"医改规划明确要求,到2015年各地社会性医疗机构要达到20%,但上海目前仅为5%,还差得很远。三是远郊和中心城区差距明显。以社区文化活动中心为例,在徐汇、静安区等中心城区,平均每4平方公里就有一个,而郊区平均每30平方公里才有一个,个别的如奉贤区奉城镇,100平方公里只有1个。不仅数量分布不均,服务水平差别也比较大,如闸北区的临汾社区文化活动中心服务项目40余个,年服务人次超过了70万。而远郊地区的服务项目一般不足10个,服务人次不到市区的10%,在个别地方还存在社区文化中心被挤占、挪用等问题。

3. 我们的指标体系中还包括"互惠性",是指社区中的居民相互来往,对于物质性需要相互给出意见、互相帮助等。您认为上海城市社区的互惠水平如何?

上海居民的物质生活水平总体偏高,为开展各种"互惠"提供了良好的基础,同时,出于海派文化比较精明细致的特点,上海城市社区的"互惠性"应该很高,在很多方面不输于其他国家和地区的大都市。这种"互惠性"大概可分为以下几类:一是"政府相关部门主导,社会资本和社区居民参与"的。如上海市绿化和市容管理局的试点旧衣回收,2010年,先在闸北区临汾街道试点设置旧衣回收箱,并委托专业公司统一收集。到目前为止,全市的废旧衣物回收箱总数已超过2000个。

此外,每年春节或一些特殊节日,各级政府按惯例也会"访贫问苦",开展各种"送温暖"活动,既包括慰问金、购物券,也包括衣服、粮食等。二是"在政府支持下、由相关社会组织主导"的。如 2003 年 12 月成立的上海市民帮困互助基金会,截至 2011 年 11 月,该基金会已实施的"个案帮扶"超过了 6 万个,同时实施的"医疗帮困一卡通"等"项目帮扶"惠及 20 多万人次。三是由新闻媒体报道引发的。其中,有的是因为自然灾害,如 2012 年夏天台风"海葵"袭击上海,很多私家车主自发组成"爱心车队"接送滞留人员。有的则是因为贫困、事故、疾病等导致的生活不幸,它们一经媒体披露和动员,都会引起市民在物质与资金方面的"帮扶"。四是民间自发的。由于各种原因,互惠双方建立了联系,"有余者"往往无条件支持"不足者",这种案例非常多,每天都在发生。

4. 互惠性在上海城市社区中有什么特别之处?

这个问题可从三方面来了解。

首先,传统人际关系仍是上海"互惠性"的基础。一方面,尽管上海"追新求异"的城市性格和海派文化特有的"西方文化基因",使上海成为中国"最洋气"和最时髦的城市,极大地削弱了传统人际关系,但上海毕竟是"中国的上海",其"互惠性"也会打上中国文化的烙印,特别是"有福同享,有难同当"等传统信念,使各种"互惠"行为频繁发生在亲属、同乡、同学、战友等群体之间。另一方面,尽管由于分割居住和生活的紧张忙碌,大都市成年人的邻里联系日益减少,但通过他们的父母和孩子等,同一或相邻社区的居民也会自发形成各种"互惠"关系,经常性地交换来自各自家乡的土特产和其他礼物。传统意义上的"社会"不仅没有彻底解体,有时在上海的表现还会相当强烈。

其次,一些新的社会和社交关系产生了新的"功利主义互惠性"。作为中国最发达和国际化程度最高的大都市,一些最新的组织、交往形式,以及一些最新的技术和生活方式,总是先在上海"落地"然后再传播到全国。与传统社会那种"非功利"的"互惠"行为不同,当今上海社区的"互惠性"包含了比较明显的"功利主义"色彩。如各种"新社会基层"会组织大量的联谊会等,其中一般都包含了财物方面的馈赠,但目的并不是"行善",而是要建立新的社会联系甚至是为开展商务活动做铺垫。这也包括各种表面上基于爱好和趣味出现的时尚生活方式,如车联网、驴友团、团购及一些健身娱乐团体等,其中联系密切程度、物质馈赠比重,也都基于比较精明的"算计"和"判断"。

再次,在文化、教育和艺术等层面的"互惠性"比较突出。与中西部相比,上海的"互惠"行为有很多超出了基本的物质需求,真实再现了"既有钱,也有闲"的上海城市特点。如 2012 年,曹杨社区曾有 24 位收藏爱好者,以"重温历史,见证发展"为主题举办民间收藏博览会,不仅展示票证、书籍、根雕、烟标等藏品,还向观众讲授每件藏品的故事。在上海,类似的读书和交流活动很多,节奏也非常频繁。如上海师大退休教职工自发组织"银龄互助义工",通过结对、慰问、交流等方式"以老助老"。还有退休的老教师组织在校的大学生和中学生,帮助农民工子弟补习。此外,也有一些是针对城市生活的,如塘桥社区实施的"潮汐式"错时停车、国地公寓与永业商务楼签订互换车位协议等,都是通过集约使用空间等提升了互惠的层次。

5. 上海当地机构采取了什么措施来提高社区的社会基础设施建设水平(公园、社区中心等)?当地居民是否通过自己的力量来提高这方面的建设水平?

在关于社区的社会基础设施建设方面,近年来上海出台了一系列的文件法规,集中在公共交通、公共绿地、公共文化服务、社区行政中心、社区医院、社区养老等领域。和一般城市的"一小时服务圈""半小时服务圈"不同,上海的目标锁定在"15分钟"内。以社区养老为例,目前上海已建成10—15分钟的社区服务圈,实现了"一站式综合服务""一体化资源统筹""一网覆盖的信息管理"和"一门式的受理评估"为主要内容的社区养老服务功能,同时,计划至2017年年底建设100个,到2020年年底建成250个,实现全市街镇与基本管理单元的全覆盖,这既是上海城市雄厚经济实力的显示,也是城市社会服务理念的创新。

在具体建设措施上,最值得关注的是PPP(Public-Private-Partnership)模式。目前,很多领域已部分或全部向社会资本开放。如最新打造的面积约6.5公顷的上海南站绿轴公园,徐汇区一改公共绿地和城市公园一般由政府部门投资建设的模式,政府主要负责出台相关公共服务设施建设政策,具体则交由上海徐汇万科中心对该绿地"代建代管",作为公共服务无偿对市民开放。如杨浦区五角场街道把社区生活服务联动中心,交给社会力量创办的"96890"社区服务机构,通过在线服务、呼叫中心、远程定位监控和社区车辆巡视,组成全方位、个性化的社区服务网络,为在社区居家养老的老年人提供服务。此外,政府也是社会资金、资源整合利用的牵头人。如2011年长宁区通过财政投入、社会募集等多种渠道,成立了总额达1.5亿元的"长宁文化发展专项基金",主要用于奖励、资助符合城区文化特色、为城区文化做贡献的公益文化项目和文化名人。如从2005年起,杨浦区殷行街道探索学校体育场地资源的整合利用,采取"政府购买保险、委托体育俱乐部管理、补偿学校物耗"的办法,解决了困扰学校教育资源开放的安全、管理、物耗等问题,使辖区内18所中小学校共计71124平方米的场地(主要是操场、篮球场)全部向社区开放,为社区居民带来了实惠。

志愿者是居民参与社区建设的重要形式。上海在1997年就成立了市志愿者协会,目前已涉及助老、助残、助医、助学、助困、邻里互助、敬老爱幼、护绿保洁、交通管理、治安防范、法律咨询、就业指导、科学普及、医疗保健等方面。而2008年成立的上海屋里厢社区服务中心,通过引入各类组织合作或直接提供服务等方式,托管了三林世博家园市民中心、杨浦延吉社区睦邻中心、上钢新村街道残疾人服务中心、杨浦延吉社区社会服务中心、闵行康城生活服务中心、外滩街道阳光之家、五角场志愿者中心等机构,开展扶老、助残、环保、青少年教育等活动1600多次,为200多万人提供了相关服务。而各种具体案例更是数不胜数,如现在市民广场景观灯的开关时间,就是根据市民意见和反映调整确定的。如好第坊社区志愿者杨洁和居委会一起办读书会,如交大附中老师主办的"亲子骑行"等,都是居民参与社区建设的典型。

6. 在报告的预调查中,上海(以及北京)居民认为他们经常参与文化活动(剧院、音乐会等)。他们还经常去公园和公共广场(比我们报告中其他城市的频率都高)。您认为这种描述准确吗?

这是比较准确的。主要有三个原因:一是上海和北京的城市环境、文化基础设施、公共文化服务建设很好,不仅远远超过中国其他地区,也不次于西方最发达的大都市,为市民文化消费提供了不可多得的良好条件。截至目前,上海共建有215个社区文化活动中心,5245个村(居)委综合文化活动室及图书馆、博物馆、美术馆,初步形成了公共文化15分钟服务圈。此外,智慧城市建设也是亮点,目前,"文化嘉定云""文趣闵行"和"闸北智文化服务平台"已建成上线,可提供公共文化活动预约、场馆预定、网上浏览等,有效整合了各条线上的公共文化资源。二是上海差不多是中国最富裕的城市,在基础性的物质生活需求满足以后,自然要转向更高层次的精神文化消费。2013年举办的首届上海市民文化节,从3月一直延续至年底,分春、夏、秋、冬四个阶段,以全市208个社区文化活动中心为主要活动场地,同时在重点文化广场、公共绿地和部分商业中心设立了70个室外活动场地,举办活动近4.5万次,有百个社区和万支团队参与。像这样大规模、长时间的市民艺术节,如果没有市民的热情参与是不可想象的。三是上海还是中国老龄化最严重的城市,截至2013年年底,上海60岁及以上老年人口为387.62万人,占全市户籍人口的27.1%,预计到2015年年末,会占到户籍人口的三成,上海将率先进入深度老龄化阶段。这些老年人基本上"赋闲在家",可以从事自己喜欢的文化娱乐活动。

7. 什么因素可以提高上海居民参与文化活动的水平?什么因素会阻碍?

关于提高和阻碍的因素,实际上它们的关系很微妙,关键是做得好不好,对此我想主要谈三点:

一是政府的文化组织和管理。目前,大家批评比较多的是政府"大包大揽",政府提供的往往不是居民所需要的,导致了公共文化资金资源浪费。但这只是问题的一个方面,中国有自己的特殊性,要调动城市居民参与文化活动,离不开政府的组织和引导,如很多竞赛、评奖、活动创意与发起等。有一次,在我们家附近的公园,几个团队因为"抢地盘"差点打起来,都是白发苍苍的老年人,后来还是由社区居委会出面才解决。其他如静安区建设的社会化教育网络和市民学习平台,虹口区曲阳街道建设的学习型社区,松江区引导居民自发组织业余文艺队伍,吴泾镇帮助老年居民建立的"工笔画团队"等,说明在公共文化建设和服务中,政府的作用不容忽视。当然,对其存在的问题,也需要找到解决方法。

二是新闻媒体的传播。当今社会已进入信息化阶段,而新闻报道本身是把"双刃剑"。报道、引导得正确,就会极大促进居民参与的热情,相反,就会产生消极影响。比如一些虚假新闻,甚至是一些带有犯罪性质的诈骗,也是利用了居民文化消费的需要,使很多人上当受骗。

三是居民中"有声望的人"的示范。他们的热情、任劳任怨和敢于表达,也会在社区文化建设中发挥重要的作用。而他们的离开或过世,也会影响相关社区居民的文化参与。

除了个别因素,关键是要在各相关方之间形成合力,这将是推动社会文化建设上水平的重要支撑平台。

8. 您是否见过与社会资本相关,在上海当地社区出现的有趣的社区活动?

这种活动实在太多了。比如一些大型的社区文化活动,基本上都有企业或社会资本的参与。同时由于上海市整体文化水平高的原因,一些活动也不乏有趣的创意。比如,2011年国庆期间的仙霞美食文化节,由仙霞路美食特色街餐饮业出资出力,为社区老年人做了20桌免费长寿餐,相关企业家会亲自给老人们端上一碗碗长寿面,祝愿他们健康长寿。还有就是沪东街道的"点亮微心愿",微心愿是指价值不超过1000元的心愿,通过《人文沪东》社区报、沪东"微心愿"公众微信号等采集和发布,需求认领者。在首季"微心愿"活动中,38个微心愿几天内被认领一空,其中包括为社区内一对老夫妻更换厨房木板,为社区残疾人量身定制轮椅车,为失独家庭卧床的病人送去尿不湿等,都是很实用也很感人的。

快速城市化背景下的中国城市建设

  2016年2月25日下午,上海交通大学城市科学研究院院长、国家"十三五"规划专家委员会委员刘士林教授应邀接受俄罗斯全国广播电视公司驻华分社负责人和驻京记者爱丽丝·罗(Alisa Romanova)女士专访。爱丽丝·罗首先表明,国际社会关注中国城市建设发展,俄罗斯也高度关注并希望深入了解相关情况,为此俄罗斯全国广播电视公司策划拍摄本节目,并对刘士林教授接受采访表示感谢。刘士林表示,中国是最大的城市化国家,近年来一直在开展着有史以来最大规模的"城市建设",是世界最大的建筑工地,消耗着世界上最多的钢筋水泥,开展着最大规模的旧城改造和最大规模的新城建设,在经济全球化背景下,这种大规模的城市建设早已超出国家和地区的范围,深度影响着世界经济的增长、政治的重构、人口的集聚、城市的盛衰和文化的传播,中国和俄罗斯是密切的战略合作伙伴,深入、真实地反映报道中国城市化的成就和问题,对于增进双方了解、深化友好合作、共同应对问题和挑战非常必要。俄罗斯全国广播电视驻华分社摄影师麦克先生,城研院城市科学研究部副主任、国际交流秘书盛蓉博士等参加。

  1. 您认为中国城市建设是不是存在着"贪大、媚洋、求怪"问题,该如何看待这一现象?

  毋庸讳言,当代中国的城市建设,在发展观念、设计理念、建筑风格、审美趣味等方面的确存在着"贪大、媚洋、求怪"的问题,在一些时期和一些地区还比较严重和突出。一些城市新建的地标性建筑上,如北京的"大裤衩"、苏州的"秋裤"等,都一度引起热议。"贪大"是说要建纽约、巴黎那样的国际大都市,"媚洋"是嫌中国城市"土",要建那种代表了现代化潮流的西方建筑,而"求怪"则是大量吸取和使用西方现代和后现代的设计理念和建筑风格。

  在某种意义上,这些现象都与中国城市规划建设"向西方学习"有关。新中国成立以来,西方发起的冷战使中国被孤立在西方主导的世界体系之外,严重封闭。改革开放以后,国门打开,中国经济、城市建设、管理和服务的落后和西方形成鲜明对比,后者成为现代化、现代城市、现代生活方式的象征。当时讲现代化有一句形象的话,叫"楼上楼下,电视电话",就是要住楼房,有现代通讯工具和文化娱乐生活。而急于摆脱贫困、落后和改变旧面貌的中国城市,首先想到的就是向西方"取经",不管是各种考察团,还是留学人员,最终形成了"城市就是要建成西方那

样"的共识。中国经济的快速增长又提供了现实条件,这是导致各种"大、洋、怪"建筑泛滥成灾的主要原因。

2. 中国已正式提出要治理建筑"求怪"现象,该如何界定"怪"建筑的标准,为何中国建筑设计很奇怪,这是否是在寻求自身建筑和定位的一种方式?

就在前几天,中国发布了《关于进一步加强城市规划建设管理工作的若干意见》,针对一些城市建筑的"贪大、媚洋、求怪",提出"适用、经济、绿色、美观"的"建筑八字方针",意味着这些问题已明确列为城市空间治理的范围。但就目前而言,这只是一个"意见",还不是政策和工作计划,要落实"意见",还有很多程序要走。其中一个重要环节,就是要出台"细则"或"办法",也就是要研究和明确什么样的城市规模算"贪大",如何判定学习西方先进经验和"媚洋"的界限,以及建筑"求怪"和"创新求变"的区别等。这就像环境问题一样,污染起来容易,治理起来相当麻烦,不仅成本大,首先就不好确定标准。

如何界定"怪"建筑?说起来容易做起来难。建筑的"怪不怪",既涉及城市传统的空间、历史和当下的发展定位和精神目标,也涉及管理者、市民、游客乃至网民的认知、判断和趣味。康德说"趣味无争辩",中国也有一句老话,叫"婆说婆有理,公说公有理",对建筑的"怪不怪",每个人都可以提出自己的观点和判断,而且会各有各的道理。但把抽象的认识、评判问题和具体的背景、语境结合起来,还是能求得基本的共识或最大的公约数。中国现在讲的"怪"建筑,主要针对的是"特色缺失和文化传承堪忧"和"防止片面追求建筑外观形象"。由此可知,在当下评价一个建筑"怪不怪"的标准,主要看两方面:一是在"文化"上要看它是不是承载了中华文化的理念、精神和价值,是不是延续了中国城市历史形成和积淀的建筑风格、特色和气质,因为这些既是中国城市最珍贵和最独特的,也是在当代城市建设中由于过度模仿西方而失去的。二是在"功能"上要看它是不是和城市整体建设水平和人民群众的生活需要相适应,有较好的实用价值。当下一些公共建筑的突出问题是"看上去很美",耗资巨大却极不实用,把本来需要提供基本服务的公共建筑变成了西方设计师的"跑马场"或西方先锋设计观念的"实验室",这是很多地标、重大公共建筑项目被质疑、被批评,甚至是建成以后很快被拆除的重要原因。明确了这两个基本原则,就可以考虑在规划理念、设计风格、建筑样式等方面探讨、建立评价标准了。

至于为什么中国建筑设计会给人非常突出的"怪"的感觉,我想主要有两个原因,一是和中国快速的城市化和大规模的城市建设密切相关。改革开放以来,中国差不多每年平均有2000万人口进入城市,按照人均建设用地100平米和人均需要50万人民币的城市建设投入看,城市建设规模大、项目数量多和建设速度快史无前例,是导致建筑建设问题矛盾众多的一个重要原因;二是和中国城市在快速发展和激烈竞争中的"身份认同、文化认同和心理认同"相关。为了在快速变化的世界中找到或确立自我,很多城市的基本策略就是雇一个国外设计师或建一个"洋气十足"的建筑物,以为这就完成了城市的现代性转化或融入了世界潮流。这是各种吸引眼球的"雷人设计"频繁出台的重要原因。我对此曾有一个评价,认为这跟一个一心追逐 LV 包的小女孩在智力与审美水平上并无太大的差别。三是"人多嘴杂"的原因。当代中国的城市化主体,主要包括传统农民、现代产业工人和后现代生产者三种,无论在精神意识上还是在现实利益上,他们之间的差异和冲突都很大,要想在短期内对城市建筑形成共识很难。要想有一个客观的评价,还需要经历时间的淘洗和积淀。可能有些建筑本质上并不怪,还是创新和发展,对此要有一定的耐心和信心,不必急于下结论。历史上最著名的例子是埃菲尔铁塔。在上海则有东方明珠,它刚一建成,大家都觉得不适应,但现在成了上海的当代地标,来上海的人一般都要去看一下。

客观地说,"贪大、媚洋、求怪"是中国城市现代化的一个必经阶段,只有成本大小的问题,没有是不是能绕过去的问题。实际上,在付出较大成本后,中国城市也正在努力走出这个阶段。而这种曲折和痛苦经历也会成为一种财富,为中西城市建设、中西建筑风格的融合以及形成更好的理念和模式创造条件。

3. 如何解释中国城市建筑的"千篇一律"现象?中国有大批世界闻名的异国风情仿造建筑以及主题小镇,这一趋势从何而来?

在评价当代中国城市时,人们从古老的成语"千人一面"中转化出一个新说法,叫"千城一面",你从南走到北,从东走到西,所到之处,差不多都是一样的城市空间布局、公共建筑、产业集聚区乃至住宅小区。这一方面有合理性,适应经济快速发展和人口快速增长的需要,标准化建设有助于降低生产、存储和销售的成本,建筑之间相互克隆可以节省规划设计费用等,但另一方面,这种类似大工厂式的建设方式,也牺牲了城市独特的环境与资源禀赋、区域文化与历史特色以及人们千百年来居民的生活方式、风俗习惯和心理利益,也是不可持续的。

造成"千城一面"的直接原因,一是规划设计的西方崇拜问题。如北京、上海、广州的标志性建筑,大都出自国外设计师,如上海金茂大厦出自美国 SOM 公司、上海环球金融中心出自美国 FPA 建筑师事务所、首都机场航站楼出自英国福斯特、广州珠江新城双子塔西塔出自英国威尔森·艾尔建筑师事务所,一个统计,仅荷兰建筑师的作品在中国设计的建筑就超过 300 座。对西方规划设计理念、方法和模式的崇拜,必然导致原本丰富多彩的城市民族个性和特色受到冲击,也是导致我国城市、特别是现代化大都市"面目相似"的重要原因。而要改变现状,就是基于中国城市独特历史文化的人文规划要跟上来。

二是"克隆"问题。在国内,一般的中西部或东部二线城市,由于看到改革开

放以后北上广迅速与国际接轨,差不多都会把它们作为城市建设标杆。从科技园区、主题公园、市民广场、金融一条街、商业休闲街、城市标志性建筑等,北上广干什么,其他城市就干什么。如上海搞了一个新天地,立刻全国就一大批新天地。由于很少考虑城市自身的基础和条件,这些"克隆"成功的案例很少。"克隆"还包括城市定位和发展战略。以城市新区规划为例,最初一个城市,根据自身的情况,把东边规划为高新产业集聚区,西边规划为时尚商务区,南边规划为传统文化旅游区,北边规划为现代服务业聚集区,这本来是好的。但其他城市一参观一学习,就把这种模式抄袭过去。于是很多新城新区规划,就成了一个"画圈圈"的游戏。这不仅直接加剧城市之间同质化竞争,也是城市产业"产能过剩"的主要原因。

在中国,的确有不少的异国风情建筑和主题小镇,具体数量不详但估计为数不少,仅在上海就有9座,如意大利小镇、荷兰风情小镇、北欧小镇等,还是特地规划的。很多城市的高档小区,这种情况也十分突出。尽管其中不乏房地产开发商的噱头,但也不能简单归结为"媚洋"。因为具体的情况很复杂,只能说有些比较好,有些不好,也有一些是败笔。总体上看,最初开建这些建筑和小镇,或者说模仿西方也没有什么问题,这不仅是由于西方的城市城镇在规划布局、建筑风格、文化气质等方面非常迷人,也满足了当时部分中国人了解世界、走向世界的心理愿望。但问题是不能一拥而上,不问青红皂白,不结合自己的具体情况和需求。就目前看,正如我们今天对西方世界的看法发生了很多变化,我们对西方建筑的态度也不是一成不变的。如果说一开始是凡是西方建筑就好,那么经过若干年的历练之后,中国城市建设的自我意识也在觉醒,开始有了自己的选择和判断。这是一种更加健康的文化交流。这几年也出现了一些主题小镇,如浙江嘉善县新建的巧克力小镇,就是一个很不错的传播巧克力文化、体验多种生活方式体验的空间,这没有什么不好的。

如何评价这些西方建筑和小镇,关键是一个适合不适合的问题。西方的建筑和西方的城市管理、城市生活方式和审美趣味联系紧密,由于意识形态、文化传统、生活观念等方面的差异,其中有很多并不适合中国的城市和市民。这是过去出现不少设计闹剧的根源。但这种情况近年来也在变化,近年来,一些城市拆除了不少欧式美式的地标和建筑,这不仅由于中国人对西方城市了解越来越深入和全面,也表明中国人确立了"鞋子合不合脚,只有自己知道"的自觉和自信。适合自己的就拿来就建,不适合的就放弃。

4. 过去的中国也有类似的现象吗?为什么人们要抛弃中国古典建筑形式?

城市和建筑是人类生活的重要基础设施,不同民族在历史中创造了灿烂的建筑和居住文化,彼此之间相互学习、借鉴非常正常。这种情况自古就有,比如在唐代首都长安,就有阿拉伯、波斯等建筑的影响。比如20世纪50年代的中国,就大量学习前苏联的建筑风格,甚至我中学就读的开封市铁路中学,不是一个很大的城市,学校也不是很著名,但当时我们住的就是一栋苏式建筑风格大楼。但总体上看,由于过去的城市化进程比较缓慢,所以问题远没有今天这样突出,也不会像当下这样受到普遍关注。

改革开放以来,中国经历了人类历史上规模最大、速度最快的城市化进程,一方面,新建了大量的新城新区,另一方面也对功能设施落后的老城区进行了大规模改造。这是城市中古典建筑被大量拆除其至惨遭破坏的现实背景。关于中国古典建筑形式被抛弃的原因,我想主要有三方面:一是观念问题,这和改革开放早期形成的西方崇拜有关,一些人觉得传统建筑和现代化城市不相匹配,其至认为它们拖了城市现代化的后腿。二是建设成本问题。古典建筑的维修和保护,比之一切推倒重来的新建,需要更多的投资和更烦琐的工艺。三是开发主体的问题。改革开放以来,有能力开展城市建设和改造的,主要是各种房地产开发商。由于文化素质和眼光问题,他们往往容易采取简单粗暴的拆除和改造方式。但近年来,随着国家相关文化遗产文件和法规的出台,这种简单粗暴的城市更新方式现象已得到有效的遏制。

5. 最后还想问,您认为中国以后还能回到过去的建筑风格吗?

一个时代有一个时代的文化,一个时代的文化集中体现在一个时代的城市,而每一个时代的城市也必然要创造出与自身相匹配的建筑文化和建筑风格,回不回得去是一个过于简单的判断,只能说,有些可以回去,由于被重新认识和肯定。而有些则是注定要被抛弃的,这是不可能回去的。同时还有一些属于融合创新,而这一方面将成为主流。可以设想一下,未来的中国城市建筑,一定是"形式上多样"和"精神上回归传统"的结合。以后的中国城市,各种规模适度、中西结合、古今结合的建筑会越来越多,既不是单一的西方,也不是简单的复古。

中国新城新区的发展现状与规划问题

——刘士林在第二届区域规划国际经验交流会议上的主旨演讲

2017年6月12日,由国家发展改革委与世界银行召开的以城市更新为主题的第二届区域规划国际经验交流会议在北京举行。国家发展改革委副秘书长范恒山,世界银行中国局局长郝福满和全球发展实践局局长羿艾德出席会议并讲话,国家发展改革委振兴司、投资司、规划司、地区司、高技术司、环资司、国际司有关同志和世界银行有关分支机构的官员及专家学者参加会议。上海交通大学城市科学研究院院长刘士林教授应邀出席并做了题为《中国新城新区的发展现状与规划问题》的主旨报告。此为中文稿。

新城新区规划建设是全球性的城市现象,是引领城市与区域经济发展的重要思路和平台,也为深入了解和客观评价国际区域经济规划提供了对象。

一、概念界定

西方只有"新城"概念。《英国大不列颠百科全书》的界定是:"一种规划形式,其目的在于在大城市以外重新安置人口,设置住宅、医院和产业,设置文化、休憩和商业中心,形成新的、相对独立的社会。"

"新城新区"是结合中国城市发展实际提出的新概念,在基本内涵上对应于西方的"新城"。这个新概念正式出现在《国家十二五规划纲要》第三节"增强城镇综合承载能力",使用的表述是"规范新城新区建设",从一开始就具有"城市治理"的意味。新城新区不是一个政策概念,也不是一个规划概念。

从西方新城的建设经验看,主要可划分为"独立新城或先驱城"(independent new cities or occasionally frontier cities)、"卫星城"(satellite new towns)、"新城中城"(new towns in-town)、"新城市中心"(new urban centers)四种类型。

表 22 西方新城演变类型

新城演变类型	新城位置	新城特点
独立新城或先驱城(independent new cities or occasionally frontier cities)	远离现有城市中心	相对自足型的经济和社会体,可容纳最多250,000居民
卫星城(satellite new towns)	主要城市边缘	人口一般为100,000或以上,依赖主要城市中心承担单一的商业和文化功能,有自身的经济基础及中型城市规模的设施服务,大多数欧洲新城为卫星城,大量居民通勤来往于城市之间
新城中城(new towns in-town)	现有城市范围内	可容纳最多50,000居民,在现有城市中为附属的大规模居民区,自有就业机会、公共设施和开敞空间
新城市中心(new urban centers)	大都会地区的郊区或之外	在开始大幅发展增长的地区可以影响发展模式

根据国际惯例和我国实际情况,新城新区的概念可界定为:1992年(浦东新区设立)以来,我国城市在原中心城区边缘或之外新建的,在行政、经济、社会和文化上具有相对独立和较大自主权的综合性城市中心。具有较强独立性、综合性的浦东新区,与英国的第三代新城、美国的独立型新城相近。

我国新城新区可以划分为国家级新区、省级新区、地市级新区三种主要类型。

表 23 中国新城新区层级体系

级别	审批部门	流程
国家级新城新区	国务院	国家发改委组织编制并报送国务院审批
省级新城新区	发改委	国家相关区域规划中明确提出;一般设立在直辖市、副省级市,须由国务院等相关部门审批备案
地区级新城新区	省级主管部门	一般设立在地级市,须由省级主管部门审批并呈报国土资源部等备案

二、总体情况

据不完全统计,目前全国共计拥有新城新区545个(其中国家级新区19个),面积约为68671.52平方公里。

我国新城新区的主要特点在于:

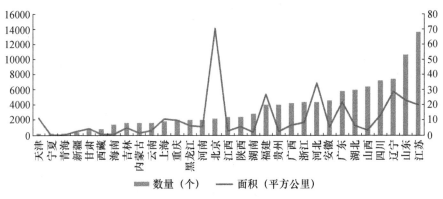

图56 中国31省市新城新区数量面积统计图

从数量和面积的综合分析看,建设新城新区面积最大的北京,数量只有11个,全国最少但建设水平很高;一些中西部省份存在着规模小、数量多、基础设施配置不到位、建设效益低等问题。人们所说的"鬼城"现象,主要是发生在这些地区。

从建设面积和分期看,20世纪80年代新城新区建设占总数量的2%,总面积的2.5%;20世纪90年代占总数量的25%,总面积的21.9%;2000年至2011年占总数量的73%,总面积的75.6%,是我国新城新区建设的高潮期,一些省份定指标、图政绩等问题也较突出。2012年以后,获批的新城新区大为减少,这与"十二五"以来的"规范新城新区建设"有关,也说明大规模的"造城运动"已经过去,未来的主要任务是解决后遗症。

从规划和功能的角度看,2000年以前规划建设的多为经济功能主导的产业区、工业园、开发区等,2000年以后具有综合功能的新城建设大规模兴起。此外,新城新区的面积与城市GDP之间不成正比,说明影响新城新区建设的因素相当复杂,不能简单归结为经济主导或GDP驱动。

三、大都市新城新区的发展现状

根据国务院最新的城市划定标准,截至2013年年底,我国超大城市有3座,分别是北京、上海、重庆,特大城市为9座,分别是天津、西安、广州、沈阳、郑州、武汉、成都、南京和汕头。深圳市由于统计口径问题暂未列入。

尽管受城市化速度快、体量大、政策多、变化性强等因素影响,中国新城新区的设置和规划经常发生各种变更,但仍可归纳出一些规律和特点。

从规划和建设数量上看,截至2013年年底,12座大都市共规划和建设新城新区130座左右,其中新区17座,新城117座(包括自贸区1个)。其中以沈阳的数

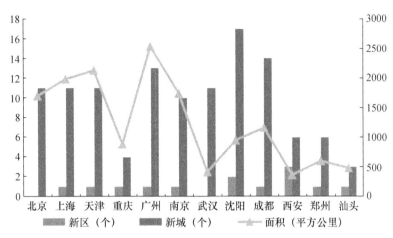

图57 中国超大城市和特大城市新城新区个数及面积

量最多,共计为19座新城新区,此后依次是成都、广州、上海、天津、北京、南京、武汉、西安、郑州、重庆、汕头。

从规划和建设面积上看,广州新城新区的面积最大,1个新区和13座新城共计面积为2529.42平方公里。位居第二到第十二的,依次为天津、上海、南京、北京、成都、沈阳、重庆、郑州、汕头、武汉、西安。

从规划和建设时间上看,中国大都市新城新区的建设,除了极少数(如上海浦东新区和广州珠港新城)是20世纪90年代规划建设之外,其他均为2000年以后规划建设的。即使是20世纪90年代规划的,其正式建设也是在2000年以后,其中最典型的是广州珠港新城。

四、大都市新城新区发展趋势

1. 城市空间结构由单中心圈层模式向多中心网络模式转化

城市原有的空间结构多为单中心圈层模式。随着城市化进程的加快,大量人口和资源涌入大都市,原来的城市空间结构不能适应,大都市在旧城之外规划新城的同时,逐渐形成多中心网络化的空间结构。为市民提供多个工作和生活的中心和环境,城市的公平性、多样性和选择性也随之得到较大改善。

《成都城乡总体规划》提出"以城市中轴线为发展主轴,以中心城区和天府新区为双核,走廊展开、组团发展,构建'一轴双核六走廊'的多中心、组团式、网络化城镇发展格局"。武汉提出"严格控制主城用地,积极促进新城发展,形成主城为核心,新城为重点,中心镇和一般镇为基础,辐射到农村广大地区的多层次、网络状城镇体系"。南京提出"以长江为主轴,以主城为核心,结构多元,间隔分布,多中心,开敞式的都市发展区空间格局"。

2. "宜居""生态""低碳"成为大都市新城新区的共同追求

尽管在面积、人口、产业等方面差别较大,但"宜居""生态""低碳"理念却是它们共同的追求。这既是各大都市深陷"城市病"困境的觉醒,也是城市发展新理念、新潮流和新战略的体现。对宜居、生态和低碳的追求,正成为新城新区规划建设的目标和方向。

浦东新区在20世纪90年代制定规划时,就结合城市交通网络合理安排了若干个城市综合分区,在各分区之间用大型的城市公园及公共绿地加以分隔,同时各分区内综合考虑了社会经济、城市发展与城市生态环境协调关系,优化了浦东新区的城市生态环境。在天津滨海新区规划中,提出了"改善生态环境,建设生态示范区"。《南京市龙袍新城总体规划(2012—2030)》提出生态优先战略。

3. 向综合型城市经济转型是下一阶段规划建设的重点

我国大都市的人口都在500万以上,基本上不需要担心人口不足。但仅有人口并不能称之为城市,其发展的动力机制才是重中之重。在规划建设较早的浦东新区,从筹建伊始就设立了陆家嘴金融贸易区、外高桥保税区、金桥出口加工区以及张江高科技园区等大型开发区,都是基于产业引导的思路和策略。2000年以来很多大都市规划建设的新城新区,也主要是依托着一个或多个产业园区,以应对"有产业无城市"或"有城市无产业"等问题。

2015年7月9日,国家发展改革委发布《关于开展产城融合示范区建设有关工作的通知》,主旨即在于要加快产业园区从单一的生产型园区经济向综合型城市经济转型,以解决大都市目前存在的新城职住分离、老城交通拥堵等大城市病,真正实现新城新区疏散老城区过度集聚的人口和资源的目标。我国的大都市新城新区在这方面已有较多的探索和实践,可以为加快促进"产城融合"提供经验和示范。

五、规划问题

1. 正确理解新城新区规划的必要性

建设新城新区是城市化发展到高级阶段的必然产物,在优化空间结构、解决环境压力、实现城市功能协调等方面具有重要作用。英、美等都经历了半个多世纪的新城建设。2000年至2012年,我国城市人口以年均超过1.35%的速度增长。每增长一个百分点,大约需要新增建设用地1800平方公里。与此同时,我国开始大规模规划建设新城新区建设,符合世界新城发展的普遍规律和国情需要。

有一种观点把我国新城新区称为"政绩工程",是过于简单化的。相对于空间狭隘、基础设施落后的老城区,新城新区在解决人口居住和就业、带动和引领城市

"创新驱动,转型发展"方面发挥了关键作用。特别是在拉动经济增长上,在 1984 年到 2014 年的 30 年间,437 家国家级开发区、1600 余家省级开发区和超过 2 万家的各类主题产业园,贡献了全国 GDP 的 68% 和近九成的外贸出口,在我国经济社会发展中具有举足轻重的地位。

2. 客观认识新城新区建设的周期性

新城新区建设具有周期性,从不存在一开始就完美无缺的新城新区。在初建时,由于基础设施和公共服务不完善、人口和资源的集聚度不够,新城新区"人气不足"是正常现象。相关研究表明,新城居民的入住率有一个规律,即"前 12 至 18 个月内的平均入住率为 48%,之后的一年增加 19%,下一年为 15%"。一个新城要住满人,至少需三到四年的时间。因此不能把某些新城在某些阶段存在的空置率高、公共服务滞后、产业集聚程度不高等,等同于我国新城新区的本质属性。

以被媒体 2012 年评为中国最大鬼城的"郑东新区"为例,我们 2013 年暑假在此调研时,已是车水马龙、人流如梭,甚至"到处堵车"。河南省中原经济区办公室的工作人员认为,目前郑东新区已成为继二七纪念塔之后的城市新中心。河南有一亿多人口,郑州是省会城市,是农村人口迁移的主要目的地之一,所谓"鬼城""空城"根本不存在。他还举例说,2002 年前后的浦东到了晚上也是空无一人。

3. 综合辨析新城新区规划建设的"责任群体"

中国城市化的突出特点之一是"政府和市场共同主导"。由于城市发展的主要资源如土地、财政、项目审批等掌握在政府手中,容易出现政府干预程度和强度过大,影响市场机制和经济规律正常发挥的问题。这是一些人认为新城新区规划数量过多、建设标准设置较高、违背城市发展规律、导致"有城无市""鬼城""睡城"等的根源。但城市规划建设是一个复杂系统,首先要看战略和规划做得好不好,其次还要看具体执行得怎么样。有时候,一个不好的规划因为执行得好会"歪打正着",而一个编制得很好的规划在具体执行中也会出现"和尚把经念歪"。要发现和找到问题的本质,需要做综合性的辨析和诊断。

以"一把手项目"为例。一旦城建项目出了问题,当初起决定作用的"一把手"当然要负主要责任。但城市决策的过程实际上很复杂,"一把手"不是一个"孤独的存在",不仅深受当今各种人物、思想、言论、建议的影响,也和他"身边的人"如研究室、开发商、评审专家等缠绕在一起,"一把手"在本质上是"一个城市社会关系的总和",表面上是"一把手"拍板,但实际上明里暗里参与的主体众多,具体谁是真正的决策者,需要具体问题具体分析。这是理解中国城市化的一个关键所在。我们的城市要建好,需要关注和改善的是整个"社会土壤",而不是一个简单的"官退民进"问题。

4. 理性关注我国新城新区规划建设的"治理"经验

新城新区规划建设在很大程度上属于"权宜之计",在规划上不够长远、在建设上顾此失彼乃至在管理上滞后和脱节,均具有一定的现实合理性。

第二次世界大战以后,美国、加拿大曾一度放任新城建设与开发。半个世纪后,美国联邦政府才成立了管理机构并于 1968 年制定出《美国"新城"政策》。我国大规模新城新区建设以 2000 年为起点,这一年中国城市化进入快车道,快速增长的城市人口和经济,是新城新区出现粗放规划和建设的根源。在 2003 年至 2006 年间,国家发展和改革委员会等部门曾联手对全国开发区进行清理整顿,在数量上由原来的 6866 个减少到 1568 个,在规划面积上也从 3.86 万平方公里压缩到 9949 平方公里。

在城市建设用地上,美国直到 20 世纪 90 年代才开始对土地开发加以严格管束。城市空间开发一直是我国政府高度关注和努力解决的城市治理问题。《国家"十二五"规划纲要》提出"合理确定城市开发边界,规范新城新区建设",十八大报告提出"构建科学合理的城市化格局",中央城镇化工作会议提出"优化城镇化布局和形态"。

近年来,一方面,一些城市已开始盘活过去圈占及开发效率低下的建设用地,如浙江嘉兴市、广东深圳市等在土地二次开发上都取得了有益经验。另一方面,在编制新一轮城市规划时,北京、上海等大都市均提出城市建设用地的"零增长"或"负增长",以往圈占的城市建设用地必然将进入转型升级发展的新阶段。

总之,我国大规模、高速度、集中化的城市化特点,必然要以更大范围的城市空间为载体,对新城新区不存在需要不需要的问题,关键是如何规划和建设出一批高质量、精明增长和智慧化的新城新区。

关于城市文化政策与跨文化研究的对话

  2016年6月7日,法国驻华大使馆文化教育合作处文化教育合作参赞、北京法国中心主任罗文哲就文化政策制定与跨文化政策研究、城市与区域文化政策制定、文化遗产保护与社区改造的中国经验、中外文化艺术创作的基金支持等问题,与上海交通大学城市科学研究院城市战略咨询部主任、专职研究员王晓静博士、上海交通大学城市科学研究院博士研究生孔铎博士等进行对话交流,主要内容如下。

一、中国文化政策制定与跨文化政策研究问题

  罗文哲:文化政策研究在当下是国际文化研究重要的热点问题,经过文化政策的跨国比较研究,我们发现各个国家的文化政策各具特色,均有所偏好。可是在国际社会中中国文化政策研究的声音还比较弱。由于大使馆的工作,我们比较熟悉中国的高等教育和大学的相关政策,请王晓静女士介绍一下中国文化政策的制定主体及主要内容。

  王晓静:感谢您对于国际研究状况的介绍。就中国的情况来说,文化类事务在中国由文化部主管,每一级政府部门都设有政策研究室,负责起草相关的政策法规,但是在制定重要的政策,比如五年计划纲要时,政府部门也会聘请高校等研究机构参与政策制定工作。

  需要注意的一点是,由文化部门出台的文化政策其实并不占多数。由于中国的国家发改委有"组织拟定区域协调发展的战略、规划和重大政策"的职能,所以当我们研究区域性的文化政策时,因为区域本身是没有"文化部""发改委"的,因此,常常会以"自上而下"的形式由国家发改委制定区域发展规划,指导区域内各城市的发展,包括文化发展等内容。具体到城市的话,市人大、市政府一般是发布此类文件的主体,但是制定或参与拟定甚至是发布单位却有可能是"文化局""文物局""建委""财政局""规划局""建设局"等部门。

  关于文化政策的主要内容,由于较多地牵涉到"意识形态",文化政策的编制会有更多的限制条件,但"内容雷同"也是文化政策编制过程中的普遍问题。我们在研究中发现,"建设社会主义核心价值体系、拓展群众性精神文明创建活动、营

造良好的社会文化环境、创新文化内容形式、深化文化体制机制改革、大力发展文化事业、加快发展文化产业"等内容,几乎是各地文化政策文件的编制模板。如何在国家宏观政策的指导下,结合各地的具体情况制定出更符合地方需要的文化政策,是当下和未来需要探讨的。

二、中国的文化遗产保护与社区改造问题

罗文哲:数年前北京市对前门大街附近进行了整体性拆迁,将其改造为以传统仿古建筑为文化特色的商业街区,但是从现在的效果来看,这种整体性搬迁的方法扼杀了这一地区固有的活力,新入驻的商铺并不景气。在第15届威尼斯建筑双年展上,中国展示了用新方法改造而成的白塔寺。这一方法有四个特点:一是不完全拆除;二是不完全赶走本地居民;三是不大规模建设旅游项目;四是争取将现代建筑进行融入,激发整个社区的活力。为什么同样是以"文化"为由的地产开发项目,却产生了不同的结果?

王晓静:在改革开放初期,中国在城市建设的潮流中曾掀起"明清一条街"的建设潮流,其特征是将原有的真古董旧街区拆掉,改建新的仿古街区。20世纪末,中国意识到这一方式对于城市可持续发展的严重破坏,出台了大量政策制止"大拆大建"的行为。21世纪以来,中国在文化遗产保护方面也有了较大的改善,开始由保护物质遗产转变为物质遗产和非物质遗产共同保护,希望能够以保留原住民的方式保住原有的生活方式和空间场所。而为什么同样是以"文化"为"噱头"的地产开发行为产生了不一样的结果,可能与"文化搭台,经济唱戏"的老路子有关。仿古街的最大失败就在于没有保留活化的生活方式,将老街区的生命从根部掏空,没有"人""情",也就没有了"生命力"。而近几年比较流行的"保留街区原始面貌,不改变建筑外立面,仅以新材料改善内部居住空间,同时留住原住民"这样的城市改造方式,则显示出延续城市文化生命力的强大效应。

三、中国文化艺术创作的官方支持情况

罗文哲:在欧洲,传统艺术的形式的边界与概念基本已经较淡,艺术普遍突破了单纯的绘画、雕塑等具体形式,开始以"视觉艺术"为概念推动多种艺术形式的综合发展与交融。法国、德国、比利时对艺术资助活动都比较重视,也有很多企业设立了各种基金对艺术活动进行资助。其形式主要有三种:其一是成立艺术中心,其二是向艺术家下订单,规定某种主题进行创作,其三是直接购买艺术家的作品。后两者的资金来源一般是国家和地区的资金,请问中国有何最新举措。

孔铎:中国由于特殊的历史原因,文化部各种艺术奖项与艺术资助基金的设立很大程度上还是以传统的艺术分类为准,这就造成了一个尴尬问题:当代艺术

由于其特有的混合型特点而造成了在奖项与类型参与上遇到了"到底该往哪个门类上申报"的问题。近期中国政府已经意识到了这一问题,在原有门类的基础上增设适合当代艺术的门类,为艺术家提供合适的舞台。

王晓静:中国的文化系统根据文化艺术的门类设立了数十种奖项,并对所有的文化艺术从业者开放,借助这一平台,艺术家可以通过自身实力获得资金与更多的机会,这是政府促进艺术创作、支持艺术家的一大方式。

此外,通过梳理这几年各地出台的文化政策,我们也发现"发展文化产业"已经成为几乎所有城市的文化工作重心,并依此制定了许多配套支持措施,这一行为直接导致各种各类文化企业的诞生。依靠政府在资金、土地、税收等方面的优惠措施,文化企业投入更多的资金支持文化艺术的创作活动,从而实现企业盈利、艺术家获得市场认可的双赢模式。但不可否认的是,中国的区域发展还存在着不平衡的问题,区域经济社会发展水平的不平衡也就自然而然地导致了不同区域对待文化发展的重视程度不同,因此,我们常常感觉到像上海这样的沿海发达城市,在文化建设方面的成绩堪称优秀,但是中西部地区虽然也出台了大量的文化政策,然而,政策或规划又往往成为"墙上挂挂"之物,究其原因,一方面与当地的经济发展水平有关,另一方面也与中国官员异地任职的传统有关,由于从他处调任的城市管理者,对地方事务的不熟悉与对地方文化的陌生感,很难让他们投入大的精力去研究没有短期效益的文化政策,也不愿意把钱花在看不见的文化艺术建设与投资上。

交大案例

无锡在扬子江城市群建设中的定位和策略研究

一、引言

无锡位于江苏南部,东邻苏州,西接常州,南滨太湖,北枕长江,京杭大运河穿城而过,是华东地区的重要交通枢纽。无锡是中国民族工业的发源地之一,改革开放以来坚持"工业"和"旅游"两条腿走路的发展方针,已从一个传统工业城市升级为功能综合的现代化城市。

据第六次全国人口普查数据,无锡城区常住人口达到354.23万人,已步入Ⅰ型大城市的序列。2016年无锡地区生产总值达到9210.02亿元,位居全国第14位,人均达到14.13万元,位居全国第8位。城市人口和城市经济发展协调性良好,在东部发达地区具有明显比较优势。

为了落实习近平总书记关于建设"强富美高"新江苏的指示精神,2016年10月,时任江苏省委书记李强在"全省推动长江经济带发展工作座谈会"上首次提出"打造扬子江城市群",扬子江城市群规划随即进入紧锣密鼓的筹划和布局阶段。2017年11月,江苏省委省政府下发《关于加快建设扬子江城市群的意见》,以南京为"核心城市",推动宁镇扬、锡常泰、苏通等城市深度融合,加快江宁—句容、仙林—宝华、六合—仪征等毗邻地区共同发展的基本框架确定,这是新发展理念与江苏实际紧密结合的战略部署,也是江苏区域发展史上具有里程碑意义的重大谋划。

扬子江城市群由扬子江蜿蜒缀连的江苏沿江八市——宁、镇、扬、锡、常、泰、苏、通组成,占地面积接近全省一半,常住人口4977万,国土面积约5.1万平方公里,占全省面积48%左右。2016年地区生产总值为60115亿元,占全省79%,人均GDP超过1.8万美元,集聚了江苏省最丰富和优质的经济、资本、科教、人文等要素资源,也是我国经济集聚程度高、开放程度高、城镇化程度高、社会文明程度高的地区。扬子江城市群既是江苏省经济社会发展的主轴,也是长三角建设世界级城市群的两大支柱之一。

作为传统苏锡常都市圈的枢纽城市和新时代扬子江城市群的战略要地城市,无锡城市经济和城市人口优势显著。2016年,无锡全年国民生产总值达到

9210.02亿元,比上年增长7.5%;人均生产总值达到14.13万元,略低于苏州的14.56万元,远高于其他城市。无锡是扬子江城市群土地面积最小的地级市之一,但却集聚了653万人口,是扬子江城市群人口最为密集的城市,人口密度达到1411人,超过南通和扬州约1倍,初步具备了向特大城市发展的人口资源条件,并有可能借助扬子江城市群战略实施升格为城区常住人口超过500万的特大城市,开启一个城市发展的新时代。

在总体上看,扬子江城市群规划是长三角、江苏省区域发展的一次重大重构,必将对相关都市圈规划、城市发展战略和路径产生深远的影响,如何在新布局和新开局中抓住机遇、主动作为,发挥比较优势、做出示范表率,同时借此重组重构之机遇弥补自身短板、明确新的定位、赢得战略优势,是摆在无锡深化改革发展道路上急需研究和回答的重大问题。

本课题以无锡在扬子江城市群建设中的定位研究为中心,通过历史研究、现状研究、影响研究、定位研究和策略研究五个方面的分析、研判、谋划和建构,为无锡充分发挥自身的优势和条件,通过更加妥善的布局谋划和更加精细的制度设计,形成新的城市战略定位和发展策略,为在扬子江城市群框架下优化城市功能、引领经济转型升级、推进新型产业布局、率先建成富强、民主、文明、和谐、美丽新无锡,以及促进扬子江城市群与长三角城市群、长江经济带、"一带一路"的协同发展提供支持和服务。

二、无锡城市定位的演变历程研究

开展无锡在扬子江城市群中的定位研究,既要结合城市群发展的一般规律和扬子江城市群的总体要求,也要深入了解无锡市的历史定位和资源优势,并在新时代框架下重新审视自身的比较优势,最终确定自身的方向和路径。

1. 20世纪中期:"工业城市"和"风景都市"

作为一座有3000多年历史的江南名城,无锡自古以来就是鱼米之乡、蚕丝产区,素有"米市""丝都"之称。无锡襟江枕湖,大运河穿城而过,千年未淤,终年畅流。自元代以来,无锡就是江南地区的漕运中心,一直延续到清末。因交通便利、商贾云集,无锡历史上曾有"米布丝钱"四大码头。[①] 近代又因繁荣的工商业而有"小上海"的美誉。

新中国成立后,历届政府开始有目的、有计划地探索城市发展的定位。1953年,《无锡市市政建设第一个五年计划方案》首次将无锡定位为"一个轻工业的风景都市"。以"工业城市"和"风景都市"为关键词,无锡城市的总体定位和发展思

---

① 《曾形成米布丝钱四大码头 近代被赞"小上海"》,《渤海早报》,2013年8月15日。

路基本确立,是我国城市发展理念持续性最好的城市之一。

在《1956—1967年无锡市城市建设全面规划的初步意见》中,无锡城市定位拓展为"一个轻工业和休养、游览的城市",计划设立6个工业区、4个仓库区并提出了风景区的规划。在1959年补充了发展重工业和交通功能,无锡的城市定位成为"以纺织、轻化工、机械制造业为主的综合性工业和风景游览城市,交通运输中心"。在1973年,提出"把无锡建设成为一个轻重兼备、全面发展、具有本市特色的现代化社会主义工业城市"。

2. 改革开放以来:"经济中心"和"山水城市"

改革开放以来,在城市化和工业化的影响下,无锡"工业城市"的内涵不断丰富,同时"旅游城市"的概念重新受到重视。在1979年的《无锡市总体规划》中,无锡确定了"建设成为轻重兼备、技术先进、以生产高精尖产品为主的适应四个现代化需要的社会主义工业城市和优美的风景游览区"。这其中的变化,只是随着新技术革命的浪潮,传统工业拓展到轻重并重的综合性工业和"高精尖"产品技术,"工业城市"和"风景游览城市"的主基调一直延续下来。

20世纪80年代初,因其高额的经济产值,无锡成为全国15个经济中心城市之一。1984年被国务院批准为首批"较大的市"。1985年被国务院确定为长江三角洲沿海经济开放区开放城市。在此背景下,无锡城市规划也经历了多次修订。在1988年江苏省政府批准的《无锡市总体规划修改方案》中,将无锡市确定为"江苏省重要的经济中心城市、著名的风景旅游区"。在1995年修订的《无锡市城市总体规划(1995—2010年)》中,将无锡提升为"重要的经济中心、区域的交通枢纽和著名的风景旅游区",并首次提出建设"山水城市"的目标。"经济中心"是"工业城市"的升级版,"山水城市"是"风景游览区"的升级版。

3. 新世纪以来:区域性中心城市与"强富美高"新无锡

历史进入到21世纪,无锡在编制"十五"规划时延续了《无锡市城市总体规划(1995—2010年)》确立的框架。在"十一五"规划中,在经济全球化和中国快速城市化的背景下,无锡确定了"五个中心、五个名城(即国际先进制造技术中心和区域性商贸物流中心、创意设计中心、职业教育中心、旅游度假中心,最适宜投资创业的工商名城、最适宜创新创造的设计名城、最适宜生活居住的山水名城、最适宜旅游度假的休闲名城和最富有人文特质的文化名城)"的新定位,使"工业城市"和"山水城市"的现代化内涵越来越丰富,并出现了两种融合发展的态势。在"十二五"规划中,无锡强调了"具有独特影响力和竞争力的区域性中心城市、生态城、高科技产业城、旅游与现代服务城、宜居城"。在"十三五"规划中,紧密围绕习近平总书记的重要讲话,无锡将城市定位精简为"强富美高"新无锡。

表 24 改革开放以来无锡的城市定位

	城市定位	相关文件
经济	工业城市	1979 年无锡市总体规划
	江苏省重要的经济中心城市	1988 年无锡市总体规划修改方案
	全国重要的经济中心	"十五"规划 1995 年无锡市总体规划
	民营经济最佳成长区	2005 年政府工作报告
	经济强市	2007 年政府工作报告
	高科技产业城、国家高新技术产业基地	2010 年政府工作报告 "十二五"规划 江苏省城镇体系规划
	国际先进制造技术中心、先进制造业基地	"十一五"规划 江苏省城镇体系规划 苏南现代化建设示范区规划
	战略性新兴产业基地	苏南现代化建设示范区规划
	区域性商贸物流中心	"十一五"规划 苏南现代化建设示范区规划
	工商名城	"十一五"规划
	优美的风景旅游区、著名的风景旅游区、国内外著名旅游胜地、旅游度假中心、旅游和现代服务城、休闲名城、风景旅游城市	1979 年无锡市总体规划 1988 年无锡市总体规划修改方案 1995 年无锡市总体规划 "十五"规划 "十一五"规划 "十二五"规划 2010 年政府工作报告 江苏省城镇体系规划 苏南现代化建设示范区规划
生态	山水名城	2005 年政府工作报告 "十一五"规划
	生态城	2010 年政府工作报告 "十二五"规划
	湖滨城市、现代化国际化滨水花园城市、现代化湖滨花园城市、现代滨水花园城市	2001 年无锡市总体规划 无锡市城市现代化和城乡发展一体化规划 江苏省城镇体系规划 苏南现代化建设示范区规划
	资源节约型和环境友好型城市	2001 年无锡市总体规划

(续表)

	城市定位	相关文件
社会	宜居城	2010年政府工作报告 "十二五"规划
	幸福无锡	2011年政府工作报告 2013年政府工作报告 2014年政府工作报告 2015年政府工作报告
文化	文化无锡	2005年政府工作报告
	文化名城	"十一五"规划
	职业教育中心	"十一五"规划
综合	"大而强,富而美"的现代化城市	2004年政府工作报告
	"强富美高"新无锡	2016年政府工作报告 2017年政府工作报告 "十三五"规划
	"两个率先"先导区和示范区	2004年政府工作报告 2005年政府工作报告
	"一当好三争创"	2007年政府工作报告
	区域中心城市	2011年政府工作报告 "十二五"规划 无锡市城市现代化和城乡发展一体化规划 江苏省城镇体系规划
	苏锡常都市圈核心城市	江苏省城镇体系规划
	魅力无锡(主要包括文化和生态方面)	2013年政府工作报告 2014年政府工作报告 2015年政府工作报告
其他	创新型城市,创新无锡	2006年政府工作报告 2011年政府工作报告 2013年政府工作报告 2014年政府工作报告 2015年政府工作报告
	国家创新型城市	2011年政府工作报告
	创意设计中心、设计名城、创意设计基地	"十一五"规划 苏南现代化建设示范区规划

（续表）

	城市定位	相关文件
创业	创业无锡	2013年政府工作报告 2014年政府工作报告 2015年政府工作报告
	智慧城市	苏南现代化建设示范区规划
	区域性交通枢纽	1995年无锡市总体规划 "十五"规划 苏南现代化建设示范区规划

从总体上看，基于自身传统的江南自然人文禀赋和近现代创造的工商业经济社会条件，无锡在新中国成立之初就形成了精明、务实、具有良好延展性的城市定位，并在每一个历史发展阶段都以与时俱进和改革开放的精神不断丰富其内涵、把握其重点、创新其格局，经历了从地理和资源禀赋（如交通枢纽、湖滨城市或山水名城）到重点强调城市发展内涵（如四个无锡），从主要关注自己的"一亩三分地"到寻求在区域和全国布局（如区域性的中心城市，"两个率先"先导区和示范区，全国重要的先进制造业、战略性新兴产业、创意设计基地）等历程，最终把相对狭小的"两个城市产业"（工业和旅游）拓展到生态、经济、社会、文化全面协调发展的"综合性现代城市"，一个以"强富美高新无锡"为理念的现代化城市的"四梁八柱"初告完成，在落实十九大报告提出的"两步走"战略中具备了作先锋和作示范的综合实力。

三、扬子江城市群的现状比较研究

地处长江三角洲的扬子江城市群，是中国经济最发达、最具发展活力的地区之一。无锡作为苏锡常都市圈的核心组成部分，是扬子江城市群综合实力最强、百姓最为富庶的主要城市之一。与扬子江城市群的其他城市相比较，无锡既有显著的比较优势，也有一些需要尽快弥补的短板。

（一）无锡在扬子江城市群的比较优势

1. 城市空间面积有限，人口集聚优势明显

无锡下辖宜兴、江阴两市，土地面积为4627万平方公里，在沿江8市中排名第6位，分别是排名前两位的南通的43.86%和苏州的53.45%，是扬子江城市群土地面积最小的地级市之一。但这块狭小的土地却集聚了653万人口，在8个城市中排名第4位，人口密度达到1411人，是扬子江城市群人口最为密集的城市，超过排名最后的南通和扬州的1倍。鉴于无锡空间有限和开发强度大的现状，未来发展非常有必要认真领会和贯彻《国家"十三五"发展规划》提出的"紧凑城市"理念，

为在空间土地资源日趋紧缩大背景下的新型城镇化进程提供有益的示范。

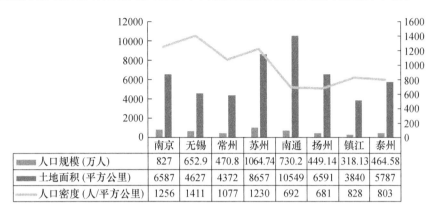

图 58 扬子江城市群 2016 年城市土地面积、人口规模和人口密度

2. 经济实力不断增强,稳居沿江城市前列

作为江南重镇,无锡不仅在历史上经济和工商业繁荣,改革开放以来更是凭着开拓进取的精神创造了闻名中外的"苏南模式"。进入 21 世纪以来,无锡持续了经济发达的优势,在扬子江城市群中始终位居前列。在过去的 3 年中,无锡国民生产总值排名第 3,低于苏州和南京,但人均生产总值排名第 2,仅次于苏州,而地均生产总值一直高居榜首。2016 年是"十三五"规划的开局之年,无锡全年国民生产总值达到 9210.02 亿元,比上年增长 7.5%,一只脚已踏入万亿城市俱乐部的门槛;人均生产总值达到 14.13 万元,略低于苏州的 14.56 万元,但远高于沿江其他城市;地均生产总值每平方公里高达 1.99 亿元,远高于苏州的 1.79 亿元和南京的 1.59 亿元。无锡以占城市群 9%的土地(排名第 6)、13%的常住人口(排名第 4),创造了城市群 15%的经济产值(排名第 3),这不仅反映了无锡雄厚的经济实

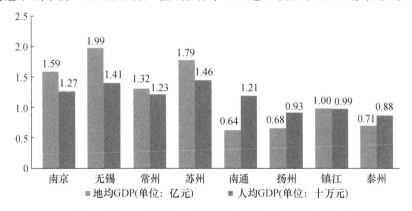

图 59 扬子江城市群 2016 年城市人均 GDP 和地均 GDP

力,也再现了"低成本、高效能"的城市生产力,并为开展社会建设、生态文明建设和文化建设提供了强有力的支撑。

3. 产业结构不断优化,第三产业发展迅猛

在过去的3年中,扬子江城市群在总体上呈现出"第一、第二产业比重下降,第三产业比重上升"的态势。截止到2016年,城市群第一产业的比重为2.9,比上年下降0.1个百分点,第二产业的比重为45.9,比上年下降1.4个百分点,第三产业比重达到51.2,比上年增长1.5个百分点。虽然各城市都在不断优化产业结构,但在扬子江城市群中已明显区分为三大梯队。第一梯队是南京,2016年第三产业占比为58.4%,远超扬子江城市群的其他城市;第二梯队为苏州、无锡和常州,2016年第三产业比重首次超过50%;第三梯队为南通、扬州、镇江和泰州,第三产业占比在45%—48%之间,其中扬州、镇江和泰州的第二产业比重超过第三产业。

无锡作为第二梯队,2016年三次产业比重为1.5:47.2:51.3,第三产业占比首次超过第二产业。2016年无锡第三产业增加值为4729.02亿元,比上年增长8.6%,在规模和比重上均位居扬子江城市群第3。无锡的独特优势是文化、旅游等服务业发展迅速。2016年,无锡文化产业园区和基地达到19个,文化机构数量为1848个,在数量上位居城市群第3位。文化部门文化产业增加值达到4.08亿,位居第4位。在旅游业方面,2016年无锡国内旅游人数达到8586.03万人次,旅游收入达到1518.91亿元,仅次于南京和苏州,位于第3位。无锡第三产业就业人员人均产出达到30.50万元,位居城市群第2位,仅次于苏州的31.19万元。在文化产业要发展为国民经济支柱产业和国家振兴旅游业的背景下,无锡的文化产业和旅游业具有更好的成长性和发展空间。

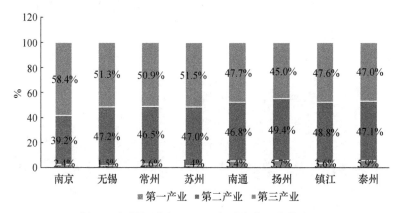

图60 扬子江城市群2016年城市产业结构比重

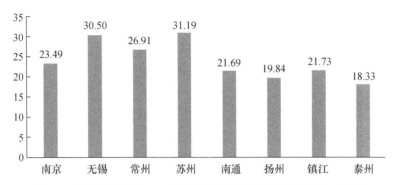

图 61 扬子江城市群 2016 年城市第三产业人均产值（单位：万元）

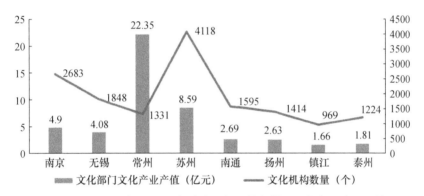

图 62 扬子江城市群 2016 年城市文化机构数量及文化部门产业总值

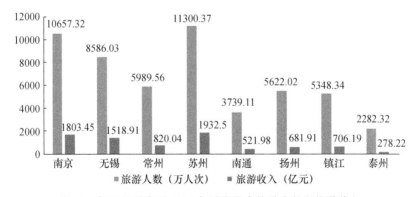

图 63 扬子江城市群 2016 年城市国内旅游人数和旅游收入

4. 工业实现转型升级，智能制造优势凸显

长期以来，工业一直是扬子江城市群各城市发展的重点，也是各城市的优势产业。即使是工业产值占比最低的南京，也一直以"近代工业摇篮"自居，并在近

年来不断加快工业产业布局,花大力气促进传统工业转型、新型工业发展。在8个城市中,苏州工业发展在规模上一直走在最前列。从工业增加值对经济的贡献看,除2015年和2016年有所下降,苏州一直稳居榜首。镇江则长期占据第2位,并从2015年开始上升为第1位。无锡作为传统的工业城市,多半时间维持在第3位,2015年曾上升至第2位,但2016年又下降到第4位。在工业产值上,2016年苏州规模以上工业产值达到3.07万亿元,是产值最低的镇江的3.5倍,是无锡的2.1倍。与各城市近年来才开始发力产业升级转型、推进先进制造业相比,无锡从改革开放以来就重视制造业转型发展,做强做优先进制造业,并通过一系列行动计划加快智能制造业发展,在制造业上走在城市群前列。2016年,无锡共有22家企业入围中国制造业企业500强,数量上已连续10年位居全省首位。在智能制造方面,无锡目前有国家级两化融合示范企业4家、省级两化融合示范企业30家、省级试点企业219家、市级示范企业103家,数量均列全省前列。无锡高新技术产业2016年产值达到6548.72亿元,占城市群总量的12.16%,位居第2位,仅次于苏州。

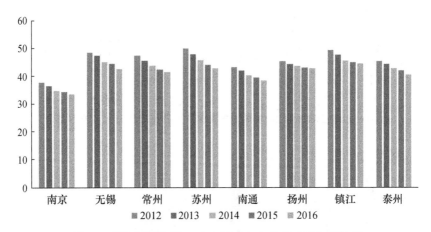

图64 扬子江城市群2012—2016年工业产业增加值比重

5. 对外贸易逆势上扬,开放经济备受瞩目

2008年金融危机以来,在全球经济复苏疲软、产能过剩凸显、贸易摩擦不断的背景下,我国城市对外贸易均出现下滑态势。2016年,扬子江城市群外贸进出口总额为4825.43亿美元,同比下降6.72%;其中出口3012.01亿美元,同比下降5.94%。与各城市外贸发展普遍不景气不同,无锡对外贸易实现了逆势反弹。2016年无锡实现外贸进出口698亿美元,同比增长1.95%;其中出口429.1亿美元,同比增长1.61%。增长幅度远高于苏州、南京、南通和常州等其他主要外贸城市。在利用外资方面,2016年无锡实际利用外资为32.02亿美元,同比增长

6.59%。虽然无锡外资利用规模次于苏州和南京,长期稳定在城市群第 3 位,但从单位土地利用外资看,无锡则始终排在城市群首位。2016 年无锡每平方公里土地利用外资为 73.76 万美元,远高于苏州的 57.18 万美元和南京的 52.81 万美元。

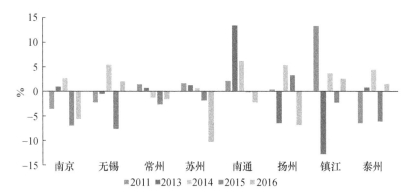

图 65　扬子江城市群 2012—2016 年进出口总额增长率

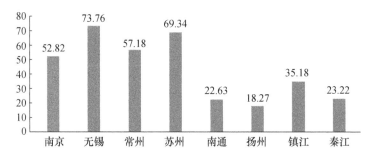

图 66　扬子江城市群 2016 年单位土地利用外资规模(单位:万美元)

6. 城乡发展相对平衡,居民消费持续走高

改革开放以来,以乡镇企业带动小城镇发展,以开发园区带动中心城市发展是江苏省城乡统筹发展的重要特点。相比国内其他地区,江苏省一直是全国城乡差距相对较小的区域之一。2015 年,江苏省以 2.29 倍的城镇和农村居民收入差距位列全国第 7 位。在扬子江城市群内部,无锡的城乡差距最小。2016 年城镇和农村居民收入比只有 1.86 倍,远低于其他城市。首位城市南京最高,城镇和农村居民收入比达到 2.36 倍。其他城市也都在 2 倍左右。由此可知,相比城市群内其他城市,无锡城乡发展相对均衡,乡镇保持着强大的发展活力。

在此背景下,无锡城乡居民长期保持着强劲的消费能力。过去 5 年来,无锡的社会消费品零售总额一直保持在城市群的第 3 位,人均水平保持在城市群的第 2 位。2016 年,无锡社会消费品零售总额为 3119.56 亿元,仅次于南京和苏州,但

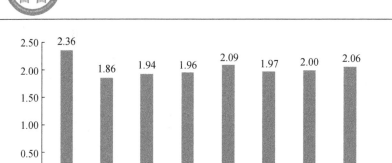

图 67　扬子江城市群 2016 年城乡居民收入差距

人均社会消费品零售总额达到 4.78 万元,仅次于南京,比苏州高出 0.13 万元,是泰州的 1.98 倍。居民消费已成为拉动无锡经济增长的重要引擎。

7. 信息化迈上新台阶,智慧城市建设突出

扬子江城市群是我国信息化发展水平最为发达的地区之一。据《2016 年江苏省信息社会发展报告》显示,2016 年苏州、无锡、南京 3 市的信息社会指数均超过 0.7,分别位居全国第 6 位、第 11 位和第 13 位,常州和镇江的信息社会指数也超过了 0.6,标志着这 5 个城市已迈入信息社会的初级阶段。近年来,无锡始终将信息化作为现代化建设的重要战略举措,不断优化信息化发展环境,大力推进信息基础设施建设,增强信息产业的自主创新能力和国际竞争力。在扬子江城市群中,无锡的信息化总体水平位居第 2,在线政府领域指数得分为 0.6531,力压苏州、南京而位居第 1。在信息产业领域,无锡的智能传感系统产业集群被认定为全国首批、江苏省唯一的创新型产业集群。无锡的集成电路企业多达 190 家,集成电路产业规模超过 750 亿元,位居省内第 1、全国第 2。在智慧城市建设方面,无锡是中国唯一 IEEE 智慧城市建设试点城市,智慧无锡建设水平连续四年位列全国第 1。

(二) 无锡在扬子江城市群的短板分析

1. 新兴产业对城市发展支撑作用不足

尽管无锡工业发展规模走在城市群前列,但从生产效率看却存在着明显短板。2016 年,无锡规模以上工业企业从业人员平均为 116.78 万人,仅次于苏州的 286.58 万人。但工人平均产值只有 122.91 万元,位于城市群倒数第二,远落后于泰州、南京、镇江等后起之秀,分别为上述城市人均产值的 60%、70% 和 78%。其中,无锡制造业工人的平均产值为 120.71 万元,同样位于倒数第 2。在利润方面,人均利润为 8.28 万元,远低于泰州、南京、南通等。由此可知,无锡在工业转型升级过程中,新兴产业发展不够成熟,生产效率有待进一步提高。

从高新技术产业规模看,2015 年无锡高新技术产业增加值占规模以上工业比

重达到55%,但2016年仅为43.6%,直线下降了近12个百分点。与此同时,无锡高新技术产业规模在扬子江城市群尽管排名第二,但所占比重也下降了0.26个百分点,这个幅度虽然不算大,但在苏州、常州、南通、泰州、扬州等城市比重普遍上升的背景下,也预示出无锡高新技术产业发展正面临着较大的竞争压力。从总体上看,以高新技术产业为代表的新兴产业对无锡城市经济的支撑作用还不够有力,同时面临的竞争压力也在增大,对此必须引起足够的重视。

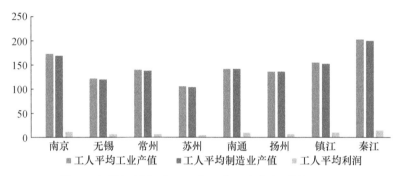

图68 扬子江城市群2016年工人平均产出(单位:万元)

2. 产业发展同质现象比较严重

在"十三五"期间,无锡提出重点发展新一代信息技术、高端装备制造、节能环保、生物医药、新能源和新能源机车、新材料、高端纺织及服装等七大先进制造业,以及金融服务、科技服务、现代物流、节能环保服务、文化创意、旅游休闲、健康养老等7大服务业。但纵观扬子江城市群,城市产业规划各自为战,其他7个城市也提出要重点发展这些产业。在制造业领域,新一代信息技术、高端装备制造、新能源、新材料、生物医药等先进制造业已成各城市产业布局的标配。在服务业领域,金融服务、现代物流、科技服务、旅游休闲和文化创意产业也都是各城市产业发展的重点。在布局上,各城市纷纷布局各类高科技产业园区、文化创意产业园区、物流产业园区、医药产业园区等,同时也都在争建国家级示范产业园区、长三角产业基地等。这种同质化的产业规划不仅会导致各城市产业竞争激烈,也必然影响到相关资源的最优配置并影响产业发展质量。

此外,无锡"十三五"期间的产业和服务业规划和布局,不仅和长三角城市群内与自身具有较高可比性的杭州、宁波,同时也和珠三角城市群的东莞、佛山等有较多的重叠和雷同,这些也是无锡在布局扬子江城市群时需要重点反思和破解的难题。

表25 十三五期间扬子江城市群城市及相关城市定位和产业发展重点

		制造业	服务业
南京	现代化国际性人文绿都	重点发展新一代信息技术、智能电网、节能环保、高端装备制造（智能制造装备、先进轨道交通装备和航空航天装备）、新材料、生物医药和医疗器械、新能源汽车等产业	重点发展高技术类服务业（软件与信息服务业为第一优先产业）、金融商务类服务业、流通类服务业、文化创意类服务业、旅游休闲类服务业、生活类服务业
无锡	"强富美高"新无锡	重点发展新一代信息技术、高端装备制造、节能环保、生物医药、新能源和新能源机车、新材料、高端纺织及服装等七大先进制造业	重点发展金融服务、科技服务、现代物流、节能环保服务、文化创意、旅游休闲、健康养老等七大产业
常州	全国一流的智能制造名城、长三角特色鲜明的产业技术创新中心和国内领先的产城融合示范区，具有突出竞争力和影响力的区域中心城市，"强富美高"新常州	重点发展智能装备、新材料、新一代信息技术、新能源、生物医药及高性能医疗器械等产业	重点发展金融服务、现代物流、科技服务、软件和信息服务、商务服务、旅游休闲、文化创意、电子商务、健康服务和养老服务等十大产业
苏州	具有国际竞争力的先进制造业基地、具有全球影响力的产业科技创新高地、具有独特魅力的国际文化旅游胜地和具有较强综合实力的国际化大都市	重点发展新一代电子信息产业、高端装备制造产业、新材料产业、软件和集成电路产业、新能源与节能环保产业、医疗器械和生物医药产业	重点发展金融业、现代商贸和商务、科技服务业、服务外包、现代物流业、文化产业、大健康产业
南通	"强富美高"新南通	重点培育海洋工程、智能装备、航空航天、生物医药和高端医疗器械、新材料、新能源和新能源汽车、节能环保等新兴产业，重点发展高端纺织、船舶重工、石油化工、电子信息、电力装备、轻工食品六大主导产业	突出发展现代物流、现代金融、旅游休闲、现代商贸、服务外包五大支柱产业，加快发展大数据、工业设计、家庭服务等现代服务业

（续表）

		制造业	服务业
扬州	"强富美高"新扬州	继续做大做强新能源、新光源、新材料、智能电网、节能环保五大产业，培育发展高端装备制造、新一代信息技术、生物技术和新医药三大产业	突出发展旅游业、软件与信息服务业、文化产业、现代物流业和金融业、科技服务业六大重点产业，培育壮大商务服务业和家庭服务业两大新兴产业，提升发展商贸流通业
镇江	国际国内具有一定影响力和知名度的创意生活休闲中心和旅游文化名城，创新创业活力之区、先进制造业基地、综合交通枢纽和区域物流中心	培育高端装备制造和新材料两大支柱产业，加快推动新能源、新能源汽车、新一代信息技术、生物技术与新医药等战略性新兴产业规模化、集聚化、高端化发展，支持眼镜、森工、食品等轻工产业升级	打造旅游业为服务业第一支柱产业，壮大现代物流和文化创意特色主导产业，加快推进现代商贸、商务金融、软件信息和科技服务等重点服务业高端化发展，培育发展电子商务、云计算和物联网、服务外包和健康养老以及环境服务等新业态
泰州	中国医药名城、长江经济带港口名城、国家历史文化名城、长三角地区生态名城	重点发展生物医药及高性能医疗器械产业、高技术船舶及海工装备产业、节能与新能源产业三大主导产业，提高化工产业、粮油食品加工产业、纺织服装产业等传统产业质量，提高高端装备产业、电子信息产业、新材料产业、软件和信息服务产业等新兴产业的发展层次	加快发展现代物流、电子商务、科技服务、文化创意、金融服务、软件及服务外包等生产性服务业，提升发展商务服务、餐饮服务、体育服务、法律服务、教育培训服务等生活性服务业，着力发展医药产业服务、医疗治疗服务、养生养老服务、特色旅游服务等健康服务业
杭州	历史文化名城、创新活力之城、东方品质之城	信息产业、健康产业、时尚产业、高端装备制造产业	文化创意产业、旅游休闲产业、金融服务产业
宁波	制造业创新中心，国家电子商务示范城市，国内一流休闲旅游目的地，全国大城市第一方队，"四好"示范区	做大做强新材料、高端装备、新一代信息技术、港航物流和生命健康产业，提升发展绿色石化、智能家电、时尚纺织服装等优势制造业	做精做强贸易物流、现代金融、创意设计、信息服务等生产性服务业，推动旅游休闲、健康养老、教育文化体育等生活性服务业向精细化、品质化转变
东莞	国际制造名城、现代生态都市	电子信息、装备制造	文化旅游、金融业、现代物流、电子商务

		制造业	服务业
佛山	文化导向型城市、创新驱动先锋城市、广东第一制造业大市、国际知名的装备制造业先进城市、中国制造业一线城市等	新一代信息技术、高端装备制造、生物医药	突出发展创新创业、产业金融、快递物流、商贸会展、科技服务、电子商务、工业设计、服务外包等重点领域产业

3. 劳动力紧缺成为发展掣肘

近年来,虽然扬子江城市群常住人口数量持续增加,但就业人数总体上却呈下降趋势。2016 年,扬子江城市群就业总人数为 3009.5 万人,比上年减少了 6.8 万人,已连续 4 年出现下滑。在 8 个城市中,只有南京、常州和镇江仍保持上涨态势,镇江的就业人数增量达到 1.2 万人。在其余 5 个城市中,泰州就业人口减少最严重,达到 3.2 万人。无锡紧随其后,减少了 3 万人。苏州减少人数最少,为 0.1 万人。从下降的幅度看,无锡最高,达到 0.77%。2016 年无锡常住人口为 652.9 万,只增加 1.8 万人,远低于就业人口的减少。由此可知,除了受老龄化的影响,外来务工人员正在向其他城市转移,这在某种程度上也意味着无锡的城市吸引力正在下降。劳动力紧缺会导致企业用工成本不断上升,人口红利日趋减少,这已经成为制约无锡发展的主要问题之一。

4. 生态环境面临严峻挑战

过去粗放型经济增长方式给扬子江沿江城市的生态环境带来了巨大压力。近年来各城市尽管加大了对生态环境的保护力度,但污染问题和形势仍然十分严峻。以空气污染为例,2016 年全国实施空气质量测评的 74 个城市的平均优良天数为 74.2%,但扬子江城市群的绝大部分城市都低于这个水平。在具体的空气质量综合指数排名上,扬子江城市群的所有城市都排在 30 名以外,其中排名最好的南通位居第 32 位,而无锡在扬子江城市群中排名最差,位居第 52 位。PM2.5 是扬子江城市群的主要污染物,无锡以 53 毫克/立方米位居首位。纵观有关空气质量的各项指标,扬子江城市群所有的城市在多项指标上都未能达标,无锡的大部分污染指标都明显高于扬子江城市群其他城市,其中又以空气质量问题最为严重。保护生态环境,转变经济增长方式,已成为扬子江城市群各城市尤其是无锡市迫切需要解决和突破的发展瓶颈问题。

表26 2016年扬子江城市群城市空气污染情况

	二氧化硫 (ug/m³)	二氧化氮 (ug/m³)	可吸入颗粒物 PM10 (ug/m³)	一氧化碳 (mg/m³)	臭氧 8h (ug/m³)	细颗粒物 PM2.5 (ug/m³)	达标天数比例 AQI (%)	AQI74城排名
南京	18.2	44.3	85.2	1.0	56	47.9	66.1	48
无锡	18	47	82	1.095	102	53	66.9	52
常州	19	37	81			49	73.8	51
苏州	17	51	72	1.5	167	46	69	44
南通	25	36	70			46	71.9	32
扬州	23	32	87			51	71.6	43
镇江	24	38	80	0.878	96	50	76.4	42
泰州			87			51	66.2—78.2	45
标准	60	40	70			35		

四、扬子江城市群对区域的影响研究

扬子江城市群位于长江下游,既是作为国家战略的长江经济带的重要组成部分,也是长江三角洲城市群的核心区域。作为区域发展新战略,扬子江城市群的提出和形成不仅对长三角城市群、长江经济带和一带一路发展产生深刻影响,同时也必然要重构扬子江城市群区域内的城市层级关系和分工体系。认真研究和深入把握这种新变化和新趋势,对于调整和确立未来无锡的发展战略十分重要。

1. 打破江苏区域发展的"扬子江线",有利于南北整合和协调发展

由于区位、文化、基础条件、人口差异等原因,长期以来苏南和苏中一直存在较大的发展差异。苏南五市和苏中三市面积相仿,但在2016年,两者人口相差2倍,国民生产总值则相差3倍。自20世纪90年代以来,尽管江苏省逐步推进南北合作,并取得了一定的成效,但隔江而治的总体特点仍非常明显。扬子江城市群的提出正是要打破这条江苏区域发展的"扬子江线",必然给苏中地区提供更多的发展机会,促进这片"洼地"的崛起。这就需要从新的顶层设计出发,形成新的城市合作机制,确定新的合作战略。通过有效整合苏南苏中的空间资源和生产要素,进一步优化经济、社会、生态、文化的空间布局,打破南北传统樊篱,促进南北深度融合,最终解决南北发展差异,实现长江两岸整体实力的提升。

无锡长期以来就有开展南北合作的丰富经验,江阴和靖江的合作开创了南北

合作的先河,无锡与南通的合作也取得了丰硕的成果(锡通科技产业园被评为省级苏南苏中合作共建园区和省级科技产业园)。扬子江城市群的规划和建设,对促进无锡与苏中合作,提升合作质量与水平提供了新的重大战略机遇,无锡应以此为契机,更加积极主动地推动跨江合作规划的编制和实施,在锡常泰三地的跨江合作发展中发挥引领作用,在苏锡通合作中发挥示范作用。

2. 对既有城市合作模式的重新调整,有利于优化资源配置和安排

扬子江沿江城市原本就已形成了宁镇扬、苏锡常等都市圈,但这更多的还是一个地理范畴,即使在一些城市之间形成了一定的合作关系,也由于平行管理的行政壁垒,并未形成有效的顶层设计框架和战略性合作模式,因而也就未能从根本上改变沿江城市功能定位趋同、产业发展同构、集群效应不高、良性有序的城市分级体系缺乏等区域发展难题。城市群在本质上是一个在人口、经济、社会、文化和整体结构上具有合理层级体系,在空间边界、资源配置、产业分工、人文交流等方面具有功能互补和良好协调机制的城市共同体。[①] 扬子江城市群不只是一个地理概念,也是在长江经济带国家战略和长三角世界级城市群建设背景下的区域发展提升战略,作为对江苏已有区域格局的重大调整,扬子江城市群必然要求以"区域发展一盘棋"的思想,对区域内各城市的定位、功能和发展路径进行新的整合和优化配置。

需要注意的是,由于各种历史的原因,扬子江城市群在形成过程中,依然很容易持续以南京或南京—苏州为龙头的惯性和定式,这不仅不利于无锡未来的发展,对扬子江城市群其他城市也可能形成一次新的"虹吸"。面对这两大城市的行政优势和经济优势,无锡必须认真研究新时代的新机遇,在新一轮政策和资源配置中分清形势、找准问题,强化城市的特色和优势,提升发展能力和质量,并通过战略谋划和布局,在扬子江城市群规划和建设中寻求更多的主动权和话语权。

3. 对既有对外竞争模式的深度改革,有利于构建外部发展能力和绩效

2003年,在长三角的浙江一翼发布了《浙江省环杭州湾地区城市群空间发展战略规划》和《浙江省环杭州湾产业带发展规划》,提出规划建设环杭州湾城市群,并将其打造成长三角城市群南翼的重要组成部分。2017年,浙江进一步提出环杭州湾大湾区建设,上海也表示出全面积极响应大湾区建设的态度。环杭州湾城市群包括杭州、宁波、绍兴、嘉兴、湖州、舟山6市,陆路面积4.54平方米,2016年常住人口3079.8万,国民生产总值超3万亿。此次提出的扬子江城市群,不仅极大

[①] 刘士林:《关于我国城市群规划建设的若干重要问题》,《江苏社会科学》2015年第5期,第30—38页。

地提升江苏各城市在长三角城市群的合作和竞争能力,同时作为长三角城市群的北翼,与环杭州湾城市群南北呼应,并围绕着长三角中心城市上海初步形成了长三角城市群"一体两翼"的基本格局。在以城市群为主体形态的新型城镇化进程中,共建长三角世界级城市群将主要以南北两翼的环杭州湾城市群和扬子江城市群为战略支持平台。

但比较而言,与南翼的浙江积极寻求与上海对接有所不同,在长三角的江苏一翼一直缺乏与上海联动发展的谋划和布局。包括此次扬子江城市群的提出和推进,与长三角中心城市上海的关系未提到应有的高度,特别是提出支持南京建设国家中心城市,仍给人以"封闭"和"竞争"的特征。出于两方面的原因,一是在扬子江城市群的框架下,无锡相比南京、苏州,竞争优势不够明显,无论是在城市群内部的引领作用,还是在对外合作的话语权上,都需要借力发挥;二是随着长三角世界级城市群的建设和发展,扬子江城市群未来必然要全面加强与上海的对接与互动。就此而言,素有"小上海"之称的无锡,应在改变苏沪之间固有的"竞争关系为竞争合作关系"中有所表现并及早布局。这不仅有助于发挥无锡传统的比较优势,同时也可以让无锡在扬子江城市群中扮演更重要的角色。

五、无锡在扬子江城市群中的定位研究

在"十三五"期间,无锡既要面对来自南京和苏州的强有力竞争,又要面对常州、南通及其他苏中城市的奋力追赶。找准城市定位,打造城市特色,提升发展质量,塑造城市品牌,全面提高竞争能力,已成为无锡在江苏省新的区域战略格局下的重要抉择。

1. 新型城市群的规划理念和建设目标

扬子江城市群的规划建设,既要遵循世界城市群发展的一般规律,也必然承载我国新型城镇化的战略意图要求。就前者而言,当今世界城市群主要有两种模式:一是传统以经济、交通和人口为要素的"经济型城市群";二是重文化、生态和生活质量的"文化型城市群"。目前我国城市群走的是"经济型城市群"发展道路,尽管在短期内经济总量、交通基建和人口规模增长很快,但也导致了"经济"与"人文"的失衡和不协调,以"文化型城市群"取代"经济型城市群"已势在必行。就后者而言,《国家"十三五"规划纲要》提出以"1+5"为核心内容的"新型城市"发展理念。"1"是指"建设和谐宜居城市",具体要求是"转变城市发展方式,提高城市治理能力,加大'城市病'防治力度,不断提升城市环境质量、居民生活质量和城市竞争力,努力打造和谐宜居、富有活力、各具特色的城市"。"5"是"新型城市"的内涵,主要包括绿色城市、智慧城市、创新城市、人文城市、紧凑城市5个方面。

城市群是城市发展的高级形态,也是我国新型城镇化的主体形态。从城市群

的角度落实《国家"十三五"规划纲要》,就是要建设"和谐宜居"的新型城市群。就此而言,新型城市群必然是扬子江城市群的规划理念和建设目标。

2. 确立无锡建设新型制造中心城市的战略定位

新型城市群是若干新型城市按照城市群原理和规律发展形成的,建设扬子江新型城市群,要求包括无锡市在内的8城市必须把自身建成发展绿色、功能智慧、创新创业、人文丰富、空间紧凑的新型城市。坦率而言,《国家"十三五"规划》提出的"新型城市",目前还没有成功的建设样板。

在国家振兴实体经济、建设新型城市的总体框架下,结合江苏省《关于加快建设扬子江城市群的意见》对扬子江城市群建设"国际先进制造业基地"的战略定位,充分发展无锡作为传统工业城市和当代制造业强市的比较优势,提出并确立无锡建设"新型制造中心城市"的战略定位,建成扬子江城市群建设"国际先进制造业基地"的主要承载区和核心功能平台,同时,以"世界设计之都"和"江南人文城市"为配套战略目标,通过创建"世界设计之都"促进传统制造业升级,通过"江南人文城市"建设提升城市现代服务功能,在硬实力、创新力和软实力三方面为扬子江城市群在新时代走出一条新型城市发展道路做出示范。

一言以蔽之,无锡在扬子江城市群中的定位应确定为:以新型制造业为支柱产业、以世界一流工业设计服务业集群和国际知名的江南人文旅游名城为突出特色的新型制造中心城市。

3. 确立无锡"1+2"城市发展总体框架

在"十九大"报告关于区域与城市发展最新精神指导下,结合《国家新型城镇化规划》提出的"把城市群作为主体"和《国家"十三五"规划纲要》提出的新型城市发展理念,立足于无锡市现有的发展环境和条件,深入研判扬子江城市群建设给长三角区域带来的变化和走势,确立无锡"1+2"的城市发展总体框架。

"1"是指规划建设"新型制造中心城市"的核心战略目标。"2"是指同步规划建设"世界设计之都"和"江南人文城市"两大配套战略目标。具体说来,在国家建设新型城市的战略框架下,围绕绿色城市、智慧城市、创新城市、人文城市、紧凑城市的总体要求,紧紧抓住和发挥无锡传统制造业和当代智能制造的优势,以规划建设"新型制造中心城市"为核心,以提升无锡工业设计能级,大力振兴无锡文旅产业为两翼,把无锡建设成为以新型制造业为主导产业体系、以世界一流工业设计服务业集群为城市品牌和以有国际影响力的江南人文旅游名城为突出特色、三位一体、协调发展的新型制造中心城市。

4. 无锡建设新型制造中心城市的可行性分析

从综合实力看,无锡一直是我国综合实力最强的城市之一。据2016城市综合发展排名、综合竞争力排行、百强城市、城市财力50强等相关榜单显示,无锡均稳居国内的前20位。① 在长三角的各项排名中,无锡仅次于上海、苏州、杭州、南京和宁波,在26个城市中位居第6位,在扬子江城市群中位于第3位。在人口规模上,无锡常住人口超600万,在整体上已进入了特大城市的序列。在地均GDP和人均GDP上,无锡一直稳居扬子江城市群第1和第2位。因此,无锡总体上已成为扬子江城市群核心城市,并初步具备了成为长三角区域性中心城市的可能。以建设新型城市为发展理念和路径,有助于在激烈的竞争中更好维护中心城市和核心城市的地位,充分发挥好中心城市和核心城市的示范和引领作用。

从产业发展看,无锡长期以来坚持走产业强市之路,制造业综合实力稳步上升,规模总量、技术水平、经济效益等均位居全国前列,其装备制造业在全国尤具突出优势。基于制造业的雄厚基础,2010年国务院印发《全国主体功能区规划》已提出把无锡建设成先进制造业基地。随后,《江苏省城镇体系规划(2012—2030)》和《苏南现代化建设示范区规划》为无锡做出了同样的定位。无论是国家层面,还是江苏省层面,都已充分认可了无锡的制造业优势,明确了其基于先进制造业的城市定位。在国家提出打造世界级先进制造产业集群和江苏省提出扬子江城市群建设"国际先进制造业基地"的新形势下,无锡应以更高标准定位制造业,打造世界先进制造中心,突出"智能化、绿色化、服务化、高端化、品牌化"的发展思路,同时以建设"新型制造中心城市"为战略手段,提升整个城市的综合服务保障功能,推进中国制造业走向世界舞台中心,以此带动扬子江城市群先进制造业发展,为长三角城市群率先形成世界级先进制造产业集群提供良好的支撑。

在现代服务业领域,作为历史文化名城,无锡有丰富的文化资源,为文化创意产业的发展创造了优质的条件。无锡是江苏省最早提出发展文化创意产业的城市之一,早在2007年就制定了《无锡市"十一五"文化创意产业规划》,提出文化创意产业发展的重点及建设长三角创意设计中心和最适宜创新创业创造的设计名城的目标。无锡文化创意产业一直以来都走在扬子江各城市前列。《全国主体功能区规划》提出把无锡建设成为创意设计基地,2015年江苏省发布《加快提升文化创意和设计服务产业发展水平行动计划(2015—2017)》,提出把无锡建设成为区域性工业设计中心,同时支持无锡建设国际创意都市。目前需要解决的是文化创意产业与城市整体发展目标的调节或联系松散问题,提出先进制造业与世界设计之都深度融合发展战略,既延续了无锡文化创意产业发展的传统和优势,也符合国家和江苏省对无锡的要求,同时也能实现与扬子江城市群其他城市的差异化竞争。

---

① 在国家发改委发展规划司、云南都市研究院共同编制的《中国城市综合发展指标2016》中,无锡在中国城市综合排名中位居第15位,在长三角仅次于上海、苏州、杭州、南京和宁波。

在旅游业方面，无锡长期以来都定位于旅游城市。但相比南京、苏州、扬州、常州等，旅游发展尚未形成竞争优势。据世界旅游论坛发布的 2017 中国旅游竞争力报告显示，苏州、南京、常州和镇江分别位居第 9、第 10、第 38 和第 44 位，无锡则在 50 名开外。借助无锡丰富的江南自然资源和人文条件，提出建设国内一流的休闲度假旅游胜地标杆城市，不仅是紧随旅游业发展的大趋势，也是以休闲度假旅游重塑无锡旅游之名、太湖明珠的现实需要，同时还有助于提升无锡的整体城市形象和城市魅力。

从城市现代化内涵建设看，无锡应继续致力于发展智慧城市，将无锡建设成为新型智慧城市。依托国家传感网创新示范区建设，从 2012 年起无锡连续启动了两轮智慧城市三年行动计划，使无锡在智慧安防、智慧环保、智慧电力、智慧养老、智慧教育等领域位居全国前列。城市大数据中心和电子政务、城市管理、经济运行、民生服务四大综合信息服务平台一期工程基本完成，汇聚了 39 个部门的业务运行数据，使城市现代化治理水平上了新台阶。在当前全国有近 300 个城市投入智慧城市建设的背景下，无锡要抢占制高点，以新的理念、新的技术、新的产品和现代化的治理模式，强化信息化与工业化、城镇化的融合，彰显智慧城市对先进制造中心目标的平台作用以及对城市现代化的服务和引领作用，努力将无锡打造成为新型智慧城市，使之成为扬子江城市群新型智慧城市样板和具有全国示范意义的新型智慧城市。

六、加快推进无锡融入扬子江城市群建设的策略研究

上兵伐谋。在梳理了家底、明确了定位后，结合十九大报告区域振兴战略和扬子江城市群规划建设的需要，围绕无锡市建设扬子江城市群新型城市的定位，就推进无锡市尽快融入扬子江城市群建设提出对策建议如下：

1. 在五大发展理念和新型城市的框架下，率先编制《无锡市建设扬子江城市群新型城市战略规划》

城市规划编制，战略研究先行。改革开放以来，我国城市群走的主要是"经济型城市群"发展路子，尽管经济总量、交通基建和人口规模增长很快，但"城市病"也越来越严重，不可持续问题日益严重。随着扬子江城市群规划和建设的展开，沿江 8 市的建设和开发力度必有所强化，使本就生态欠佳、资源紧张的扬子江沿线面临更大的生态、环境压力。在五大发展理念和国家建设新型城市的背景下，扬子江必定走新型城市群发展道路的战略判断，结合无锡市先进制造业和名胜风景旅游城市的优势条件，建议以规划建设国际新型制造中心城市、中国区域性中心城市和扬子江城市群核心城市为支点，率先启动《无锡市建设扬子江城市群新型城市战略规划》编制工作，一方面，为无锡市在扬子江城市群时代的发展拓

展新的更大的战略空间,另一方面,对扬子江城市群的规划和起步阶段发展产生积极影响和示范,为推进扬子江城市群建设以绿色、智慧、创新、人文和紧凑为发展内涵的世界级新型城市群发挥示范和导向作用。

2. 提升先进制造业的国际影响力,打造"无锡品牌",以国际地位引领和带动扬子江城市群先进制造业的发展

世界先进制造中心应以一流行业和一流方向作支撑。无锡的高端装备制造、新一代信息技术、高端纺织及服装在全国具有突出优势,具备打造世界先进制造业的基础条件。全面落实《中国制造2025》和江苏行动纲要,做好重点产业规划,重点打造以高端装备制造、新一代信息技术、高端纺织及服装为引领的一流行业,突出发展以智能装备、集成电路、微电子装备、高端基础件、"两机"叶片及发动机控制系统、物联网、光伏、特种钢金属材料、先进高分子材料、石墨烯、新一代高档服装面料、高档服装服饰、生物制药和节能环保技术设备等为代表的一流方向。以一流行业和一流方向为基本布局和战略重点,同时打破行业边界,促进行业交叉发展、融合发展,共同持续发力打造无锡先进制造业中心,并以规划建设国际新型制造中心城市为总体目标,强化无锡新型制造业在扬子江城市群、长三角城市群的主导地位。

世界先进制造中心应具备良好的层级和分工体系。结合和充分发挥无锡特有的优势和潜力,打造扬子江城市群的中枢型先进制造业城市。中枢即中枢神经系统。一是无锡是国家传感网创新示范区,无锡的优势产业是机械装备,通过强强联合,把物联网、云计算、大数据等运用到机械装备,形成智能制造、自动控制生产线等,用信息来控制生产。二是无锡的大企业多,主要承接上海及部分苏州企业的业务,除了自己做一部分,有些流程和配套件则继续分包到常州、泰州以及南通等地,提出打造扬子江城市群的中枢型先进制造业城市,可以形成一个以上海、苏州为"首脑",以无锡为"中枢"分配,以常州、泰州、南通等作"爪牙"的梯度转移模式,这也和无锡进一步接轨上海以及无锡在扬子江城市群的地位相匹配。

以高新技术为保障打造世界先进制造中心。新一轮科技革命和产业变革正在深刻重塑经济社会发展格局,洞察趋势、把握态势,积极主动拥抱创新,抢占科技和产业制高点,着力在新技术、新产业、新模式、新业态上开疆拓土,着力在推动互联网、大数据、人工智能和实体经济深度融合上做足文章,培育新增长点,形成新动能;既要大力促进高新技术企业发展,提升产业规模,更要促进物联网、移动互联网、云计算、大数据、工业机器人等新一代信息技术和智能技术与制造业的融合发展,加快对传统制造业的升级改造,加强技术和资金的扶持力度,促进产业向高端化、智能化、绿色化发展;提升制造业的效率和质量,助推产业向高端化发展和传统制造业升级改造,提升制造业的效率和质量,打造制造业的"无锡品牌";加

快推进智能技术、绿色技术的突破性发展,形成一批具有自主知识产权、国际先进水平的高新技术,并在企业实践中取得较高的经济效益和社会效益。

以产业集群为依托打造世界先进制造中心。围绕一流产业和一流方向,培育一批地区50强、中国500强和世界500强企业,吸引一批世界500强企业,并带动一批上游企业和下游企业,突破单一产品制造,实现产业链向横向和纵向扩张,形成产业集群。同时,加快无锡传感网创新示范区、无锡高新技术产业开发区等园区建设,提升园区的辐射效应和虹吸效应,形成一批具有国内外影响力的国家级示范性园区。

以生产性服务业为配套打造世界先进制造中心。以服务制造业为导向,加快发展以科技服务、现代物流和节能环保为代表的生产性服务业,建立与国际接轨的专业化生产性服务业体系,为先进制造业发展提供强有力的支持和配套服务;提升企业能级,提升核心竞争能力,培育一批现代化、国际性的领头生产性服务企业;优化生产性服务业的产业布局,培育和形成具有国际影响力和示范性的生产性服务业集聚区。

以创新为不竭动力打造世界先进制造中心。紧抓苏南国家自主创新示范区、无锡国家传感网创新示范区建设等重大战略机遇,破除体制机制障碍,增强创新活力,营造良好的创新氛围;加大制造业领域的创新投入,鼓励技术创新、产品创新和运营模式创新,提升企业创新能力;激发和保护企业家精神,充分发挥企业家的创新作用;吸引国内外著名高等院校落户无锡,加强高等院校与企业的交流合作,鼓励企业和高校共建研究机构,共建协同创新、成果转化的合作平台。

以现代营销手段为支持打造世界先进制造中心。加强城市对外宣传推广,增加友好城市数量,促进与国外城市尤其是与慕尼黑、芝加哥等具有国际影响力的工业城市在制造业领域展开深度交流和合作;策划举办世界先进制造业大会、全球高端装备业博览会、无锡国际时装周等具有国内外影响力的国际性展览、会议和论坛等;鼓励企业参与各类国际性展览、会议、论坛和评奖等,鼓励企业参加各类国际性标准的制订和修订工作,鼓励企业在国外开设分支机构。政府和企业相互支持,通过多样化的营销手段推动无锡的先进制造业走向世界。

3. 提升文旅产业的核心竞争力,塑造"无锡印象",以充满活力、富有魅力的城市形象与沿江城市共同提升扬子江城市群的吸引力

聚焦制度、资源、人才和技术四大支撑要素,推动文化创意产业做大做强,提升无锡的文化魅力。在制度上,加强文化创意产业各部门之间的沟通合作,建立无障碍的信息共享平台和合作机制,加强对文化创意产业的扶持力度,加强对文化创意产品的保护力度。在资源上,推动地域文化资源的保护和传承,加强对文化资源的开发和创新。在人才方面,按照佛罗里达《创意阶层的崛起》的研究,创

意阶层的核心群体包括"超级创意核心"群体和现代社会的思想先锋,前一类涉及科学家和工程师、大学教授、诗人和小说家、艺术家、演员、设计师与建筑师,后一类涉及非小说作家、编辑、文化人士、智囊机构成员、分析家及其他舆论制造者。通过创造宽松自由的文化创意氛围,具有吸引力的人才政策促进文化创意人才的大规模集聚。在技术上,推进生产技术革新提升文化创意产业的生产效率,推进数字技术、网络技术、虚拟技术等信息技术的渗透,增强文化创意产业的表现力和活力。

推进文化创意产业结构优化升级,聚焦影视传媒、动漫游戏、创意设计、会展广告等重点行业,打造万达旅游城、无锡国家数字电影产业园、吴王城影视文化产业园、"智慧无锡"文化创意园、新吴区创新创意产业园、无锡(国家)工业设计园等一批重大文化项目,培育一批大型文化创意企业;积极推进无锡三国城、水浒城等传统影视基地的转型发展,以微电影拍摄、素质拓展、VR场景等多种模式强化游客体验,加强与无锡国家数字电影产业园、吴王城影视文化产业园的合作,拓展影视创作的产业链和创作质量,再创无锡影视基地辉煌;推进文化与旅游、制造、金融、科技、商贸等融合发展,鼓励发展新型文化业态,提升非文化领域的文化内涵和产品价值。同时,积极推进创建国家文化消费试点城市,以文化消费拉动经济消费,推进文化产业发展。

加快休闲度假旅游发展。坚持全域旅游的发展战略,加强旅游资源的开发和保护,加快城乡风貌的持续性改造,全面提升城乡环境,打造湖滨花园城市。围绕"一湖一城,一佛一人,一砂一果",强化无锡旅游发展特色,提升旅游发展质量,塑造旅游发展品牌。"一湖"即太湖风景区(鼋头渚、蠡园),充分利用太湖知名度,强化无锡的太湖品牌;"一城"即无锡古城(主要是惠山古镇、荡口古镇以及"三泰一址"、阖闾古城遗址等吴文化游览区),充分挖掘吴文化历史,整合各类吴文化旅游资源,加强江南水乡古镇的开发和形象的提升,强化无锡的历史印记和江南印记;"一佛"即无锡佛禅文化,进一步完善以灵山景区为核心的佛文化旅游产品,精心策划各类佛事旅游活动,借助承办世界佛教论坛等高端会议打造世界佛教文化中心;"一人"即千古奇人徐霞客,加快"游圣故里"旅游度假区的开发,充分利用其名人优势,举办各类旅游节事活动以及会议论坛,全面提升无锡旅游影响力;"一砂"即宜兴紫砂文化,充分挖掘宜兴的紫砂文化、陶器文化,以赏壶、制陶、饮茶等旅游体验活动推进宜兴的文化旅游发展;"一果"即无锡水蜜桃,以阳山水蜜桃为核心打造一二三产相互融合、山水风光相互映衬、赏景体验休闲度假相互结合的特色田园综合体。

4. 推进城市协同发展，发挥"无锡能量"，以"功能互补、设施互用、产业互动、市场互通、资源互享、要素互流"促进沿江城市共谋发展机遇，共享发展成果

推进锡常泰跨江融合发展，充分发挥协调和引领作用，以体制机制创新为突破口，统筹编制发展规划，在交通设施共联共通、产业发展联动协同、生态环境联防联治、社会公共服务相互衔接等领域展开深入合作，实现三地"功能互补、设施互用、产业互动、市场互通、资源互享、要素互流"，全面提升三地经济社会发展实力；建立健全三地合作机制，定期召开联席会议，打破区域垄断和地方保护主义，全面扫清各类合作障碍；加强三地产业合作，建立跨区域产业联盟，共设产业服务平台，共建产业发展基地，率先形成跨江融合产业发展示范区；加强三地旅游合作，联合开发旅游产品，联合开展宣传推广，共同构建旅游信息服务平台，全面落实客源互送，形成务实高效、合作互赢的区域旅游共同体。

全面推进锡澄宜一体化发展。按照"十三五"规划要求，加快推进以市域交通基础设施互联互通为重点，构建以轨道交通为骨架、多层次公路为主体、高等级航道为支撑的锡澄宜一体化交通体系，为强化中心城市能级、提升"一体两翼"发展水平、加快建设"强富美高"新无锡奠定基础；加强三地政府部门联系，建立常态化的沟通机制，加强协调力度，相互扶持、共谋共享，破除地方主义思维，牢牢树立"一个无锡"的思想；加强三地产业发展统一规划、协同发展，形成分工合理、运营高效的产业布局；加快三地社会公共服务设施共建共享，社保卡、交通卡、园林卡等率先打通，逐步实现公共服务制度、标准、内容的一体化，共同打造三地利益情感共同体。

加强苏锡通合作，充分发挥无锡在三地合作中的协调作用。进一步加快推进锡通科技产业园建设，提升园区运营质量，争取建设成为国家级区域合作示范性产业园，并以此为契机，推进三地展开全方位合作，形成沿锡通高速产业合作经济带；南通在先进制造业领域走在城市群前列，加强锡通两地制造业交流合作，强强联手，资源互享，优质互补，功能互依，强力打造区域先进制造业品牌。

5. 优化城市空间布局，营造"无锡家园"，以开放紧凑的城市空间格局构建扬子江城市群一方小而精致、富有魅力的生产、生活空间

在建设紧凑城市的理念指导下，坚持以生态红线为基底，以公共交通为网络，不断优化和完善现有城市空间布局，构建主城区—新城—中心镇—乡村的四级城乡体系。以无锡市区中心城为核心，以江阴、宜兴城区为副中心，构建三大主城区，进一步提升和完善主城区的综合功能，增强辐射能力。大力促进太湖新城、锡东新城、江阴临港新城、宜兴东氿新城等新城建设，依托江阴周庄、华士，宜兴官林、和桥，锡山东港、惠山洛社等一批重点镇，培育一批卫星新城，加强产城融合，加快设施配套，完善公共服务功能，提高新城的人口集聚能力，提升新城对周边城

镇的辐射作用,使之成为促进经济增长、分散主城区压力的重要节点。推进中心镇建设,发挥对周边城镇和乡村地区的作用,同时根据资源优势,培育一批特色镇、特色村。促进大中小城市协调发展,城乡整体推进,形成多中心、组团式、集约型的城镇体系。

统筹市政交通设施建设,畅通和完善城市内部交通网络,加强主城区—新城—中心镇快速路建设,规划建设城市外环线,根据需求新建支路环路,打通城市"断头路",规划灵活方向机动车道,根据道路交通拥挤水平,通过交通方向指示牌灵活调整直行车道、转弯车道以及双向车道。有序推进城市轨道交通建设,加强公交与轨交有机衔接,建设地铁 P+R 停车场,促进轨交换乘。推进主城区、新城慢行交通系统建设,引导居民绿色出行。

6. 加快智慧城市建设,传播"无锡智慧",以更高水平的现代化带动扬子江城市群发展成为中国城市现代化的样板

推进以数字科技为中心的科技型智慧城市和以管理服务为中心的管理型智慧城市向以人文科学为基础的人文型智慧城市转型。一方面,大力发展智慧技术,以技术推进产业变革、管理升级和服务提效;另一方面,充分注意到城市建设的最高目的是既要有物质与技术的便利,有制度和秩序的保障,还要有人的幸福和梦想。因此,智慧城市不仅需要技术上的智慧、管理上的智慧,还要有充满人文关怀和文化精神的人文智慧。只有这样的智慧城市,才是"城市,让生活更美好"的智慧城市和真正现代化的智慧城市。纵观近年来无锡智慧城市的发展,在本质上仍属于技术型和管理型,人文理念和精神价值不足,无锡应立足于人文型智慧城市理念,率先探索人文型智慧城市的发展道路,建设成为新型智慧城市和全国示范型智慧城市,并引领扬子江城市群成为全国的样板。

依托无锡智能传感系统、集成电路和软件的发展优势,推动人工智能的创新发展、规模发展和突破发展,率先在扬子江城市群抢占人工智能制高点。基于国务院《新一代人工智能发展规划》,大力支持在感知识别、知识计算、认知推理、运动执行、新型人机交互等领域的人工智能技术发展,力争在关键技术上获得突破,创建若干个有影响力的国家标准;依托国家超级计算无锡中心,加快建设人工智能开放创新平台;加快人工智能的应用,利用互联网、大数据、云计算等信息技术和知识推理、概率统计、深度学习等人工智能范式构建人工智能应用服务平台,促进发展包括工业机器人、服务机器人、自动驾驶等在内的各类自主无人系统,并形成一批包括智能制造、智能家居、智能安防等在内的人工智能创新应用示范工程;要以人工智能全面提升无锡智能制造水平,推进实体经济发展,以人工智能有效提升城市管理水平,降低政府管理成本,以人工智能充分融入百姓生活,提升城乡居民的生活质量。

加快"数字中国"战略的实施,打造"数字无锡"。全面推进数字基础设施建设和升级改造,加快实现 WIFI 热点全覆盖;依托无锡传感创新示范区战略,加快城市感知网络建设,充分利用物联网和互联网技术,加大城市各区域信息传感设备布置,建成智能化、泛在化的城市感知体系,创造"万物互联、人机交互、天地一体"的网络空间;大力推进大数据技术突破、大数据产业发展、大数据价值提升、大数据生态系统建成,形成大数据的创新驱动模式和发展模式,培育一批具有国际竞争优势的大数据企业;推进数据资源的整合和开放,加快推进城市大数据中心建设,建设全市统一的数据共享交换平台;加强政府与企业在公共服务领域实现数据共建共享,推进与企业积累的社会数据对接,提升社会的治理能力;推进与加强政府各部门数据共享,打破部门壁垒,全面推进在线办公、协同办公,提升办公效率和政府综合管理水平;大力保障数据安全,增强数字安全意识,提高数字安全技术、加强设施保护。

加快推进各类智慧应用项目落地和运用。智慧城市落到实处,关键看各类智慧应用项目能否充分覆盖并取得成效。加快智慧政府、智慧生态、智慧安全和智慧市政等政策管理领域智慧应用项目的建设,提高政府决策效率和质量,提升公共服务环境;加快智慧金融、智慧能源、智慧旅游、智慧商业和智慧企业等产业和企业发展领域智慧应用项目的建设,推动产业升级转型,提升企业经营效率和质量;加快智慧交通、智慧医疗、智慧教育和智慧社区等便民服务领域智慧应用项目的建设,提升居民的幸福感;加快智慧文化项目建设,集中无锡的图书馆、博物馆、文化馆等公共文化资源着力打造智慧文化公共服务平台,以文化展示、咨询解答、自主学习、图书借阅、知识共享、查询报名等多种功能满足居民多样化文化需求,集中无锡文创企业资源打造智慧文化共创平台,激发全网创意,打造创意、生产、消费一条龙服务,实现企业和顾客文化价值共创。

7. 营造国际化、市场化、法制化、富有竞争力的发展环境,创造"无锡机会",以吸引企业和人才落户保持无锡在扬子江城市群中的发展活力

加强行政审批标准化、电子化,简化审批手续,提高审核效率,加快审批速度。推进权力清单、责任清单、负面清单的"三单"管理,明确"法无授权不可为""法定职责必须为""法无禁止即可为"。推进在线审批平台建设,实现网上申报、网上受理、网上审批、网上执照发放,审批信息共享共联,审批材料在线流转,审批过程公开透明,审批结果实时查询。分散审批走向集中审批,一局一章,审管分管,同时有效解决"重审批、轻管理"和无效管理的痼疾,加强事中事后监管。审批窗口不断提升服务质量和办事效率,提供令广大人民群众满意的审批服务。

充分发挥市场的资源配置作用,减少政府对企业微观经济行为的干预;规范政府的各项收费行为,严格执行各项收费规定,严格禁止各项乱收费、乱摊派的行

为;继续推进减税减费政策,税收逐步与国际接轨,进一步降低实体企业的经济负担;帮助企业畅通融资渠道,降低企业融资成本;简化企业登记注册手续,放宽对注册地址的限制,为大众创业万众创新创造良好条件;进一步加强知识产权的保护,加大执法力度,探索建立知识产权检察"刑、民、行"三职衔接、检察司法与行政执法衔接的一体化保护机制;进一步完善公共信用信息服务平台建设,完善企业年报公示制度和经营异常名录制度,加大全市信息共享力度,完善社会信用体系建设;加快促进政府由管理型政府向服务型政府转变,提升服务能效。

强化社会治理,提高社会文明程度。建设平安无锡,形成"党委领导、政府主导、社会协同、公众参与、法治保障"的社会治理体制;加强党政机关与群众的良性互动,善于倾听群体声音,畅通群体利益表达的渠道,完善利益保护机制,引导群体合法表达利益诉求,多方面协调利益关系,解决利益纠纷;坚持问题导向,加强对社会问题的专项治理、系统治理、源头治理、依法治理,结合无锡民营企业发达的特点,有针对性地促进政府职能改革,加大政府服务民营企业能力建设,探索社会治理和开展基层自治的新方法新模式;以信息化完善社会治安治理体系,强化基于物联网的城市治安布控系统,强化基于大数据分析的流动人员、可疑人员的重点监控,强化对城市大客流区域的风险防范;加强安全教育,强化安全评估,防范安全风险,降低安全事故发生率,坚决遏制重特大安全事故;倡导文明新风,坚持文明行为,提升广大人民群众的文明程度,继续保持全国文明城市称号,构建和谐城市、文明无锡。

加强人才培养和引进力度。深入推进"太湖人才"计划,吸引领军人才、行业骨干、专家学者及其他优秀人才来锡工作生活;在落户、补贴、住房、子女教育等方面出台更具有竞争性的人才扶持政策;加快推进人力资源服务产业园建设,吸引国内外著名人力资源服务企业入驻,以专业化的渠道和个性化的模式为无锡吸引所需人才,尤其是高端人才;鼓励企业在北京、上海、广州等国际大都市设立研发机构,吸引高端人才;创造更多就业机会,关心务工人员福利待遇、职业发展和身心健康,为他们创造美好生活的希望和梦想;通过多种渠道、多种方式,加大城市营销力度,提高城市的吸引力。

8. 改善生态环境,提升"无锡魅力",以美丽城乡环境响应"坚持人与自然和谐共生"的社会主义基本方略和"强富美高"新江苏的最高要求

深入贯彻落实十九大报告指出的"坚持人与自然和谐共生"的社会主义基本方略,牢牢树立"绿水青山就是金山银山"的环境保护和发展理念,要"统筹山水林田湖草系统治理,实行最严格的生态环境保护制度,形成绿色发展方式和生活方式,坚定走生产发展、生活富裕、生态良好的文明发展道路"。要还无锡蓝天白云、青山绿水,提升整个无锡城市魅力,为绿色生态的扬子江城市群作出贡献,为"强

富美高"的新江苏作出贡献。

改革"先发展、先污染、后治理"的传统经济发展老路,从根本上转变经济增长方式,坚持走绿色发展道路。大力发展绿色经济、循环经济,积极推进企业技术改造,引导和倒逼企业低排放、不污染;推动资源节约高效利用,加大对废弃物的回收处理;积极推动绿色能源发展和利用,促进绿色资源、再生资源利用产业化;加大产业园区资源循环设施改造,提升资源循环利用水平。

加强对生态环境的保护和治理。主体功能区科学规划,合理开发,各类建设用地应限制增量,盘活存量,坚持生态红线区域保护不动摇。加强对江、湖、河道等水域的治理,加快生态修复,加强工业污水、生活污水防治,畅通水系,提升水质。尤其是加强对太湖的治理和对大运河的保护,以生态环境为根本,以吴文化、近现代工业文化为支撑,创建无锡太湖生态国家公园、无锡大运河生态廊道,同时积极申请成为中国与世界的文化和自然遗产。加强对空气污染的治理,加强工业废气、汽车尾气和施工扬尘防治,以PM2.5和优良天数作为考核的重要标准。加强对土壤污染的检测和防治,及时修复,改进土质;坚持最高环保标准,对不达标企业采取零容忍,促进无锡的绿色城市建设。依托优质的生态环境以及休闲度假设施,加快健康养老服务,使无锡成为高品质养老胜地。

9. 对接上海全球城市建设目标,做好"无锡服务",以"交通一体、政策接轨、产业协同、服务共享"推动上海大都市圈的同城化发展

《上海市城市总体规划(2016—2040)》提出基于交通通勤、产业分工、文化认同等方面构建包括上海、苏州、无锡、南通、宁波、嘉兴、舟山在内的"1+6"上海都市圈,更好地实现其全球城市的发展目标。无锡素有"小上海"之称,在交通、产业、文化等方面与上海有天然的紧密联系,未来需要进一步加强与上海的对接,服务好上海的全球城市建设,利用好上海对外的桥梁作用,使无锡真正成为上海都市圈核心城市,努力提升城市的国际化水平和全球影响力。

加强与上海的交通联系,构筑一体的交通体系。推动硕放机场与浦东机场、虹桥机场的互动,统筹客货吞吐能力,促进功能协同发展;推动上海港与江阴港的分工协作,加强水水转运,构建航运联动格局;推动上海江阴高铁建设,进一步完善高铁网络,打造城市交通快车道;推进无锡高新区综合保税区与上海自贸区的合作,加快相关自贸区政策的复制和衔接,提升无锡的内外开放水平;加强与上海先进制造业对接,在信息技术、高端装备、节能环保等领域展开技术交流、基地共建、产业配套、人员培训等深度合作,形成先进制造业产业合作集群;加强与上海现代服务业对接,在创意设计、影视制作、服务外包、商务会展、商贸物流、旅游休闲等领域展开技术、人员、资金、业务等全方位合作,促进两地服务业的共同繁荣;加强与上海公共服务领域的对接,在公共交通、医保社保等领域实现一体化服务,

推进两地服务共享;加强与上海优秀人才的交流互动,吸引优秀人才到无锡工作和生活,使无锡成为上海疏解人口压力的重要目的地城市。

10. 深化体制机制改革,展现"无锡魄力",以锐意进取、勇于创新的时代精神走在扬子江城市群体制机制改革的最前沿

深化国有企业改革,对国有企业实施分类改革、分类管理,发展混和所有制经济,提升国有企业的治理水平和发展活力,培育一批具有国际竞争力的一流企业。提升国有企业的创新能力,加大技术研发、人力资源等方面的创新和投入力度,推动与科研院所的合作,支持共建研究机构和博士后流动站;完善国有资产管理体制,改革国有资本授权经营体制,推动国有资产的统一管理,促进国有资产保值增值,严防国有资产流失;促进国有资产有序流转,打造专业化国资流动平台,优化完善国资流动平台运营机制,以市场化配置力量推动国有资产的优化重组。

加快推动财税体制改革。建立现代财税制度,建立事权和支出责任相适应的制度;充分发挥政府财政的公共公益作用,非公共领域或市场可有效调节的领域,公共财政应尽快退出市场;推进"社保"和"农保"的制度并轨,缩小公共服务城乡差距,提升公共财政的保障能力;完善政府的财政预算体系,健全全口径预算管理机制,实施跨年度预算平衡机制和中期财政规划管理;全面落实国家"增支减税降费"的积极财政政策,清理各种不合理收费行为;控制政府债务规模,降低债务增长速度。

推进金融体制改革。强化金融机构对实体经济的服务功能,提升服务能力;发展普惠金融,加强对中小微企业、农村地区的金融服务;探索建立中小微企业融资担保基金,建立有效的担保体系,促进创新型、创业型、科技型的中小微企业的发展;鼓励社会资本参与金融机构改革,推动中小银行、民营金融机构发展;积极培育私募股权投资市场,探索开展私募基金集聚区建设;依托无锡物联网优势,鼓励发展物联网金融;规范发展互联网金融,加强线上线下监管,严控金融风险,严打非法集资,严防网络高利贷。

七、结语

温饱、小康和现代化,是改革开放总设计师邓小平为中国现代化规划的三大战略目标。在十八大报告中明确提出到 2020 年全面建成小康社会之后,现代化的目标已遥遥在望,同时在苏南、珠三角等发达地区,已开始探讨区域现代化的框架与标准。十九大报告将全面建设社会主义现代化国家新征程划分为两个阶段,"第一个阶段,从二○二○年到二○三五年,在全面建成小康社会的基础上,再奋斗十五年,基本实现社会主义现代化。第二个阶段,从二○三五年到本世纪中叶,在基本实现现代化的基础上,再奋斗十五年,把我国建成富强民主文明和谐美丽

的社会主义现代化强国"。

当今世界是城市世界,城市在"决胜全面建成小康社会,开启全面建设社会主义现代化国家新征程"中承担着中流砥柱的作用。这就使得"现代化"和"城镇化"的关系更为紧密,简单说来,"现代化"是"城镇化"的内在机制与内容,"城镇化"是"现代化"的空间载体和形式,两者在很大程度上相互叠合、同步发展。这是因为现代化意味着传统农业文明向现代工业文明的转型,其最突出的特点是以基于现代科学技术的工业生产方式为基本手段,深刻改变了人类传统的空间环境、社会形态和生活方式,使城市成为人类生产生活的核心和主流。因此可以得出未来的城市化,必将是在中国特色社会主义新时代背景下开启的城市现代化的新征程。

展望未来,无锡市要以深入学习和贯彻党的十九大精神为指引,全面贯彻新理念,以勇于自我革命的气魄、坚韧不拔的毅力,把改革的重点转向解决"人民日益增长的美好生活需要和不平衡不充分的发展之间的矛盾",抓住关键,突出重点,补齐短板,总结亮点,在从城市化到城市现代化,从城市基础设施现代化到城市功能现代化的新时代中,形成一些可在全国范围内推广的更多、更全面的成功经验,争做全国改革开放的排头兵和城市创新发展的先行者。

肇庆市在粤港澳大湾区的定位与策略研究

2015年3月,国家发展改革委、外交部、商务部发布《推动共建丝绸之路经济带和21世纪海上丝绸之路的愿景与行动》,首次提出"深化与港澳台合作,打造粤港澳大湾区"。2016年3月,粤港澳大湾区正式写入《国家"十三五"规划纲要》。2017年3月5日,李克强总理作出开展粤港澳大湾区城市群发展规划编制工作的指示。十九大报告在"实施区域协调发展战略"中提出"以城市群为主体构建大中小城市和小城镇协调发展的城镇格局"和"坚持陆海统筹,加快建设海洋强国",以改革开放最前沿的广东和我国城市化最发达的珠三角城市群为基础的大湾区必然要承担起更加重大的战略使命。这既是正在规划和布局阶段的粤港澳大湾区面临的基本形势,也是肇庆市在新时代抓住机遇、主动作为、重构城市定位、赢得战略优势必须研究把握的战略大局。

一、世界三大湾区的发展现状与趋势研究

从20世纪60年代开始,国外开始启动湾区建设。在世界城市化背景下,城市群是湾区建设的主体形态,湾区建设在很大程度上就是城市群建设,而湾区只是要强调城市群的滨海属性。参照世界湾区城市群发展的一般规律,结合我国布局粤港澳大湾区的战略需要,对美国纽约湾区、美国旧金山湾区、日本东京湾区的发展现状与趋势开展研究,可以为粤港澳大湾区城市群规划提供参考借鉴,并为研究肇庆市的战略定位提供明确的背景和方向。

(一)湾区经济的主要内涵与特点

1. 湾区与湾区经济

湾区是海洋伸入陆地,并被陆地包围而成的特殊地理单元,由海域(含海岛)、潮滩和海岸带三部分组成。因地处海、陆两类不同介质的界面,与世界大洋直接相通,在经济全球化的背景下,湾区成为生生不息、生机盎然的开放空间。

截止到今天,在经济学界仍未对湾区经济得出统一、权威的定义。从本质上看,湾区经济是在充分发挥湾区固有的对外开放区位优势、陆海相融的资源优势和生物多样性的生态优势基础上,聚集具有滨海特征的生产要素共同作用,推动滨海产业和城市发展而衍生出的经济活动和经济效应的总称,是内生经济与外向经济相互促进、海洋经济与陆地经济相互融合而形成的一种特殊类型的区域

经济。

2. 湾区经济的基本特征

湾区经济不同于其他区域经济，其独特的属性主要表现在四个方面：

一是海洋经济主体性。依托海湾、海岛、海洋等自然资源禀赋发展起来的湾区经济，多与海洋经济密切相关，海洋经济特征明显。发展湾区经济的首要是充分发挥海湾、海岛、港口等海洋资源优势。海洋经济由港航产业、商贸物流、海洋旅游、海洋牧场和临港工业等组成。湾区的自然、人文资源与海洋经济相辅相成，也是湾区经济的主要成分。

二是外向经济主导性。湾区是一个对外联系便捷的开放空间，湾区经济的外向型特征十分明显。湾区经济与湾区相连外部地区甚至海外地区，在资金、原燃料、商品、市场等方面都存在着紧密联系。湾区不是锁闭的区域，经济的外向性渗透进各行各业。湾区经济的发展水平，在很大程度上取决于经济的外向度。把湾区开放空间的优势充分发挥出来，是促进湾区经济可持续蓬勃发展的主要思路。

三是跨行政区域性。湾区往往由沿海湾岸线多个行政区域的城市群组成。如旧金山湾区包括环绕美国西海岸旧金山海湾一带的地域，共有9个县、101个城市，面积达17955平方公里，总人口700多万。湾区经济是一种跨行政区域经济，发展湾区经济必须统筹湾区内各行政区域的经济发展和社会活动，同时各行政区域要根据自身的海洋资源优势和发展条件，选择合适的产业和模式，形成合理的层级与分工协作体系，共同推动湾区经济的协调和可持续发展。

四是生态环境优越性。湾区背陆面海，气候湿润、降水充沛，空气清新，植被茂盛，加上海洋对污染的自然净化能力强于内陆，因此环境优美，宜居宜业，容易吸引生态产业和创新人才，发展生态创新经济。世界著名湾区均以自然风景优美、人居环境优良而闻名。湾区的生态禀赋是湾区经济发展和崛起的优势条件，借助高水平的城市规划也往往可以创造出优美怡人的生产生活环境，同时湾区经济也会自然选择生态性、环境友好的产业，形成经济与生态环境良性互动发展格局。

3. 湾区经济的历史演化

从历史上看，世界著名湾区都是依托海洋资源特别是港口资源，呈现出从低级经济形态向高级经济形态发展演进的规律，主要经历了港口经济发展阶段、工业经济发展阶段和服务经济发展阶段，在现阶段则聚焦于创新经济发展上。

在工业化早期发展阶段，湾区经济主要发展港口经济形态。依托港口给货物流动带来低廉的运输成本和丰富的物流资源，形成了运输业及相关服务业在港口的快速集聚。尽管单一的港口经济活动基本限于港口范围内，对城市发展推动不大，但由于港口经济发展极大促进信息流、物流、人流、资金流的流动和交换，必然在湾区一带形成具有城市功能的"中心地"，并为向更高的城市形态演化创造条件。

在工业化发展阶段，湾区经济逐渐演化为工业经济。依托港口的海洋运输低成本，湾区经济逐步向腹地延伸和扩展，以制造业为中心的临港工业和对外贸易快速成长。工业优势与海洋优势的叠加，一方面，推动湾区的制造业走向集群发展，并随着工业经济服务需求的扩展，推动金融、贸易等现代服务业在湾区经济兴起。另一方面，也打破湾区的空间局限，使湾区经济活动扩展到港口以外的区域，在更大范围内推动城市发展和繁荣。

在工业化向后工业化过渡阶段，服务经济成为湾区主要经济形态。随着工业经济发展不断深化，工业经济衍生出现代服务业需求，促使现代服务业迅速发展，逐渐成为湾区经济的主导产业，推动湾区核心城市由制造业中心逐渐转向生产性服务业中心（如金融中心、贸易中心、设计中心、信息中心等），成为全球或区域的资源配置中心。

在后工业化时代，创新经济成为湾区主要经济形态。随着湾区城市功能的不断完善和现代服务业的集聚发展，人才、科技金融等核心科技创新资源高度集聚，创新经济成为湾区核心城市的主导经济，并引领全球产业发展方向，使湾区核心城市成为全球科技创新中心。如美国旧金山湾区的硅谷。

由此可知，湾区经济内涵的时代特征和发展阶段十分明显。湾区经济内涵演变伴随着外部发展环境变化与自身优势结合，从低级经济形态向高级经济形态升级，是一个产业结构和经济结构不断优化升级的过程，也是一个城市综合服务功能不断完善，城市发展理念和发展模式不断升级的过程。

（二）世界三大湾区的发展现状与解读

东京湾区、纽约湾区和旧金山湾区并称当今世界三大湾区，它们以庞大的经济体量、宜人的环境、包容的文化、高效的资源配置能力成为世界和国家的经济中心，并以强大的辐射力带动周边城市和经济的发展。世界银行的一项统计显示，全球经济总量的60%来自港口海湾地带及相应的直接腹地。作为全球新兴的重要经济中心，湾区集中了一个地区或整个国家的重要资本，成为影响世界和区域经济社会发展的主要板块。

1. 旧金山湾区的发展现状与问题

旧金山湾区以美国西海岸的旧金山海湾为空间，共有9个县、101个城市，面积达17955平方公里，总人口超过了700万，是继纽约、洛杉矶、芝加哥、休斯顿之后的美国第5大都市，主要城市包括旧金山、圣何塞和奥克兰等。旧金山湾区的主要优势是高新技术产业、国际贸易、旅游业等,2015年旧金山国民经济生产总值超过8000亿美元,在世界国民经济生产总值排名中位居第20位。

旧金山湾区的比较优势主要包括:一是以知识经济为核心,湾区内拥有硅谷和斯坦福、加州伯克利大学等20多个著名大学,还有航天、能源研究中心等,引领着全世界20多种产业的发展;二是有雄厚的金融支持。旧金山的私人创业基金机构有30多家,创造了良好的创业环境;三是有大批中小企业的参与;四是有良好的自然、生态、文化、社会环境,旧金山湾区作为美国第五大城市群和高科技产业集中地区,依然保留着多丘陵的海岸线、海湾森林山脉和旷野,能充分吸引、留住高端人才。

住房和交通是长期困扰旧金山湾区的两大难题,这也是人们为高科技经济增长和繁荣付出的一个代价。研究显示,高房价是造成湾区生活成本大大高于全美平均水平的主要因素,而交通拥堵则是因为城市人口的过度集聚造成的普遍存在的城市病。旧金山湾区尽管是全美生产力最高的地区之一,但不合理的生活和通勤成本也在不断削弱着湾区特有的优势。

2. 东京湾区的发展现状与经验

东京湾位于日本本州岛中部太平洋海岸,是优良的深水港湾。东京湾地区有东京、横滨、川崎、船桥、千叶等5个大城市,面积为4347平方公里,经济总量约占全国的1/3。东京湾的人口从江户时代以来,呈现出向西北方向集聚的趋势,原因主要与水源、地势等自然条件有关。但东京湾人口分布最重要的特征是大规模高密度的人口紧邻海湾,并以此为中心向内陆延展。目前,东京人口集中地区即DID人口比率高达98.2%。[①]

东京湾区有两大显著特点,一是沿岸形成了由横滨港、东京港、千叶港、川崎港、木更津港、横须贺港6个港口首尾相连的马蹄形港口群,年吞吐量超过5亿吨,并构成了鲜明的分工体系。二是产业集群与城市群共同发展,东京湾区集中了日本的钢铁、有色冶金、炼油、石化、机械、电子、汽车、造船等主要工业部门。同时,东京湾城市群是世界上经济最发达、城市化水平最高的城市群之一。除了首位城市东京,横滨是日本第二大城市,炼油、电器、食品、机械、金属制品等工业产值占工业总产值的80%,在国际市场上极具竞争力。

东京湾区的规划建设经验主要有两方面:一是通过高效管理化解大城市病。新干线在20世纪60年代中期开通后,打通了东京与其他城市的点对点(市中心对市中心)对接,在加速人口聚集的同时,也带来了严重的城市病。当东京大都市圈人口达到1000万、2000万时,人们曾大呼大城市病已经无药可治。但当其人口达

---

① DID指标(Densely Inhabited District),是指每平方公里4000人以上连片的人口集中地区。

到3000万、接近4000万时,大城市病却有所缓解,这主要得益于东京从规划、基础设施建设到日常管理水平和能力都在不断提高。目前,东京作为全球人口最多的大都市圈,却是城市病症状最小的一个。二是开放带来多样性,而多样性是效率的源泉。在全球化背景下,制造业的"大进大出"已从原材料延伸到零部件,全球分工也不再只是发达国家之间的事情,全球性的人才交流在经济活动中日趋重要,频度更高,速度更快,大规模人口聚集与大规模交流相辅相成,形成东京湾区经济体量大、多样性强,政治、商业、科研等功能互相交织的特点,并形成了良好的叠加效应,总体效率非常高。

3. 纽约湾区的发展现状与问题

纽约湾区,是世界金融的核心中枢以及国际航运中心,纽约湾区由纽约州、康涅狄格州、新泽西州等31个县联合组成。纽约湾区的主体构成即纽约大都市区面积2.15万平方公里,人口2340万,2015年GDP达到13797亿美元。

纽约在纽约湾区中具有核心作用,在纽约大都市区"一城独大"。纽约是美国第一大港口城市,重要制造业中心。服装、印刷、化妆品等居首位,机器、军工、石油和食品加工有重要地位;有58所大学,两所世界著名大学;是全球金融中心、商业中心;曼哈顿云集了百老汇、华尔街、帝国大厦、格林威治村、中央公园、联合国总部、大都会艺术博物馆、第五大道等,是世界上就业密度最高的地区,也是公交系统最繁忙的地区,旅客量近3000万/天。但这种过度集聚对区域发展也是有负面效应的,纽约湾区是导致美国区域发展不平衡和诸多社会问题的根源,如何探索和推进一种均衡化、协同化的湾区发展模式,正在成为实现世界湾区经济和湾区城市群可持续发展的战略思路。

二、粤港澳大湾区发展现状与比较研究

粤港澳大湾区是指由广州、深圳、佛山、东莞、惠州、中山、珠海、江门、肇庆9市和香港、澳门两个特别行政区形成的城市群。在国际上看,粤港澳大湾区是与美国纽约湾区、旧金山湾区和日本东京湾区并肩的世界四大湾区之一,在国内看,粤港澳大湾区既是我国珠三角世界级城市群建设的升级版,也是深入推进"一带一路"倡议实施和构建人类命运共同体的战略空间平台。

(一)粤港澳大湾区的发展现状

在城市总体发展水平上,粤港澳大湾区9+2的主要数据和排名如表27所示(以下数据除特别注明外,均由课题组根据国民经济统计年鉴、中国城市统计年鉴、相关城市政府工作报告整理、计算得出)。

表 27　粤港澳大湾区主要经济指标

2015年各城市GDP(单位:元):广州1.81万亿、香港1.79万亿、深圳1.75万亿、佛山8003亿、东莞6275亿、惠州3140亿、中山3010亿、江门2240亿、珠海2024亿、肇庆1970亿。

2015年各城市服务业、第三产业占GDP比重:香港93%、澳门92.6%、广州66.77%、深圳58.8%、东莞53.4%、珠海48%、江门44.1%、中山43.5%、惠州40.2%、佛山37.8%、肇庆36.1%。

2015年各城市人才储备(在校大学生数量):广州112.27万人、珠海13.3万人;东莞11.46万人;深圳9.01万人;肇庆6.61万人;佛山4.94万人;江门4.77万人;中山4万人;惠州34658人。

2015年各港口货物吞吐量:广州港51992万吨、香港港25660万吨、深圳港21706万吨、珠海港11208万吨。

2015年各机场旅客吞吐量:香港国际机场6850万人次、广州白云国际机场5520万人次、深圳宝安机场3972万人次、澳门国际机场580万人次、珠海机场470万人次。

2015年各城市人均可支配收入:广州46734.60元、深圳44633.30元、东莞38651元、佛山38501元、珠海36157.9元、中山35712元、惠州25220元、江门22364元、肇庆18991.4元。

2015年各城市社会消费品零售总额:广州7932.96亿、深圳5017.84亿、香港4752亿(港元)、佛山2687.22亿、东莞2154.7亿、中山1079.74亿、惠州1070.72亿、江门1032.31亿、珠海913.20亿、肇庆632.36亿。

2016年各城市住户存款总额(居民储蓄存款):广州14430.11亿元、深圳10361.19亿元、佛山6736.22亿元、东莞4943.56亿元、中山2309.44亿元、惠州1945.23亿元、珠海1457.49亿元、肇庆1272.68亿元。

2016年各城市人均住户存款:广州102752元、佛山90265元、深圳87007元、珠海86999元、中山71499元、东莞59839元、惠州40738元、肇庆31158元。

从产业结构上看,粤港澳湾区大部分城市正处于由工业经济向服务业经济转型的阶段(由于统计标准和数据的问题,香港、澳门暂未列入)。2016年粤港澳湾区的三次产业结构表明,广州和深圳服务业占比最高。江门和肇庆第一产业占比最高,城市工业化发展水平相对滞后。

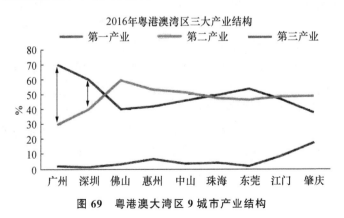

图 69　粤港澳大湾区9城市产业结构

在后工业时代,服务业已成为带动和支撑国民经济增长的核心力量,并将长期保持国民经济最大产业和吸纳就业第一主体的地位。服务业被视为现代经济的重要标志,也是衡量城市经济服务化程度的主要依据。目前,粤港澳大湾区服务业发展的平均水平为65.7%,但不同城市之间差距较大。在珠三角的9个城市中,肇庆最低仅为36.5%,广州最高为68.6%。而内地城市与港澳之间也有较大的差距。

表28 粤港澳大湾区城市经济服务化程度[①]

粤港澳城市	GDP（亿元）	GDP:第三产业（亿元）	GDP:第三产业占比（%）	人均GDP（元/人）
广州	19,610.94	13,445.03	68.60	145254.39
深圳	19,492.60	11,785.88	60.50	171307.79
珠海	2,226.37	1,118.39	50.20	136244.42
佛山	8,630.00	3,375.32	39.10	116141.36
江门	2,418.78	1,082.20	44.70	53518.75
肇庆	2,084.02	760.10	36.50	51335.60
惠州	3,412.17	1,403.18	41.10	71752.08
东莞	6,827.67	3,632.37	53.20	82718.53
中山	3,202.78	1,457.26	45.50	99787.51
中国香港	21,661.43	20,069.31	92.65	294845.64
中国澳门	3,024.00	2,706.48	89.50	493980.43
总计	92,590.76	60,835.52	65.70	138813.25

注:按照1美元兑6.75元人民币换算。

(二) 粤港澳大湾区与世界三大湾区比较

粤港澳大湾区、美国纽约湾区、旧金山湾区和日本东京湾区是世界四大湾区,依据相关统计标准和数据,可以得出世界四大湾区的基本情况,为我们深入了解粤港澳大湾区与世界三大湾区的优势和短板提供参照,同时这也是肇庆市探索新的战略定位和发展思路的大背景。

第一,从发展现状看,以2015年数据为依据,在GDP总量上,纽约、东京和旧金山分别为1.4万亿、1.8万亿以及0.8万亿美元,粤港澳大湾区为1.36万亿美元,与纽约湾区相当。从人口规模上看,粤港澳湾区达到6671万人,位居世界四大湾区之首,有利有弊。在占地面积、港口集装箱吞吐量、机场旅客吞吐量等指标

---

① 数据来源:Wind资讯。

上,粤港澳大湾区也已领先世界其他湾区。在旗舰企业方面,粤港澳大湾区与世界三大湾区有较大差距,拥有的世界 500 强企业数量仅为东京湾区的 26.7%。

表 29　世界四大湾区的基本情况

指标(2015 年)	东京湾区	旧金山湾区	纽约湾区	粤港澳大湾区			
				大湾区	内地 9 市	香港	澳门
人口(万人)	4347	715	2340	6671	5874	732	65
GDP(万亿美元)	1.8	0.8	1.4	1.36	0.99	0.32	0.05
占地面积(万 km²)	3.68	1.79	2.15	5.6	5.47	0.11	0.003
港口集装箱吞吐量(万 TEU)	766	227	465	6520	4494	2011	15
机场旅客吞吐量(亿人次)	1.12	0.71	1.3	1.75	1.0	0.69	0.06
第三产业比重(%)	82.3	82.8	89.4	62.2	54.6	90	89.5
世界 100 强大学数量	2	3	2	4	0	4	0
世界 500 强企业总部数量	60	28	22	16	9	7	0

第二,从城市经济增速看,2010 年到 2016 年,粤港澳大湾区 11 个城市经济总量逐年上升,从 2010 年的 5.42 万亿元增长至 9.35 万亿元人民币。粤港澳大湾区呈现发展空间大、发展速度快的特征。截止到 2016 年,粤港澳大湾区的经济总量已位居四大湾区第二位,仅次于纽约湾区,但人均 GDP 处于末位。从增速上看,粤港澳湾区增速位列第一,仍处于高速发展阶段,发展潜力比较大。以目前增长速度看,有望在 5 年内超越东京湾区,成为世界经济总量第一的湾区。此外,与世界三大湾区相比,粤港澳大湾区在面积、人口、经济规模上都已可等量齐观,正处于港口经济和工业经济阶段,并开始向创新经济形态迈进。

第三,从发展内涵上看,世界三大湾区分别彰显出产业优势、金融优势和科技优势,在其背后是精准的产业集群定位。美国最大的 500 家公司中,有三分之一以上把总部设在湾区的曼哈顿岛。纽约湾区还集中了世界金融、证券、期货及保险等行业的精英。与纽约湾区主打金融服务相比,东京湾区的优势在于庞大的产业集群。在东京湾区 5 亿吨吞吐量的带动下,日本政府通过产业引导,鼓励钢铁、石油化工、装备制造等产业择址湾区,其制造业企业数量和从业人数占日本全国的 1/4,因此东京湾区也被称为"产业湾区"。旧金山湾区主打硅谷为特色的高科技研发。谷歌、苹果、脸谱网等互联网巨头和企业的全球总部均择址旧金山湾区的硅谷。以高技术从业人员的密度而论,硅谷居美国之首。加上湾区内拥有多所

图 70 粤港澳大湾区 GDP 总额及增速

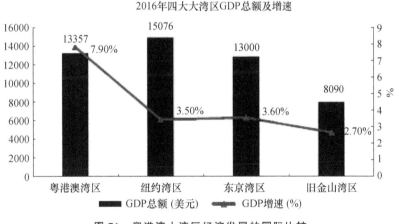

图 71 粤港澳大湾区经济发展的国际比较

科研实力雄厚的世界知名大学,产学研无缝对接,形成了湾区科技创新与研发的优势,因此旧金山湾区也有"科研湾区"的美誉。

第四,从发展的不足来看,相比世界三大湾区,目前粤港澳大湾区面临的主要问题在于:一是内部存在着三个相互独立的关税区,未能实现要素的自由流动;二是城市间在交通规划一体化、新兴产业错位发展、土地和资源集约利用、生态环境共治、公共服务同城化等方面还面临着协调难题;三是原始创新不足,区域内整体创新合作程度不深,创新资源未能完全实现共建共享,创新潜力尚未完全释放;四是交通枢纽功能不强,区域对外通道、湾区东西岸之间的连接依然薄弱,跨界交通基础设施衔接不够通畅;五是资源约束趋紧,生态环境压力严峻;在营商环境、国际影响力方面还有差距。

第五,从总体上看,世界湾区经济具有开放的经济结构、高效的资源配置能力、强大的集聚外溢功能、发达的国际交往网络等显著特征。同时,作为城市群的临海类型,湾区城市间的界限正在淡化,城市间的协同与合作成为未来主导发展模式。但如何将湾区内众多的城镇统筹进行一体化建设也是普遍的难点。城市群的主旨是形成合理的城市层级体系和经济分工体系,城市群的理念和思路仍是应对和解决湾区发展问题的主要手段。对于粤港澳大湾区而言,如何研究总结珠三角城市群规划建设的经验教训,进一步健全湾区战略的政策机制,协调湾区热中蜂拥而来的资本和资源,做好实现湾区不同城市的功能定位和考核体系,促进形成差异化的叠加效应等,都是值得深入研究和未雨绸缪的。

三、肇庆在粤港澳大湾区城市群中的定位研究

在我国"一带一路"倡议快速在全球推进背景下,粤港澳大湾区战略的布局和推进,必将对珠三角区域发展和世界经济格局产生重大影响。在大湾区的9+2城市中,肇庆市既有经济落后的明显短板,也蓄积了土地资源等后发展的诸多优势。在珠三角城市群的时代,《珠三角区域规划》实施已经10年,但肇庆与核心城市的距离不仅没有缩小反而越拉越大,而正在开启的大湾区城市群时代,则给肇庆市弥补历史欠账、实现跨越式发展带来了难得的重大战略机遇。认真研究总体形势,深入总结发展经验,做好新时代下的城市战略定位,是集聚战略资源和优势,走出历史循环的必由之路。

(一)肇庆城市化的主要特点

肇庆地处广东省中西部,西江中下游。地貌特征是"八山一水一分田",是珠三角城市群中唯一既有平原也有山区的城市,是珠江—西江经济带、粤桂黔高铁经济带、珠江西岸先进装备制造产业带"三大经济带"叠加交汇之地,也是珠三角连接大西南的枢纽门户城市。

肇庆市国土面积为14822平方公里,有常住人口408.46万人。按照《国务院关于调整城市规模划分标准的通知》,已步入Ⅰ型大城市的序列。肇庆市现有城镇人口188.22万人,城市化水平46.1%,低于广东省的69.2%及珠三角城市群的84.85%,按照诺瑟姆城市化三阶段理论,属于刚进入城市化的加速阶段,预计很快会晋级为特大城市的序列。截至2016年年末,肇庆市的全年地区生产总值2070亿元,比2015年增长5%左右,人均生产总值50800元,增长4.2%,经济发达

程度居大湾区末位。①

从国土面积、常住人口和经济总量看,肇庆分别占到大湾区总量的26.6%、6.6%、2.3%,在大湾区的11个成员中分别排第1、第8、第11位。国土面积第1但山地为主、常住人口第8且持续流出、经济总量垫底和环境约束加大的基本情况,决定了肇庆市在大湾区规划建设中必须要探索和走出一条综合性、后发展的新型城市发展之路。

(二)肇庆城市化的问题和挑战

在珠三角城市群时代,肇庆市已经遭遇的一些问题和困难,在大湾区城市群时代仍将存在。认真总结和梳理这些问题和挑战,对于确立肇庆市在大湾区时代的新定位和新思路十分重要。

1. 产业基础比较薄弱

一是经济增速持续下滑,经济服务化程度偏低。2011年以来,肇庆市经济增速持续下滑,2016年GDP增速仅为5%,不仅低于广东省平均水平,也低于全国平均水平。从三次产业结构看,2016年肇庆市三次产业的结构为15.4:48.1:36.5,服务业占比不足40%,不仅低于江门市(44.7%),也低于制造业占主导的佛山市(39.1%)。

二是支柱行业不明显,产业集聚程度不高。目前全市工业以金属加工、陶瓷等传统产业为主,优势传统产业增加值占规上工业增加值比重达1/3。电子信息产业方面,规模以上企业40多家,包括唯品会、风华高科、万亚电子、立得电子、中导光电等,企业与企业之间关联度不高,无紧密的合作链条关系、上下游关系,产业协作性不强。生物医药产业方面,新引进项目效益凸现还需较长时期;节能环保产业整体处于起步阶段。装备制造业是目前相对有竞争力的产业,其中汽配产业总产值超过百亿,但与广深佛珠尚有较大差距。

三是创新能力偏低,龙头企业缺乏。2016年高技术产业和先进制造业两者占规上工业增加值比重分别低于全省平均水平20.6和16.4个百分点。最新发布的《2017肇庆企业100强》榜单显示,排在前三名的广东天龙油墨集团股份有限公司、肇庆宏旺金属实业有限公司、广东鸿图科技股份有限公司,营业收入分别为53亿元、31亿元和26亿元。目前肇庆还没有出现年度主营业务收入超百亿元的龙头企业,龙头企业建设跟珠三角核心区还有较大差距,甚至比不上粤东西北,是广东极个别的没有出现百亿企业的地级市。

---

① 肇庆市人民政府网:《肇庆市2017年政府工作报告》,2017年1月8日,http://zwgk.zhaoqing.gov.cn/zq310/201701/t20170112_427237_wx.html。

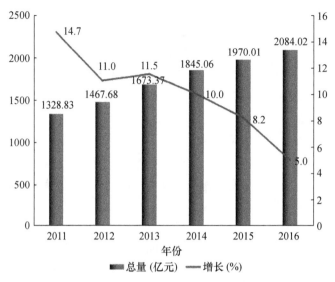

图 72 肇庆市 GDP 总量和增长情况

2. 经济外向度相对偏低

与珠三角其他城市相比，2016 年肇庆进出口总额为 431 亿元，约为江门市的 1/3，佛山市的 1/10，不足深圳市的 2%。2016 年肇庆市实际利用外资 3.68 亿美元，也低于中山市和江门市，在珠三角 9 个城市中居末位。肇庆市经济外向度（进出口总额占 GDP 比重）为 6.6%，相比之下，最高的深圳市已达到 54.5%，江门和中山也均超过 10%。

表 30 粤港澳大湾区城市开放经济指标①

城市	进出口总额 （亿元）	进口总额 （亿元）	出口总额 （亿元）	实际利用外资额 （亿美元）
广州	8,566.92	3,379.87	5,187.05	57.01
深圳	26,307.01	10,626.61	15,680.40	67.32
佛山	4,130.80	1,025.50	3,105.40	14.72
肇庆	431.16	136.99	294.16	3.68
东莞	11,416.00	4,859.15	6,556.80	39.26
惠州	3,044.78	1,072.26	1,972.52	11.43
珠海	2,753.05	950.80	1,802.26	22.95
中山	2,237.80	474.30	1,763.50	4.74
江门	1,261.80	268.20	993.60	4.76

---

① 数据来源：各城市统计年鉴。

(续表)

城市	进出口总额（亿元）	进口总额（亿元）	出口总额（亿元）	实际利用外资额（亿美元）
香港	4,658.95	4,609.64	49.31	/
澳门	93.61	11.55	82.05	/
总计	64,901.88	27,414.88	37,487.05	225.87

统计数据显示,2016年肇庆市对外经济主要指标下滑。全年进出口总额同比下降14.9%。全年新签外商直接投资项目42个,同比下降57.1%。合同外资金额13.51亿美元,下降61.2%。实际利用外商直接投资金额3.70亿美元,下降73.4%。这与肇庆市的发展优势和潜力不相称,与珠三角外向型经济特征和湾区经济的开放性要求也有冲突。

3. 城市人口集聚度有限、人口流失比较突出

肇庆市辖端州、鼎湖区人口规模不足百万。2015年高要撤市设区后,市辖区总面积由664平方公里增加到2735平方公里,常住人口达到143万人,占全市35.6%;经济总量占全市45.3%;城市化率57.9%,城市首位度提升到35.8%。但与其他发达城市比,人口集聚和经济集聚程度仍有不小差距。

肇庆市一直发挥着珠三角地区劳动力"蓄水池"的作用,长期存在人口净流出情况。从人口规模看,20世纪90年代以来,肇庆市户籍人口和常住人口都在增加,但人口净流出趋势不断增强。利用年末总人口与年末常住人口统计口径测算,2016年净流出人口约为35万。

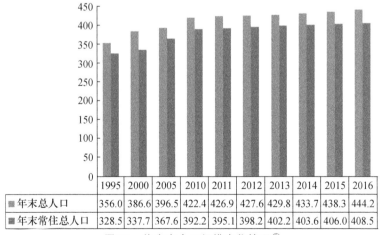

图73 肇庆市人口规模变化情况[①]

---

① 数据来源:肇庆市统计年鉴,http://www.zhaoqing.gov.cn/xxgk/tjxx/tjnj/。

利用人口迁入率和迁出率统计指标,能较为清晰地反映肇庆市人口净流入和净流出变化情况。图74表明,2012年以来,肇庆市人口净流出的趋势更为突出,2016年净流出率超过2‰。

人口繁荣是城市活力和城市竞争力的最直观体现。广东的流失情况以江门、肇庆为分界线,这两个城市的人口流失情况跟广东省平均差相差不大,其他城市越远离"核心区"人口流失情况越严重(潮州除外)。当前,中国城市已进入"人口+人才"竞争时代,扭转人口流失问题是未来一段时期肇庆亟需解决的重大问题。

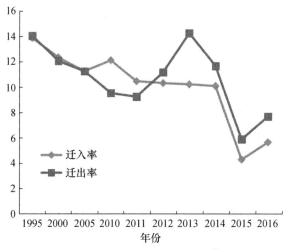

图74 肇庆市人口流动情况①

4. 区域、城乡发展的平衡与协调问题

肇庆东南板块与西北板块长期存在着发展差距。2016年,东南板块地区生产总值1455亿元,占全市比重为69.1%,同比增长3.5%;西北板块地区生产总值651亿元,占全市比重为30.9%,同比增长5.3%,西北板块的经济总量不到东南板块的一半。

表31 肇庆市区域发展差距②

区域	GDP(亿元)	GDP增长(%)	规模以上工业增加值(亿元)	规模以上工业增加值增长(%)	地方一般公共预算收入(亿元)	地方一般公共预算收入增长(%)
东南板块	1458.04	3.5	760.99	2.3	73.52	−33.1
西北板块	650.97	5.3	191.74	5.6	18.18	−40.1

---

① 数据来源:肇庆市统计年鉴,http://www.zhaoqing.gov.cn/xxgk/tjxx/tjnj/。
② 肇庆市人民政府网:《2016后肇庆国民经济和社会发展统计公报》,2017年3月13日,http://www.zhaoqing.gov.cn/xxgk/tjxx/gigb/201703/t20170316_440762.html。

从人口规模看,2015年1‰人口抽样显示,东南板块与西北板块人口数量相当,分别为202.03万和203.93万人。结合上述经济指标说明,东南板块与西北板块的人均收入还存在很大差距。2016年肇庆统计年鉴表明,在岗职工年平均工资东南板块为62044元,西北板块为51184元,东南比西北板块高出20%。

肇庆市城乡之间尚有较大差距。2016年城市居民人均可支配收入为25907元,是农村居民15115元的1.7倍。通过进一步加快新型城镇化,缩小城乡发展不平衡的任务仍很繁重。

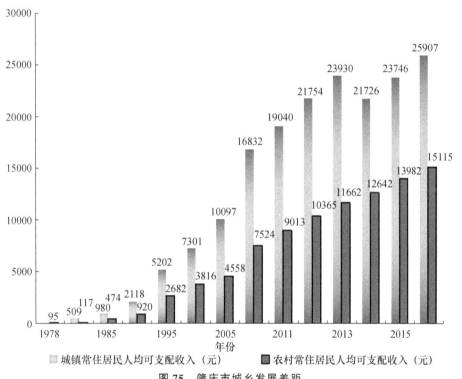

图75 肇庆市城乡发展差距

5. 后发追赶面临主体功能区约束

《广东省主体功能区规划》对肇庆市的功能定位是:肇庆市的端州区、鼎湖区划入国家级优化开发区域珠三角核心区,四会市、高要市划入省级重点开发区域珠三角外围片区,封开县、德庆县划入省级重点生态功能区西江流域片区,广宁县划入省级重点生态功能区北江上游片区,怀集县划入国家级农产品主产区。全市功能定位为:全国历史文化名城和国家风景旅游城市、珠三角连接大西南的重要经济廊道、粤西与桂东交汇的区域物流中心、广东的商品粮基地和农副产品加工基地、现代制造业与商贸旅游业协调发展的山水滨江生态之都。就此而言,肇庆市未来追赶先发地区发展，面临着更多的生态和环境约束，这也就决定了肇庆市必须走环境、经济、社会、文化相互包容、协调发展的新型城镇化道路，以及在布局城市建设和产业体系时更加综合地考虑经济发展的质量和效益问题。

（三）肇庆市在粤港澳大湾区城市群中的定位研究

开展肇庆在粤港澳大湾区城市群中的定位研究，既要借鉴世界湾区发展的规律和经验，结合粤港澳大湾区的发展现状和需要，也要深入了解肇庆市的历史定位，并在新时代框架下重新审视自身的比较优势，最终确定自身的方向和路径。

1. 延续城市定位

改革开放以来，特别是《珠三角区域规划》把肇庆从"泛珠三角城市群"升级为"珠三角城市群"的正式成员后，肇庆市的城市定位依次为"未来广东发展的新增长极"（2008）、"加快全面融入珠三角发展、积极与珠三角核心区对接"（2009）、"建设成为名副其实的珠三角城市"（2010）、"代表珠三角科学发展成果城市"（2012）、"建设珠三角连接大西南枢纽门户城市"和"珠江—西江经济带新增长极、西江流域生态共建区、省际合作机制创新区、东西部合作示范区"（2014）等，发展平台从"粤"拓展到"珠三角"，一个珠三角连接大西南的枢纽门户城市的新定位逐渐形成。在2017年政府工作报告中，肇庆市提出推动肇庆从"环湖城市"走向拥江发展城市，打造成为珠三角世界级城市群中融"山湖城江"为一体、宜居宜业宜游的高品质新都市。同年4月出台的《肇庆市城市总体规划（2015—2030年）》（征求意见稿）提出的城市定位是：珠三角辐射大西南、拓展"泛珠"经济腹地的枢纽门户城市，融"山湖城江"为一体的美丽山水城市。目前，在最后一轮粤港澳大湾区城市规划征求意见中，肇庆市提出了四个新的城市功能定位：广东面向大西南的枢纽门户城市、大湾区新能源汽车与节能环保产业基地、科技产业创新重要承载地、康养旅游生态名城。同时提出从边缘城市到区域中心城市、从环湖城市到拥江城市、从通道城市变成枢纽文化城市的发展目标。由此可知，从产业到文化、从经济到生态、从肇庆到珠三角、从珠三角到大西南，一个现代化的肇庆市的定位在内涵上不断丰富和拓展，为在大湾区时代进行新的定位积累了丰富的资源。而肇庆市未来在大湾区时代的战略定位，也必定要延续这些历史定位节点，不忘初心，继续奋斗。

2. 发挥比较优势

作为珠三角地区的经济洼地，肇庆市在激烈的城市竞争中的确面临的困难和挑战众多，但也要看到自身独特的资源禀赋和比较优势。新的城市定位也必须紧紧依靠它们。

（1）区位交通优势

肇庆市位于中国华南，隶属于广东省，西靠桂东南，珠江主干流西江穿境而过,北回归线横贯其中。背枕北岭,面临西江,上控苍梧,下制南海,为粤西咽喉之地。肇庆邻近珠三角核心区,紧邻广西梧州、贺州,地理位置优越。特有的区位交通优势使肇庆上千年前就确立了西江流域枢纽门户的地位,是江河文明时代沟通东西南北的重要通道。

随着高铁时代、城轨时代的来临,广佛肇高速的开通,肇庆的区位优势日益凸显。"一条城轨、两条高铁、七条高速、一条黄金水道"的综合交通网基本建成。截至2016年末,肇庆市公路通车里程14384.457公里,其中高速公路里程462.555公里。广肇高速、江肇高速、广佛肇高速、肇花高速、怀阳高速、广昆高速、广贺高速怀集至灵峰段、二广高速公路连州至怀集段、汕昆高速公路龙川至怀集段和国道321线、324线穿境而过。现有南广铁路、广佛肇城际轻轨、贵广高铁、三茂铁路(广州至湛江)、柳肇铁路(规划在建)。

(2) 土地资源优势

肇庆市行政区内土地面积共14891平方公里,市辖区2892平方公里。全市土地面积位居粤港澳大湾区首位,占粤港澳30%的面积,是上海的2倍,几乎与北京相当,土地资源充足,可开发利用的空间很大。2015年,肇庆市城市建设用地占市区面积比例仅为3.8%,远低于珠三角其他城市,也低于广东全省的平均值7.32%。工业基准地价、厂房租金、工人工资、电价、水价低于珠三角平均水平。

深圳市规划国土发展研究中心完成的《珠三角土地节约集约利用和开发强度控制》显示,2013年,珠三角国土开发强度已达16.49%,深圳、东莞、中山、佛山的国土开发强度超过国际警戒线(30%),其中深圳的国土开发强度最高,接近50%,珠海、广州逼近国际警戒线。但2016年肇庆市土地开发强度仅为6.2%,是珠三角城市平均水平的三分之一。在大湾区土地资源普遍吃紧的背景下,肇庆市已成为下一阶段珠三角发展不可多得的战略空间。

(3) 生态资源优势

肇庆市是南亚热带地区的物种宝库,有不少驰名于世的珍贵种类,是广东省主要林区之一。肇庆市拥有全国首个国家级自然保护区,在珠三角城市中森林面积最大、森林覆盖率最高。肇庆江河纵横,溪流密布,蕴藏着宝贵的水力资源。西江是径流量仅次于长江的中国第二大河,以西江及北江支流绥江为中心,可东通广州、深圳、香港,西抵广西梧州,南达江门、珠海、澳门,北上韶关。肇庆星湖风景区是1982年国务院首批公布的全国重点风景名胜区之一,被誉为兼得"西湖之水,阳朔之山"的"岭南第一奇观"。位于肇庆鼎湖区的鼎湖山风景区被誉为"北回归线上的绿宝石"。

近年来,肇庆市不断实践"森林走进城市,城市拥抱森林"的生态建设理念,营造和谐优美的人居环境,让全民共享"生态红利"。2016年,肇庆市成功创建"国家森林城市",绿色生态面积不断扩大,森林面积增至 1558.23 万亩,森林覆盖率达 70.34%。最近三年来,新建森林公园 65 个、湿地公园 8 个,新增城区公园 42 个,构建起"10 分钟绿色生活圈"。

(4) 历史文化资源优势

肇庆有 2200 多年历史,古称端州,曾是西江流域乃至岭南地区的政治、经济、文化中心,广府文化、岭南文化的历史源头和粤语的发祥地,明清时代两广总督府在肇庆驻扎了 282 年,也是中华文化和西方文明交汇最早的地方之一。唐以来的七星岩摩崖石刻被誉为"千年诗廊",与宋城墙、梅庵、德庆学宫、悦城龙母祖庙同为国家重点文物保护单位。

(5) 政策密集支持优势

作为改革开放的前沿城市,《珠江三角洲规划》《珠江—西江经济带发展规划》等一系列政策为肇庆发展提供了长期性总体指导。同时,广东省历届主要领导多次莅临肇庆调研考察,肇庆城市发展方向逐渐明确,城市发展定位不断提升。从市十一次党代会确立"两区引领两化"(以肇庆高新区引领新型工业化、以肇庆新区引领新型城市化)战略,到肇庆市十二次党代会确立"珠江—西江经济带先进制造业重要基地、珠三角城市群联通大西南重要门户、珠三角连接大西南重要交通枢纽、国家生态文明示范市",再到最近提出的从珠三角连接大西南的枢纽门户城市提升为广东面向大西南的枢纽门户城市,肇庆城市发展获得了强有力的政策支持和组织保障。

(四) 肇庆市建设粤港澳大湾区新型城市的定位

在粤港澳大湾区城市群背景下为肇庆市进行定位,必须立足于未来大湾区城市群的规划理念和发展模式。

1. 规划背景和意义

在十九大报告"实施区域协调发展战略"和"坚持陆海统筹,加快建设海洋强国"的新时代、新征程背景下,在国家和地方已出台的相关常规性规划文件的基础上,特别是以 2015 年 3 月国家发展改革委、外交部、商务部发布《推动共建丝绸之路经济带和 21 世纪海上丝绸之路的愿景与行动》首次提出"深化与港澳台合作,打造粤港澳大湾区",2016 年 3 月粤港澳大湾区正式写入《国家"十三五"规划纲要》,2017 年 3 月 5 日李克强总理作出开展粤港澳大湾区城市群发展规划编制工作的指示为国家战略背景,同时充分吸收国务院《珠江三角洲地区改革发展规划纲要》(2008)、国务院《珠江—西江经济带发展规划》(2014)、广东省《珠江三角洲全域规划》(2017)等已有规划成果,密切结合肇庆市十二次党代会确立"珠江—西江经济带先进制造业重要基地、珠三角城市群联通大西南重要门户、珠三角连接大西南重要交通枢纽、国家生态文明示范市"及相关规划成果,同时高度关注、紧密跟踪省人民政府正在组织编制关于粤港澳大湾区的各类规划,为开展肇庆市在粤港澳大湾区的战略定位及后期开展各类规划提供依据和指导。

立足于肇庆市在新时代抓住机遇、主动作为、重构城市定位、赢得战略优势的大局,开展《肇庆市建设粤港澳大湾区新型城市的定位》研究,明确肇庆市在粤港澳大湾区中的定位和发展策略,是促进实现粤港澳大湾区总体目标的必然要求,是实现肇庆市建设广东面向大西南枢纽门户城市的客观要求,为将肇庆打造成为更具区域影响力,成为繁荣、活力、开放的西江明珠;更可持续发展,成为低碳化、绿色化、网络化的理想城市;更具人文魅力,成为人文荟萃、古今交辉的岭南名郡的战略指引,对肇庆市在新时代背景下明确战略定位、集聚发展资源、理顺发展关系、优化发展环境、实施创新发展具有重大的现实意义。

2. 新型城市群是大湾区城市群的规划理念

大湾区城市群的规划建设,既遵循世界城市群发展的一般规律,也必然承载我国新型城镇化的战略意图要求。

就前者而言,当今世界城市群主要有两种模式:一是传统以经济、交通和人口为要素的"经济型城市群";二是重文化、生态和生活质量的"文化型城市群"。目前我国城市群走的是"经济型城市群"发展道路,尽管在短期内经济总量、交通基建和人口规模增长很快,但也导致了"经济"与"人文"的失衡和不协调,以"文化型城市群"取代"经济型城市群"已势在必行。

就后者而言,《国家"十三五"规划纲要》以"1+5"为核心内容的"新型城市"。"1"是"建设和谐宜居城市",具体是"转变城市发展方式,提高城市治理能力,加大'城市病'防治力度,不断提升城市环境质量、居民生活质量和城市竞争力,努力打造和谐宜居、富有活力、各具特色的城市"。"5"是对"新型城市"的具体界定,主要包括绿色城市、智慧城市、创新城市、人文城市、紧凑城市。

城市群是城市的高级形态,也是我国新型城镇化的主体形态。因而可以说,从城市群的角度落实《国家"十三五"规划纲要》,最核心的就是建设"和谐宜居"的新型城市群。就此而言,新型城市群是大湾区的规划理念和建设目标。

3. 肇庆市定位:规划建设粤港澳大湾区新型城市

新型城市群是若干新型城市按照城市群原理和规律发展形成的。建设粤港澳大湾区新型城市群,要求包括肇庆市在内的 9+2 城市必须把自身建成发展绿色、功能智慧、创新创业、人文丰富、空间紧凑的新型城市。

在"十九大"报告关于区域与城市发展最新精神指导下,结合《国家新型城镇化规划》提出的"把城市群作为主体"和《国家"十三五"规划纲要》提出的新型城市发展理念,立足于肇庆市现有的发展环境和条件,深入研判大湾区城市群建设给泛珠三角区域带来的变化和走势,提出和研究建设粤港澳大湾区新型城市的新定位,以建设绿色城市、人文城市、智慧城市、创新城市、紧凑城市为肇庆城市发展的基本构架,充分吸收国家、广东省、肇庆市在珠三角区域发展中已有的合理内容,既是对肇庆市过去城市定位的升级和集大成,同时也有助于充分发挥自身优势,并在各个建设目标之间形成良性和有机整体关系。

四、加快推进肇庆市布局大湾区城市群的策略

结合十九大报告区域振兴战略和大湾区未来规划建设的需要,紧密围绕肇庆市建设大湾区城市群新型城市的定位,就推进肇庆市布局大湾区城市群建设提出对策建议如下:

1. 在新型城市群框架下,率先编制《肇庆市建设粤港澳大湾区新型城市战略规划》

改革开放以来,珠三角走的主要是"经济型城市群"发展路子,尽管经济总量、交通基建和人口规模增长很快,但"城市病"也越来越严重,不可持续问题日益严重。随着大湾区规划和建设的展开,未来的建设和开发必有所强化,使本就生态恶化、资源紧张的湾区沿线面临更大的生态、环境压力。基于对未来大湾区必定走新型城市群的战略判断,结合肇庆与湾区拉开有一定距离及自身良好的自然和生态条件,建议以建设大湾区高新技术产业区、绿色生态涵养区和广府文化传承创新区为支点,率先启动《肇庆市建设粤港澳大湾区新型城市战略规划》编制工作,一方面,为肇庆市在大湾区时代的发展拓展新的更大的战略空间,另一方面,对大湾区的规划和起步阶段发展产生积极影响和示范,更好地实现肇庆作为广东辐射大西南的主要支撑平台,为把大湾区建设成引领泛珠、辐射东南亚、服务"一带一路"的国际一流湾区和以绿色、智慧、创新、人文和紧凑为发展内涵的世界级新型城市群发挥示范和导向作用。

2. 在紧凑城市理念下聚焦肇庆新区,拓展大湾区城市群新空间

肇庆新区和南沙新区,是珠三角最后两块连片可开发的土地。肇庆新区土地资源丰富,可规划500平方公里土地进行集中开发,在过于拥挤的大湾区是难得的战略空间。对此要以全局思维高起点谋划、高标准建设,同时布局肇庆新区在肇庆市、珠三角及粤港澳大湾区中的功能使命。一是立足粤港澳大湾区,把肇庆新区建设成为"粤港澳大湾区创新发展示范区",建设大湾区功能疏解承接地、大西南要素集聚地。二是以肇庆新区升格为国家级新区为抓手,形成大湾区新增长极和新核心,与南沙新区建立良性互补关系,构筑内外开放两大新高地,发挥东融西联区域枢纽功能。三是在城市扩容、产业合作、交通布局和机构人员配置等多个方面予以重点支持。四是大力引进高水平本科高校,确保建成10所本科高校,努力打造粤港澳大湾区科技产业创新重要承载地。

3. 在智慧城市和创新城市的理念下促进产业转型升级,打造大湾区新型产业新高地

始终坚定不移地坚持产业兴肇,加大市区空间相对分散的"产城融合",加快劳动力、土地资源成本优势向产业优势转化,在大湾区新型城市框架下,打造大湾区新型产业新高地。一是加大支持"优二进三"发展思路,弥补产业基础薄弱短板,加快传统优势产业转型升级,尽快形成一批工业新增量,主动承接大湾区核心区产业链延伸和产业溢出效应。二是积极布局高新技术产业,力争新兴产业领域取得重大突破,往高端化、集聚化、融合化方向发展,逐步形成二三产业共同繁荣的现代产业体系。三是加快互联网、信息技术与传统服务业的深度融合,不断催生新产业、新业态、新模式的快速发展,推动传统产业创新和转型升级,着力营造良好的城市生活环境,确保消费、房地产、金融等服务业潜力得以释放。四是引导鼓励民营经济发展。落实好惠企政策,作好民企投资方向的引导,鼓励民企技改提升竞争力,努力稳定和培育经济增长的基础力量。五是发挥产业载体平台作用。用好产业转移和产业合作政策,加大园区内外基础设施建设力度,增强产业园区服务能力,促进区域、产城融合发展,推动园区创新发展、绿色发展和智能发展。六是大力引进龙头企业,谋划重大项目,做大主导产业,以先进制造业、高新技术产业、新兴产业为主导,以金属新材料、先进装备制造、电子信息、生物医药优势产业为依托,突出产业招商,带动产业集群发展。

4. 在绿色城市理念下守护绿水青山,建设绿色生态涵养区

把生态文明建设和生态环境改善摆在大湾区城市群发展和肇庆市新型城市建设的重要战略位置,建设绿色生态涵养区。肇庆绿色生态涵养区是大湾区的生态屏障和水源保护地,是环境友好型产业基地,是大湾区可持续发展的支撑区域,也是大湾区居民休闲游憩和康养旅游的理想空间。一是以绿色肇庆、绿富同兴,融"山湖城江"为一体的岭南生态型宜居城市为导向,发挥肇庆绿色生态涵养区对生态环境建设、生态产业培育、生态城镇建设、生态文明引导的功能作用,使蓝天碧水青山常驻,山水生态城市特质更加彰显,促进生态资源优势转化为发展优势。二是以城乡统筹、美丽乡村、乡村振兴建设为契机,坚持保护生态环境,发展绿色经济,实现产业生态化、生态产业化的互动发展。三是探索以农带旅、以旅促农、工旅结合的一、二、三产业融合发展之路,做精做特传统农业产业、做大做强医养产业、做活做优旅游文化产业。四是加大环境领域突出问题治理力度,切实增强协同发展意识,主动加强肇庆各区县与周边地区合作,不断扩大区域环境容量和生态空间。五是从体制机制上为生态文明建设发展创造良好的外部条件,将制度创新作为重要保障。包括强化生态文明法制建设、完善资源保护与利用机制、创新环境治理和保护体系、健全资源有偿使用和生态补偿制度、优化政策调控与考

核评价机制。

5. 在人文城市理念下塑造城市精神品质,建设广府文化传承创新区

按照《珠江三角洲地区改革发展规划纲要(2008—2020)》中"弘扬中华优秀传统文化和岭南特色文化"的具体要求及广东建设文化强省的总要求,提出建设广府文化传承创新区的发展目标。肇庆地处两粤交界,作为岭南最早的交通枢纽,自古有重要与独特的政治、文化、经济地位。以认定端州区为广府文化的发祥地为城市转型发展的契机,将肇庆人文城市建设定位为广府文化的传承创新区,打破现有的行政界限,统筹全省乃至粤港澳大湾区的文化资源和各类生产要素,以文化建设为主题,以经济结构战略性调整和经济发展方式根本性转变为主线,确定围绕"一城",建设"三区",打造"十一板块"的工作布局①,推进肇庆从边缘城市向区域中心城市,从通道城市向枢纽文化城市的转变。

6. 理论和战略研究先行,积极参与国家大湾区发展规划编制过程

目前,国家大湾区发展规划正在紧锣密鼓的编制中。从征求意见文本和相关的信息看,目前大湾区的规划理念、总体思路和框架,还是一个以交通、人口、基建为主的"经济型城市群"规划,和中央提出的五大发展理念、《国家"十三五"规划纲要》提出的新型城市、十九大报告"加快生态文明体制改革,建设美丽中国"等存在距离或冲突。一旦这个规划编制完成并发布,不仅肇庆市未来会面临更大的压力,也不利于大湾区未来的建设和发展。肇庆市对此应有所准备和作为,并结合自身的城市定位和资源禀赋优势,为形成科学的国家大湾区发展规划和战略框架做出贡献。

---

① "一城"是指端州区老城的"府城复兴与保护";"三区"是以包公文化为核心的学堂文化历史保护区、以龙母文化为核心的德庆文化生态区和以六祖文化为核心的四会、怀集佛教文化展示区;"十一板块"是指文物保护、非物质文化遗产保护传承、历史文化名城名镇名村保护利用、名人文化、对外文化交流、城乡文化一体化发展、文化与旅游深度融合、文化产业发展、文化品牌打造、文化人才队伍建设、节庆赛事会展举办等具体工作。

后　　记

　　这是上海交通大学城市科学研究院持续推出的第 11 本《中国都市化进程报告》。大凡一件事情，能坚持 10 年以上，确实不太容易。而时间一拖长了，也就容易忘掉最初的念心，进而影响到未来要走的路。在本书杀青之际，我想简略回顾一下来路，不仅为了告诸今人，更主要是藉以自勉。

　　为什么叫"都市化"而不是叫"城市化"或"城镇化"？这是我们从开始到现在被问了不知道多少次的问题。由于十余年来已颇费口舌，这里就摘取几段旧文，略述如下：

　　在《都市化进程论》（《学术月刊》2006 年 12 期）一文中，我开门见山地写了这样一段话：

　　　　都市化（Metropolitanization）是城市化（Urbanization）的升级版本与当代形态。按照一般的分类原则，城市化可以划分为城镇化、中小城市化与都市化三类，但与两个世纪前英美等国家的城市化发展道路不同，以"国际化大都市"与"世界级城市群"为标志的"都市化"模式在当代占据了举足轻重的地位。如纽约、伦敦这样的国际化大都市或"波士沃施"（BosWash）、北美五大湖城市群这样的世界级城市群，它们集聚着数千万城市人口和数以万计的高级人才，有着优越的地理位置、良好的自然环境、合理的城市布局、高效的基础设施和先进的产业结构，并以雄厚的经济实力、发达的生产能力、完善的服务能力和连通全球的交通、信息、经济网络为基础，使自身发展成为可以控制与影响全球政治、经济、社会、科技与文化的中心。城市化研究的一个重要方面是"影响环境和社会变化的机制是怎样的"，在这个意义上，作为城市化最新特点与最高表现的都市化进程，恰好构成了推动当代城市化进程的核心机制与主要力量。

　　在《关于我国城镇化问题的若干思考》（《学术界》2013 年第 3 期）一文中，我对三种城市化的内涵又作了更明确的界定和阐释：

　　　　当今世界是城市时代，不同层级和规模的城市，不仅在外观和形态上发生巨大变迁，更重要的是在功能和本质上也早已迥异于传统城市。从层级体系的角度看，当今城市化主要可分为三种形式：一是以县城（县级城市化区域)为中心的城镇化,二是以大中城市(区域性城市群)为中心的城市化,三是以国际大都市(世界级城市群)为中心的都市化。它们分别代表了农业人口和资源三种不同的流动和集聚方式,并对不同层级的城市生产生活方式、社会组织结构、文化审美趣味产生了举足轻重的影响。但在当下的主流城市研究中,无论西方还是中国,却很少对这三种城市化形式作严格区分,其后果是不仅在理论上容易导致各种"伪问题"的产生和流行(如"北上广"特有的很多大都市问题对中西部地区的城市和城镇就很不真实),在实践中也不利于制定系统性的层级战略规划和有较强针对性的政策法规。我们认为,在城市化进程的层级差异越来越明显的当下,以Townization(城镇化)、Urbanization(城市化)、Metropolitanization(都市化)为元概念,建构当代城市化进程研究的范畴群,分别指称当今世界的三种城市化形式,不仅有助于揭示大都市、大中城市和小城镇在形态、功能和本质上的巨大差异,使不同性质和来源的城市化问题得到正确的反映并获得真实的名分,同时也是全面了解和把握我国城镇化国家战略的复杂内在机制与真实背景,以及制定层级分明,具有分类指导功能的政策制度和路径的大前提,同时,这也是在我国城镇化进程中统一思想意识,形成发展共识及超越各种肤浅无根的理论研究与战略设计的当务之急。

在今天之所以旧事重提,还有一重现实的考量。众所周知,去年十九大报告提出"乡村振兴战略",今年3月7日,习近平总书记在参加十三届全国人大一次会议广东代表团审议时又提到"逆城镇化"。一些人由于既不理解当今世界的城乡关系原理,也未好好研究过"逆城镇化"和"城镇化"的内在联系机制,因此出现了"以乡村振兴质疑和否定城市化"、以"逆城镇化质疑和否定都市化"等片面认识和错误思潮。对此,我在《正确认识和看待都市化进程中的"逆城市化"》(《中国城市报》2018年04月16日第02版)一文中写道:

> 城市化是指农业性的环境、资源、人口、财产、社会结构、文化传统、生活方式、审美观念的现代化进程。城市在任何时代都代表着物质文明、制度文明和人文精神的最高发展水平,这是现代城市化进程在近两个世纪以来势如破竹、所向披靡、高歌猛进、席卷全球的根源。在当今世界以"大都市"和"城市群"为中心的都市化(Metropolitanization)进程中,由于人口和资源的过度集聚直接提高了城市生活成本,不同程度损害了"过更好的生活"的城市本质,因而在一些阶段和一些局部出现了人口和资源从城市到农村的逆向流动。作为城市化进程的一种必要的补充和调节,逆城市化十分自然并具有一定的合理性。就中国而言,一方面是由于近年来大城市和部分中等城市的

"城市病"进入集中爆发期,另一方面则由于持续多年的新农村建设、美丽乡村建设、特色小镇建设等极大地改善了农业地区的基础设施、生产方式、生活方式和公共服务等,因而在大城市周边和一些经济社会发展水平较高的农村地区出现了"逆城市化"现象,符合城市化基本原理和我国新型城镇化的发展规律。但人们之所以愿意离开繁华和舒适的都市回到农村,不仅原因是多方面的,其内在机制也是极其复杂的。其中,既有我国大城市在前一个时期由于"城市大跃进"而导致的规模失控、结构失调、功能紊乱等现实问题,有市民对世界、对人生的价值观和审美观的再认识和再选择,同时也切实表明了我国农村的城市化水平和现代化水平已得到长足进步,显示出国家和社会近年来推进城乡一体化、均等化、全面脱贫、乡村振兴等方面的政策、机制和作为正在取得实效,因而才可能为城市居民提供一个新的家园。

无论从世界城市化的总体格局和历史进程看,还是就我国目前的逆城市化的体量和程度而言,我国的逆城市化现象只是新型城镇化的一种补充形式,在根本上不可能取代"城市化"这个当今世界和中国城市发展的主流,这是习近平总书记强调"城镇化、逆城镇化两个方面都要致力推动"的主要原因。而习近平总书记说的"要相得益彰、相辅相成",显然也不是单指"逆城市化"这一个方向。但在当下却出现了一种刻意拔高、扩大、美化农村,甚至以此来贬低城市、否定城市化的言论和做法,它们只看到了城乡之间在人口迁移、资源分配、生活质量等方面依然比较突出的差距和矛盾,并把这一切都归罪于城市,但却没有看到大城市在更高的历史层面为综合解决城乡矛盾、带动农业地区发展提供的重要理论资源与先进实践框架。如以先进的经济要素与生产方式为学习、模仿、追求的对象,大都市的发展有助于推动中小城市经济、乡村经济的升级换代与实现自身的跨越式发展。如作为人类文明与文化实践最高成果的都市文化,在推动传统乡村文化与生活方式的现代转换,缩小城乡文化差距,促使城乡文化形成良性循环等方面,也一直承担着主导性的作用。因此,这些片面夸大"逆城市化"的言论和方略,不仅在理论上是非常片面的,一旦进入社会和实践领域也是相当有害的。

我曾认为,影响中国城市发展主要有三大问题,其二就是"人多嘴杂"。在城镇化思潮的混乱无序丝毫不亚于城镇化进程本身的当下,在某种意义上也足以证明:我们团队十余年来一直坚持研究都市化进程、一直坚持都市化进程是当今世界和中国城镇化的主体形态、一直努力探索都市化与城市化、城镇化协调融合发展机制,有着比研究本身更加重要和更加深远的意义。

本年度的主题报告围绕国家和各地刚刚开始的"都市圈"规划展开,对目前我国的主要都市圈的发展现状和主要问题进行梳理研究,并提出若干对策建议。除主题报告之外,本年度报告还包括前沿观察、专题报告、决策咨询、区域发展、国际交流、交大案例等板块,对当今都市化进程中的各类问题、事件、经验进行了深入的理性分析和探讨。目录如下:

推动实现城市发展的动态平衡(范恒山)

都市化进程第三季:走向全域化都市云建设(高小康)

从"十九大"报告看中国城镇化(刘士林)

2018中国大都市圈发展报告(刘士林、刘学华、李鲁、苏晓静、王晓静、周枣、宋冠南)

2018中国大都市治理与公共政策报告(唐亚林、于迎)

2018中国区域绿色发展报告(盛蓉)

2018上海市金山区国家新型城镇化试点建设研究报告(刘士林、王晓静、苏晓静、周枣、宋冠南)

2018全球智慧城市发展态势与研究热点分析报告(杨翠红、蔡文靖)

宁波都市圈文化透析与整合研究报告(杨燚锋、黄文杰)

基于轨道交通大数据的上海都市群通勤与空间结构分析报告(宁越敏、张欣炜)

制造业与生产性服务业协同视角下中国城市职能格局演变研究报告(王伟、吴端洁)

河南大运河城市文化形象塑造研究报告(刘涛、张茜、蒋涵钰)

当前我国城市发展中值得关注的几个影响因素(林家彬)

恢复中江水道,构建三江江南水系互联网——关于长江下游水网建设的构想(余同元)

孙中山城市文化思想与中山市人文城市建设(刘士林)

关于持续推进苏州传统村落保护利用动态监测的建议(王军)

上海的发展与中国的城镇化(刘士林 〔芬兰〕Mikko Paakkanen)

京津冀协同发展:一场时间与空间的博弈(刘士林 〔美〕吴尚蔚)

关于当前中国城市化的几个焦点问题(刘士林 〔新加坡〕Liu Zhen)

关于上海社会资本和文化消费水平的问答(刘士林 〔英〕Denis McCauley)

快速城市化背景下的中国城市建设(刘士林 〔俄〕Alisa Romanova)

中国新城新区的发展现状与规划问题——刘士林在第二届区域规划国际经验交流会议上的主旨演讲

关于城市文化政策与跨文化研究的对话(王晓静、孔铎 〔法〕罗文哲)

无锡在扬子江城市群建设的定位与策略研究(刘士林、张懿玮、苏晓静、王晓静、谈佳洁、周枣、王日玥、方子娴、宋冠南)

肇庆市在粤港澳大湾区的定位与策略研究(刘士林、王晓静、李鲁、谈佳洁)

当今世界再次进入多事之秋,城市也免不了首当其冲。但无论现实怎样沧桑变幻、白云苍狗、物是人非,只要我们能够像苏东坡一样,采取"自其不变者而观之"的理性站位和睿智视角,就应该可以做到陶渊明的"纵浪大化中,不喜亦不惧"。在此,我要对长期以来一直关怀和支持我们的领导、专家学者、媒体朋友和各位读者表示深深的感谢。我的博士研究生周枣、硕士生宋冠南为本报告的编辑、出版做了大量的琐碎工作,一并感谢。

刘士林

2018 年 9 月 16 日

上海交通大学城市科学研究院简介

上海交通大学城市科学研究院成立于2011年5月,原名都市文化与传播研究院,是一个通过整合国家城市政策研究、规划编制部门及高校专家,以服务国家城镇化战略重大问题为宗旨的研究咨询智库,也是一个普及和传播城市科学理论及价值观念的公共文化平台。

交大城研院系上海交大与国家发展改革委员会地区经济司及城市与小城镇改革发展中心、国务院发展研究中心社会发展研究部及信息中心、教育部社会科学司、新华社瞭望周刊社、人民日报社中国城市报等签约共建的智库机构,入选中国智库索引(CTTI)首批来源智库。主持发布教育部《中国都市化进程年度报告》《2016—2020中国城镇化率增长预测报告》《中国城市群发展年度报告》《中国国家中心城市发展报告》《中国大都市发展指数报告》《中国大都市新城新区发展报告》《全球智慧城市发展态势研究报告》《中国智慧城市发展战略研究报告》《全球城市科学研究水平发展报告》《中国城市科学研究水平发展报告》等。

交大城研院以创建"中国人文城市学派"为己任,研究领域涵盖城市群、大都市、城市、小城镇和传统村落五个空间层级,包括人文城市、都市文化、智慧城市、智慧村镇、新城新区、工业遗产、设计之都、艺术之城、城市景观、资源型城市、城镇化率预测、城市现代化等方面。重要著作包括《中国都市化进程年度报告》(2007—)、《中国城市群发展报告》(2013—)、《中国海上丝绸之路城市廊道叙事》《中国丝绸之路城市群叙事》《江南城市群文化研究》《都市文化原理》《中国脐带——大运河城市群叙事》《中原文化城市群建设研究》《广西北部湾经济区文化发展研究》《都市美学》等;自主研发有《中国城镇化率分析预测系统》《中国城市群发展指数框架》《中国大都市发展指数框架》《区域城市规划实施评估指标体系》《小城镇开发评价标准体系》《智慧城市评价标准体系》《中国传统村落评估认定指数系统》等;主持或参与国家、部委多项战略规划及政策制定,研究报告多次得到党和国家领导人重要批示。